西藏统计年鉴

TIBET STATISTICAL YEARBOOK

2011

总第23期　NO.23

西藏自治区统计局
Tibet Autonomous Region Bureau of Statistics
国家统计局西藏调查总队
Tibet General Team of Investigation under the NBS
编

中国统计出版社
China Statistics Press

（京）新登字041号

图书在版编目（CIP）数据

西藏统计年鉴. 2011 : 汉英对照 / 西藏自治区统计局，国家统计局西藏调查总队编. -- 北京 : 中国统计出版社，2011.7

ISBN 978-7-5037-6238-3

Ⅰ. ①西… Ⅱ. ①西… ②国… Ⅲ. ①统计资料－西藏－2011－年鉴－汉、英 Ⅳ. ①C832.75-54

中国版本图书馆CIP数据核字(2011)第111741号

西藏统计年鉴—2011

作　　者/ 西藏自治区统计局　国家统计局西藏调查总队
责任编辑/ 佘竞雄　熊威
E-mail / yearbook@stats.gov.cn
责任校对/ 达娃（小）　高勇
封面设计/ 李建树
出版发行/ 中国统计出版社
通信地址/ 北京市西城区三里河月坛南街57号　中国统计出版社
邮　　编/ 100826
电　　话/ (010)63376907
印　　刷/ 北京力信诚印刷有限公司
经　　销/ 新华书店
开　　本/ 890×1240 毫米 1/16
字　　数/ 86万字
印　　张/ 28
印　　数/ 2000册
版　　别/ 2011 年 6 月第 1 版
版　　次/ 2011 年 6 月第 1 次印刷
书　　号/ ISBN 978-7-5037-6238-3/C·2475
定　　价/ 280.00 元

《西藏统计年鉴-2011》编辑委员会及编辑工作人员

《TIBET STATISTICAL YEARBOOK-2011》
EDITORIAL BOARD AND EDITORIAL STAFF

编辑说明

一、《西藏统计年鉴》(2011)是一本信息高度密集的资料工具书。本书收录了2010 年西藏自治区的经济和社会发展等各方面的统计数据,以及西藏和平解放以来各个时期的主要统计数据，是国内外各界人士了解西藏、认识西藏的重要资料性工具书。

二、全书内容分为18 个篇目，即1.行政区划和自然资源；2.综合；3.人口、从业人员和职工工资；4.固定资产投资；5.财政；6.物价；7.人民生活；8.农业；9.工业；10.建筑业；11.运输和邮电；12.国内贸易；13.对外经济贸易和旅游；14.金融和保险；15.教育、科技和文化；16.卫生、体育和环保；17.各县（区、市）主要统计资料；18.全国各省（区、市）统计资料。为便于读者正确使用资料，书末还附有主要统计指标解释。

三、本年鉴中总量指标均按当年现行价格计算。西藏生产总值及各产业增加值、农业总产值、工业总产值指数和增长速度均按可比价格计算。

四、本年鉴部分数据合计数或相对数由于单位取舍不同产生的计算误差未作机械调整。

五、本年鉴对以前的统计资料重新进行了核实，相应地调整了部分数据。读者在使用历史资料时，凡与本年鉴有出入的，均以本年鉴为准。

六、本年鉴中的符号使用说明：“…”表示数据不足本表最小单位数；“空格”表示该项统计指标数据不详或无数据；“#”表示其中主要项。

七、资料中所使用的度量衡单位采用国际统一标准计量单位。

八、本书为中英文对照，配有电子版光盘。

九、《西藏统计年鉴》公开出版以来，受到了国内外广大读者的关心和支持，对本年鉴的内容和编辑工作提出了许多宝贵意见，同时得到区直有关部门和单位的大力支持，对此我们深表感谢。限于我们的水平，欢迎读者继续对年鉴的不足之处给予批评和指正，帮助我们进一步改进年鉴的编辑工作，以便我们更好地为广大读者服务。

EDITOR'S NOTE

Ⅰ.*Tibet Statistical Yearbook 2011* contains comprehensive statistics of Tibetan social and economic development in 2010 and some selected major data series in historically important years after The Peaceful Liberation of Tibet. It is really an important and efficient reference yearbook for people of various circles in and outside China to know and understand Tibet.

Ⅱ.The book is composed of 18 parts. They include: 1.Division of Administrative Areas and Natural Resources;2.General Survey;3. Population , Employment and Wages; 4.Investment in Fixed Assets; 5.Government Finance; 6.Price; 7.People's Livelihood; 8.Agriculture; 9.Industry; 10.Construction; 11.Transportation, Postal and Telecommunications Services; 12.Domestic Trade;13.Foreign Trade and Tourism;14.Banking and Insurance; 15.Education, Science and Culture;16.Sport, Public Health and Environmental Protection;17.Statistics for Counties, Cities and Districts;18.Statistics for Provinces, Municipality and Autonomous Region. Interpretation of major statistical indicators attached is a useful tool for readers of this yearbook.

Ⅲ.The prices used in calculation in this publication are current prices of those years.Indices and growth rate of gross regional product of Tibet,value-added by three strata of industry,gross agricultural output value and gross industrial output value are calculated at constant prices.

Ⅳ.Statistical discrepancies in this yearbook due to rounding are not adjusted.

Ⅴ.Some of the published data are changed in this yearbook according to our checking, therefore, data in this yearbook are reliable whenever you find different data in other publications.

Ⅵ.Marks in this yearbook:"..." means not large enough to be rounded into the least unit; "#" indicates major item in a category. "blank space" not available.

Ⅶ.The international standard units of measurement are applied in this yearbook.

Ⅷ.This book is written in Chinese and English, and is equipped with electric CD.

Ⅸ.Previous editions of *Tibet Statistical Yearbook* have won wide acclaim among the readers. During the compilation of the yearbook, we have got the support from some government departments of Autonomous Region and other relative units. We express our thanks to all of them here. In order to excel, we welcome all candid comments and criticism from our readers.

目　录

CONTENTS

第一篇　行政区划和自然资源

CHAPTER 1　ADMINISTRATIVE DIVISION AND NATURAL RESOURCES

第二篇　综合

CHAPTER 2　GENERAL SURVEY

第三篇　人口、从业人员和职工工资
CHAPTER 3　POPULATION,EMPLOYMENT AND WAGES

第四篇 固定资产投资
CHAPTER 4 INVESTMENT IN FIXED ASSETS

第五篇 财政
CHAPTER 5 GOVERNMENT FINANCE

第六篇 物价指数
CHAPTER 6 PRICE INDICES

第七篇 人民生活
CHAPTER 7 PEOPLE'S LIVELIHOOD

第八篇 农业
CHAPTER 8 AGRICULTURE

第九篇 工业
CHAPTER 9 INDUSTRY

第十篇 建筑业
CHAPTER 10 CONSTRUCTION

第十一篇 运输和邮电业
CHAPTER 11 TRANSPORTATION，POSTAL AND TELECOMMUNICATIONS SERVICES

第十二篇 国内贸易
CHAPTER 12 DOMESTIC TRADE

第十三篇 对外经济贸易和旅游
CHAPTER 13 FOREIGN TRADE AND TOURISM

第十四篇 金融和保险
CHAPTER 14 BANKING AND INSURANCE

第十五篇 教育、科技和文化
CHAPTER 15 EDUCATION，SCIENCE AND CULTURE

第十六篇　体育、卫生、环保
CHAPTER 16　SPORTS，PUBLIC HEALTH AND ENVIRONMENTAL PROTECTION

第十七篇　各县(市、区)主要统计指标
CHAPTER 17　MAIN ECONOMIC INDICATORS BY COUNTIES (CITY AND REGIONS)

第十八篇　全国各省（区、市）统计资料

CHAPTER 18　STATISTICAL DATA OF PROVINCE，MUNICIPALITY AND AUTONOMOUS REGION

附 录
APPENDIX

第一篇

行政区划和自然资源

Chapter 1

ADMINISTRATIVE DIVISION AND NATURAL RESOURCES

1-1 行政区划

ADMINISTRATIVE DIVISIONS

单位：个　　　　　　(unit)

地区 Region		市辖区 Districts Under the Jurisdica-tion of Cities	县级市 Cities at Country Level	县 Country	乡 Township	#民族乡 National Township	镇 Town	街道 Urban Sub-districts	居民委员会 Neighbor-hood Committee	村民委员会 Village Committee
总计	**Total**	**1**	**1**	**71**	**542**	**8**	**140**	**10**	**192**	**5261**
拉萨市	Lhasa	1		7	48		9	8	35	226
昌都地区	Qamdo			11	110	1	28		23	1119
山南地区	Shannan			12	58	4	24		58	496
日喀则地区	Xigazê		1	17	174		27	2	25	1643
那曲地区	Nagqu			10	89		25		37	1154
阿里地区	Ngari			7	29		7		7	134
林芝地区	Nyingchi			7	34	3	20		7	489

1-2 行政区划一览表

LIST OF ADMINISTRATIVE DIVISIONS

拉萨市	Lhasa	城关区 墨竹工卡县 达孜县 堆龙德庆县 曲水县 尼木县 当雄县 林周县 Lhasa Chengguanqu Maizhokunggar Dagzê Doilungdêqên Qüxü Nyêmo Damxung Lhünzhub
昌都地区	Qamdo	左贡县 芒康县 洛隆县 边坝县 昌都县 江达县 贡觉县 类乌齐县 丁青县 察雅县 八宿县 Zogang Markam Lhorong Banbar Qamdo Jomda Konjo Riwoqê Dêngqên Chagyab Baxoi
山南地区	Shannan	乃东县 扎囊县 贡嘎县 桑日县 琼结县 洛扎县 加查县 隆子县 曲松县 措美县 错那县 浪卡子县 Nêdong Chanang Konggar Sangri Qonggyai Lhozhag Gyaca Lhünzê Qusum Comai Cona Nagarzê
日喀则地区	Xigazê	日喀则市 南木林县 江孜县 定日县 萨迦县 拉孜县 昂仁县 谢通门县 白朗县 仁布县 康马县 定结县 仲巴县 亚东县 吉隆县 聂拉木县 萨嘎县 岗巴县 Xigazê Shi Namling Gyangzê Tingri Sa'gya Lhazê Ngamring Xaitongmoin Bainang Rinbung Kangmar Dinggyê Zhongba Yadong Gyirong Nyalam Saga Kamba
那曲地区	Nagqu	申扎县 班戈县 那曲县 聂荣县 安多县 嘉黎县 巴青县 比如县 索县 尼玛县 Xainza Bangoin Nagqu Nyainrong Amdo Lhari Baqên Biru Sog Nyima
阿里地区	Ngari	普兰县 札达县 噶尔县 日土县 革吉县 改则县 措勤县 Burang Zanda Gar Rutog Gê'gyai Gêrzê Coqên
林芝地区	Nyingchi	林芝县 米林县 朗县 工布江达县 波密县 察隅县 墨脱县 Nyingchi Mainling Nang Gongbo'gyamda Bomê Zayü Mêdog

1-3 县(市、区)分类

COUNTIES(CITIES AND REGIONS)BY TYPE

分类 Classify	个数 Number	县(市、区)名称 Name of County (city and region)
边境县 Counties of Border	21	墨脱县 米林县 察隅县 朗 县 洛扎县 隆子县 错那县 浪卡子县 定日县 康马县 定结县 仲巴县 亚东县 吉隆县 聂拉木县 萨嘎县 岗巴县 普兰县 札达县 噶尔县 日土县 Mêdog Mainling Zayü Nang Lhozhag Lhünzê Cona Nagarzê Tingri Kangmar Dinggyê Zhongba Yadong Gyirong Nyalam Saga Kamba Burang Zanda Gar Rutog
农业县 Counties of Agriculture	35	城关区 墨竹工卡县 达孜县 堆龙德庆县 曲水县 尼木县 墨脱县 米林县 林芝县 波密县 察隅县 朗 县 芒康县 左贡县 洛隆县 边坝县 乃东县 扎囊县 贡嘎县 桑日县 琼结县 洛扎县 加查县 隆子县 日喀则市 南木林县 江孜县 定日县 萨迦县 拉孜县 白朗县 仁布县 定结县 吉隆县 聂拉木县 Lhasa Chengguanqu Maizhokunggar Dagzê Doilungdêqên Qüxü Nyêmo Mêdog Mainling Nyingchi Bomê Zayü Nang Markam Zogang Lhorong Banbar Nêdong Chanang Konggar Sangri Qonggyai Lhozhag Gyaca Lhünzê Xigazê Shi Namling Gyangzê Tingri Sa'gya Lhazê Bainang Rinbung Dinggyê Gyirong Nyalam
牧业县 Counties of Animal	14	当雄县 仲巴县 萨嘎县 那曲县 嘉黎县 聂荣县 安多县 申扎县 班戈县 巴青县 尼玛县 革吉县 改则县 措勤县 Damxung Zhongba Saga Nagqu Lhari Nyainrong Amdo Xainza Bangoin Baqên Nyima Gê'gyai Gêrzê Coqên
半农半牧县 Counties of Agriculture and Animal	24	林周县 工布江达县 昌都县 江达县 贡觉县 类乌齐县 丁青县 察雅县 八宿县 曲松县 措美县 错那县 浪卡子县 昂仁县 谢通门县 康马县 亚东县 岗巴县 比如县 索 县 普兰县 札达县 噶尔县 日土县 Lhünzhub Gongbo'gyamda Qamdo Jomda Konjo Riwoqê Dêngqên Chagyab Baxoi Qusum Comai Cona Nagarzê Ngamring Xaitongmoin Kangmar Yadong Kamba Biru Sog Burang Zanda Gar Rutog
"一江两河"开发县 One River and Two River Exploiture	18	城关区 墨竹工卡县 达孜县 堆龙德庆县 曲水县 尼木县 林周县 乃东县 扎囊县 贡嘎县 桑日县 琼结县 日喀则市 南木林县 江孜县 白朗县 拉孜县 谢通门县 Lhasa Chengguanqu Maizhokunggar Dagzê Doilungdêqên Qüxü Nyêmo Lhünzhub Nêdong Chanang Konggar Sangri Qonggyai Xigazê Shi Namling Gyangzê Bainang Lhazê Xaitongmoin
粮食基地县 Counties of Grain Base	11	堆龙德庆县 林周县 波密县 芒康县 乃东县 扎囊县 贡嘎县 江孜县 白朗县 日喀则市 拉孜县 Doilungdêqên Lhünzhub Bomê Markam Nêdong Chanang Konggar Gyangzê Bainang Xigazê Shi Lhazê

1-4 西藏各水系流域面积

DRAINAGE AREA OF TIBET WATER SYSTEM

单位：平方公里、%　　　　(sq. km, %)

区域 Area	水系 Water System	流域	Drainage Area	面积 Area	比重 Proportion
外流区 Water System of Outer Area	太平洋水系 Pacific Ocean Water System	金沙江	Jingsajiang	22933	1.9
		澜沧江	Lantsang	38908	3.2
		小计	Subtotal	61841	5.1
	印度洋水系 Indian Ocean Water System	怒江	Nujiang	102691	8.5
		吉太曲	Jitaicu	2350	0.2
		察隅曲	Chayucu	17881	1.5
		丹马曲(达兰河)	Danbacu(Dalan River)	12114	1.0
		雅鲁藏布江	Brahmaputra	242004	20.1
		西巴霞曲	Xibaxiacu	25775	2.1
		鲍罗里河(卡门河)	Baoluoli River(Kameng River)	10790	0.9
		达旺-娘江曲	Dawang-niangjiangcu	6330	0.5
		洛扎怒曲	Luozhashucu	6312	0.5
		康布曲	Kangbucu	2176	0.2
		汇入布拉马普特拉河的其他河流	Other	8882	0.7
		朋曲	Pengcu	24272	2.0
		绒辖藏布	Rongxiacangbu	1400	0.1
		波曲(麻章藏布)	Pocu(Mazhangcangbu)	1987	0.2
		吉隆藏布	Jilongcangbu	2950	0.2
		马甲藏布(孔雀河)	Majiacangbu (Peacock River)	3063	0.3
		甲扎岗噶曲	Jiazhagangcu	1483	0.1
		乌热曲-乌扎拉曲	Wurecu-wuzhalacu	816	0.1
		汇入恒河的其他河流	Ganges from Others River	1443	0.1
		朗钦藏布(象泉河)	Langqincangbu(xiangquan River)	23070	1.9
		如许藏布	Ruxucangbu	2630	0.2
		森格藏布(狮泉河)	Senggecangbu	27170	2.3
		羌臣摩河(奇普恰普河)	Qiangchengmo River(Qipuqiapu River)	1397	0.1
		小计	Subtotal	528986	44.0
	合计		Total	590827	49.1
内流区 Water System of Inner Area	藏南内流水系 Water System Inner of South Tibet	羊卓雍错-普莫雍错-哲古错	Yangzhuoyongcuo-pumoyongcuo-zhegucuo	10091	0.8
		多庆错-嘎拉错	Duoqingcuo-galacuo	3111	0.3
		错姆折林-共左错	Cuomuzhelin-Gongzuocuo	1380	0.1
		佩枯错-错戳龙	Peikucuo-cuochuolong	3290	0.3
		小计	Subtotal	17872	1.5
	藏北内流水系 Water System Inner of North Tibet	纳木错-己木错-兹格塘错	Namucuo-Jimucuo-Zigetangcuo	33449	2.8
		色林错-格林错	Selincuo-Gelincuo	51405	4.3
		扎日南木错-当惹雍错湖区	Zharinanmucuo-Dangreyongcuo	60962	5.1
		玛旁雍错-昂拉仁错-塔若错	Mapangyongcuo-Anglangrencuo-Taruocuo	52460	4.4
		班公错-泽错	Bangongcuo-Zecuo	28436	2.4
		藏北其他湖区	Other	366959	30.5
		小计	Subtotal	593671	49.4
		合计	Total	611543	50.9

1-5 西藏境内面积大于200平方公里的湖泊

STATISTICS LAKE AREA OVER 200 SQURE KILOMETER OF TIBET

湖泊名称 Lake name		湖面海拔(米) Lake Sea Level (m)	湖面面积(平方公里) Lake Area (sq.km)	湖泊类型 Lake Type
纳木错	Namtso Lake	4718	1920	咸 Salty
色林错	Selin Lake	4530	1640	咸 Salty
扎日南木错	Zharinanmu Lake	4613	1023	咸 Salty
当惹雍错	Dangreyong Lake	4535	835	咸 Salty
羊卓雍错	Yamdok Tso Lake	4441	638	咸 Salty
昂拉仁错	Anglaren Lake	4689	560	咸 Salty
塔若错	Tarou Lake	4545	520	咸 Salty
格仁错	Geren Lake	4650	466	咸 Salty
班公错	Bangong Lake	4241	413	东淡西咸 Salty or tasteless
玛旁雍错	Mapangyong Lake	4588	412	淡 Tasteless
昂孜错	Angzi Lake	4638	406	咸 Salty
多格仁错	Dougeren Lake	4814	394	咸 Salty
吴如错	Wuru Lake	4552	351	淡 Tasteless
多尔索洞错	Douershoudong Lake	4749	350	咸 Salty
鲁玛江冬错	Lumajiangdong Lake	4810	322	咸 Salty
佩枯错	Peiku Lake	4591	300	咸 Salty
普莫雍错	Pumoyong Lake	5009	284	淡 Tasteless
拉昂错	Laang Lake	4573	269	淡 Tasteless
错鄂	Coue Lake	4562	244	咸 Salty
郭扎错	Gouzha Lake	5080	244	北淡南咸 Salty or tasteless
达则错	Dazhe Lake	4461	243	咸 Salty
许如错	Xuru Lake	4714	208	咸 Salty
扎布耶茶卡	Zabuyeca Lake	4400	235	咸 Salty
仁青休布错	Renqingxiubu Lake	4760	200	咸 Salty

1-6 西藏境内海拔5000米以上的湖泊

STATISTICS OF LAKE HEIGHT ABOVE SEA LEVEL OVER 5000 METER FOR TIBET

湖泊名称 Lake name		湖面海拔(米) Lake Sea Level (m)	湖面面积 (平方公里) Lake Area (sq.km)	湖泊类型 Lake Type
普莫雍错	Mopuyong Lake	5009	284	咸 Salty
郭扎错	Gouzha Lake	5080	244	北淡南咸 Salty or tasteless
杰萨错	Jiesa Lake	5202	150	淡 Tasteless
打加错	Dajia Lake	5170	145	-
帕龙错	Palong Lake	5116	140	咸 Salty
龙木错	Longmu Lake	5002	97	咸 Salty
黑石北错	Heishibei Lake	5048	93	咸 Salty
令戈错	Lingge Lake	5051	89	-
窝尔巴错	Woerba Lake	5177	89	咸 Salty
布岩错	Buyan Lake	5158	85	-
森里错	Shengli Lake	5386	78	淡 Tasteless
独立石湖	Dulishi Lake	5031	76	咸 Salty
美日切错	Meiriqie Lake	5354	64	咸 Salty
骆驼错	Luotuo Lake	5103	62	咸 Salty
清澈错	Qingche Lake	5104	57	咸 Salty
阿果错	Arguo Lake	5000	55	咸 Salty
错纳错	Cuonacuo Lake	5145	50	咸 Salty

第二篇

综　　合

Chapter 2

GENERAL SURVEY

2-1 各部门机构数

GRASSROOTS UNITS IN VARIOUS SECTORS

部门		Sector		2006	2007	2009	2010
农村基层组织	（个）	**Rural Grassroots Units**	**(unit)**				
乡政府		Township Governments		549	542	542	542
镇政府		Town Governments		139	142	140	140
村民委员会		Village Committees		5737	5889	5261	5261
乡村户数	（万户）	Numbers of Rural Huoseholds	(10000 households)	40.75	42.78	46.03	47.78
工业企业	（个）	**Industrial Enterprises**	**(unit)**	**451**	**443**	**519**	**479**
#国有企业		State-owned		218	214	180	138
#集体企业		Collective-owned		85	81	84	66
建筑业企业	（个）	**Construction Enterprises and Units**	**(unit)**	**163**	**168**	**178**	**174**
#国有企业		Construction Enterprises		25	24	24	30
邮电局所	（个）	**Post and Telecommunications Offices**	**(unit)**	**126**	**193**	**194**	**196**
卫生事业	（个）	**Health Care**	**(unit)**	**1349**	**1339**	**1329**	**1352**
#医院及卫生院		Urban and Township Hospital		763	765	763	773
门诊部、所		Clinics		446	419	417	430
卫生防疫站		Sanitation and Antiepidemic Stations		81	79	81	81
教育事业		**Education**					
普通高等学校	（所）	Regular Institutions of Higher Education	(unit)	6	6	6	6
中等学校	（所）	Secondary Schools	(unit)	125	124	124	128
#普通中学	（所）	Regular Secondary Schools	(unit)	118	117	118	122
小学	（所）	Primary Schools	(unit)	880	884	884	872
幼儿园	（所）	Kindergartens	(unit)	46	61	88	119
文化事业	（个）	**Cultural Institutions**	**(unit)**	**264**	**258**	**360**	**377**
艺术事业		Art Institutions		49	44	51	50
群众文化事业		Mass Cultural Establishments		210	208	297	321
图书馆事业		Libraries		3	4	4	4
文物事业	（个）	**Cultural Relie Establishments**	**(unit)**	**17**	**17**	**17**	**79**
出版发行事业	（个）	**Publishing and Distribution Establishments**	**(unit)**	**72**	**86**	**90**	**90**
广播电视	（座）	**Broadcasting and Television Stations**	**(unit)**	**85**	**85**	**85**	**85**
广播电台		Radio Stations		1	1	1	1
电视台		Television Stations		5	5	5	5
广播电视台		Broadcast-Television Stations		3	3	3	3
县级以上有线电视转播发射台		TV Transmission Stations and Relaying Station in Counties and City		76	76	76	76

2-2 国民经济和社会发展总量与速度指标

指　标		Item		总量指标		
				1965	1978	1993
人　口	**（万人）**	**Population**	**(10000 persons)**			
年末常住人口数		Year-end Population		137.12	178.82	232.22
#市镇人口		Urban			20.21	38.39
乡村人口		Rural			158.61	193.83
#男性人口		Male		66.91	87.26	114.82
女性人口		Female		70.21	91.56	117.40
从业人数	**（万人）**	**Employment**	**(10000 persons)**			
#职工人数		Staff and Workers		6.25	13.52	16.90
地区生产总值	**（亿元）**	**Gross Domestic Product**	**(100 million yuan)**	3.27	6.65	37.42
第一产业		Primary Industry		2.32	3.37	18.30
第二产业		Secondary Industry		0.22	1.84	5.49
第三产业		Tertiary Industry		0.73	1.44	13.63
固定资产投资	**（亿元）**	**Investment in Fixed Assets**	**(100 million yuan)**			
固定资产投资总额		Total Investment in Fixed Assets			1.85	18.15
财　政	**（亿元）**	**Public Finance**	**(100 million yuan)**			
地方财政收入		Total Revenue of Lpcal Governments		0.22	-0.16	1.56
财政支出		Total Expenditures		1.13	4.57	21.60
物价指数(上年=100)		**Price Indices**	**(preceding year=100)**			
商品零售价格总指数		General Retail Price Index				111.9
居民消费价格总指数		General Consumer Price Index				113.4
人民生活		**People's Livelihood**				
城镇居民人均可支配收入	（元）	Per Capita Annual Disposable Income of Urban Households			565	2348
农牧民人均纯收入	（元）	Per Capita Net Income of Rural Residents	(yuan)		175	706
储蓄存款余额	（亿元）	Outstanding Amount of Saving Deposits in Urban & Rural Areas	(100million yuan)	0.25	0.33	9.05
职工工资		**Wages of Staff and Workers**				
职工工资总额	（亿元）	Total Wages of Staff and Workers	(100 million yuan)	0.59	1.11	6.79
职工平均工资	（元）	Average Wage of Staff and Workers	(yuan)	938	850	4085
农　业	**（亿元）**	**Agriculture**	**(100 million yuan)**			
农林牧渔业总产值		Gross Output Value of Farming Forestry, Animal Household and Fishery		2.64	3.92	22.99

PRINCIPAL AGGREGATE INDICATORS ON NATIONAL ECONOMIC AND SOCIAL DEVELOPMENT AND THEIR RELATED INDICES AND GROWTH RATES

Aggregate Data				速度指标 (%) Indices and Growth Rates								
				指数 Index (2010年比以下各年) (2010 as percentage of the following years)					年平均增长速度 Average Annual Growth Rate			
2000	2005	2009	2010	1965	1978	1993	2000	2009	1966-2010	1979-2010	1994-2010	2001-2010
259.83	277.00	290.03										
50.22	54.93	69.03										
209.61	222.07	221.00										
131.47	137.37	146.03										
128.36	139.63	144.00										
16.24	16.28	18.89	19.46	311.4	143.9	115.1	119.8	103.0	-3.6	1.1	0.8	1.8
117.80	248.80	441.36	507.46	4440.4	2341.4	771.3	321.5	112.3	8.8	10.4	12.8	12.4
36.39	48.04	63.88	68.72	597.8	435.9	192.6	150.2	103.2	4.1	4.7	3.9	4.2
27.05	63.52	136.63	163.92	20467.3	2866.5	1794.5	473.8	114.1	12.6	11.1	18.5	16.8
54.37	137.24	240.85	274.82	16540.7	8467.3	1165.1	353.5	113.7	12.0	14.9	15.5	13.5
66.50	196.19	379.42	463.26		25041.1	2552.4	696.6	122.1		18.8	21.0	21.4
6.33	14.33	30.91	42.47	19304.5		2722.4	670.9	137.4	12.4		21.5	21.0
61.61	189.16	471.13	562.58	49785.8	12310.3	2604.5	913.1	119.4	14.8	16.2	21.1	24.8
99.2	100.8	99.5	101.1									
99.9	101.5	101.4	102.2									
6448	8411	13544	14980		2651.3	638.0	232.3	110.6		10.8	11.5	8.8
1331	2078	3532	4139		2365.1	586.3	311.0	117.2		10.4	11.0	12.0
40.48	123.10	226.37	267.13	106852.0	80948.5	2951.7	659.9	118.0	16.8	23.3	22.0	20.8
23.20	46.26	92.08	105.83	17937.3	9534.2	1558.6	456.2	114.9		15.3	17.5	16.4
14976	28950	48750	54397	5799.3	6399.6	1331.6	363.2	111.6	9.4	13.9	16.5	13.8
51.21	67.74	93.38	100.77	641.3	431.7	230.5	177.1	107.9	4.2	4.7	5.0	5.9

2-2 续表1

指 标		Item		总量指标		
				1965	1978	1993
#农业产值		Gross Output Value of Animal Husbandry		0.85	1.47	10.05
牧业产值		Gross Output Value of Farming		1.79	2.44	12.37
主要产品产量		**Output of Major Farm Products**				
粮食	（万吨）	Grain	(10000 tons)	29.07	51.34	67.22
油菜籽	（吨）	Oil-bearing Crops	(ton)	5264	7914	26040
猪牛羊肉	（万吨）	Pork,Beef and Mutton	(10000 tons)		4.71	10.25
年末牲畜存栏		**Number of Livestock in Year-end**				
大牲畜	（万头）	Large Animal	(10000 heads)	459	509	588
猪	（万头）	Hog	(10000 heads)	13	25	20
羊	（万头）	Sheep and Goats	(10000 heads)	1229	1815	1713
工业		**Industry**				
工业总产值	（亿元）	Gross Industrial Output Value	(100 million yuan)	0.23	1.49	5.99
主要产品产量		Output of Major Industrial Products				
铬矿石	（万吨）	Chromium Ore	(10000 tons)		1.25	7.13
发电量	（亿千瓦时）	Electricity	(100 million kwh)	0.28	1.34	3.93
水泥	（万吨）	Cement	(10000 tons)	1.06	6.20	13.09
全部规模以上工业企业主要指标		Main Indicators of all Industrial Enterprises above Designated Size				
资产总计	（亿元）	Total Assets	(100 million yuan)			
利润总额	（亿元）	Total Profits	(100 million yuan)			
运输、邮电		**Transportation , Postal and Telecommunications Services**				
货运总量	（万吨）	Freight Traffic	(10000 tons)	29.60	49.0	153.62
#公路		Highways		29.60	49.0	144.68
铁路						
客运总量	（万人次）	Passenger Traffic	(10000 persons-times)	9.30	6.0	218.70
#公路		Highways		9.30	6.0	207.42
铁路						
旅客周转量	（万人公里）	Passenger-kilometers	(10000 passenger-km)	5694	5036	41077
#公路		Highways		5694	5036	25884
货物周转量	（万吨公里）	Freight Ton-kilometers	(10000 ton-km)	17874	38333	73244
#公路		Highways		17874	38333	63550
邮电业务量	（万元）	Total Business Revenue	(10000 yuan)	284	214	3273
函件	（万件）	Number of Letters Delivered	(10000 pieces)	478	557	1168

continued

Aggregate Data				速度指标 (%) Indices and Growth Rates								
				指数 Index (2010年比以下各年) (2010 as percentage of the following years)					年平均增长速度 Average Annual Growth Rate			
2000	2005	2009	2010	1965	1978	1993	2000	2009	1966-2010	1979-2010	1994-2010	2001-2010
26.36	29.89	39.06	46.29	589.6	351.1	223.0	151.2	118.2	4.0	4.0	4.8	4.2
23.53	30.05	44.29	48.86	455.4	329.5	222.5	185.5	110.3	3.4	3.8	4.8	6.4
96.22	93.39	90.53	91.22	313.8	177.7	135.7	94.8	100.8	2.6	1.8	1.8	-0.5
39610	61164	57729	57986	1101.6	732.7	222.7	146.4	100.4	5.5	6.4	4.8	3.9
14.93	21.46	25.52	26.31		558.6	256.7	176.2	103.1		5.5	5.7	5.8
579	686	705	706	153.8	138.7	120.1	121.9	100.1	1.0	1.0	1.1	2.0
23	30	35	36	276.9	144.0	180.0	156.5	102.9	2.3	1.1	3.5	4.6
1664	1698	1584	1579	128.5	87.0	92.2	94.9	99.7	0.6	-0.4	-0.5	-0.5
18.30	33.65	65.80	75.61	7469.6	1321.9	726.5	335.9	113.2	10.1	8.4	12.4	12.9
19.66	11.67	12.45	20.10		1608.0	281.9	102.2	161.4		9.1	6.3	0.2
6.61	13.34	22.03	24.16	8628.6	1803.0	614.8	365.5	109.7	10.4	9.5	11.3	13.8
49.32	137.28	189.88	219.12	20671.7	3534.2	1673.9	444.3	115.4	12.6	11.8	18.0	16.1
75.24		251.08	315.24				419.0	125.6				15.4
2.68		6.82	10.82				403.7	158.7				15.0
209.30	369.61	998.26	996.37	3366.1	2033.4	648.6	476.0	99.8	8.1	9.9	11.6	16.9
196.00	356.00	959.00	952.00	3216.2	1942.9	658.0	485.7	99.3	8.0	9.7	11.7	17.1
		22.80	29.90					131.1				
310.08	479.47	7965.80	8308.24	89335.9	138470.7	3798.9	2679.4	104.3	16.3	25.4	23.9	38.9
257.00	385.00	7760.00	8066.00	86731.2	134433.3	3888.7	3138.5	103.9	16.2	25.2	24.0	41.1
		74.00	88.20					119.2				
62016	228266	364454	429389	7541.1	8526.4	1045.3	692.4	117.8	10.1	14.9	14.8	21.3
32125	184209	190140	227669	3998.4	4520.8	879.6	708.7	119.7	8.5	12.6	13.6	21.6
91981	41315	372777	417558	2336.1	1089.3	570.1	454.0	112.0	7.3	7.7	10.8	16.3
80912	407134	256469	265607	1486.0	692.9	417.9	328.3	103.6	6.2	6.2	8.8	12.6
38431	164833	521235	638381	224782.0	298308.9	19504.5	1661.1	122.5	18.7	28.4	36.4	32.4
1349	343	536	291	60.9	52.2	24.9	21.6	54.3	-1.1	-2.0	-7.8	-14.2

2-2 续表2

指 标		Item		总量指标		
				1965	1978	1993
报刊期发数	(万份)	Number of Newspapers and Magazines Distributed	(10000 copies)	4	19	26
国内贸易		**Domestic Trade**				
社会消费品零售总额	(亿元)	Total Retail Sales of Consumer Goods	(100 million yuan)		2.45	18.16
市		City			0.95	7.63
县		Country			0.37	6.90
县以下		Under Country Level			1.13	3.63
对外贸易		**Foreign Trade**				
进出口总额	(万美元)	Total Exports and Imports	(10000 USD)	243	1664	10265
出口		Exports		39	158	1503
进口		Imports		204	1506	8762
旅游		**Tourism**				
接待国际旅游人数	(万人次)	Number of International Tourists Received	(10000 persons)			5.44
旅游外汇收入	(万美元)	Foreign Exchange Earnings from Tourism	(10000 USD)			675
金融		**Finance**				
金融机构各项存款	(亿元)	Deposits of National Banking System	(100 million yuan)	2.30	7.06	32.68
金融机构各项贷款	(亿元)	Loans of National Bamking System	(100 million yuan)	0.91	1.61	33.01
教育		**Education**				
在校学生数		Students Enrollment				
高等学校	(人)	Institutions of Higher Education	(person)	2251	2081	2813
中等专业学校	(人)	Specialized Secondary Schools	(person)	455	4640	4948
普通中学	(人)	Regular Secondary Schools	(person)	1059	17679	25693
小学	(万人)	Primary Schools	(10000 persons)	6.68	26.26	21.19
文化		**Culture**				
出版数量		Publications				
报纸	(千印张)	Number of Newspapers Issue	(1000 sheets)	3258	26669	15377
杂志	(千册)	Number of Magazines Issue	(1000 copies)		74	297
图书	(千册)	Number of Books Published	(1000 copies)	500	3060	4164
卫生		**Health Care**				
医院、卫生院	(个)	Number Hospitals	(unit)	86	519	293
医院、卫生院床位数	(张)	Number of Hospital Beds	(unit)	1570	4198	4515
卫生技术人员	(人)	Medical Technical Personnel	(person)	2424	5780	7540

continued

Aggregate Data				速度指标 (%) Indices and Growth Rates								
				指数 Index (2010年比以下各年) (2010 as percentage of the following years)					年平均增长速度 Average Annual Growth Rate			
2000	2005	2009	2010	1965	1978	1993	2000	2009	1966-2010	1979-2010	1994-2010	2001-2010
40	27	26	42	1050.0	221.1	161.5	105.0	161.5	5.4	2.5	2.9	0.5
42.52	73.23	156.58	185.30		7563.3	1020.4	435.8	118.3		14.5	14.6	15.9
20.42	33.07	76.02	91.41		9622.1	1198.0	447.6	120.2		15.3	15.7	16.2
16.43	30.87	62.26	73.30		19810.8	1062.3	446.1	117.7		18.0	14.9	16.1
5.67	9.29	18.30	20.59		1822.1	567.2	363.1	112.5		9.5	10.7	13.8
13029	20539	40202	83594	34400.8	5023.7	814.4	641.6	207.9	13.9	13.0	13.1	20.4
11333	16532	37535	77102	197697.4	48798.7	5129.9	680.3	205.4	18.4	21.3	26.1	21.1
1696	4007	2667	6492	3182.4	431.1	74.1	382.8	243.4	8.0	4.7	-1.7	14.4
14.94	12.13	17.49	22.83			419.7	152.8	130.5			8.8	4.3
5226	4443	7873	10359			1534.7	198.2	131.6			17.4	7.1
144.98	455.11	1027.24	1295.54	56327.8	18350.4	3964.3	893.6	126.1	15.1	17.7	24.2	24.5
80.62	178.85	248.01	301.49	33130.8	18726.1	913.3	374.0	121.6	13.8	17.8	13.9	14.1
5475	18979	30264	31109	1382.0	1494.9	1105.9	568.2	102.8	6.0	8.8	15.2	19.0
6585	7027	21357	22613	4969.9	487.3	457.0	343.4	105.9	9.1	5.1	9.4	13.1
55232	15048	181570	179720	16970.7	1016.6	699.5	325.4	99.0	12.1	7.5	12.1	12.5
31.38	32.75	30.52	29.94	448.2	114.0	141.3	95.4	98.1	3.4	0.4	2.1	-0.5
28712	53511	122774	140237	4304.4	525.8	912.0	488.4	114.2	8.7	5.3	13.9	17.2
580	767	1327	1605		2168.9	540.4	276.7	120.9		10.1	10.4	10.7
5240	8540	13390	14460	2892.0	472.5	347.3	276.0	108.0	7.8	5.0	7.6	10.7
810	763	763	773	898.8	148.9	263.8	95.4	101.3	5.0	1.3	5.9	-0.5
6156	6412	8193	8439	537.5	201.0	186.9	137.1	103.0	3.8	2.2	3.7	3.2
8948	8914	10047	9983	411.8	172.7	132.4	111.6	99.4	3.2	1.7	1.7	1.1

2-3 国民经济和社会发展结构指标

STRUCTURAL INDICATORS ON NATIONAL ECONOMIC AND SOCIAL DEVELOPMENT

单位：% (%)

指 标	Item	1978	1994	2003	2009	2010
常住人口	Population					
城乡结构	Urban and Rural Structure					
城镇	Urban	11.3	16.6	19.8	23.8	
乡村	Rural	88.7	83.4	80.2	76.2	
性别结构	Sexual Structure					
男	Male	48.8	49.4	50.6	50.3	
女	Female	51.2	50.6	49.4	49.7	
地区生产总值	Gross Domestic Product					
第一产业	Primary Industry	50.7	46.0	22.0	14.5	13.5
第二产业	Secondary Industry	27.7	17.1	26.0	30.9	32.3
第三产业	Tertiary Industry	21.6	36.9	52.0	54.6	54.2
就业产业结构	Industrial Structure of Employment					
第一产业	Primary Industry	82.0	77.1	64.1	54.5	53.6
第二产业	Secondary Industry	5.9	3.7	9.3	10.8	10.9
第三产业	Tertiary Industry	12.1	19.2	26.6	34.7	35.5
投资	Investment					
全社会固定资产投资	Total Investment in Fixed Assets					
第一产业	Primary Industry		4.6	4.6	6.2	5.1
第二产业	Secondary Industry		30.5	19.0	24.2	29.0
第三产业	Tertiary Industry		64.9	76.4	69.6	65.9
资金来源结构	Structure of Funded Sources					
国家预算内资金	State Budgetary Appropriation		49.1	61.2	57.1	62.1
国内贷款	Domestic Loans		4.4	4.9	2.9	1.9
自筹和其他投资	Fundraising		46.5	33.9	40.0	36.0
农业	Agriculture					
农林牧渔业产值结构	Structure of Gross Output Value					
#农业	Farming	39.6	49.0	43.1	41.8	45.9
林业	Forestry	0.4	2.4	9.1	7.6	2.4
牧业	Animal Husbandry	59.9	48.6	46.2	47.4	48.5
渔业	Fishery	…		1.6	0.2	0.2
工业企业结构	Industry					
轻工业	Light Industry	38.1	47.2	37.5	41.3	34.9
重工业	Heavy Industry	61.9	52.8	62.5	58.7	65.1

2-4 平均每天主要社会经济活动

SELECTED IEDICATORS ON AVERAGE DAILY SOCIAL AND ECONOMIC ACTIVITIES

指　标		Item		1978	1994	2003	2009	2010
每天创造的财富		**Daily Production**						
地区生产总值	（万元）	Gross Domestic Product	(10000 yuan)	182	1260	5071	12092	13903
第一产业		Primary Industry		92	579	1115	1750	1883
第二产业		Secondary Industry		50	216	1305	3743	4491
工业		Industry		17	94	378	907	1088
建筑业		Construction		34	122	927	2836	3402
第三产业		Tertiary Industry		40	465	2651	6597	7529
农业总产值	（万元）	Gross Output Value of Agriculture	(10000 yuan)	107	735	1606	2558	2761
工业总产值	（万元）	Gross Industrial Output Value	(10000 yuan)	41	209	657	1803	2072
地方财政收入	（万元）	Local Government Revenue	(10000 yuan)		39	275	847	1164
财政支出	（万元）	Government Expenditures	(10000 yuan)	125	830	4060	12908	15413
粮食	（吨）	Grain	(ton)	1407	1820	2647	2480	2499
油菜籽	（吨）	Oil-bearing Crops	(ton)	22	80	135	158	159
发电量	（万千瓦时）	Electricity	(10000 kwh)	37	122	278	603	662
水泥	（吨）	Cement	(ton)	170	411	2436	5202	6003
铬矿石	（吨）	Chromium Ore	(ton)	34	203	427	336	551
每天消费量		**Daily Consumption**						
最终消费	（万元）	Final Consumption Expenditure	(10000 yuan)		897	4604	8389	8945
居民消费		Resident Consumption			703	2078	3183	3649
政府消费		Government Consumption				2526	5206	5296
社会消费品零售总额	（万元）	Total Retail Sales of Consumer Goods	(10000 yuan)	67	568	1597	4290	5077
每天其他活动		**Other Daily Activities**						
邮电业务总量	（万元）	Business Volume of Postal and telecommunications Services	(10000 yuan)	0.59	11	269	1428	1748
海外旅游人数	（人次）	Number of Tourists	(person-times)		181	140	479	626
居民储蓄额	（万元）	Outstanding Amount of Saving Deposit	(10000 yuan)	9	306	2518	6202	7319
出版报纸	（千印张）	Number of Newspapers Published	(1000 copies)	73	74	124	336	384
出版图书	（千册）	Number of Books Published	(1000 copies)	8	8	21	37	39

2-5 人均主要经济指标

PER CAPITA MAIN INDICATORS ON ECONOMIC BENEFIT

年份 Year	地区生产总值 (元) Gross Domestic Product (yuan)	农业总产值 (元) Gross Output Value of Agriculture (yuan)	工业总产值 (元) Gross Industrial Output Value (yuan)	粮食产量 (公斤) Yield of Grain (kg)	社会消费品零售总额 (元) Total Retail Sales of Consumer Goods (yuan)	储蓄存款余额 (元) Outstanding Amount of Saving Deposit (yuan)	农牧民人均纯收入 (元) Per Capita Net Income of Rural Residents (yuan)	全部职工人均工资 (元) Average Wage of All Staff and Workers (yuan)
1965	241	194	17	214				940
1978	375	221	84	290	105		175	850
1979	404	226	92	234	116		233	995
1980	471	289	81	274	123		274	1025
1981	560	354	65	260	142	34	296	1055
1982	544	338	74	239	159	40	324	1313
1983	538	311	77	193	168	51	318	1362
1984	702	406	99	254	396	64	446	1678
1985	894	550	107	268	406	80	535	1963
1986	842	494	101	226	389	99	492	2375
1987	863	506	105	228	422	111	519	2499
1988	964	616	126	242	454	134	573	2710
1989	1021	640	156	257	551	155	555	2881
1990	1276	899	171	256	551	180	582	3181
1991	1358	941	198	289	593	227	617	3355
1992	1468	990	219	290	651	260	653	3448
1993	1624	998	260	292	788	334	706	4085
1994	1964	1146	325	284	885	472	817	7115
1995	2358	1508	382	302	1021	807	878	7382
1996	2688	1594	429	321	1083	1098	975	11087
1997	3144	1688	479	322	1315	1230	1085	10098
1998	3666	1698	578	341	1391	1330	1158	10987
1999	4180	1902	655	364	1484	1441	1258	12904
2000	4572	1988	710	373	1650	1558	1331	14976
2001	5324	2027	764	376	1861	1908	1404	19144
2002	6117	2108	816	371	1998	2637	1521	24766
2003	6893	2184	892	360	2153	3401	1691	26931
2004	8103	2307	1045	353	2323	3927	1861	29292
2005	9036	2460	1222	339	2660	4444	2078	28950
2006	10422	2526	1440	331	3226	4975	2435	31518
2007	12083	2825	1785	332	3985	5615	2788	46098
2008	13824	3097	2091	333	4551	6440	3176	47280
2009	15295	3236	2279	314	5426	7805	3532	48750
2010	17319	3455	2593	313	6354	9159	4139	54397

2-6 地区生产总值

GROSS DOMESTIC PRODUCT

单位：亿元 (100 million yuan)

年份 Year	地区生产总值 Gross Domestic Product	第一产业 Primary Industry	第二产业 Secondary Industry	工业 Industry	建筑业 Construction	第三产业 Tertiary Industry	人均地区生产总值(元) Per Capita GDP (yuan)
1951	1.29	1.26	0.001		0.001	0.03	114
1959	1.74	1.28	0.22	0.15	0.07	0.24	142
1965	3.27	2.32	0.22	0.09	0.13	0.73	241
1978	6.65	3.37	1.84	0.61	1.23	1.44	375
1979	7.30	3.50	2.02	0.67	1.35	1.78	404
1980	8.67	4.64	2.18	0.8	1.38	1.85	471
1981	10.40	6.30	1.68	0.70	0.98	2.42	560
1982	10.21	5.82	2.09	0.79	1.30	2.30	544
1983	10.29	5.50	2.59	1.09	1.50	2.20	538
1984	13.68	6.38	2.80	1.01	1.79	4.50	702
1985	17.76	8.87	3.08	1.23	1.85	5.81	894
1986	16.93	7.95	2.18	1.01	1.17	6.82	842
1987	17.71	8.07	2.13	1.09	1.04	7.51	863
1988	20.25	9.65	2.41	1.28	1.12	8.19	964
1989	21.86	10.04	2.84	1.58	1.26	8.98	1021
1990	27.70	14.10	3.57	1.92	1.65	10.03	1276
1991	30.53	15.50	4.17	2.27	1.90	10.86	1358
1992	33.29	16.59	4.46	2.56	1.90	12.24	1468
1993	37.42	18.30	5.49	2.70	2.79	13.63	1624
1994	45.99	21.14	7.88	3.43	4.44	16.97	1964
1995	56.11	23.48	13.24	4.10	9.13	19.39	2358
1996	64.98	27.20	11.32	4.40	6.93	26.46	2688
1997	77.24	29.23	16.88	8.16	8.72	31.13	3144
1998	91.50	31.37	20.14	9.05	11.09	39.99	3666
1999	105.98	34.25	23.86	9.50	14.36	47.86	4180
2000	117.80	36.39	27.05	10.17	16.88	54.37	4572
2001	139.16	37.54	31.97	10.88	21.09	69.65	5324
2002	162.04	39.75	32.72	11.65	21.07	89.56	6117
2003	185.09	40.70	47.64	13.82	33.82	96.76	6893
2004	220.34	44.30	52.74	16.10	36.64	123.30	8103
2005	248.80	48.04	63.52	17.48	46.04	137.24	9036
2006	290.76	50.90	80.10	21.71	58.39	159.76	10422
2007	341.43	54.89	98.48	27.62	70.86	188.06	12083
2008	394.85	60.62	115.56	29.48	86.08	218.67	13824
2009	441.36	63.88	136.63	33.11	103.52	240.85	15295
2010	507.46	68.72	163.92	39.73	124.19	274.82	17319

注:本表按当年价格计算。依据第二次经济普查资料，对2005-2008年地区生产总值进行了修订。

Note: Data in this table are calculated at current prices.From 2005 to 2008,figures on gross domestic product have been adjusted in accordance with the results of the Second Economic Census.

2-7 地区生产总值构成

COMPOSITION OF GROSS DOMESTIC PRODUCT

单位：% (%)

年份 Year	地区生产总值 Gross Domestic Product	第一产业 Primary Industry	第二产业 Secondary Industry	工业 Industry	建筑业 Construction	第三产业 Tertiary Industry
1951	100.0	97.7	…		…	2.3
1959	100.0	73.6	12.6	8.6	4.0	13.8
1965	100.0	70.9	6.8	2.8	4.0	22.3
1978	100.0	50.7	27.7	9.2	18.5	21.6
1979	100.0	47.9	27.7	9.2	18.5	24.4
1980	100.0	53.5	25.2	9.2	15.9	21.3
1981	100.0	60.6	16.2	6.7	9.4	23.2
1982	100.0	57.0	20.5	7.7	12.7	22.5
1983	100.0	53.4	25.2	10.6	14.6	21.4
1984	100.0	46.6	20.5	7.4	13.1	32.9
1985	100.0	49.9	17.4	6.9	10.4	32.7
1986	100.0	47.0	12.8	6.0	6.9	40.2
1987	100.0	45.6	12.0	6.2	5.9	42.4
1988	100.0	47.7	11.9	6.3	5.5	40.4
1989	100.0	45.9	13.0	7.2	5.8	41.1
1990	100.0	50.9	12.9	6.9	5.8	36.2
1991	100.0	50.8	13.7	7.4	6.2	35.5
1992	100.0	49.8	13.4	7.7	5.7	36.8
1993	100.0	48.9	14.7	7.2	7.5	36.4
1994	100.0	46.0	17.1	7.5	9.7	36.9
1995	100.0	41.8	23.6	7.3	16.3	34.6
1996	100.0	41.9	17.4	6.8	10.7	40.7
1997	100.0	37.8	21.9	10.6	11.3	40.3
1998	100.0	34.3	22.0	9.9	12.1	43.7
1999	100.0	32.3	22.5	9.0	13.5	45.2
2000	100.0	30.9	23.0	8.6	14.3	46.2
2001	100.0	27.0	23.0	7.8	15.2	50.1
2002	100.0	24.5	20.2	7.2	13.0	55.3
2003	100.0	22.0	25.7	7.5	18.3	52.3
2004	100.0	20.1	23.9	7.3	16.6	56.0
2005	100.0	19.3	25.5	7.0	18.5	55.2
2006	100.0	17.5	27.6	7.5	20.1	54.9
2007	100.0	16.1	28.8	8.1	20.7	55.1
2008	100.0	15.3	29.3	7.5	21.8	55.4
2009	100.0	14.5	30.9	7.5	23.4	54.6
2010	100.0	13.5	32.3	7.8	24.5	54.2

注:本表按当年价格计算。

Note: The indices in this table are caculated at current prices.

2-8 地区生产总值指数

INDICES OF GROSS DOMESTIC PRODUCT

上年=100　　(preceding year=100)

年份 Year	地区生产总值 Gross Domestic Product	第一产业 Primary Industry	第二产业 Secondary Industry	工业 Industry	建筑业 Construction	第三产业 Tertiary Industry	人均地区生产总值 Per Capita GDP
1959	101.2	91.1	128.6	96.5	422.7	166.9	100.7
1960	145.8	115.9	292.6	270.0	339.9	167.8	141.7
1965	116.1	110.1	176.2	190.9	167.0	124.8	114.2
1978	107.2	102.9	115.3	107.4	120.1	108.5	105.1
1979	107.8	103.9	109.1	112.3	108.5	118.0	105.6
1980	122.4	139.7	100.3	107.6	96.5	100.4	120.2
1981	120.5	134.5	75.1	85.9	68.9	124.8	119.5
1982	100.3	89.9	159.3	140.0	173.2	98.1	99.3
1983	94.8	90.7	100.2	115.6	91.3	104.6	93.0
1984	125.3	108.0	87.1	74.2	96.7	238.4	122.9
1985	115.4	113.6	107.9	102.3	111.1	111.0	109.8
1986	90.8	91.2	67.1	96.3	52.3	100.3	89.4
1987	100.1	101.5	104.2	106.2	52.3	97.6	98.0
1988	104.2	106.3	100.0	110.9	52.3	103.3	101.8
1989	108.4	104.1	117.9	116.3	52.3	110.0	106.3
1990	108.9	106.5	114.4	113.5	52.3	109.5	107.8
1991	100.4	96.3	108.6	107.9	109.4	103.6	98.4
1992	107.1	103.5	105.7	103.2	101.6	112.6	106.1
1993	115.5	106.6	119.7	108.6	132.9	127.4	113.7
1994	115.7	104.0	128.8	108.6	148.4	125.5	113.8
1995	117.9	104.0	167.5	109.1	208.8	113.2	116.0
1996	113.2	104.2	90.8	106.9	84.8	134.9	111.5
1997	111.8	104.0	114.4	108.9	117.0	116.7	110.0
1998	112.1	101.7	121.1	107.8	126.9	115.6	110.3
1999	112.3	105.3	120.2	106.1	125.4	113.2	110.5
2000	110.4	102.1	116.1	106.7	119.0	112.6	108.6
2001	112.7	103.1	117.8	106.7	124.1	116.0	111.1
2002	112.9	104.4	120.5	105.7	128.1	113.9	111.4
2003	112.0	103.4	113.4	110.5	114.7	115.2	110.5
2004	112.1	105.5	111.4	116.4	109.3	115.1	110.8
2005	112.1	105.5	123.6	110.1	129.6	109.7	110.7
2006	113.3	103.1	123.0	117.2	125.2	112.4	111.8
2007	114.0	104.2	116.0	117.7	115.4	116.0	112.5
2008	110.1	106.2	107.9	108.7	107.6	112.4	109.0
2009	112.4	103.0	121.7	112.9	124.9	110.4	111.2
2010	112.3	103.2	114.1	113.3	114.4	113.7	111.2

注:本表按可比价格计算。

Note: The indices in this table are caculated at comparable prices.

2-9 地区生产总值指数

INDICES OF GROSS DOMESTIC PRODUCT

1951年=100 (1951=100)

年份 Year	地区生产总值 Gross Domestic Product	第一产业 Primary Industry	第二产业 Secondary Industry	工业 Industry	建筑业 Construction	第三产业 Tertiary Industry	人均地区生产总值 Per Capita GDP
1959	135.4	101.8	32104.6	3102.4	10398.0	777.1	126.5
1965	254.1	184.4	32192.3	1913.9	18850.1	2826.3	212.6
1978	481.9	252.9	229859.4	11509.6	149850.9	5521.1	308.6
1979	519.5	262.8	250776.6	12925.3	162588.2	6514.9	325.9
1980	635.9	367.1	251528.9	13907.6	156897.6	6541.0	391.7
1981	766.3	493.7	188898.2	11946.6	108102.4	8163.2	468.1
1982	768.6	443.8	300914.8	16725.2	187233.4	8008.1	464.8
1983	728.6	402.5	301516.6	19334.3	170944.1	8376.5	432.3
1984	912.9	434.7	262621.0	14346.1	165302.9	19969.6	531.3
1985	1053.5	493.8	283368.1	14676.1	183651.5	22166.3	583.4
1986	956.6	450.3	190140.0	14133.1	96049.5	22232.8	521.6
1987	957.6	457.1	198125.9	15009.4	98162.6	21699.2	511.2
1988	997.8	485.9	198125.9	16645.4	87561.0	22415.3	520.4
1989	1081.6	505.8	233590.4	19358.6	103759.8	24656.8	553.2
1990	1177.9	538.7	267227.4	21972.0	120672.6	26999.2	596.3
1991	1182.6	518.9	290209.0	23707.8	132015.8	27971.2	586.8
1992	1266.6	537.1	306750.9	24466.4	134128.1	31495.6	622.6
1993	1462.9	572.5	367180.8	26570.5	178256.2	40125.4	707.9
1994	1692.6	595.5	472928.9	28855.6	264532.3	50357.4	805.6
1995	1995.6	619.3	792155.9	31481.4	552343.4	57004.5	934.5
1996	2259.0	645.3	719277.6	33653.7	468387.2	76899.1	1041.9
1997	2525.6	671.1	822853.5	36648.8	548013.0	89741.3	1146.1
1998	2831.1	682.5	996475.6	39507.4	695428.5	103740.9	1264.2
1999	3179.4	718.7	1197763.7	41917.4	872067.3	117434.7	1396.9
2000	3510.0	733.8	1390603.7	44725.9	1037760.1	132231.5	1517.1
2001	3955.8	756.5	1638131.1	47722.5	1287860.3	153388.5	1685.5
2002	4466.1	789.8	1973948.0	50442.7	1649749.1	174709.5	1877.6
2003	5002.0	816.6	2238457.1	55739.1	1892262.2	201265.4	2074.8
2004	5607.3	861.6	2493641.2	64880.4	2068242.6	231656.5	2298.8
2005	6285.8	909.0	3082140.5	71433.3	2680442.4	254127.2	2544.8
2006	7121.8	937.2	3791032.8	83719.8	3355913.9	285639.0	2845.1
2007	8118.9	976.6	4397598.0	98538.2	3872724.6	331341.2	3200.7
2008	8938.9	1037.1	4745008.2	107111.0	4167051.7	372427.5	3488.8
2009	10047.3	1068.2	5774675.0	120928.3	5204647.6	411160.0	3879.5
2010	11283.1	1102.4	6588904.2	137011.8	5954116.9	467488.9	4314.0

注:本表按可比价格计算。

Note: The indices in this table are caculated at constant prices.

2-10 分地区生产总值

GROSS DOMESTIC PRODUCT BY REGION

单位：亿元　　(100 million yuan)

地区	Region	2009 地区生产总值 Gross Domestic Product	2009 第一产业 Primary Industry	2009 第二产业 Secondary Industry	2009 第三产业 Tertiary Industry	2010 地区生产总值 Gross Domestic Product	2010 第一产业 Primary Industry	2010 第二产业 Secondary Industry	2010 第三产业 Tertiary Industry
拉萨市	Lhasa	154.27	8.56	46.08	99.63	178.91	9.14	55.76	114.01
昌都地区	Qamdo	57.90	14.03	22.15	21.72	67.07	15.01	26.30	25.76
山南地区	Shannan	45.48	3.42	19.36	22.70	53.05	3.98	24.67	24.40
日喀则地区	Xigazê	75.51	19.48	18.19	37.84	86.40	20.67	21.60	44.13
那曲地区	Nagqu	45.11	9.10	11.61	24.40	51.15	9.72	14.19	27.24
阿里地区	Ngari	16.34	3.45	3.99	8.90	18.48	3.65	4.71	10.12
林芝地区	Nyingchi	45.77	5.59	14.81	25.37	53.69	5.96	16.80	30.93

注:本表按当年价格计算。

Note: Data in value terms in the table are caculated at current prices.

2-11 分地区生产总值增长速度

INCREASE RATE OF GROSS DOMESTIC PRODUCT BY REGION

单位：%　　(%)

地区	Region	2009 地区生产总值 Gross Domestic Product	2009 第一产业 Primary Industry	2009 第二产业 Secondary Industry	2009 第三产业 Tertiary Industry	2010 地区生产总值 Gross Domestic Product	2010 第一产业 Primary Industry	2010 第二产业 Secondary Industry	2010 第三产业 Tertiary Industry
拉萨市	Lhasa	12.7	3.1	20.1	10.6	13.0	3.3	14.7	13.0
昌都地区	Qamdo	12.2	3.2	35.5	1.1	12.1	3.3	12.8	16.8
山南地区	Shannan	12.5	2.8	22.1	7.3	12.3	3.7	21.1	6.5
日喀则地区	Xigazê	11.8	3.3	19.1	13.6	11.7	3.3	12.4	15.4
那曲地区	Nagqu	11.4	2.5	18.9	11.7	11.3	3.1	16.4	12.0
阿里地区	Ngari	11.3	3.0	17.2	12.0	11.5	2.7	12.1	14.4
林芝地区	Nyingchi	13.5	3.5	17.6	13.5	13.0	3.3	7.6	17.9

注:本表按可比价格计算。

Note: The indices in this table are caculated at constant prices.

第三篇

人口 从业人员和职工工资

Chapter 3

POPULATION,EMPLOYMENT AND WAGES

3-1 人口数及构成

POPULATION AND ITS COMPOSITION

单位：万人

年份	总人口(年末) Total Population	按性别分 By Sex 男 Male 人口数 Population	比重(%) Proportion	女 Female 人口数 Population	比重(%) Proportion	按城乡分 By Residence 城镇 Urban 人口数 Population	比重(%) Proportion	乡村 Rural 人口数 Population	比重(%) Proportion
1990	221.47	109.85	49.6	111.62	50.4	36.32	16.4	185.15	83.6
1991	225.03	110.80	49.2	114.23	50.8	36.55	16.2	188.48	83.8
1992	228.53	112.46	49.2	116.07	50.8	36.78	16.1	191.75	83.9
1993	232.22	114.82	49.4	117.40	50.6	38.39	16.5	193.83	83.5
1994	236.14	116.68	49.4	119.46	50.6	39.20	16.6	196.94	83.4
1995	239.84	118.51	49.4	121.33	50.6	40.05	16.7	199.79	83.3
1996	243.70	121.10	49.7	122.60	50.3	43.64	17.9	200.06	82.1
1997	247.60	123.32	49.8	124.28	50.2	45.14	18.2	202.46	81.8
1998	251.54	124.51	49.5	127.03	50.5	46.69	18.6	204.85	81.4
1999	255.51	126.99	49.7	128.52	50.3	48.29	18.9	207.22	81.1
2000	259.83	131.47	50.6	128.36	49.4	50.22	19.3	209.61	80.7
2001	262.95	133.05	50.6	129.90	49.4	51.54	19.6	211.41	80.4
2002	266.88	135.04	50.6	131.84	49.4	52.85	19.8	214.04	80.2
2003	270.17	136.70	50.6	133.47	49.4	53.49	19.8	216.68	80.2
2004	273.68	138.48	50.6	135.20	49.4	54.24	19.8	219.44	80.2
2005	277.00	137.37	49.6	139.63	50.4	54.93	19.8	222.07	80.2
2006	281.00	139.66	49.7	141.34	50.3	55.72	19.8	225.28	80.2
2007	284.15	142.36	50.1	141.79	49.9	60.52	21.3	223.63	78.7
2008	287.08	144.18	50.2	142.90	49.8	64.90	22.6	222.18	77.4
2009	290.03	146.03	50.3	143.00	49.3	68.03	23.5	220.00	75.9
2010	300.21	154.26	51.4	145.95	48.6				

注:本表数据为常住人口数。是根据人口普查、每年的人口变动抽样调查推算数。2010年为人口普查数据,时点为2010年11月1日零时

Note: Data in bracket were resident population , it adjusted on the basis of the national population censuses and the sample surveyon population changes every year. data of 2010 is census data,census time point in 2010 was 12 o'clock midnight,November 1.

3-2 人口出生率、死亡率和自然增长率

BIRTH RATE，DEATH RATE AND NATURAL GROWTH RATE OF POPULATION

单位:‰

年份 Year	出生率 Birth Rate	死亡率 Death Rate	自然增长率 Natural Growth Rate	年份 Year	出生率 Birth Rate	死亡率 Death Rate	自然增长率 Natural Growth Rate
1991	24.5	8.4	16.1	2001	18.6	6.5	12.1
1992	23.6	8.1	15.5	2002	18.8	6.1	12.7
1993	23.8	7.6	16.2	2003	17.4	6.3	11.1
1994	24.9	8.7	16.2	2004	17.4	6.2	11.2
1995	24.9	8.8	16.1	2005	17.9	7.2	10.8
1996	24.7	8.5	16.2	2006	17.4	5.7	11.7
1997	23.9	7.9	16.0	2007	16.4	5.1	11.3
1998	23.7	7.8	15.9	2008	15.5	5.2	10.3
1999	23.2	7.4	15.8	2009	15.3	5.1	10.2
2000	19.5	6.6	12.9	2010			

3-3 按三次产业分的从业人员

NUMBER OF EMPLOYED PERSONS BY TYPE OF INDUSTRY

年份 Year	合计(万人) Total (10000 persons)	第一产业 Primary Industry	第二产业 Secondary Industry	第三产业 Tertiary Industry	构成(%) Proportion 第一产业 Primary Industry	第二产业 Secondary Industry	第三产业 Tertiary Industry
1978	93.09	76.34	5.53	11.22	82.0	5.9	12.1
1979	98.23	80.55	5.68	12.00	82.0	5.8	12.2
1985	105.72	85.58	4.88	15.26	81.0	4.6	14.4
1986	107.37	85.75	5.37	16.25	79.9	5.0	15.1
1987	107.77	85.79	5.30	16.68	79.6	4.9	15.5
1988	107.24	85.38	4.90	16.96	79.6	4.6	15.8
1989	107.56	86.79	4.30	16.47	80.7	4.0	15.3
1990	107.88	87.08	4.13	16.67	80.7	3.8	15.5
1991	109.73	87.13	4.32	18.28	79.4	3.9	16.7
1992	110.92	86.78	4.67	19.47	78.2	4.2	17.6
1993	112.35	88.14	5.41	18.80	78.5	4.8	16.7
1994	114.34	88.21	4.21	21.92	77.1	3.7	19.2
1995	115.09	89.51	5.62	19.96	77.8	4.9	17.3
1996	117.70	89.72	5.84	22.14	76.2	5.0	18.8
1997	120.47	91.01	6.38	23.08	75.5	5.3	19.2
1998	120.22	89.27	6.87	24.08	74.3	5.7	20.0
1999	123.91	92.19	6.46	25.26	74.4	5.2	20.4
2000	124.18	90.98	7.35	25.85	73.3	5.9	20.8
2001	126.33	89.65	8.16	28.52	71.0	6.5	22.5
2002	130.20	89.63	8.11	32.46	68.8	6.2	25.0
2003	132.81	85.14	12.36	35.31	64.1	9.3	26.6
2004	137.32	86.00	13.17	38.15	62.6	9.6	27.8
2005	143.60	86.39	13.60	43.61	60.1	9.5	30.4
2006	148.20	87.32	14.28	46.60	58.9	9.6	31.4
2007	158.15	88.63	17.07	52.45	56.0	10.8	33.2
2008	163.50	89.41	17.09	57.00	54.6	10.5	34.9
2009	169.07	92.17	18.18	58.72	54.5	10.8	34.7
2010	173.39	92.96	18.85	61.58	53.6	10.9	35.5

3-4 国民经济各行业从业人员数(2010年)

NUMBER OF EMPLOYED PERSONS BY OWNERSHIP (2010)

单位：人　　　　(person)

行　业	Sector	合计 Total	国有经济单位 State-owned Units	集体经济单位 Collective-owned Units	其他经济单位 Others Units	城镇私营和个体 Urban Private Enterprises	乡村从业人数 Rural Employed
总计	**Total**	**1733913**	**207267**	**4786**	**10063**	**292422**	**1219375**
农、林、牧、渔业	Farming,Forestry,Animal Husbandry and Fishery	929617	8781	34		5247	915555
采矿业	Mining and Quarrying	35340	2087	131	9	3390	29723
制造业	Manufacturing	24949	4225	1839	1913	16972	
电力、燃气及水的生产供应业	Electricity,Gas Water Production and Supply	9610	7672			1938	
建筑业	Construction	118583	3360	2342	2067	23105	87709
交通运输、仓储及邮政业	Transport,Storage,and Post	50290	6908	14		6515	36853
信息传输、计算机服务和软件业	Information Transmission,Computer Servecis and Software	8287	3662			4374	251
批发和零售业	Wholesale and Retail Trade	167241	4485	265	1211	129406	31874
住宿和餐饮业	Stay Place and Catering	60481	3309	89	17	43463	13603
金融业	Finance and Insurance	8449	6988		1249	212	
房地产业	Real Estate Trade	2171	263		45	1863	
租赁和商务服务业	Tenancy and Commerce Servecis	13078	438	50	949	11641	
科学研究、技术服务和地质勘查业	Science Studies,Technical Servecis and Geological Prospecting	7445	6760			685	
水利、环境和公共设施管理业	Water Environment and Municipal Engineering Conservancy	1916	1695			221	
居民服务和其他服务业	Resideng Services and Other Services	26849	55			26794	
教育	Education	39645	39553			92	
卫生、社会保障和社会福利业	Health Care,Social Security and Social Welfare	16127	15179			948	
文化、体育和娱乐业	Culture and Arts,Sports and Recreation	16764	6187	22		10555	
公共管理和社会组织	Public Management and Social Organization	88263	85660		2603		
其他	Others	108808				5001	103807

3-5 全区职工人数及构成

NUMBER OF STAFF AND WORKERS AND ITS PROPORTION

年份 Year	合计（人）Total (person)	国有经济单位 State-owned Units	城镇集体经济单位 Urban Collective-owned	其他经济单位 Units of Other Type of Ownership	构成（总计=100） Proportion (Total=100) 国有经济单位 State-owned Units	城镇集体经济单位 Urban Collective-owned	其他经济单位 Units of Other Type of Ownership
1978	135217	126663	8554		93.7	6.3	
1979	178489	167533	10956		93.9	6.1	
1980	193288	178433	14855		92.3	7.7	
1981	174227	162637	11590		93.3	6.7	
1982	182821	168301	14520		92.1	7.9	
1983	174964	160191	14773		91.6	8.4	
1984	176282	161695	14587		91.7	8.3	
1985	166772	152566	14018	188	91.5	8.4	0.1
1986	158985	146216	12202	567	92.0	7.7	0.3
1987	156826	146168	10189	469	93.2	6.5	0.3
1988	160038	148718	10746	574	92.9	6.7	0.4
1989	161385	150657	10125	603	93.4	6.3	0.3
1990	157841	149144	8557	140	94.5	5.4	0.1
1991	163863	152573	10522	768	93.1	6.4	0.5
1992	167790	155940	11043	807	92.9	6.7	0.4
1993	169018	157263	11194	561	93.1	6.6	0.3
1994	160143	151134	8318	691	94.4	5.2	0.4
1995	162896	151971	10021	904	93.3	6.1	0.6
1996	167496	155488	10818	1190	92.8	6.5	0.7
1997	166960	154262	11348	1350	92.4	6.8	0.8
1998	163342	149057	11752	2533	91.3	7.2	1.5
1999	161451	147146	10076	4229	91.1	6.2	2.6
2000	162438	149690	8187	4561	92.2	5.0	2.8
2001	159691	144592	8512	6587	90.6	5.3	4.1
2002	148025	137940	5580	4505	93.2	3.8	3.0
2003	144777	136646	3688	4443	94.4	2.5	3.1
2004	144924	136732	2940	5252	94.4	2.0	3.6
2005	162831	154473	3226	5132	94.9	2.0	3.1
2006	170141	160669	4709	4763	94.4	2.8	2.8
2007	177690	167465	4873	5352	94.3	2.7	3.0
2008	180700	170748	4983	4969	94.5	2.8	2.7
2009	188881	178593	4648	5640	94.8	2.3	2.9
2010	194553	184151	4754	5648	94.7	2.4	2.9

注：1998年以后为在岗职工人数。

Note: Data of 1998 and after year refer to fully employed staff and workers.

3-6 单位女性从业人员数

NUMBER OF FEMALE STAFF AND WORKERS IN UNITS

年份 Year	合计(人) Total (person)	国有经济单位 State-owned Units	城镇集体经济单位 Urban Collective-owned	其他经济单位 Units of Other Type of Ownership	占单位从业人员比重(%) Proportion 合计 Total	国有经济单位 State-owned Units	城镇集体经济单位 Urban Collective-owned	其他经济单位 Units of Other Type of Ownership
1980	66085	58936	7149		34.2	33.0	48.1	
1985	57614	50945	6637	32	34.6	33.4	47.4	17.0
1986	52229	46739	5270	220	32.9	32.0	43.2	38.8
1987	52579	47177	5181	221	33.5	32.4	50.9	47.1
1988	52944	47410	5277	257	33.1	31.9	49.1	44.8
1989	52856	48185	4403	268	32.8	32.0	43.5	44.4
1990	50428	46673	3677	78	32.0	31.3	43.0	55.7
1991	53347	48555	4489	303	32.6	31.8	42.7	39.5
1992	54336	49294	4720	322	32.4	31.6	42.7	39.9
1993	55299	49668	5336	295	32.7	31.6	47.7	52.6
1994	54437	50512	3582	343	34.0	33.4	43.1	49.6
1995	54539	49989	4050	500	33.5	32.9	40.4	55.3
1996	57700	53222	3869	609	34.4	34.2	35.8	51.2
1997	58254	53364	4395	495	34.9	34.6	38.7	36.7
1998	59971	54195	5234	542	36.7	36.4	44.5	21.4
1999	59472	53428	4656	1388	33.5	33.0	43.6	29.4
2000	59623	54604	3522	1497	33.3	33.3	40.3	29.3
2001	59572	54082	3220	2270	34.3	34.3	35.9	34.0
2002	55840	52301	1639	1900	33.2	33.2	28.5	29.5
2003	57827	54350	1604	1873	33.8	33.8	30.4	25.1
2004	61467	58247	1280	1940	35.6	35.6	27.6	29.6
2005	63870	60125	1490	2255	35.1	35.5	28.7	30.1
2006	62495	59142	1278	2075	33.0	33.4	24.6	29.9
2007	69165	64718	1782	2665	35.2	35.4	33.4	31.0
2008	70899	66586	1845	2468	34.9	35.1	36.6	30.5
2009	80727	76360	1697	2670	37.8	38.8	37.1	27.3
2010	79573	74243	2345	2985	35.8	35.8	49.0	29.7

3-7 各行业分经济类型、分地区职工人数(2010年)

单位：人

行业	Sector	合计 Total	国有经济单位 State-owned Units	集体经济单位 Collective-owned Units	其他经济单位 Others Units
总计	**Total**	**194553**	**184151**	**4754**	**5648**
农、林、牧、渔业	Farming,Forestry,Animal Hus–bandry and Fishery	4271	4252	19	
采掘业	Mining and Quarrying	1857	1718	130	9
制造业	Manufacturing	7217	3571	1793	1853
电力、燃气及水生产供应业	Electricity,Gas Water Production and Supply	7338	7338		
建筑业	Construction	5467	2378	2362	727
交通运输、仓储及邮政业	Transport,Storage,and Post	6681	6664	17	
信息传输、计算机服务和软件业	Information Transmission,Computer Servecis and Software	2720	2720		
批发和零售业	Wholesale and Retail Trade	5658	4247	256	1155
住宿和餐饮业	Stay Place and Catering	3169	3062	90	17
金融业	Finance and Insurance	7889	6898		991
房地产业	Real Estate Trade	306	261		45
租赁和商务服务业	Tenancy and Commerce Servecis	1275	377	64	834
科学研究、技术服务和地质勘查业	Science Studies,Technical Servecis and Geological Prospecting	5644	5644		
水利、环境和公共设施管理业	Water Environment and Municipal Engineering Conservancy	1540	1540		
居民服务和其他服务业	Resideng Services and Other Services	43	43		
教育	Education	36921	36921		
卫生、社会保障和社会福利业	Health Care,Social Security and Social Welfare	12972	12972		
文化、体育和娱乐业	Culture and Arts,Sports and Re–creation	5469	5446	23	
公共管理和社会组织	Public Management and Social Organization	78116	78099		17

注:分地区中的其它为区直单位(下同)。

NUMBER OF STAFF AND WORKERS BY REGION,OWNERSHIP AND SECTOR(2010)

(person)

拉萨市 Lhasa	昌都地区 Qamdo	山南地区 Shannan	日喀则地区 Xigazê	那曲地区 Nagqu	阿里地区 Ngari	林芝地区 Nyingchi	其 它 Others
23743	**22801**	**19409**	**27724**	**17980**	**7522**	**14526**	**60848**
559	723	287	1075	905	79	643	
	128	987	132	22	5		583
1053	756	595	960	168	126	727	2832
326	345	250	523	172	50	605	5067
2047	88	1025	334	430		87	1456
299	842	624	99	173	35	933	3676
92						91	2537
700	285	157	720	624	270	243	2659
17		289	564	76	12	50	2161
68						277	7544
183			45				78
		64	7		102		1102
		163	514		28	80	4859
841	11	35	530			24	99
							43
6681	6092	4557	7982	4375	905	2323	4006
1466	2492	1351	2194	1584	416	700	2769
378	342	496	632	310	121	438	2752
9033	10697	8529	11413	9141	5373	7305	16625

Note: Others included minority nationality autonomous uints.(The next table is the same).

3-8 各地区国有经济单位分行业女性从业人员数(2010年)

NUMBER OF FEMALE STAFF AND WORKERS OF STATE-OWNED UNITS BY REGION AND SECTOR(2010)

单位：人 (person)

行　业	Sector	合计 Total	拉萨市 Lhasa	昌都地区 Qamdo	山南地区 Shan-nan	日喀则地 区 Xigazê	那曲地区 Nagqu	阿里地区 Ngari	林芝地区 Nying-chi	其 它 Others
总计	**Total**	**79573**	**11294**	**7599**	**7028**	**12096**	**6969**	**2401**	**7149**	**25037**
农、林、牧、渔业	Farming,Forestry,Animal Hus–bandry and Fishery	1517	244	142	80	437	216	20	378	
采掘业	Mining and Quarrying	426			118	108		1		199
制造业	Manufacturing	3131	461	177	215	562	103	36	500	1077
电力、燃气及水生产供应业	Electricity,Gas Water Production and Supply	2747	155	104	48	192	39	14	290	1905
建筑业	Construction	2412	1279		225	86	42		25	755
交通运输、仓储及邮政业	Transport,Storage,and Post	3252	154	117	246	46	45	10	436	2198
信息传输、计算机服务和软件业	Information Transmission,Computer Servecis and Software	1715	52						33	1630
批发和零售业	Wholesale and Retail Trade	2274	427	83	58	318	236	92	115	945
住宿和餐饮业	Stay Place and Catering	1803	7		186	328	43	7	28	1204
金融业	Finance and Insurance	1923	38						97	1788
房地产业	Real Estate Trade	109	54			22				33
租赁和商务服务业	Tenancy and Commerce Servecis	671			45	3		39		584
科学研究、技术服务和地质勘查业	Science Studies,Technical Servecis and Geological Prospecting	1991			74	205		7	42	1663
水利、环境和公共设施管理业	Water Environment and Municipal Engineering Conservancy	764	341	2	14	373			11	23
居民服务和其他服务业	Resideng Services and Other Services	12								12
教育	Education	17586	3707	2909	1915	3205	2239	385	1265	1961
卫生、社会保障和社会福利业	Health Care,Social Security and Social Welfare	7340	799	1152	710	1453	733	204	542	1747
文化、体育和娱乐业	Culture and Arts,Sports and Recreation	2410	192	144	184	266	104	66	217	1237
公共管理和社会组织	Public Management and Social Organization	27490	3384	2769	2910	4492	3169	1520	3170	6076

3-9 各地市国有经济单位分行业职工人数（2010年）

NUMBER OF STAFF AND WORKERS IN STATE-OWNED UNITS BY SECTOR AND REGION (2010)

单位：人　　　　(person)

行　业	Sector	合计 Total	拉萨市 Lhasa	昌都地区 Qamdo	山南地区 Shannan	日喀则地区 Xigazê	那曲地区 Nagqu	阿里地区 Ngari	林芝地区 Nyingchi	其它 Others
总计	**Total**	**184151**	**21269**	**22433**	**18308**	**26621**	**17901**	**7522**	**14185**	**55912**
农、林、牧、渔业	Farming,Forestry,Animal Husbandry and Fishery	4252	559	723	272	1071	905	79	643	
采掘业	Mining and Quarrying	1718		35	978	113	22	5		565
制造业	Manufacturing	3571	373	569	48	443	94	126	505	1413
电力、燃气及水生产供应业	Electricity,Gas Water Production and Supply	7338	326	345	250	523	172	50	605	5067
建筑业	Construction	2378	486		597	49	430		87	729
交通运输、仓储及邮政业	Transport,Storage,and Post	6664	299	842	624	82	173	35	933	3676
信息传输、计算机服务和软件业	Information Transmission,Computer Servecis and Software	2720	92						91	2537
批发和零售业	Wholesale and Retail Trade	4247	552	285	119	617	619	270	227	1558
住宿和餐饮业	Stay Place and Catering	3062			289	474	76	12	50	2161
金融业	Finance and Insurance	6898							191	6707
房地产业	Real Estate Trade	261	183							78
租赁和商务服务业	Tenancy and Commerce Servecis	377				7		102		268
科学研究、技术服务和地质勘查业	Science Studies,Technical Servecis and Geological Prospecting	5644			163	514		28	80	4859
水利、环境和公共设施管理业	Water Environment and Municipal Engineering Conservancy	1540	841	11	35	530			24	99
居民服务和其他服务业	Resideng Services and Other Services	43								43
教育	Education	36921	6681	6092	4557	7982	4375	905	2323	4006
卫生、社会保障和社会福利业	Health Care,Social Security and Social Welfare	12972	1466	2492	1351	2194	1584	416	700	2769
文化、体育和娱乐业	Culture and Arts,Sports and Recreation	5446	378	342	496	609	310	121	438	2752
公共管理和社会组织	Public Management and Social Organization	78099	9033	10697	8529	11413	9141	5373	7288	16625

3-10 各地市城镇集体经济单位分行业职工人数（2010年）

NUMBER OF STAFF AND WORKERS IN URBAN COLLECTIVE-OWNED UNITS BY SECTOR AND REGION (2010)

单位：人 (person)

项　目	Item	合计 Total	拉萨市 Lhasa	昌都地区 Qamdo	山南地区 Shan-nan	日喀则地区 Xigazê	那曲地区 Nagqu	阿里地区 Ngari	林芝地区 Nying-chi	其它 Others
总计	**Total**	**4754**	**2093**	**368**	**634**	**1058**	**79**		**238**	**284**
农、林、牧、渔业	Farming,Forestry,Animal Husbandry and Fishery	19			15	4				
采掘业	Mining and Quarrying	130		93	9	19				9
制造业	Manufacturing	1793	400	187	118	517	74		222	275
电力、燃气及水生产供应业	Electricity,Gas Water Production and Supply									
建筑业	Construction	2362	1561	88	428	285				
交通运输、仓储及邮政业	Transport,Storage,and Post	17				17				
信息传输、计算机服务和软件业	Information Transmission,Computer Servecis and Software									
批发和零售业	Wholesale and Retail Trade	256	132			103	5		16	
住宿和餐饮业	Stay Place and Catering	90				90				
金融业	Finance and Insurance									
房地产业	Real Estate Trade									
租赁和商务服务业	Tenancy and Commerce Servecis	64			64					
科学研究、技术服务和地质勘查业	Science Studies,Technical Servecis and Geological Prospecting									
水利、环境和公共设施管理业	Water Environment and Municipal Engineering Conservancy									
居民服务和其他服务业	Resideng Services and Other Services									
教育	Education									
卫生、社会保障和社会福利业	Health Care,Social Security and Social Welfare									
文化、体育和娱乐业	Culture and Arts,Sports and Recreation	23				23				
公共管理和社会组织	Public Management and Social Organization									

3-11 单位从业人员劳动报酬情况 (2010年)

WORKING PAY OF EMPLOYED PERSONS IN UNITS (2010)

单位:万元 (10000 yuan)

行　业	Sector	单位从业人员劳动报酬 Total Wages	在岗职工工资总额 Staff and Workers at their Posts	其他从业人员劳动报酬 Others	#聘用的离退休人员 Retired and Ucsrm Engaged and Kept on	离开本单位仍保留劳动关系职工的生活费 Subsidies and Allowances
总计	**Total**	**1089480**	**1058308**	**31171**		**2955**
按经济类型分	**Grouped by Ownership**					
国有经济单位	State-owned Units	1051068	1023536	27532		2896
城镇集体经济单位	Urban Collective Owned Units	7865	7819	46		
其他经济单位	Units of Other Types of Ownership	30547	26953	3594		59
按行业分	**Grouped by Sector**					
农、林、牧、渔业	Farming,Forestry,Animal Husbandry and Fishery	17672	14606	3066		
采掘业	Mining and Quarrying	5892	5427	467		
制造业	Manufacturing	21482	20513	969		47
电力、燃气及水生产供应业	Electricity,Gas Water Production and Supply	31467	31057	410		288
建筑业	Construction	19399	15903	3496		183
交通运输、仓储及邮政业	Transport,Storage,and Post	27107	26717	390		14
信息传输、计算机服务和软件业	Information Transmission,Computer Servecis and Software	18916	16283	2633		1
批发和零售业	Wholesale and Retail Trade	23484	22916	568		185
住宿和餐饮业	Stay Place and Catering	7553	7193	360		660
金融业	Finance and Insurance	79749	79559	190		891
房地产业	Real Estate Trade	1330	1330			
租赁和商务服务业	Tenancy and Commerce Servecis	4013	3811	202		24
科学研究、技术服务和地质勘查业	Science Studies,Technical Servecis and Geological Prospecting	39773	38096	1677		140
水利、环境和公共设施管理业	Water Environment and Municipal Engineering Conservancy	5490	5284	206		
居民服务和其他服务业	Resideng Services and Other Services	245	230	15		
教育	Education	205308	203095	2213		125
卫生、社会保障和社会福利业	Health Care,Social Security and Social Welfare	72560	70152	2408		172
文化、体育和娱乐业	Culture and Arts,Sports and Recreation	31079	30353	726		
公共管理和社会组织	Public Management and Social Organization	476962	465786	11176		226

3-12 职工工资总额及构成

TOTAL WAGES OF STAFF AND WORKERS AND ITS COMPOSITION

年份 地区 Year Region	绝对数(万元) Value (10000 yuan)				构成(总计=100)Composition(Total=100)		
	合 计 Total	国有经济单位 State-Owned Units	城镇集体经济单位 Urban Collection-Owned Uints	其他经济单位 Units of Others Types of Ownership	国有经济单位 State-Owned Units	城镇集体经济单位 Urban Collection-Owned Uints	其他经济单位 Units of Others Types of Ownership
1965	5861	5861			100.0		
1978	11125	10658	467		95.8	4.2	
1979	15609	14953	656		95.8	4.2	
1980	19548	18574	974		95.0	5.0	
1985	32856	30636	2181	39	93.2	6.6	0.2
1986	37562	35300	2111	151	94.0	5.6	0.4
1987	38638	36539	1997	102	94.6	5.1	0.3
1988	42662	40071	2458	133	93.9	5.8	0.3
1989	46576	44386	2024	166	95.3	4.4	0.3
1990	49071	47118	1896	57	96.0	3.9	0.1
1991	54513	51567	2312	274	95.2	4.3	0.5
1992	56851	53946	2610	295	94.9	4.6	0.5
1993	67869	64520	3032	317	95.1	4.5	0.4
1994	111934	108501	2478	955	96.9	2.2	0.9
1995	120652	115668	4007	977	95.9	3.3	0.8
1996	185405	179463	4482	1460	96.8	2.4	0.8
1997	170366	164175	5223	968	96.3	3.1	0.6
1998	179427	171185	6321	1921	95.4	3.5	1.1
1999	205336	195535	5389	4412	95.2	2.6	2.2
2000	232007	222425	4648	4934	95.9	2.0	2.1
2001	295197	283439	5123	6635	96.0	1.7	2.3
2002	364066	351545	5437	7084	96.6	1.5	2.0
2003	388303	375822	3402	9079	96.8	0.9	2.3
2004	422299	410205	2814	9280	97.1	0.7	2.2
2005	462580	448477	3935	10168	97.0	0.9	2.1
2006	528980	512456	5184	11340	96.9	1.0	2.1
2007	805584	785865	5776	13943	97.6	0.7	1.7
2008	848391	829494	6699	12198	97.8	0.8	1.4
2009	920798	897831	5685	17282	97.5	0.6	1.9
2010	1058308	1023536	7819	26953	96.7	0.7	2.6
拉萨市 Lhasa	110358	106854	2488	1016	96.8	2.2	0.9
昌都地区 Qamdo	111931	111287	645		99.4	0.5	
山南地区 Shannan	95034	93753	361	920	98.6	0.3	0.9
日喀则地区 Xigazê	138189	136377	1690	122	98.6	1.2	
那曲地区 Nagqu	103797	103568	229		99.7	0.2	
阿里地区 Ngari	46466	46466			100.0		
林芝地区 Nyingchi	72152	69662	1927	563	96.5	2.6	0.7
其他 Others	380382	355570	480	24332	93.4	0.1	6.3

注:1998年后为在岗职工工资(下同)。

Note: the data on total wages after 1998 refer to wagws of fully employed staff and workers. (Similarlly in the following tables).

3-13 职工工资总额指数

INDEX WAGES OF STAFF AND WORKERS

年份 Year	指数(1978=100) Indices (1978=100)				指数(上年=100) Indices (Preceding year=100)			
	合　计 Total	国有经济单　位 State-Owned Units	城镇集体经济单位 Urban Collection-Owned Uints	其他经济单　位 Units of Others Types of Ownership	合　计 Total	国有经济单　位 State-Owned Units	城镇集体经济单位 Urban Collection-Owned Uints	其他经济单　位 Units of Others Types of Ownership
1978	100.0	100.0	100.0			107.0		
1979	140.3	140.3	140.5		140.3	140.3	140.5	
1980	175.7	174.3	208.6		125.2	124.2	148.5	
1981	174.3	173.0	205.3		99.2	99.3	98.4	
1982	210.8	205.1	340.4		102.9	118.6	165.8	
1983	219.1	210.0	425.4		103.9	102.4	125.0	
1984	265.0	257.1	446.5		121.0	122.4	105.0	
1985	295.3	287.5	466.9	100.0	111.4	111.8	104.6	
1986	337.6	331.2	452.0	387.2	114.3	115.2	96.8	387.2
1987	347.3	343.3	427.7	261.5	102.9	103.5	94.6	67.5
1988	383.5	376.0	426.4	341.0	110.4	109.7	123.1	130.4
1989	418.7	416.5	433.4	425.6	109.2	110.8	82.3	124.8
1990	441.1	442.9	406.0	146.2	105.4	106.3	93.7	34.4
1991	486.8	483.9	495.1	702.6	110.4	109.3	121.9	480.6
1992	511.0	506.2	558.9	756.4	105.0	104.6	112.9	107.7
1993	610.1	605.4	649.3	812.8	119.4	119.6	116.2	107.5
1994	1006.2	1018.1	530.6	2448.7	164.9	168.2	81.7	301.3
1995	1084.5	1085.3	858.1	2505.1	107.8	106.6	161.7	102.4
1996	1666.6	1683.8	959.7	3743.6	153.7	155.2	111.9	149.4
1997	1531.4	1540.4	1118.4	2481.5	91.9	91.5	116.5	66.3
1998	1612.8	1606.2	1353.5	4925.6	105.3	104.3	121.0	198.5
1999	1845.7	1834.6	1154.0	11312.8	114.4	114.2	85.3	229.7
2000	2085.6	2087.8	995.9	12647.7	113.0	113.8	86.3	111.8
2001	2653.5	2659.4	1096.8	17010.3	127.2	127.4	110.2	134.5
2002	3272.5	3298.4	1097.0	18164.1	123.3	124.0	100.0	106.8
2003	3490.4	3526.2	728.5	23279.5	106.7	106.9	62.6	128.2
2004	3797.6	3847.1	602.5	23791.6	108.8	109.1	82.7	102.2
2005	4158.0	4207.9	842.6	26071.8	109.5	109.3	139.8	109.6
2006	4754.9	4808.2	1110.3	29076.9	114.4	114.3	131.8	115.3
2007	7241.2	7373.5	1236.8	35753.9	152.3	153.4	111.4	123.0
2008	7625.9	7792.8	1434.4	31276.9	105.3	105.6	116	87.5
2009	8276.8	8424.0	1217.3	44312.3	108.5	108.1	84.9	141.7
2010	9512.8	9603.4	1674.3	69110.3	114.9	114	137.5	155.9

3-14 各行业分经济类型、分地区职工工资总额(2010年)

单位：万元

项目	Item	合计 Total	国有经济单位 State-owned Units	集体经济单位 Collective-owned Units	其他经济单位 Others Units
总计	**Total**	**1058308**	**1023536**	**7818**	**26954**
农、林、牧、渔业	Farming,Forestry,Animal Husbandry and Fishery	14606	14581	25	
采掘业	Mining and Quarrying	5426	5108	307	11
制造业	Manufacturing	20513	11940	4071	4502
电力、燃气及水生产供应业	Electricity,Gas Water Production and Supply	31056	31056		
建筑业	Construction	15903	6573	2830	6500
交通运输、仓储及邮政业	Transport,Storage,and Post	26717	26694	23	
信息传输、计算机服务和软件业	Information Transmission,Computer Servecis and Software	16283	16283		
批发和零售业	Wholesale and Retail Trade	22916	19055	399	3462
住宿和餐饮业	Stay Place and Catering	7193	6961	112	120
金融业	Finance and Insurance	79559	70064		9495
房地产业	Real Estate Trade	1329	1207		122
租赁和商务服务业	Tenancy and Commerce Servecis	3811	1118	30	2663
科学研究、技术服务和地质勘查业	Science Studies,Technical Servecis and Geological Prospecting	38096	38096		
水利、环境和公共设施管理业	Water Environment and Municipal Engineering Conservancy	5284	5284		
居民服务和其他服务业	Resideng Services and Other Services	230	230		
教育	Education	203095	203095		
卫生、社会保障和社会福利业	Health Care,Social Security and Social Welfare	70152	70152		
文化、体育和娱乐业	Culture and Arts,Sports and Recreation	30353	30332	21	
公共管理和社会组织	Public Management and Social Organization	465786	465707		79

TOTAL WAGES OF STAFF AND WORKERS BY REGION,OWNERSHIP AND SECTOR (2010)

(10000 yuan)

拉萨市 Lhasa	昌都地区 Qamdo	山南地区 Shannan	日喀则地区 Xigazê	那曲地区 Nagqu	阿里地区 Ngari	林芝地区 Nyingchi	其　它 Others
110358	**111930**	**95034**	**138188**	**103797**	**46466**	**72154**	**380381**
1797	2738	1203	4596	2545	430	1298	
	215	2280	171	102	14		2644
1666	2030	1072	1503	483	433	3462	9864
987	985	633	1077	371	227	2050	24727
3129	144	1693	694	1133		138	8972
837	3028	2335	312	682	207	4018	15300
371						374	15538
1648	1043	362	2127	2319	1273	581	13565
120		794	1011	392	32	171	4673
456						1364	77738
950			122				258
		30	10		356		3413
		982	2558		158	737	33660
3038	59	200	1131			150	706
							230
35632	31485	25493	42918	27268	5624	12655	22019
6261	13158	7331	12492	9010	2565	3659	15675
2275	2015	2442	3269	1867	971	2400	15113
51191	55030	48184	64197	57625	34176	39097	116286

3-15 各行业分经济类型、分地区职工平均工资(2010年)

单位：元

行　业	Sector	合计 Total	国有经济单位 State-owned Units	集体经济单位 Collective-owned Units	其他经济单位 Others Units
总计	**Total**	**54397**	**55581**	**16447**	**47722**
农、林、牧、渔业	Farming,Forestry,Animal Hus–bandry and Fishery	34197	34292	13053	
采掘业	Mining and Quarrying	29222	29731	23654	12444
制造业	Manufacturing	28423	33436	22706	24295
电力、燃气及水生产供应业	Electricity,Gas Water Production and Supply	42323	42323		
建筑业	Construction	29089	27642	11983	89396
交通运输、仓储及邮政业	Transport,Storage,and Post	39989	40057	13412	
信息传输、计算机服务和软件业	Information Transmission,Computer Servecis and Software	59865	59865		
批发和零售业	Wholesale and Retail Trade	40503	44867	15586	29978
住宿和餐饮业	Stay Place and Catering	22697	22733	12467	70412
金融业	Finance and Insurance	100847	101271		95811
房地产业	Real Estate Trade	43451	46257		27178
租赁和商务服务业	Tenancy and Commerce Servecis	29888	29658	4688	31926
科学研究、技术服务和地质勘查业	Science Studies,Technical Servecis and Geological Prospecting	67498	67498		
水利、环境和公共设施管理业	Water Environment and Municipal Engineering Conservancy	34314	34314		
居民服务和其他服务业	Resideng Services and Other Services	53535	53535		
教育	Education	55008	55008		
卫生、社会保障和社会福利业	Health Care,Social Security and Social Welfare	54080	54080		
文化、体育和娱乐业	Culture and Arts,Sports and Recreation	55500	55695	9174	
公共管理和社会组织	Public Management and Social Organization	59627	59630		46529

AVERAGE WAGES OF STAFF AND WORKERS BY REGION,OWNERSHIP AND SECTOR (2010)

(yuan)

拉萨市 Lhasa	昌都地区 Qamdo	山南地区 Shannan	日喀则地区 Xigazê	那曲地区 Nagqu	阿里地区 Ngari	林芝地区 Nyingchi	其　它 Others
46480	**49091**	**48964**	**49845**	**57729**	**61773**	**49670**	**62513**
32143	37871	41902	42755	28117	54405	20180	
	16883	23096	12955	46227	27800		45355
15823	26854	18013	15659	28732	34357	47619	34830
30264	28542	25308	20600	21587	45500	33874	48800
15287	16364	16516	20763	26358		15816	61622
27983	35958	37418	31495	39410	59143	43064	41619
40380						41088	61245
23537	36596	23070	29538	37160	47130	23909	51014
70412		27491	17931	51618	26250	34140	21623
67103						49231	103047
51896			27178				33026
		4688	14857		34951		30978
		60252	49770		56464	92138	69274
36126	54091	57171	21334			62250	71354
							53535
53334	51683	55943	53768	62328	62141	54475	54965
42709	52800	54264	56938	56881	61671	52279	56610
60196	58915	49234	51731	60242	80231	54797	54915
56671	51445	56494	56249	63040	63607	53520	69947

3-16 各地市国有经济单位分行业职工工资总额（2010年）

TOTAL WAGES OF STAFF AND WORKERS IN STATE-OWNED UNITS BY SECTOR AND REGION (2010)

单位：万元 (10000 yuan)

行业	Sector	合计 Total	拉萨市 Lhasa	昌都地区 Qamdo	山南地区 Shannan	日喀则地区 Xigazê	那曲地区 Nagqu	阿里地区 Ngari	林芝地区 Nyingchi	其它 Others
总计	**Total**	**1023536**	**106854**	**111286**	**93753**	**136377**	**103568**	**46466**	**69662**	**355570**
农、林、牧、渔业	Farming,Forestry,Animal Husbandry and Fishery	14581	1797	2738	1188	4586	2544	430	1298	
采掘业	Mining and Quarrying	5108		93	2269	32	102	14		2598
制造业	Manufacturing	11939	793	1652	93	935	264	433	1564	6205
电力、燃气及水生产供应业	Electricity,Gas Water Production and Supply	31056	987	985	633	1077	371	227	2049	24727
建筑业	Construction	6574	1284		1468	78	1133		138	2473
交通运输、仓储及邮政业	Transport,Storage,and Post	26695	837	3028	2335	289	682	207	4018	15299
信息传输、计算机服务和软件业	Information Transmission,Computer Servecis and Software	16283	371						374	15538
批发和零售业	Wholesale and Retail Trade	19054	1438	1043	340	1927	2308	1272	552	10174
住宿和餐饮业	Stay Place and Catering	6961			795	899	392	31	171	4673
金融业	Finance and Insurance	70064							880	69184
房地产业	Real Estate Trade	1207	950							257
租赁和商务服务业	Tenancy and Commerce Servecis	1118				10		357		751
科学研究、技术服务和地质勘查业	Science Studies,Technical Servecis and Geological Prospecting	38096			982	2558		158	737	33661
水利、环境和公共设施管理业	Water Environment and Municipal Engineering Conservancy	5284	3038	59	200	1131			149	707
居民服务和其他服务业	Resideng Services and Other Services	230								230
教育	Education	203095	35632	31485	25493	42918	27269	5624	12655	22019
卫生、社会保障和社会福利业	Health Care,Social Security and Social Welfare	70152	6261	13158	7331	12492	9010	2566	3659	15675
文化、体育和娱乐业	Culture and Arts,Sports and Recreation	30332	2275	2015	2442	3248	1868	971	2400	15113
公共管理和社会组织	Public Management and Social Organization	465707	51191	55030	48184	64197	57625	34176	39018	116286

3-17 各地市国有经济单位分行业职工平均工资（2010年）

AVERAGE WAGES OF STAFF AND WORKERS IN STATE-OWNED UNITS BY SECTOR AND REGION (2010)

单位：元 (yuan)

行业	Sector	合计 Total	拉萨市 Lhasa	昌都地区 Qamdo	山南地区 Shannan	日喀则地区 Xigazê	那曲地区 Nagqu	阿里地区 Ngari	林芝地区 Nyingchi	其它 Others
总计	**Total**	**55581**	**50239**	**49608**	**51209**	**51229**	**57856**	**61773**	**49109**	**63595**
农、林、牧、渔业	Farming,Forestry,Animal Hus–bandry and Fishery	34292	32143	37871	43684	42818	28117	54405	20180	
采掘业	Mining and Quarrying	29731		26571	23204	2823	46227	27800		45981
制造业	Manufacturing	33436	21252	29040	19458	21108	28064	34357	30972	43917
电力、燃气及水生产供应业	Electricity,Gas Water Production and Supply	42323	30264	28542	25308	20600	21587	45500	33874	48800
建筑业	Construction	27642	26412		24585	15898	26358		15816	33925
交通运输、仓储及邮政业	Transport,Storage,and Post	40057	27983	35958	37418	35244	39410	59143	43064	41619
信息传输、计算机服务和软件业	Information Transmission,Computer Servecis and Software	59865	40380						41088	61245
批发和零售业	Wholesale and Retail Trade	44867	26060	36596	28538	31227	37292	47130	24330	65301
住宿和餐饮业	Stay Place and Catering	22733			27491	18968	51618	26250	34140	21623
金融业	Finance and Insurance	101571							46068	103151
房地产业	Real Estate Trade	46257	51896							33026
租赁和商务服务业	Tenancy and Commerce Servecis	29658						34951		28030
科学研究、技术服务和地质勘查业	Science Studies,Technical Servecis and Geological Prospecting	67498			60252	49770		56464	92138	69274
水利、环境和公共设施管理业	Water Environment and Municipal Engineering Conservancy	34314	36126	54091	57171	21334			62250	71354
居民服务和其他服务业	Resideng Services and Other Services	53535								53535
教育	Education	55008	53334	51683	55943	53768	62328	62141	54475	54965
卫生、社会保障和社会福利业	Health Care,Social Security and Social Welfare	54080	42709	52800	54264	56938	56881	61671	52279	56610
文化、体育和娱乐业	Culture and Arts,Sports and Recreation	55695	60196	58915	49234	53338	60242	80231	54797	54915
公共管理和社会组织	Public Management and Social Organization	59630	56671	51445	56494	56249	63040	63607	53537	69947

3-18 各地市城镇集体经济单位分行业职工工资总额（2010年）

TOTAL WAGES OF STAFF AND WORKERS IN URBAN COLLECTIVE-OWNED UNITS BY SECTOR AND REGION (2010)

单位：万元 (10000 yuan)

行业	Sector	合计 Total	拉萨市 Lhasa	昌都地区 Qamdo	山南地区 Shan-nan	日喀则地区 Xigazê	那曲地区 Nagqu	阿里地区 Ngari	林芝地区 Nying-chi	其它 Others
总计	**Total**	**7819**	**2489**	**645**	**360**	**1689**	**229**		**1927**	**480**
农、林、牧、渔业	Farming,Forestry,Animal Hus–bandry and Fishery	24			14	10				
采掘业	Mining and Quarrying	307		123	10	139				35
制造业	Manufacturing	4072	483	378	81	568	219		1898	445
电力、燃气及水生产供应业	Electricity,Gas Water Production and Supply									
建筑业	Construction	2831	1846	144	225	616				
交通运输、仓储及邮政业	Transport,Storage,and Post	23				23				
信息传输、计算机服务和软件业	Information Transmission,Com-puter Servecis and Software									
批发和零售业	Wholesale and Retail Trade	399	160			200	10		29	
住宿和餐饮业	Stay Place and Catering	112				112				
金融业	Finance and Insurance									
房地产业	Real Estate Trade									
租赁和商务服务业	Tenancy and Commerce Servecis	30			30					
科学研究、技术服务和地质勘查业	Science Studies,Technical Serve-cis and Geological Prospecting									
水利、环境和公共设施管理业	Water Environment and Munici-pal Engineering Conservancy									
居民服务和其他服务业	Resideng Services and Other Services									
教育	Education									
卫生、社会保障和社会福利业	Health Care,Social Security and Social Welfare									
文化、体育和娱乐业	Culture and Arts,Sports and Recreation	21				21				
公共管理和社会组织	Public Management and Social Organization									

3-19 各地市城镇集体经济单位分行业职工平均工资（2010年）

AVERAGE WAGES OF STAFF AND WORKERS IN URBAN COLLECTIVE-OWNED UNITS BY SECTOR AND REGION (2010)

单位：元 (yuan)

行　业	Sector	合计 Total	拉萨市 Lhasa	昌都地区 Qamdo	山南地区 Shannan	日喀则地区 Xigazê	那曲地区 Nagqu	阿里地区 Ngari	林芝地区 Nyingchi	其它 Others
总计	**Total**	**16447**	**11889**	**17524**	**5694**	**15968**	**29025**		**80945**	**16887**
农、林、牧、渔业	Farming,Forestry,Animal Husbandry and Fishery	13053			9600	26000				
采掘业	Mining and Quarrying	23654		13237	11333	73211				39000
制造业	Manufacturing	22706	12070	20203	6881	10990	29581		85486	16164
电力、燃气及水生产供应业	Electricity,Gas Water Production and Supply									
建筑业	Construction	11983	11824	16364	5262	21600				
交通运输、仓储及邮政业	Transport,Storage,and Post	13412				13412				
信息传输、计算机服务和软件业	Information Transmission,Computer Servecis and Software									
批发和零售业	Wholesale and Retail Trade	15586	12114			19417	20800		17938	
住宿和餐饮业	Stay Place and Catering	12467				12467				
金融业	Finance and Insurance									
房地产业	Real Estate Trade									
租赁和商务服务业	Tenancy and Commerce Servecis	4688			4688					
科学研究、技术服务和地质勘查业	Science Studies,Technical Servecis and Geological Prospecting									
水利、环境和公共设施管理业	Water Environment and Municipal Engineering Conservancy									
居民服务和其他服务业	Resideng Services and Other Services									
教育	Education									
卫生、社会保障和社会福利业	Health Care,Social Security and Social Welfare									
文化、体育和娱乐业	Culture and Arts,Sports and Recreation	9174				9174				
公共管理和社会组织	Public Management and Social Organization									

3-20 职工平均工资及指数

AVERAGE WAGE OF STAFF AND WORKERS AND RELATED INDICES

年份 地区 Year Region	平均工资(元) Average (yuan)				指数(上年=100) Indices (preceding year=100)			
	合计 Total	国有经济单位 State-owned Units	城镇集体经济单位 Urban Collective Owned Units	其他经济单位 Units of Others Types of Ownership	合计 Total	国有经济单位 State-owned Units	城镇集体经济单位 Urban Collective Owned Units	其他经济单位 Units of Others Types of Ownership
1978		854						
1979	995	928	673			108.7		
1985	1963	1995	1609	2087	117.0	115.3	113.3	
1986	2375	2419	1819	2392	120.9	181.9	113.1	114.7
1987	2499	2536	1982	2171	105.2	104.8	109.0	90.7
1988	2710	2740	2331	2237	108.5	108.0	117.6	103.0
1989	2881	2941	1997	2741	106.3	107.3	85.7	122.5
1990	3181	3224	2384	3419	110.4	109.6	119.3	124.8
1991	3355	3416	2507	3568	105.5	106.0	105.2	104.3
1992	3448	3495	2689	3656	108.4	108.4	112.8	106.9
1993	4085	4178	2720	5566	118.5	120.0	101.1	152.3
1994	7115	7304	3067	13815	174.8	174.8	112.8	248.2
1995	7382	7572	4090	10821	103.8	103.7	133.4	78.3
1996	11087	11519	4370	12411	150.2	152.1	106.8	114.7
1997	10098	10524	4588	7233	91.1	91.4	105.0	58.3
1998	10987	11462	5382	8709	108.8	108.9	117.3	120.4
1999	12904	13490	5364	10692	117.4	117.7	99.7	122.8
2000	14976	15566	5835	12135	116.1	115.4	108.8	113.5
2001	19144	20112	6236	13125	127.8	129.2	106.9	108.2
2002	24766	25675	9761	15693	129.4	127.7	156.5	119.6
2003	26931	27611	9348	20475	108.7	107.5	95.8	130.5
2004	29292	30163	9600	17704	108.8	109.2	102.7	86.5
2005	28950	29644	12336	19154	98.8	98.3	128.5	108.2
2006	31518	32355	11125	23680	108.9	109.2	90.2	123.6
2007	46098	47757	11770	26334	146.3	147.6	105.8	111.2
2008	47280	48975	13023	24778	102.6	102.6	110.6	94.1
2009	48750	50272	12231	30641	103.1	102.6	93.9	123.6
2010	54397	55581	16447	47722	111.5	110.5	134.4	155.7
拉萨市 Lhasa	46480	50239	11889	26664	85.4	90.4	72.3	55.9
昌都地区 Qamdo	49091	49608	17524		105.6	98.7	147.4	
山南地区 Shannan	48964	51269	5694	19696	99.7	103.2	32.5	
日喀则地区 Xigazê	49845	51229	15968	27178	101.8	100.0	280.4	137.9
那曲地区 Nagqu	57729	57856	29025		115.8	112.9	181.8	
阿里地区 Ngari	61773	61773			107.0	106.8		
林芝地区 Nyingchi	49670	49109	80945	54650	80.4	79.5		
其 它 Others	62513	63595	16887	52305	125.9	129.5	20.9	95.7

注：1998年后为在岗职工平均工资(下同)。

Note: the data on average wages after 1998 refer to wages of fully employed staff and workers (Similarlly in the following tables).

第四篇

固定资产投资

Chapter 4

INVESTMENT IN FIXED ASSETS

4-1 全社会固定资产投资

TOTAL INVESTMENT IN FIXED ASSETS

指　标	Item	2000	2007	2009	2010
投资总额　(万元)	**Total Investment　(10000 yuan)**	**665044**	**2711811**	**3794158**	**4632585**
按经济类型分	**Grouped by Ownership**				
国有经济	State-Owned Units	630208	1699162	2683407	3337026
集体经济	Collective-Owned Units	7723	45619	44389	30332
#农村	# Rural	6090	5710	4396	29909
个体经济	Individuals	12436	367200	380137	209378
#农村	# Rural	2253	297923	311351	199603
联营经济	Joint-Owned Economic Units	2330	9154	265	580
股份制经济	Share Holding Economic Units	8846	317174	185235	458886
外商投资经济	Foreign Funded Units	156	1790	2805	8339
港澳台投资经济	Economic Units with Funs From Hong Kong, Macao and Taiwan	1814	3800		18000
其他经济	Others	1531	267912	497920	570044
按资金来源分	**Grouped by Source of Funds**				
国家预算内资金	State Budgetary Appropriation	374105	2045636	2560176	3220359
国内贷款	Domestic Loans	29975	46165	129090	98774
利用外资	Foreign Investment	25091	2097		14403
自筹资金	Fundraising	189713	840902	1360770	1588139
其他资金	Others	126255	514020	437293	261798
按管理渠道分	**Grouped by Channel of Management**				
城镇	Urban	558743	2316460	3286622	4054318
#房地产开发	#Real Estate Development	9771	116767	157480	89634
农村	Rural		395351	507536	578267
按构成分	**Grouped by Use of Funds**				
建筑安装工程	Construction and Installation	597335	2519242	3428608	3979621
设备、工器具购置	Purchase of Equipment and Instruments	46695	168678	221377	534928
其他费用	Others	21014	23891	144173	118036
按建设性质分	**Grouped by Type of Construction**				
#新建	# New Construction	418036	1616955	2531173	3081541
扩建	Expansion	37308	283097	447941	498751
改建	Reconstrction	155880	325130	268680	255785
房屋建筑面积（万平方米）	**Floor Space of Buildings　(10000 sq.m)**				
施工面积	Floor Space Under Construction	285.97	1454.59	1378.7	1298.7
竣工面积	Floor Space Completed	231.96	1143.87	794.19	518.7
#住宅	# Residential Buildings	133.71	781.28	702.67	408.1

注：按资金来源分组数据为财务拨款数，各项相加不等于投资总额。(以下各表相同)

Note: Total investment grouped by sources of finance refers to financial appropriation, and the broken-down figures do not add up to the total. (The same as in the following tables).

4-2 各地区全社会固定资产投资(2010年)

项　目		Item		合计 Total	拉萨 Lhasa
投资总额	（万元）	**Total Investment**	（10000 yuan）	**4632585**	**1764589**
按经济类型分		**Grouped by Ownership**			
国有经济		State-Owned Units		3337026	975951
集体经济		Collective-Owned Units		30332	1300
#农村		# Rural		29909	877
个体经济		Individuals		209378	14733
#农村		# Rural		199603	5092
联营经济		Joint Ownership Economic Units		580	
股份制经济		Share Holding Economic Units		458886	404548
外商投资经济		Foreign Funded Economic Units		8339	
港澳台投资经济		Economic Units with Funds From Hong Kong, Macao and Taiwan		18000	
其他经济		Others		570044	368057
按资金来源分		**Grouped by Source of Funds**			
国家预算内资金		State Budgetary Appropriation		3220359	913425
国内贷款		Domestic Loans		98774	60093
利用外资		Foreign Investment		14403	
自筹投资		Fundraising		1588139	893411
其他投资		Others		261798	150430
按管理渠道分		**Grouped by Channel of Management**			
城镇投资		Urban Investment		4054318	1719897
#房地产开发		Real Estate Development		89634	71520
农村投资		Counteyside Investment		578267	44692
按构成分		**Grouped by Use of Funds**			
建筑安装工程		Construction and Installation		3979621	1350476
设备、工器具购置		Purchase of Equipment and Instruments		534928	322342
其他费用		Others		118036	91771
按建设性质分		**Grouped by Type of Construction**			
#新建		# New Construction		3081541	971806
扩建		Expansion		498751	369876
改建		Reconstrction		255785	144222
房屋建筑面积	（万平方米）	**Floor Space of Buildings**	**(10000 sq.m)**		
施工面积		Floor Space Under Constrction		1298.7	572.28
竣工面积		Floor Space Completed		518.7	49.15
#住宅		# Residential Buildings		408.1	29.83

TOTAL INVESTMENT IN FIXED ASSETS BY REGION (2010)

昌都 Qamdo	山南 Shannan	日喀则 Xigazê	那曲 Nagqu	阿里 Ngari	林芝 Nyingchi
580665	**550247**	**613920**	**400426**	**216118**	**506620**
559784	430156	458462	384699	216118	311856
	21607				7425
	21607				7425
8670	12662	105327	14346		53640
8670	12528	105327	14346		53640
					580
12211	24315	11050			6762
					8339
		18000			
	61507	21081	1381		118018
576864	284365	374859	536402	113212	421232
4762	244	33175			500
	14403				
194157	149055	118720	28422	30	204344
10033	20153	54328	5558		21296
459572	402697	515116	295220	216118	445698
8301	2904				6909
121093	147550	98804	105206		60922
532315	489923	574786	331546	213359	487216
40965	55768	37278	68880	52	9643
7385	4556	1856		2707	9761
469845	273974	400861	356736	194279	414040
25345	34166	2505	5233	1984	59642
	36517	58737	6885		9424
75.25	75.63	516.51	32.56	12.04	14.45
31.97	42.08	380.17		11.89	3.48
23.79	8.75	334.05		8.76	2.94

4-3 全社会固定资产投资

TOTAL INVESTMENT IN FIXED ASSETS

单位：万元 (10000 yuan)

年份 Year	总计 Total	国有经济 State-owned Units	集体经济 Collective-owned Units	个体经济 Individuals	其他经济 Other Types of Ownership
1978-1980	57412	57412			
1978	18534	18534			
1979	20750	20750			
1980	18128	18128			
1981-1985	170424	158542	949	10933	
1981	12172	12172			
1982	15558	15558			
1983	19875	19875			
1984	47879	47188	691		
1985	74940	63749	258	10933	
1986-1990	307626	256419	717	50490	
1986	53492	44375	717	8400	
1987	53000	39613		13387	
1988	58087	47085		11002	
1989	66942	57680		9262	
1990	76105	67666		8439	
1991-1995	1001630	935994	26026	27331	12279
1991	105665	87425	7120	11120	
1992	133297	120582	6380	6335	
1993	181458	166460	6844	5795	2359
1994	211718	200955	5667	4081	1015
1995	369492	360572	15		8905
1996-2000	2307631	2146817	35263	59443	66108
1996	303605	281686	716	9118	12085
1997	345495	316286	4124	8864	16221
1998	427457	394888	4708	12870	14991
1999	566030	524029	17992	15867	8142
2000	665044	629928	7723	12724	14669
2001-2005	6980035	5983622	130590	306026	559797
2001	857725	803541	11160	24080	18944
2002	1089868	1036629	12562	30610	10067
2003	1386165	1273193	27505	29838	55629
2004	1684361	1370848	11994	77534	223985
2005	1961916	1499411	67369	143964	251172
2006-2010	16561361	11398951	187728	1621181	3353501
2006	2323503	1578334	54761	342300	348108
2007	2711811	1699162	45619	367200	599830
2008	3099304	2101022	12627	322166	663489
2009	3794158	2683407	44389	380137	686225
2010	4632585	3337026	30332	209378	1055849

注:其他经济类型包括联营经济、股份制经济、外商投资经济、港澳台投资经济等国有、集体和个体经济以外的经济成份。

Note:Other types of ownership refer to the types of ownership other than state-owned units, collective-owned units and individuals, including joint-owned economic units, share holding economic units, foreign-funded economic units, economic units funded by the enterpreneurs from Hong Kong, Macao and Taiwan, etc.

4-4 城镇投资完成情况

INVESTMENT IN URBAN

单位：万元 (10000 yuan)

年份 Year	本年完成投资 Total Investment Completed This Year	按资金来源分 Grouped by Source of Finance #国家预算内资金 State Budgetary Appropriation	#自筹资金 Fundraising	本年新增固定资产 Newly Increased Fixed Assets This Year	固定资产交付使用率 (%) Rate of Fixed Assets Put into Use (%)
1959	2906	2906			
1965	5356	5297	58		
1978	17548	14992	1578	11777	67.1
1979	19750	16820	2930	11635	58.9
1980	17116	15051	2065	14070	82.2
1981	10360	8604	1756	7773	75.0
1982	14220	10356	3864	8831	62.1
1983	16115	12017	4098	11304	76.2
1984	43320	14831	27961	17799	41.1
1985	58408	20473	33924	67069	114.8
1986	40971	18408	15912	40532	98.9
1987	37371	18687	14181	30001	80.3
1988	44530	20505	22729	35256	79.2
1989	51698	24219	20698	33407	64.6
1990	65209	40358	21085	51032	78.3
1991	86326	43324	39308	87107	100.9
1992	118981	57662	57782	112710	94.7
1993	163540	65365	65651	109694	67.1
1994	183331	91681	75284	114691	62.6
1995	329023	227418	63932	225972	68.7
1996	266874	69732	121965	177677	66.6
1997	303246	79317	133902	183684	60.6
1998	366071	176582	124299	213176	58.2
1999	474663	248485	170417	384314	81.0
2000	558743	340073	136766	570192	102.0
2001	727814	375416	173231	615641	84.6
2002	869549	693267	89830	492572	56.6
2003	1195111	804659	279586	801591	67.1
2004	1647838	1017026	363941	1330081	80.7
2005	1901593	1145425	348367	1763662	92.7
2006	2018401	1036258	574500	1566023	77.6
2007	2316460	1982466	626982	1804258	77.9
2008	2714534	2231102	773635	1325001	48.8
2009	3286622	2335631	1129189	2227362	67.8
2010	4054318	2955611	1317425	2547827	62.8

4-5 按各种分组的城镇投资

INVESTMENT IN URBAN BY MANY GROUP

单位：万元 (10000 yuan)

指标	Item	2009	2010
投资总额	**Total Investment**	**3286622**	**4054318**
按经济类型分	**Grouped by Ownership**		
国有经济	State-Owned Units	2491645	3024155
集体经济	Collective-Owned Units	6857	23212
其他经济类型	Others	788120	1006951
联营经济	Joint-Owned Economic Units	65	100
股份制经济	Share Holding Economic Units	172702	257717
其他经济	Others	615353	749134
按隶属关系分	**Grouped by Administrative Relationship**		
中　央	Central Government Projects	1878778	2351874
地　方	Local Projects	1407844	1702444
按构成分	**Grouped by Use of Funds**		
建筑工程	Construction	2868980	3283043
安装工程	Installation	91961	175539
设备工器具购置	Purchase of Equipment and Instruments	192194	485666
其他费用	Others	133487	110070
按建设性质分	**Grouped by Type of Construction**		
新　建	New Construction	2247722	2855014
扩　建	Expansion	431379	485654
改　建	Reconstruction	266978	214423
单纯建造生活设施	Living Installation	138590	122601
迁　建	Movement	30	
恢　复	Recovery	150359	277854
单纯购置	Purchase of Equipment	51564	98772
按建设阶段分	**Grouped by Phase of Construction**		
本年正式施工	Started This Year	2594253	3829447
本年收尾	Projects Completed	28885	26344
单纯购置	Purchase of Equipment	51564	98772
按国民经济行业分	**Grouped by Economic Sector**		
农林牧渔业	Farming,Forestry,Animal Husbandry and Fishery	205027	184426
采矿业	Mining Industry	97469	179955
制造业	Manufacturing	180776	348025

4-5 续表 continued

单位：万元 (10000 yuan)

指　标	Item	2009	2010
电力、燃气及水生产和供应业	Production and Supply of Electricity	414809	550759
建筑业	Construction	201723	220919
交通运输、仓储及邮政业	Transportation, Storage and Post Industries	788946	1103851
信息传输、计算机服务和软件业	Information Transmission, Computer services and Software Industries	94766	97678
批发和零售业	Retail and Wholesale	58773	63570
住宿和餐饮业	Hotels and Easteries	88040	146508
金融业	Financial Industry	3790	7798
房地产业	Real Estate Industry	349750	258205
租赁和商务服务业	Tenancy and Commerce Servecis	5197	18085
科学研究、技术服务和地质勘查业	Scientific Research,Technology Services and Geological Prospecting	4452	9439
水利、环境和公共设施管理业	Water Conservancy,Environment and Public Facility Management	190712	237176
居民服务和其他服务业	Resident Services and Other Services	3601	6907
教育	Education	99066	113552
卫生、社会保障和社会福利业	Health, Social Security and Welfare	36563	34049
文化、体育和娱乐业	Culture, Sports and Entertainment	45288	66898
公共管理和社会组织	Public Administration and Social Organizations	417874	406518
按资金来源分	**Grouped by Source of Funds**		
国家预算内资金	State Budgetary Appropriation	2335725	2955611
国内贷款	Domestic Loans	76751	63512
利用外资	Foreign Investment		14313
自筹资金	Fundraising	1129189	1317425
其他资金来源	Others	383264	230116
本年新增固定资产	**Newly Increased Fixed Assets**	**2227456**	**2566522**
本年施工房屋面积（万平方米）	**Floor Space of Buildings Under Construction (10000 sq.m)**	**672.52**	**938.23**
其中:住宅	# Residential Buildings	406.55	354.40
本年竣工房屋面积（万平方米）	**Floor Space of Buildings Completed (10000 sq.m)**	**279.56**	**220.06**
其中:住宅	# Residential Buildings	188.94	119.42
本年竣工房屋价值	**Value of Buildings Completed**	**263334**	**285785**
其中:住宅	# Residential Buildings	111000	92584
施工项目个数	**Number of Projects Under Construction (unit)**	**3158**	**2872**
其中:本年新开工	# Started This Year	2516	2082
本年投产项目个数	**Number of Projects Completed and Put into Use (unit)**	**2307**	**1960**

4-6 国民经济分行业城镇投资施工、投产项目个数（2010年）

NUMBER OF INVESTMENT IN URBAN PROJECTS UNDER CONSTRUCTION AND PUT INTO USE BY SECTOR（2010）

行　业	Sector	施工项目（个）Number of Projects under Constr-uction (unit)	全部建成投产项目（个）Number of Projects Completed and Put into Use (unit)	项目建成投产率（%）Rate of Projects Completed and Put into Use (%)
总　计	**Total**	**2872**	**1960**	**68.2**
农、林、牧、渔业	Farming,Forestry,Animal Husbandry and Fishery	419	321	76.6
采矿业	Mining Industry	38	8	21.1
#有色金属矿采选业	Mining and Dressing of Nonferrous Metals	31	3	9.7
制造业	Manufacturing	108	52	48.1
#农副食品加工业	Farm and Sideline Products Processing	18	10	55.6
食品制造业	Food Production	11	3	27.3
饮料制造业	Beverages	19	6	31.6
医药制造业	Medical and Pharmaceutical Products			
非金属矿物制品业	Nonmetal Mineral Products			
电力、燃气及水的生产和供应业	Production and Supply of Electric Power, Gas and Water	115	66	57.4
#电力	Electric Power	76	36	47.4
建筑业	Construction	303	214	70.6
交通运输、仓储及邮政业	Transportation, Storage, Postal and Telecommunications	297	206	69.4
#城市公共交通业	Public Traffic	8	4	50.0
仓储业	Storage	2	1	50.0
邮政业	Postal	32	29	90.6
信息传输、计算机服务和软件业	Information Transmission, Computer Services and Software Industries	114	80	70.2

注:本表不含房地产开发投资。

Note: This table does not contain the real estate development investment.

4-6 续表 continued

行　业	Sector	施工项目（个）Number of Projects under Construction (unit)	全部建成投产项目（个）Number of Projects Completed and Put into Use (unit)	项目建成投产率（%）Rate of Projects Completed and Put into Use (%)
#电信和其他信息传输服务业	Telecommunication and Other Information Transmission	112	78	69.6
批发和零售业	Wholesale and Retail	59	36	61.0
住宿和餐饮业	Hotel and Catering	41	25	61.0
住宿业	Hotel	38	24	63.2
餐饮业	Catering	3	1	33.3
金融业	Financeial Industry	16	10	62.5
房地产业	Real Estate Industry	146	105	71.9
租赁和商务服务业	Leasing and Business Services	5	3	60.0
商务服务业	Business Services	5	3	60.0
科学研究、技术服务和地质勘查业	Scientific Research, Technology Services and Geological Prospecting	22	18	81.8
水利、环境和公共设施管理业	Water Conservaney,Environment and Public Facility Management	233	156	67.0
水利管理业	Water Conservaney Management	140	105	75.0
环境管理业	Environment Management	42	25	59.5
公共设施管理业	Public facility Management	51	26	51.0
居民服务和其他服务业	Resident Services and Other Services	13	8	61.5
教育	Education	184	143	77.7
卫生、社会保障和社会福利业	Health Care, Social Security and Welfare	105	75	71.4
文化、体育和娱乐业	Cultrre, sport and Recreational	95	66	69.5
广播、电视、电影和音像业	Radio, Film and Television and Video	9	5	55.6
文化艺术业	Culture and Arts	64	43	67.2
体育	Sports	4	2	50.0
娱乐业	Recreational	17	16	94.1
公共管理和社会组织	Public Administration and Social Organizations	559	368	65.8

4-7 国民经济分行业城镇投资和新增固定资产（2010年）

INVESTMENT IN URBAN AND NEWLY INCREASED FIXED ASSETS BY SECTOR (2010)

行业	Sector	投资额 (万元) Investment (10000 yuan)	新增固定资产 (万元) Newly Increased Fixed Assets (100 million yuan)	固定资产交付使用率 (%) Rate of Fixed Assets Put into Use (%)
总 计	**Total**	**4054318**	**2566522**	**63.3**
农、林、牧、渔业	Farming,Forestry,Animal Husbandry and Fishery	184426	158904	86.2
采矿业	Mining Industry	179955	57201	31.8
#有色金属矿采选业	Mining and Dressing of Nonferrous Metals	169829	55487	32.7
制造业	Manufacturing	348025	230013	66.1
#农副食品加工业	Farm and Sideline Products Processing	8074	2843	35.2
食品制造业	Food Production	2598	308	11.9
饮料制造业	Beverages	90830	20345	22.4
医药制造业	Medical and Pharmaceutical Products		216105	
非金属矿物制品业	Nonmetal Mineral Products			
电力、燃气及水的生产和供应业	Production and Supply of Electric Power, Gas and Water	550759	222705	40.4
#电力	Electric Power	520129	209419	40.3
建筑业	Construction	220919	191971	86.9
交通运输、仓储及邮政业	Transportation, Storage, Postal and Telecommunications	1103851	627669	56.9
#城市公共交通业	Public Traffic	58705	9655	16.4
仓储业	Storage	20200	500	2.5
邮政业	Postal	9223	8967	97.2
信息传输、计算机服务和软件业	Information Transmission, Computer Services and Software Industries	97678	105142	107.6

注：本表不含房地产开发投资。

Note: This table does not contain the real estate development investment.

4-7 续表 continued

行　业	Sector	投资额 (万元) Invest-ment (10000 yuan)	新增固定资产 (万元) Newly Increased Fixed Assets (100 million yuan)	固定资产交付使用率 (%) Rate of Fixed Assets Put into Use (%)
#电信和其他信息传输服务业	Telecommunication and Other Information Transmission	97299	104763	107.7
批发和零售业	Wholesale and Retail	63570	53923	84.8
住宿和餐饮业	Hotel and Catering	146508	90538	61.8
住宿业	Hotel	143648	90388	62.9
餐饮业	Catering	2860	150	5.2
金融业	Financeial Industry	7798	5751	73.7
房地产业	Real Estate Industry	258205	182207	70.6
租赁和商务服务业	Leasing and Business Services	18085	18085	100.0
商务服务业	Business Services	18085	18085	100.0
科学研究、技术服务和地质勘查业	Scientific Research, Technology Services and Geological Prospecting	9439	8425	89.3
水利、环境和公共设施管理业	Water Conservaney,Environment and Public Facility Management	237176	135438	57.1
水利管理业	Water Conservaney Management	134791	53228	39.5
环境管理业	Environment Management	47304	37049	78.3
公共设施管理业	Public facility Management	55081	45161	82.0
居民服务和其他服务业	Resident Services and Other Services	6907	4151	60.1
教育	Education	113552	141944	125.0
卫生、社会保障和社会福利业	Health Care, Social Security and Welfare	34049	28891	84.9
文化、体育和娱乐业	Cultrre, sport and Recreational	66898	32296	48.3
广播、电视、电影和音像业	Radio, Film and Television and Video	10156	4167	41.0
文化艺术业	Culture and Arts	24608	13446	54.6
体育	Sports	4640	1835	39.5
娱乐业	Recreational	25288	12848	50.8
公共管理和社会组织	Public Administration and Social Organizations	406518	271268	66.7

4-8 按各种分组的农村投资

INVESTMENT IN RURAL AREAS BY MANY GROUP

单位：万元 (10000 yuan)

指 标	Item	2009	2010
投资总额	**Total Investment**	**507536**	**578267**
按经济类型分	**Grouped by Ownership**		
国有经济	State-Owned Units	191762	312871
集体经济	Collective-Owned Units	3653	7120
其他经济类型	Others	312121	258276
按隶属关系分	**Grouped by Administrative Relationship**		
中 央	Central Government Projects	179703	210676
地 方	Local Projects	327833	367591
按构成分	**Grouped by Use of Funds**		
建筑工程	Construction	457552	495923
安装工程	Installation	10115	25116
设备工器具购置	Purchase of Equipment and Instruments	29183	49262
其他费用	Others	10686	7966
按建设性质分	**Grouped by Type of Construction**		
新 建	New Construction	283451	316161
扩 建	Expansion	16562	13097
改 建	Reconstruction	1702	41362
单纯建造生活设施	Living Installation	186791	180496
恢 复	Recovery	5595	2649
单纯购置	Purchase of Equipment	13435	24502
按国民经济行业分	**Grouped by Economic Sector**		
农林牧渔业	Farming,Forestry,Animal Husbandry and Fishery	30924	52944
采矿业	Mining Industry	361	22755
制造业	Manufacturing	1650	7047
电力、燃气及水生产和供应业	Production and Supply of Electricity	13773	9193
建筑业	Construction	9167	3414
交通运输、仓储及邮政业	Transportation, Storage and Post Industries	35791	51548

4-8 续表 continued

单位：万元 (10000 yuan)

指　　标	Item	2009	2010
信息传输、计算机服务和软件业	Information Transmission, Computer services and Software Industries	1476	13750
批发和零售业	Retail and Wholesale	780	1460
住宿和餐饮业	Hotels and Easteries	1200	180
金融业	Financial Industry		
房地产业	Real Estate Development	250993	199895
租赁和商务服务业	Leasing and Business Services	155	
科学研究、技术服务和地质勘查业	Scientific Research,Technology Services and Geological Prospecting	919	8742
水利、环境和公共设施管理业	Water Conservancy,Environment and Public Facility Management	7904	16496
居民服务和其他 服务业	Resident Services and Other Services	2480	6605
教育	Education	1900	3927
卫生、社会保障和社会福利业	Health, Social Security and Welfare	809	3217
文化、体育和娱乐业	Culture, Sports and Entertainment	4251	2043
公共管理和社会组织	Public Administration and Social Organizations	143003	175051
按资金来源分	**Grouped by Source of Funds**		
国家预算内资金	State Budgetary Appropriation	224545	275272
国内贷款	Domestic Loans	26339	35262
利用外资	Foreign Investment		90
自筹资金	Fundraising	230779	278714
其他资金来源	Others	41137	31966
本年新增固定资产	**Newly Increased Fixed Assets**	**375720**	**578773**
本年施工房屋面积　（万平方米）	**Floor Space of Buildings Under Construction　(10000 sq.m)**	**706.18**	**360.51**
其中:住宅	# Residential Buildings	646.62	347.22
本年竣工房屋面积　（万平方米）	**Floor Space of Buildings Completed　(10000 sq.m)**	**514.63**	**298.68**
其中:住宅	# Residential Buildings	513.73	288.71
本年竣工房屋价值	**Value of Buildings Completed**	186507	175398
其中:住宅	# Residential Buildings	184775	167112
施工项目个数	**Number of Projects Under Construction　(unit)**	**347**	**1271**
其中:本年新开工	# Started This Year	277	1169
本年投产项目个数	**Number of Projects Completed and Put into Use　(unit)**	**250**	**1180**

4-9 各地区国有经济按各种分组的固定资产投资（2010年）

指标	Item	合计 Total	拉萨 Lhasa
投资总额（万元）	**Total Investment (10000 yuan)**	**3337026**	**975951**
按资金来源分	**Grouped by Source of Funds**		
国家预算内资金	State Budgetary Appropriation	3100827	882841
国内贷款	Domestic Loans	42326	35320
利用外资	Foreign Investment	9009	
自筹投资	Fundraising	472095	163478
其他投资	Others	167372	73738
按构成分	**Grouped by Use of Funds**		
建筑安装工程	Construction and Installation	2943835	786993
设备、工器具购置	Purchase of Equipment and Instruments	336967	152852
其他费用	Others	56224	36106
按建设性质分	**Grouped by Type of Construction**		
#新建	New Construction	2340898	526805
扩建	Expansion	388910	275138
改建	Reconstrction	142686	55762
按产业分	**Grouped by Type of Industry**		
第一产业	Primary Industry	210956	44549
第二产业	Secondary Industry	817055	263362
第三产业	Tertiary Industry	2309015	668040
按国民经济主要行业分	**Grouped by Main Sector**		
农林牧渔业	Farming,Forestry,Animal Husbandry and Fishery	210956	44549
工业	Industry	641506	196369
#能源工业	# Energy	469537	193012
交通运输、仓储和邮政业	Transportation, Storage, Postal and Telecommunications	1128472	238184
信息传输、计算机服务和软件业	Information Transmission, Computer Services and Software Industries	7147	3011
新增固定资产	**Newly Increased Fixed Assets (10000 yuan)**	**2319313**	**708605**
固定资产交付使用率	**Rate of Fixed Assets Put into Use (%)**	**69.5**	**72.6**
房屋建筑面积（万平方米）	**Floor Space of Buildings (10000 sq.m)**		
施工面积	Floor Space Under Constrction	477.26	149.82
竣工面积	Floor Space Completed	152.10	38.22
#住宅	# Residential Buildings	52.42	9.65

INVESTMENT IN FIXED ASSETS OF STATE-OWNED UNITS BY REGION (2010)

昌都 Qamdo	山南 Shannan	日喀则 Xigazê	那曲 Nagqu	阿里 Ngari	林芝 Nyingchi
559784	**430156**	**458462**	**384699**	**216118**	**311856**
572284	258586	357145	535780	113212	380979
4762	244	2000			
	9009				
184357	84537	12151	27015	30	527
1433	14506	54328	4608		18759
513870	385188	423328	317249	213359	303848
39076	40954	33432	67450	52	3151
6838	4014	1702		2707	4857
465935	210765	349131	341009	194279	252974
25345	32671	2480	5233	1984	46059
	13779	57611	6885		8649
5660	26581	53217	49948	4894	26107
120244	145860	41277	70414	104563	71335
433880	257715	363968	264337	106661	214414
5660	26581	53217	49948	4894	26107
120110	145055	40625	70414	19645	49288
18722	142494	24957	23897	19645	46810
214489	54028	180546	171548	105060	164617
818	2162	813			343
539601	**262843**	**282200**	**180798**	**216096**	**129170**
96.4	**61.1**	**61.6**	**47.0**	**100.0**	**41.4**
64.01	52.42	173.45	17.57	12.04	7.95
26.29	33.31	40.91		11.89	1.48
18.11	8.14	6.67		8.76	1.09

4-10 国有经济按各种分组的固定资产投资

INVESTMENT IN FIXED ASSETS OF STATE-OWNED UNITS

指　　标	Item	2000	2007	2009	2010
投资总额　（万元）	**Total Investment　(10000 yuan)**	**629928**	**1699162**	**2683407**	**3337026**
按资金来源分	**Grouped by Source of Funds**				
国家预算内资金	State Budgetary Appropriation	369006	1997213	2427954	3100827
国内贷款	Domestic Loans	25402	15084	56382	42326
利用外资	Foreign Investment	172	117		9009
自筹投资	Fundraising	159935	319479	448142	472095
其他投资	Others	72048	105480	156749	167372
按构成分	**Grouped by Use of Funds**				
建筑安装工程	Construction and Installation	569836	1584109	2422713	2943835
设备、工器具购置	Purchase of Equipment and Instruments	41151	97698	164144	336967
其他费用	Others	18941	17355	96550	56224
按建设性质分	**Grouped by Type of Construction**				
#新建	New Construction	393676	980157	1768112	2340898
扩建	Expansion	34162	218428	394099	388910
改建	Reconstruction	152264	276905	259943	142686
按产业分	**Grouped by Type of Industry**				
第一产业	Primary Industry	26354	141705	211719	210956
第二产业	Secondary Industry	151435	259541	649064	817055
第三产业	Tertiary Industry	452139	1297916	1822624	2309015
按国民经济主要行业分	**Grouped by Main Sector**				
农林牧渔业	Farming,Forestry,Animal Husbandry and Fishery	13181	141705	211719	210956
工　业	Industry	151435	250525	447043	641506
#能源工业	# Energy	102491	178686	392330	469537
交通运输、仓储和邮政业	Transportation, Storage and Post Industries	172925	675124	811580	1128472
信息传输、计算机服务和软件业	Information Transmission, Computer Services and Software	60530	60967	86913	7147
新增固定资产　（万元）	**Newly Increased Fixed Assets　(10000 yuan)**	**631768**	**1404431**	**1888119**	**2319313**
固定资产交付使用率　（%）	**Rate of Fixed Assets Put into Use　(%)**	**100.3**	**82.7**	**70.4**	**69.5**
房屋建筑面积　（万平方米）	**Floor Space of Buildings　(10000 sq.m)**				
施工面积	Floor Space Under Construction	210.50	411.84	471.80	477.26
竣工面积	Floor Space Completed	138.80	280.58	137.62	152.10
#住宅	# Residential Buildings	46.70	140.20	64.53	52.42

4-11 分地区城镇投资(2010年)

INVESTMENT IN URBAN BY REGION(2010)

单位：万元 (10000 yuan)

地 区 Region		建筑工程 Construction	安装工程 Installation	设备工器具购置 Purchase of Equipment	其他费用 Others
全 区	**All**	**3283043**	**175539**	**485666**	**110070**
拉萨市	Lhasa	1227053	96386	306445	90013
昌都地区	Qamdo	392352	19708	40965	6547
山南地区	Shannan	343211	15667	40694	3125
日喀则地区	Xigazê	474268	1714	37278	1856
那曲地区	Nagqu	212276	24711	58233	
阿里地区	Ngari	212216	1143	52	2707
林芝地区	Nyingchi	421667	16210	1999	5822

4-12 农牧民安居工程完成投资

INVESTMENT IN RURAL HOUSING PROJECT

单位：亿元 (100 million yuan)

年份 Year	完成投资 Total Invsetment Completed	受益人口(万人) Beneficiary (10000 persons)
总 计	**170.89**	**140.27**
2006	33.98	28.85
2007	36.23	29.82
2008	39.65	29.30
2009	37.88	30.41
2010	23.15	21.89

4-13 房地产开发主要指标

MAIN INDICATORS OF REAL ESTATE DEVELOPMENT

指 标		Item		2001
土地开发及购置	(万平方米)	**land Development and Purchase**	**(10000 sq.m)**	
本年土地开发面积		Land Space Developed This Year		10.53
本年土地购置面积		Land Space Purchased This Year		17.53
按资金来源分	(万元)	**Grouped by Source of Funds**	**(10000 yuan)**	**12892**
国家预算内资金		State Budgetary Appropriation		
国内贷款		Domestic Loans		3740
利用外资		Foreign Investment		
自筹资金		Fundraising		4100
其他资金		Others		5052
房屋建筑面积	(万平方米)	**Floor Space of Buildings**	**(10000 sq.m)**	
施工面积		Floor Space under Construction		15.09
竣工面积		Floor Space Competed		11.05
本年新开工面积		Floor Space Started This Year		11.05
#住宅		# Residential Buildings		9.91
#经济适用房屋		#Economically Affordable Housing		7.20
商品房屋销售额	(万元)	**Sales Value of Buildings**	**(10000 yuan)**	**14383**
#住宅		# Residential Buildings		11475
#经济适用房屋		#Economically Affordable Housing		10240
商品房屋销售面积	(万平方米)	**Sales Value of Buildings**	**(10000sq.m)**	**8.59**
#住宅		# Residential Buildings		7.83
#经济适用房屋		#Economically Affordable Housing		7.32
商品房屋销售价格	(元/平方米)	**Selling Price of House**	**(yuan/sq.m)**	**1674**
#住宅		# Residential Buildings		1466
#经济适用房屋		#Economically Affordable Housing		1399
本年完成投资额	(万元)	**Invetment Complete This Year**	**(10000yuan)**	**14993**
#住宅		# Residential Buildings		9763
#经济适用房屋		#Economically Affordable Housing		8477

4-13 续表 continued

2002	2003	2004	2005	2006	2007	2008	2009	2010
12.58	7.22	4.24	36.48	61.21	21.87	71.74	16.96	20.4
15.00	8.00		44.66	52.92	5.20	20.46	5.23	4.55
26907	**45946**	**60166**	**69783**	**115081**	**119154**	**133641**	**310418**	**150211**
9300	9000	4100	9626	16062	14060	19391	18600	783
7632	27159	6552	24567	40029	30865	43514	118125	107545
9811	9787	49514	35590	57274	74229	70736	173693	41883
19.05	17.37	38.43	43.36	107.82	114.71	144.89	140.62	75.26
16.16	12.56	9.19	26.49	32.94	41.27	54.85	45.98	12.18
19.05	17.37	30.05	38.81	60.37	56.42	122.53	37.35	16.92
15.70	14.66	30.05	33.43	51.96	48.49	53.26	31.84	15.3
12.94	9.72	20.30		42.53	28.58	19.51	6	0.17
25348	**18088**	**26279**	**44032**	**112855**	**164348**	**213056**	**155127**	**56143**
22600	17794	26279	36421	71317	158663	192808	146889	52105
19160	12581	1387		60199	52992	16680	10751	
16.16	**10.32**	**9.56**	**25.90**	**57.10**	**60.78**	**66.68**	**63.26**	**19.37**
14.66	10.20	9.56	24.18	42.28	59.60	62.26	61.42	18.85
12.94	8.12	0.67		35.12	27.89	7.83	4.35	
1568	**1753**	**2749**	**1700**	**1976**	**2704**	**3195**	**2452**	**2898**
1542	1745	2749	1506	1687	2662	3097	2397	2764
1481	1549	2070		1714	1900	2130	2470	
27692	**20005**	**53934**	**60207**	**89022**	**116767**	**137888**	**157480**	**89634**
19065	16461	52734	43348	69001	104008	120080	113798	69870
15173	10144	26550	1021	52091	61028	31069	5240	574

第五篇

财　政

Chapter 5

GOVERNMENT FINANCE

5-1　历年财政收支总额及指数

TOTAL REVENUE AND TOTAL EXPENDITURES AND ITS INDICES OF LOCAL FINANCE OF THE YEARS

年 份 Year	总收入 (万元) Total Revenue (10000 yuan)	地方财政收入 Local Government Revenue	#一般预算收入 General Budgetary Financial Revenue	国家财政补助收入 Subsidies Revenue of Government	总支出 (万元) Total Expenditures (10000 yuan)	#一般预算支出 General Budgetary Financial Expenditures	指数(上年=100) Indices (preceding year=100) 总收入 Total Revenue	总支出 Total Expenditures
1959	13302	2190		11112	7010		351.1	259.5
1965	14044	2239		11805	11313		82.6	83.0
1970	16203	-2142		18345	10613		148.8	119.1
1978	47063	-1558		48620	45734		125.7	139.9
1979	49236	-2205		51441	49996		104.6	109.3
1980	54131	-5973		60104	46602		109.9	93.2
1985	99735	-6037		105772	102941		149.0	100.6
1986	94938	-741		95679	89749		95.2	87.2
1987	101707	-353		102060	91341		107.1	101.8
1988	103303	-226		103077	104766		101.6	114.7
1989	125095	1380		123715	119231		121.1	113.8
1990	128470	1810		126660	129242		102.7	108.4
1991	139694	2325		137369	150018		108.7	116.1
1992	157270	10869		146401	166120		112.6	110.7
1993	189868	15601		174267	216012		120.7	130.0
1994	309781	14235		295546	302998		163.2	140.3
1995	334940	21500		313440	348749		108.1	115.1
1996	336502	24388	24141	312114	381195	368458	100.5	109.3
1997	386989	38254	29537	348735	390961	381952	115.0	102.6
1998	459820	44273	36393	415547	461966	453225	118.8	118.2
1999	627292	54581	45731	572711	544223	532544	136.4	117.8
2000	699222	63265	53848	635957	616108	599693	111.5	113.2
2001	1018566	73790	61108	944776	1062067	1045690	145.7	172.4
2002	1398795	87325	73082	1311470	1398904	1378433	137.3	131.7
2003	1387906	100342	81499	1287564	1481966	1459054	99.2	105.9
2004	1479554	119899	100188	1359655	1360690	1338335	106.6	91.8
2005	2058670	143330	120312	1915340	1891612	1854502	139.1	139.0
2006	2229029	172682	145607	2007860	2023024	2001969	108.3	106.9
2007	3101337	231437	201412	2804127	2793631	2753682	139.1	138.1
2008	3864431	285872	248823	3578559	3840173	3806589	124.6	137.5
2009	5018573	309108	300894	4709465	4711288	4701322	129.9	122.7
2010	5676453	424679	366473	5309980	5625834	5510362	113.1	119.4

5-2 地方财政收入占地区生产总值的比重
LOCAL GOVERNMENTS REVENUE AS PERCENTAGE TO GROSS DOMESTIC PRODUCT

年份 Year	地方财政收入 (亿元) Local Government Revenue (100 million yuan)	地区生产总值 (亿元) Gross Domestic Products (100 million yuan)	地方财政收入占地区生产总值的比重(%) Percentage of Local Government Revenue to GDP(%)
1978	-0.16	6.65	
1979	-0.22	7.30	
1980	-0.60	8.67	
1981	-0.57	10.40	
1982	-0.56	10.21	
1983	-0.48	10.29	
1984	-1.10	13.68	
1985	-0.60	17.76	
1986	-0.07	16.93	
1987	-0.04	17.71	
1988	-0.02	20.25	
1989	0.14	21.86	0.6
1990	0.18	27.70	0.6
1991	0.23	30.53	0.8
1992	1.09	33.29	3.3
1993	1.56	37.28	4.2
1994	1.42	45.84	3.1
1995	2.15	55.98	3.8
1996	2.44	64.76	3.8
1997	3.83	76.98	5.0
1998	4.43	91.18	4.9
1999	5.46	105.61	5.2
2000	6.33	117.46	5.4
2001	7.38	138.73	5.3
2002	8.73	161.42	5.4
2003	10.03	184.50	5.4
2004	11.99	211.54	5.7
2005	14.33	251.21	5.7
2006	17.27	291.01	5.9
2007	23.14	342.19	6.8
2008	28.59	395.91	7.2
2009	30.91	441.36	7.0
2010	42.47	507.46	8.4

5-3　地方财政收入基本情况

LOCAL GOVERNMENT FINANCIAL REVENUE IN CURRENT BUDGET

单位：万元　　(10000 yuan)

项　目	Item	1998	1999	2000	2005	2007	2009	2010
地方财政收入	**Local Government Financial Revenue**	**44273**	**54581**	**63265**	**143330**	**231437**	**309108**	**424679**
一般预算收入	**General Budgetary Financial Revenue**	**36393**	**45731**	**53848**	**120312**	**201412**	**300894**	**366473**
各项税收	Taxes	35935	43073	50652	81458	116667	185065	252770
增值税	Value-added Tax	5962	6954	7892	11824	20874	28383	35005
营业税	Operation Tax	14870	16758	19390	48721	64421	100679	119554
企业所得税	Enterprises' Income Tax	9855	12623	16123	8879	12529	20962	45273
个人所得税	Individual Income Tax	2319	2697	3127	4475	5807	7266	19797
资源税	Resources Tax	1319	1534	1654	2399	5012	4984	6630
城市维护建设税	Building Tax on City Maintenance	1668	1912	2117	4114	5843	14120	18651
印花税	Stemp tax	191	151	168	654	1261	2676	3099
土地增值税	Land Value Added Tax	519	437	144	296	832	2759	1302
其他税收	Other Taxes	-768	7	37	96	88	3236	3459
国有资本经营收入	Operational Income of State-owned Assets	922	1014	837	1683	4944	-874	-4273
国有资源（资产）有偿使用收入	State-owned Resources(Assets) Compensation for the use of Revenue					13141	27372	30864
行政事业性收费收入	Revenue of from Administrative and Institutional Units	521	689	834	16289	12471	12609	15879
罚没收入	Penalty	1664	1530	2029	5841	10581	11581	8295
专项收入	Special Revenue	762	1153	1607	3469	10618	19992	11806
其他收入	Other Revenue	8384	8348	8045	20721	32990	45149	51132
基金收入	**Fund Budgetary Revenue**	**7880**	**8850**	**9417**	**23018**	**30025**	**8214**	**58206**

5-4 财政支出基本情况

FINANCIAL EXPENDITURE

单位：万元 (10000 yuan)

项　目	Item	2009	2010
财政支出	**Total Financial Expenditure**	**4711288**	**5625834**
一般预算支出	**General Budgetary Financial Expenditures**	**4701322**	**5510632**
一般公共服务	General Public Services	857249	723458
教育	Education	610441	607959
科学技术	Science and Technology	26913	27112
文化体育与传媒	Culture Education and Summon Matchmaker	133600	124770
社会保障和就业	Social Security and Employed	333493	319119
医疗卫生	Medical and Health	220868	320406
环境保护	Environmental Protection	97535	117746
城乡社区事务	Urban and Rural Community Affairs	191152	205059
农林水事务	Agriculture Forestry Water Affairs	847102	891065
交通运输	Transports	549156	640583
采掘电力信息等事物	Mining and Quarrying , Electricity and Information	12867	146925
粮油物资储备管理等事物	Management of Grain , Oil and Material Reserves	126949	18911
金融监管	Financial Regulation	432	3529
工业商业金融等事务	Industrial Business and Financial Affairs	12867	83920
其他支出	Others	680698	1279800
基金支出	**Fund Budgetary Expenditures**	**9966**	**115472**

5-5　各地市财政收支情况

FINANCIAL REVENUE AND EXPENDITURES BY REGION

单位：亿元　　　　(100 million yuan)

地　区 Region		2005		2009		2010	
		财政收入 Financial Revenue	财政支出 Financial Expenditures	财政收入 Financial Revenue	财政支出 Financial Expenditures	财政收入 Financial Revenue	财政支出 Financial Expenditures
拉萨市	Lhasa	3.22	14.27	10.05	37.73	15.02	51.35
昌都地区	Qamdo	1.04	9.94	2.79	26.40	3.14	28.67
山南地区	Shannan	1.54	9.62	3.23	24.12	4.00	28.53
日喀则地区	Xigazê	1.53	12.88	2.92	33.56	3.35	39.87
那曲地区	Nagqu	1.01	8.45	1.80	22.96	1.99	25.67
阿里地区	Ngari	0.61	4.73	0.92	12.42	1.04	13.42
林芝地区	Nyingchi	1.29	6.57	2.87	15.72	3.46	19.13

5-6　各地市财政收入占地区生产总值的比重

LOCAL GOVERNMENT REVENUE BY REGION AS PERCENTAGE TO GROSS DOMESTIC PRODUCE

地区 Region		2009			2010		
		财政收入(亿元) Local Govern-ment Revenue (100 millin yuan)	地区生产总值(亿元) Gross Domestic Products (100 million yuan)	财政收入占地区生产总值比重(%) Percentage of Local Government Revenue to GDP (%)	财政收入(亿元) Local Govern-ment Revenue (100 millin yuan)	地区生产总值(亿元) Gross Domestic Products (100 million yuan)	财政收入占地区生产总值比重(%) Percentage of Local Government Revenue to GDP (%)
拉萨市	Lhasa	10.05	154.27	6.5	15.02	178.91	8.4
昌都地区	Qamdo	2.79	57.90	4.8	3.14	67.07	4.7
山南地区	Shannan	3.23	45.48	7.1	4.00	53.05	7.5
日喀则地区	Xigazê	2.92	75.51	3.9	3.35	86.40	3.9
那曲地区	Nagqu	1.80	45.11	4.0	1.99	51.15	3.9
阿里地区	Ngari	0.92	16.34	5.6	1.04	18.48	5.6
林芝地区	Nyingchi	2.87	45.77	6.3	3.46	53.69	6.4

第六篇

物价指数

Chapter 6

PRICE INDICES

6-1 全区物价指数

GENERAL PRICE INDICES

年份 Year	商品零售 价格指数 General Retail	城镇 Urban Areas	农村 Rural Areas	居民消费 价格指数 General Consumer Price Index	城镇 Urban Areas	农村 Rural Areas
上年=100 (preceding year=100)						
1991	108.7	109.3	108.1	109.2	109.4	108.9
1992	108.3	108.9	107.7	108.8	109.0	108.5
1993	111.9	113.3	110.4	113.4	115.2	111.6
1994	118.9	115.9	121.8	128.3	125.5	130.6
1995	117.4	116.5	118.8	119.4	121.3	117.5
1996	107.2	106.4	108.5	107.8	109.5	106.1
1997	104.2	103.7	104.6	105.0	104.8	105.6
1998	98.8	99.0	98.9	100.7	99.8	101.5
1999	98.8	98.5	99.0	100.0	99.4	100.5
2000	99.2	99.1	99.5	99.9	100.4	99.8
2001	99.6	99.6	99.4	100.2	99.2	100.9
2002	99.5	99.4	99.6	100.4	101.0	99.9
2003	99.4	99.1	100.0	100.9	100.8	100.9
2004	100.7	100.5	101.2	102.7	102.0	103.4
2005	100.8	100.8	100.4	101.5	101.5	100.9
2006	100.2	99.9	100.8	102.0	101.9	102.4
2007	101.7	101.3	102.5	103.4	102.9	104.2
2008	103.9	104.1	103.5	105.7	105.7	105.7
2009	99.5	99.5	99.6	101.4	101.5	101.3
2010	101.0	101.0	101.0	102.2	102.2	102.2
1989年=100 (1989=100)						
1991	113.6	114.9	112.3	114.7	115.1	114.0
1992	123.0	125.1	120.9	124.8	125.5	123.7
1993	137.6	141.7	133.5	141.5	144.6	138.0
1994	163.6	164.2	162.6	181.5	181.5	180.2
1995	192.1	191.3	193.2	216.7	220.2	211.7
1996	205.9	203.5	209.6	233.6	241.1	224.6
1997	214.5	211.0	219.2	245.3	252.7	237.2
1998	211.9	208.9	216.8	247.0	252.2	240.8
1999	209.4	205.8	214.6	247.0	250.7	242.0
2000	207.7	203.9	213.5	246.8	251.8	241.5
2001	206.9	203.1	212.2	247.3	249.8	243.7
2002	205.9	201.9	211.4	248.3	252.3	243.5
2003	204.7	200.1	211.4	250.5	254.3	245.7
2004	206.1	201.1	213.9	257.3	259.4	254.1
2005	207.8	202.7	214.8	261.2	263.3	256.4
2006	208.2	202.5	216.5	266.4	268.3	262.6
2007	211.7	205.1	221.9	275.5	276.1	273.6
2008	220.0	213.5	229.7	291.2	291.8	289.2
2009	218.9	212.4	228.8	295.3	296.2	293.0
2010	221.1	214.5	231.1	301.8	302.8	299.5

6-2 居民消费价格分类指数

CONSUMER PRICE INDICES BY CATEGORY

上年=100 (preceding year=100)

项　目	Item	2000	2001	2007	2009	2010
居民消费价格总指数	**General Consumer Price Index**	**99.9**	**100.2**	**103.4**	**101.4**	**102.2**
非食品价格指数	**Consumer Price Index Without Food**		**100.6**	**101.8**	**100.2**	**101.1**
服务项目价格指数	**Services Price Index**	**106.4**	**101.7**	**103.7**	**101.0**	**101.5**
消费品价格指数	**Consumer Goods Price Index**		**99.9**	**103.3**	**101.5**	**102.3**
食品类	**Food**	**98.9**	**99.4**	**106.6**	**103.9**	**104.5**
粮食	Grain	101.5	99.9	108.5	100.4	107.1
淀粉	Starches	102.4	98.0	99.6	98.3	103.4
干豆类及豆制品	Bean and Its Products	98.6	99.4	102.7	105.8	110.6
油脂类	Oil or Fat	98.8	97.2	108. 5	95.9	100.9
肉禽及其制品	Meal, Poultry and Their Products	94.0	102.4	119.5	99.6	102.1
蛋类	Eggs	98.0	97.1	105.1	100.0	103.5
水产品	Aquatic Products	97.6	100.9	104.1	101.2	102.8
菜类	Vegetables	105.0	92.4	99.1	115.6	107.9
调味品	Flavoring	99.9	99.8	98.9	102.3	102.3
糖类	Carbohydrate	101.1	99.0	102.7	103.1	102.1
茶及饮料	Tea and Beverages		100.3	100.9	101.1	100.7
干鲜瓜果类	Dried and Fresh Melons and Fruits	97.8	101.5	109.4	114.1	108.9
糕点、饼干	Cakes and Biscuits	94.9	98.9	102.9	100.6	100.7
液体乳及乳制品	Liquid Milk and Its Products	108.3	100.1	102.3	107.8	105.1
在外用膳食品	Out-of-home Food		100.0	103.6	103.5	104.4
其他食品	Other Food	102.8	100.2	99.7	100.5	100.2
烟酒及用品	**Cigarettes,Liquors and Related Items**		**99.6**	**102.5**	**101.9**	**101.1**
烟草	Tobacco		99.1	103.1	103.1	100.5
酒	Liquors		100.4	101.9	100.9	102.1
吸烟饮酒用品	Cigarettes and Spirits Related Items		100.1	101.2	99.3	99.8
衣着类	**Clothing**	**99.7**	**101.1**	**102.0**	**101.6**	**102.1**

6-2 续表 continued

上年=100 (preceding year=100)

项目	Item	2000	2001	2007	2009	2010
服装	Garments	100	100.4	101.7	101.8	102.5
衣着材料	Clothing Material	94.1	102.1	100.1	105.3	101.8
鞋、袜、帽	Shoes,Socks and Hats	99.7	102.8	102.5	97.3	100.9
衣着加工服务费	Garment Processing Service	98.9	100.2	104.7	108.1	102.8
家庭设备用品及维修服务	**Home Appliances and Repair Service**	**101.5**	**99.4**	**100**	**99.3**	**100.6**
耐用消费品	Durable Consumer Goods	101.5	98.9	100.0	95.9	100.1
室内装饰品	Interior Decorations	101.3	99.8	100.1	102.5	100.3
床上用品	Bed Articles	100.3	99.9	100.1	100.3	102.2
家庭日用杂品	Daily Use Household Articles	103	99.5	99. 4	102.2	100.7
家庭服务及加工维修服务	Household Service and Repair Service	100.0	101.7	102.3	103.2	100.5
医疗保健和个人用品	**Medicine,Medical Service and Personal Aricles**	**100.3**	**100.1**	**100.1**	**101.4**	**101.2**
医疗保健	Medical Appliances and Articles	99.6	100.1	99.2	100.4	100.3
个人用品及服务	Personal Articles and Service			100.9	102.4	102.1
交通和通信	**Transportation and Communication**	**98.4**	**103.6**	**100.6**	**97**	**99.8**
交通	Transportation	99.3	101.6	101.4	100.2	102.9
通信	Communication	92.7	106.2	99	91.5	94
娱乐教育文化用品及服务	**Recreation,Education ,Culture Articles and It's Service**	**97.4**	**98.7**	**100.2**	**99.1**	**99.7**
文娱用耐用消费品及服务	Durable Consumer Goods for Recreational Use	91.7	94.8	97.7	94.4	93.4
教育	Education	102.1	100.2	100.4	100.6	100.8
文化娱乐类	Cultural and Recreational Articles	108.9	103.6	101.6	102.7	101.1
旅游	Tourism			102.5	99.4	107.5
居住	**Residence**	**103.5**	**101.3**	**107.1**	**100**	**102.8**
建房及装修材料	Construction and Decoration Materials	102.1	100.5	100.9	103.3	104.6
租房	Building Materials	103.2	100	102.5	102.2	105.2
自有住房	Self-owned House			124.5	92.9	100.2
水电燃料	Water, Electricity and Fuels	104	101.7	106.5	99.7	101.3

6-3 拉萨市居民消费价格分类指数

CONSUMER PRICE INDICES BY CATEGORY OF LHASA

上年=100 (preceding year=100)

项　　目	Item	2006	2007	2008	2009	2010
居民消费价格总指数	**General Consumer Price Index**	**100.6**	**103.2**	**106.4**	**101.7**	**102.2**
非食品价格指数	**Consumer Price Index Without Food**	**99.9**	**101.6**	**102.7**	**100.9**	**101.3**
服务项目价格指数	**Services Price Index**	**101.7**	**104.8**	**101.2**	**101.7**	**102.0**
消费品价格指数	**Consumer Goods Price Index**	**100.3**	**102.8**	**107.7**	**101.7**	**102.2**
食品类	**Food**	**102.3**	**106.9**	**115.1**	**103.8**	**104.3**
粮食	Grain	96.7	104.1	102.9	98.4	107.0
淀粉	Starches	98.0	100.0	106.0	99.0	104.5
干豆类及豆制品	Bean and Its Products	99.2	103.7	121.7	104.9	114.3
油脂类	Oil or Fat	100.2	108.4	128.1	94.7	101.0
肉禽及其制品	Meal, Poultry and Their Products	101.8	117.2	129.5	96.9	101.2
蛋类	Eggs	103.6	106.9	112.0	97.8	105.0
水产品	Aquatic Products	98.6	105.5	121.1	101.8	102.5
菜类	Vegetables	112.1	100.6	108.3	119.1	105.3
调味品	Flavoring	99.4	100.2	100.1	105.4	106.0
糖类	Carbohydrate	100.0	101.9	106.9	102.1	100.8
茶及饮料	Tea and Beverages	100.0	101.5	108.6	101.9	101.0
干鲜瓜果类	Dried and Fresh Melons and Fruits	111.4	108.7	116.2	118.9	107.4
糕点、饼干	Cakes and Biscuits	100.0	105.8	105.1	100.9	101.2
液体乳及乳制品	Liquid Milk and Its Products	94.7	105.5	119.0	108.3	111.9
在外用膳食品	Out-of-home Food	100.0	101.0	103.9	104.0	105.5
其他食品	Other Food	99.3	101.5	105.3	100.0	100.0
烟酒及用品	**Cigarettes,Liquors and Related Items**	**97.6**	**101.0**	**103.3**	**104.3**	**101.9**
烟草	Tobacco	99.8	100.0	101.5	107.5	102.9
酒	Liquors	94.2	102.5	106.5	101.7	101.2
吸烟饮酒用品	Cigarettes and Spirits Related Items	99.6	100.0	100.0	99.6	99.8
衣着类	**Clothing**	**99.3**	**100.6**	**103.8**	**101.7**	**102.4**

6-3 续表 continued

上年=100 (preceding year=100)

项 目	Item	2006	2007	2008	2009	2010
服装	Garments	98.4	99.8	105.6	102.0	102.6
衣着材料	Clothing Material	100.9	100.0	102.0	109.8	103.1
鞋、袜、帽	Shoes,Socks and Hats	100.5	100.6	101.8	94.1	101.2
衣着加工服务费	Garment Processing Service	100.1	106.6	100.0	113.7	104.1
家庭设备用品及维修服务	**Home Appliances and Repair Service**	**98.9**	**100.2**	**103.8**	**99.5**	**101.4**
耐用消费品	Durable Consumer Goods	97.2	99.6	103.8	94.6	101.0
室内装饰品	Interior Decorations	100.0	100.0	107.5	105.4	100.9
床上用品	Bed Articles	101.0	102.1	104.1	101.0	104.3
家庭日用杂品	Daily Use Household Articles	100.0	100.1	104.1	104.1	100.8
家庭服务及加工维修服务	Household Service and Repair Service	100.0	100.0	100.0	104.9	100.4
医疗保健和个人用品	**Medicine,Medical Service and Personal Aricles**	**100.9**	**100.2**	**102.2**	**102.1**	**101.0**
医疗保健	Medical Appliances and Articles	100.6	98.8	99.8	98.3	99.4
个人用品及服务	Personal Articles and Service	101.4	101.7	104.8	106.1	102.6
交通和通信	**Transportation and Communication**	**100.8**	**99.9**	**100.3**	**98.1**	**98.6**
交通	Transportation	101.5	100.0	103.1	100.9	102.3
通信	Communication	99.9	99.7	96.5	94.1	93.2
娱乐教育文化用品及服务	**Recreation,Education ,Culture Articles and It's Service**	**100.1**	**100.1**	**98.1**	**99.9**	**100.1**
文娱用耐用消费品及服务	Durable Consumer Goods for Recreational Use	97.9	99.5	98.7	96.3	89.7
教育	Education	100.1	100.6	99.7	99.4	100.7
文化娱乐类	Cultural and Recreational Articles	100.0	99.7	99.8	104.9	101.5
旅游	Tourism	104.2	100.3	92.1	101.1	114.4
居住	**Residence**	**101.1**	**108.3**	**106.8**	**100.4**	**102.7**
建房及装修材料	Construction and Decoration Materials	100.5	101.8	105.7	103.8	106.2
租房	Building Materials	100.0	101.8	100.3	102.2	106.4
自有住房	Self-owned House	111.8	139.1	110.4	94.9	102.0
水电燃料	Water, Electricity and Fuels	97.2	101.3	107.7	99.5	98.5

6-4 昌都地区居民消费价格分类指数

CONSUMER PRICE INDICES BY CATEGORY OF QAMDO

上年=100 (preceding year=100)

项　　目	Item	2006	2007	2008	2009	2010
居民消费价格总指数	**General Consumer Price Index**	**102.4**	**102.8**	**104.9**	**101.6**	**102.5**
非食品价格指数	**Consumer Price Index Without Food**	**101.5**	**101.8**	**101.8**	**100.3**	**101.1**
服务项目价格指数	**Services Price Index**	**103.0**	**102.5**	**103.7**	**101.7**	**104.7**
消费品价格指数	**Consumer Goods Price Index**	**102.3**	**102.9**	**105.1**	**101.6**	**102.2**
食品类	**Food**	**104.0**	**104.6**	**110.6**	**104.0**	**105.1**
粮食	Grain	100.4	101.9	102.8	102.4	109.0
淀粉	Starches	99.3	105.9	102.2	101.3	100.0
干豆类及豆制品	Bean and Its Products	103.0	101.2	102.9	101.8	102.5
油脂类	Oil or Fat	102.6	103.7	115.0	96.5	102.6
肉禽及其制品	Meal, Poultry and Their Products	104.1	111.7	129.3	101.1	101.0
蛋类	Eggs	101.5	103.5	102.5	99.2	102.8
水产品	Aquatic Products	100.0	104.3	102.3	98.6	104.2
菜类	Vegetables	109.0	103.1	110.0	114.0	113.8
调味品	Flavoring	97.9	103.8	103.6	88.8	81.8
糖类	Carbohydrate	102.8	101.9	103.8	98.2	103.8
茶及饮料	Tea and Beverages	110.1	102.2	102.4	101.8	102.4
干鲜瓜果类	Dried and Fresh Melons and Fruits	109.4	104.2	108.4	113.1	107.5
糕点、饼干	Cakes and Biscuits	101.4	100.7	102.4	100.2	100.0
液体乳及乳制品	Liquid Milk and Its Products	103.0	100.7	105.7	106.8	99.7
在外用膳食品	Out-of-home Food	102.8	108.3	113.7	101.1	104.5
其他食品	Other Food	99.1	104.9	112.2	100.0	100.3
烟酒及用品	**Cigarettes,Liquors and Related Items**	**100.7**	**100.6**	**101.0**	**101.3**	**97.0**
烟草	Tobacco	101.8	100.0	100.3	101.7	93.1
酒	Liquors	98.7	101.6	102.4	100.7	102.7
吸烟饮酒用品	Cigarettes and Spirits Related Items	101.0	100.0	100.0	100.4	100.4
衣着类	**Clothing**	**103.8**	**104.6**	**104.9**	**102.4**	**102.3**

6-4 续表 continued

上年=100 (preceding year=100)

项　　目	Item	2006	2007	2008	2009	2010
服装	Garments	104.9	104.4	102.4	103.1	103.8
衣着材料	Clothing Material	100.7	101.8	109.7	101.2	98.7
鞋、袜、帽	Shoes,Socks and Hats	102.7	106.7	108.7	101.0	100.2
衣着加工服务费	Garment Processing Service	102.2	100.0	104.7	102.6	101.5
家庭设备用品及维修服务	**Home Appliances and Repair Service**	**100.4**	**101.7**	**102.4**	**99.7**	**100.6**
耐用消费品	Durable Consumer Goods	99.7	101.2	102.8	98.6	100.6
室内装饰品	Interior Decorations	102.1	102.0	102.2	100.4	100.0
床上用品	Bed Articles	102.6	100.6	100.3	101.3	100.1
家庭日用杂品	Daily Use Household Articles	99.4	100.0	100.0	99.8	100.3
家庭服务及加工维修服务	Household Service and Repair Service	101.4	113.6	112.6	105.7	104.7
医疗保健和个人用品	**Medicine,Medical Service and Personal Aricles**	**100.8**	**100.3**	**101.0**	**99.6**	**101.3**
医疗保健	Medical Appliances and Articles	101.1	98.9	100.7	100.5	100.8
个人用品及服务	Personal Articles and Service	100.5	101.6	101.4	98.8	101.8
交通和通信	**Transportation and Communication**	**100.2**	**100.5**	**100.2**	**98.5**	**102.7**
交通	Transportation	102.6	101.3	103.5	99.6	104.7
通信	Communication	97.2	99.3	96.0	96.9	100.1
娱乐教育文化用品及服务	**Recreation,Education ,Culture Articles and It's Service**	**101.6**	**100.8**	**97.7**	**99.2**	**103.3**
文娱用耐用消费品及服务	Durable Consumer Goods for Recreational Use	99.9	100.0	92.3	93.9	99.8
教育	Education	102.6	100.5	102.1	104.4	105.2
文化娱乐类	Cultural and Recreational Articles	99.7	100.1	98.9	99.2	100.5
旅游	Tourism	105.4	104.5	95.6	95.4	109.5
居住	**Residence**	**102.2**	**104.0**	**104.2**	**100.4**	**100.0**
建房及装修材料	Construction and Decoration Materials	100.7	101.5	103.1	99.8	101.8
租房	Building Materials	105.7	100.6	101.0	103.0	107.3
自有住房	Self-owned House	102.9	114.3	121.5	103.3	106.0
水电燃料	Water, Electricity and Fuels	101.2	103.7	101.9	98.7	95.2

6-5 山南地区居民消费价格分类指数

CONSUMER PRICE INDICES BY CATEGORY OF SHANNAN

上年=100 (preceding year=100)

项　　目	Item	2006	2007	2008	2009	2010
居民消费价格总指数	**General Consumer Price Index**	**101.5**	**105.6**	**104.0**	**101.3**	**102.3**
非食品价格指数	**Consumer Price Index Without Food**	**100.7**	**104.5**	**101.5**	**99.3**	**102.5**
服务项目价格指数	**Services Price Index**	**102.3**	**107.1**	**105.6**	**99.7**	**102.0**
消费品价格指数	**Consumer Goods Price Index**	**101.3**	**105.3**	**103.7**	**101.6**	**102.9**
食品类	**Food**	**102.9**	**107.6**	**108.3**	**105.0**	**103.1**
粮食	Grain	104.2	107.6	106.1	100.0	103.0
淀粉	Starches	83.2	100.0	100.0	100.0	100.0
干豆类及豆制品	Bean and Its Products	101.0	89.3	141.6	100.0	112.4
油脂类	Oil or Fat	97.3	121.3	118.2	98.9	104.7
肉禽及其制品	Meal, Poultry and Their Products	100.6	117.9	123.8	105.0	98.3
蛋类	Eggs	101.4	102.3	104.9	111.2	103.1
水产品	Aquatic Products	99.9	98.5	116.7	103.1	107.1
菜类	Vegetables	108.6	95.9	99.0	114.1	104.2
调味品	Flavoring	100.4	108.1	97.5	100.2	101.6
糖类	Carbohydrate	103.6	106.1	109.3	103.9	102.5
茶及饮料	Tea and Beverages	108.9	104.2	99.6	100.0	100.0
干鲜瓜果类	Dried and Fresh Melons and Fruits	108.7	117.7	109.5	114.9	107.0
糕点、饼干	Cakes and Biscuits	85.6	105.0	94.9	100.0	100.0
液体乳及乳制品	Liquid Milk and Its Products	101.2	104.3	116.1	99.8	101.3
在外用膳食品	Out-of-home Food	106.7	117.3	103.1	100.7	106.0
其他食品	Other Food	100.0	100.0	100.0	105.7	102.2
烟酒及用品	**Cigarettes,Liquors and Related Items**	**97.9**	**107.0**	**99.8**	**100.1**	**105.6**
烟草	Tobacco	96.9	103.4	99.6	98.9	99.6
酒	Liquors	101.0	110.6	99.9	101.9	114.7
吸烟饮酒用品	Cigarettes and Spirits Related Items	90.9	110.3	100.2	99.3	99.8
衣着类	**Clothing**	**100.0**	**103.8**	**99.6**	**100.7**	**103.6**

6-5 续表 continued

上年=100 (preceding year=100)

项 目	Item	2006	2007	2008	2009	2010
服装	Garments	100.7	103.2	99.4	101.5	104.0
衣着材料	Clothing Material	100.0	100.0	100.0	99.6	108.2
鞋、袜、帽	Shoes,Socks and Hats	100.1	106.7	99.6	99.5	101.0
衣着加工服务费	Garment Processing Service	95.2	101.0	100.0	100.0	105.5
家庭设备用品及维修服务	**Home Appliances and Repair Service**	**98.2**	**102.6**	**99.8**	**99.0**	**101.9**
耐用消费品	Durable Consumer Goods	99.3	99.1	99.6	98.1	101.1
室内装饰品	Interior Decorations	99.1	100.0	100.0	100.0	102.2
床上用品	Bed Articles	98.7	105.0	99.8	100.0	100.4
家庭日用杂品	Daily Use Household Articles	96.4	105.1	100.0	100.0	103.7
家庭服务及加工维修服务	Household Service and Repair Service	96.0	119.5	99.5	97.7	102.2
医疗保健和个人用品	**Medicine,Medical Service and Personal Aricles**	**100.0**	**101.7**	**101.5**	**99.0**	**102.1**
医疗保健	Medical Appliances and Articles	100.2	99.7	101.7	99.3	99.6
个人用品及服务	Personal Articles and Service	99.9	103.3	101.2	98.6	104.2
交通和通信	**Transportation and Communication**	**103.0**	**101.1**	**104.8**	**98.5**	**101.2**
交通	Transportation	107.1	102.0	110.7	104.9	104.8
通信	Communication	98.7	100.0	98.6	91.6	97.2
娱乐教育文化用品及服务	**Recreation,Education ,Culture Articles and It's Service**	**100.1**	**103.5**	**99.1**	**99.8**	**101.2**
文娱用耐用消费品及服务	Durable Consumer Goods for Recreational Use	100.1	102.6	100.0	94.7	98.4
教育	Education	99.7	100.7	100.0	102.4	103.1
文化娱乐类	Cultural and Recreational Articles	101.2	109.0	99.3	99.7	102.9
旅游	Tourism	99.2	100.6	96.5	100.7	99.1
居住	**Residence**	**106.5**	**111.0**	**106.9**	**97.1**	**100.5**
建房及装修材料	Construction and Decoration Materials	105.2	105.6	101.0	100.3	104.1
租房	Building Materials	108.5	114.6	107.7	100.8	103.7
自有住房	Self-owned House	116.1	121.4	111.3	78.6	100.0
水电燃料	Water, Electricity and Fuels	100.3	105.1	107.7	101.2	94.8

6-6 日喀则地区居民消费价格分类指数

CONSUMER PRICE INDICES BY CATEGORY OF XIGAZE

上年=100 (preceding year=100)

项　　目	Item	2006	2007	2008	2009	2010
居民消费价格总指数	**General Consumer Price Index**	**101.7**	**102.9**	**104.6**	**101.0**	**102.4**
非食品价格指数	**Consumer Price Index Without Food**	**101.8**	**101.4**	**100.9**	**99.5**	**101.1**
服务项目价格指数	**Services Price Index**	**106.8**	**104.7**	**102.3**	**99.3**	**99.0**
消费品价格指数	**Consumer Goods Price Index**	**100.9**	**102.6**	**105.0**	**103.8**	**103.0**
食品类	**Food**	**101.7**	**105.8**	**111.3**	**101.1**	**105.0**
粮食	Grain	95.2	109.1	103.9	104.6	109.2
淀粉	Starches	92.9	97.0	129.2	96.7	100.0
干豆类及豆制品	Bean and Its Products	96.6	100.5	105.3	115.2	109.4
油脂类	Oil or Fat	101.4	108.0	134.1	94.3	98.0
肉禽及其制品	Meal, Poultry and Their Products	96.8	119.0	120.6	103.4	102.5
蛋类	Eggs	101.8	105.5	111.4	98.5	100.9
水产品	Aquatic Products	104.9	103.1	109.4	100.7	101.9
菜类	Vegetables	114.9	104.6	101.4	116.3	112.9
调味品	Flavoring	106.0	98.4	105.7	100.1	100.6
糖类	Carbohydrate	99.6	101.4	102.0	106.1	102.0
茶及饮料	Tea and Beverages	100.3	100.0	100.0	100.0	100.0
干鲜瓜果类	Dried and Fresh Melons and Fruits	106.2	109.2	118.4	107.7	114.8
糕点、饼干	Cakes and Biscuits	101.3	102.4	101.2	103.1	100.0
液体乳及乳制品	Liquid Milk and Its Products	100.5	99.8	119.8	102.0	100.7
在外用膳食品	Out-of-home Food	100.6	101.8	113.9	102.4	102.5
其他食品	Other Food	97.2	98.2	102.1	100.0	100.0
烟酒及用品	**Cigarettes,Liquors and Related Items**	**100.9**	**102.2**	**99.9**	**100.0**	**100.3**
烟草	Tobacco	101.6	103.6	100.0	100.0	100.0
酒	Liquors	100.4	101.0	100.0	100.3	100.9
吸烟饮酒用品	Cigarettes and Spirits Related Items	100.0	100.0	99.2	99.1	100.0
衣着类	**Clothing**	**99.7**	**101.0**	**99.8**	**101.3**	**102.0**

6-6 续表 continued

上年=100 (preceding year=100)

项　　目	Item	2006	2007	2008	2009	2010
服装	Garments	99.6	101.2	99.4	100.4	102.6
衣着材料	Clothing Material	100.4	100.0	100.0	100.8	100.0
鞋、袜、帽	Shoes,Socks and Hats	99.3	101.2	100.2	105.1	101.4
衣着加工服务费	Garment Processing Service	100.0	100.6	101.9	99.0	102.1
家庭设备用品及维修服务	**Home Appliances and Repair Service**	**98.7**	**99.2**	**100.0**	**99.7**	**99.6**
耐用消费品	Durable Consumer Goods	96.8	100.6	99.6	95.9	98.6
室内装饰品	Interior Decorations	100.2	100.0	100.0	101.7	100.0
床上用品	Bed Articles	99.3	97.4	99.2	100.0	100.0
家庭日用杂品	Daily Use Household Articles	99.2	97.1	99.8	102.9	100.2
家庭服务及加工维修服务	Household Service and Repair Service	100.0	100.9	102.6	100.0	100.0
医疗保健和个人用品	**Medicine,Medical Service and Personal Aricles**	**100.2**	**100.4**	**102.3**	**102.4**	**102.0**
医疗保健	Medical Appliances and Articles	98.3	100.6	103.1	104.6	101.1
个人用品及服务	Personal Articles and Service	101.7	100.2	101.7	100.7	102.8
交通和通信	**Transportation and Communication**	**105.9**	**98.8**	**99.7**	**92.4**	**98.9**
交通	Transportation	110.4	101.1	101.6	94.7	102.5
通信	Communication	96.7	94.0	95.6	87.7	91.0
娱乐教育文化用品及服务	**Recreation,Education ,Culture Articles and It's Service**	**105.0**	**99.9**	**100.1**	**97.4**	**97.8**
文娱用耐用消费品及服务	Durable Consumer Goods for Recreational Use	99.3	96.3	98.9	92.1	96.8
教育	Education	114.2	100.4	101.6	101.9	100.1
文化娱乐类	Cultural and Recreational Articles	99.7	101.5	101.3	100.1	100.0
旅游	Tourism	106.7	104.7	97.6	95.7	90.7
居住	**Residence**	**102.8**	**107.9**	**104.2**	**101.3**	**106.1**
建房及装修材料	Construction and Decoration Materials	101.0	100.7	101.0	104.0	101.4
租房	Building Materials	100.0	106.5	99.8	103.7	101.8
自有住房	Self-owned House	107.8	124.3	108.0	91.8	91.7
水电燃料	Water, Electricity and Fuels	103.5	107.0	106.9	102.2	118.2

6-7 那曲地区居民消费价格分类指数

CONSUMER PRICE INDICES BY CATEGORY OF NAGQU

上年=100 (preceding year=100)

项 目	Item	2006	2007	2008	2009	2010
居民消费价格总指数	**General Consumer Price Index**	**103.7**	**105.2**	**109.0**	**101.3**	**101.5**
非食品价格指数	**Consumer Price Index Without Food**	**100.8**	**99.8**	**106.9**	**98.9**	**99.4**
服务项目价格指数	**Services Price Index**	**100.4**	**101.7**	**111.8**	**97.5**	**100.6**
消费品价格指数	**Consumer Goods Price Index**	**104.2**	**105.8**	**108.5**	**101.9**	**101.6**
食品类	**Food**	**108.5**	**113.9**	**112.0**	**105.0**	**104.8**
粮食	Grain	101.8	103.9	105.0	100.5	104.2
淀粉	Starches	88.1	103.9	112.2	93.7	108.9
干豆类及豆制品	Bean and Its Products	102.0	108.2	133.5	101.7	105.7
油脂类	Oil or Fat	97.0	107.6	161.9	106.1	102.7
肉禽及其制品	Meal, Poultry and Their Products	118.3	129.6	117.4	102.3	107.6
蛋类	Eggs	102.4	118.1	111.2	103.5	100.3
水产品	Aquatic Products	94.8	122.8	124.5	102.7	110.7
菜类	Vegetables	118.3	117.9	95.3	102.3	103.2
调味品	Flavoring	100.4	100.1	95.7	102.5	100.8
糖类	Carbohydrate	101.2	106.1	104.8	99.2	104.6
茶及饮料	Tea and Beverages	94.9	99.4	103.2	101.7	100.2
干鲜瓜果类	Dried and Fresh Melons and Fruits	129.7	102.0	98.0	107.7	107.2
糕点、饼干	Cakes and Biscuits	95.2	98.5	107.0	90.4	105.3
液体乳及乳制品	Liquid Milk and Its Products	100.8	102.9	113.4	123.5	103.2
在外用膳食品	Out-of-home Food	101.1	104.4	110.2	110.6	104.9
其他食品	Other Food	100.0	100.0	100.0	100.4	100.3
烟酒及用品	**Cigarettes,Liquors and Related Items**	**96.5**	**99.2**	**110.3**	**98.3**	**99.6**
烟草	Tobacco	93.4	100.2	106.8	100.4	99.7
酒	Liquors	99.0	98.1	116.4	96.3	99.7
吸烟饮酒用品	Cigarettes and Spirits Related Items	110.9	96.9	97.4	94.5	97.3
衣着类	**Clothing**	**96.2**	**103.8**	**105.2**	**101.4**	**98.6**

6-7 续表 continued

上年=100 (preceding year=100)

项　　目	Item	2006	2007	2008	2009	2010
服装	Garments	95.7	103.1	103.2	104.8	99.3
衣着材料	Clothing Material	92.9	102.7	115.9	97.9	99.0
鞋、袜、帽	Shoes,Socks and Hats	96.6	104.8	104.9	92.7	97.0
衣着加工服务费	Garment Processing Service	103.8	107.8	110.1	109.5	98.5
家庭设备用品及维修服务	**Home Appliances and Repair Service**	**96.3**	**97.6**	**104.1**	**99.6**	**97.7**
耐用消费品	Durable Consumer Goods	94.7	99.0	99.6	98.6	96.1
室内装饰品	Interior Decorations	92.8	100.0	105.5	99.2	99.3
床上用品	Bed Articles	99.7	98.3	99.6	99.9	100.0
家庭日用杂品	Daily Use Household Articles	97.8	92.0	108.3	99.9	98.6
家庭服务及加工维修服务	Household Service and Repair Service	95.1	104.5	146.7	105.0	96.4
医疗保健和个人用品	**Medicine,Medical Service and Personal Aricles**	**105.5**	**97.1**	**109.1**	**99.3**	**101.6**
医疗保健	Medical Appliances and Articles	109.5	95.5	107.2	103.9	103.1
个人用品及服务	Personal Articles and Service	98.4	100.0	112.2	91.3	97.7
交通和通信	**Transportation and Communication**	**101.2**	**100.2**	**102.6**	**98.8**	**99.6**
交通	Transportation	101.7	100.5	105.0	103.5	101.7
通信	Communication	100.3	99.4	98.3	89.9	95.9
娱乐教育文化用品及服务	**Recreation,Education ,Culture Articles and It's Service**	**99.1**	**98.5**	**102.7**	**100.4**	**100.1**
文娱用耐用消费品及服务	Durable Consumer Goods for Recreational Use	96.9	93.2	96.3	91.4	93.7
教育	Education	100.2	100.0	104.5	103.4	99.8
文化娱乐类	Cultural and Recreational Articles	98.3	98.1	107.2	108.8	105.2
旅游	Tourism	103.6	108.4	103.8	96.5	107.9
居住	**Residence**	**112.5**	**101.4**	**113.8**	**94.0**	**98.6**
建房及装修材料	Construction and Decoration Materials	100.0	100.1	101.0	107.0	101.2
租房	Building Materials	100.0	100.0	118.4	94.9	103.3
自有住房	Self-owned House	100.0	105.4	116.6	82.5	98.2
水电燃料	Water, Electricity and Fuels	119.8	101.6	113.7	94.4	97.3

6-8 阿里地区居民消费价格分类指数

CONSUMER PRICE INDICES BY CATEGORY OF NGARI

上年=100 (preceding year=100)

项　目	Item	2006	2007	2008	2009	2010
居民消费价格总指数	**General Consumer Price Index**	**103.2**	**104.6**	**106.4**	**101.5**	**101.5**
非食品价格指数	**Consumer Price Index Without Food**	**102.8**	**101.5**	**103.9**	**98.7**	**100.4**
服务项目价格指数	**Services Price Index**	**102.5**	**103.6**	**100.4**	**99.2**	**99.2**
消费品价格指数	**Consumer Goods Price Index**	**103.4**	**104.8**	**107.7**	**101.9**	**102.0**
食品类	**Food**	**104.1**	**110.4**	**111.0**	**106.9**	**103.8**
粮食	Grain	104.4	106.6	106.6	118.2	107.9
淀粉	Starches	107.8	102.9	99.8	107.4	109.7
干豆类及豆制品	Bean and Its Products	110.1	116.4	100.1	105.2	104.9
油脂类	Oil or Fat	102.9	114.3	118.1	99.3	109.3
肉禽及其制品	Meal, Poultry and Their Products	107.4	119.0	115.0	100.8	108.9
蛋类	Eggs	106.4	114.1	101.5	98.1	108.8
水产品	Aquatic Products	109.7	115.1	113.5	99.2	101.2
菜类	Vegetables	105.9	114.4	131.7	125.2	99.3
调味品	Flavoring	98.4	98.8	94.2	115.8	99.2
糖类	Carbohydrate	103.9	99.3	99.9	101.4	100.9
茶及饮料	Tea and Beverages	101.4	98.1	101.0	96.9	100.0
干鲜瓜果类	Dried and Fresh Melons and Fruits	95.9	115.5	114.8	114.0	91.9
糕点、饼干	Cakes and Biscuits	101.3	103.5	106.5	103.2	97.2
液体乳及乳制品	Liquid Milk and Its Products	100.3	100.0	102.1	100.8	99.4
在外用膳食品	Out-of-home Food	101.0	103.7	109.5	103.1	98.2
其他食品	Other Food	101.6	114.4	100.5	102.5	97.6
烟酒及用品	**Cigarettes,Liquors and Related Items**	**100.8**	**100.1**	**100.4**	**101.5**	**100.5**
烟草	Tobacco	99.9	99.7	100.0	100.3	99.3
酒	Liquors	100.5	100.0	100.9	103.2	102.1
吸烟饮酒用品	Cigarettes and Spirits Related Items	113.6	104.2	100.0	100.0	99.8
衣着类	**Clothing**	**103.0**	**100.3**	**100.6**	**102.6**	**100.8**

6-8 续表 continued

上年=100 (preceding year=100)

项　目	Item	2006	2007	2008	2009	2010
服装	Garments	103.5	99.9	102.1	103.2	101.7
衣着材料	Clothing Material	100.0	100.0	100.0	112.3	100.0
鞋、袜、帽	Shoes,Socks and Hats	102.2	101.4	97.9	99.3	99.2
衣着加工服务费	Garment Processing Service	105.9	100.0	100.0	100.0	100.0
家庭设备用品及维修服务	**Home Appliances and Repair Service**	**102.8**	**99.7**	**100.2**	**96.7**	**103.6**
耐用消费品	Durable Consumer Goods	100.0	99.2	98.7	95.2	102.6
室内装饰品	Interior Decorations	100.0	97.7	98.5	94.7	106.4
床上用品	Bed Articles	104.5	103.5	98.8	93.8	107.7
家庭日用杂品	Daily Use Household Articles	104.4	95.5	100.3	98.3	102.4
家庭服务及加工维修服务	Household Service and Repair Service	95.9	134.8	111.6	101.8	101.0
医疗保健和个人用品	**Medicine,Medical Service and Personal Aricles**	**102.2**	**102.6**	**100.5**	**100.1**	**100.1**
医疗保健	Medical Appliances and Articles	99.5	96.7	100.4	100.3	100.0
个人用品及服务	Personal Articles and Service	104.6	107.5	100.6	99.9	100.2
交通和通信	**Transportation and Communication**	**104.2**	**101.5**	**109.9**	**95.1**	**101.5**
交通	Transportation	106.7	101.8	102.5	105.6	102.5
通信	Communication	102.4	101.3	115.3	87.6	100.7
娱乐教育文化用品及服务	**Recreation,Education ,Culture Articles and It's Service**	**101.3**	**101.3**	**99.1**	**98.4**	**97.3**
文娱用耐用消费品及服务	Durable Consumer Goods for Recreational Use	102.1	101.4	97.8	89.5	100.0
教育	Education	100.6	102.4	102.5	105.5	98.2
文化娱乐类	Cultural and Recreational Articles	102.7	100.1	99.8	101.6	99.4
旅游	Tourism	100.0	100.0	91.3	89.1	84.9
居住	**Residence**	**106.9**	**106.8**	**119.8**	**96.4**	**99.2**
建房及装修材料	Construction and Decoration Materials	100.0	100.0	102.9	93.1	104.0
租房	Building Materials	105.7	100.0	98.3	93.9	100.0
自有住房	Self-owned House	99.4	104.8	98.2	101.9	99.7
水电燃料	Water, Electricity and Fuels	109.7	110.8	131.9	97.6	97.7

6-9 林芝地区居民消费价格分类指数

CONSUMER PRICE INDICES BY CATEGORY OF NYINGCHI

上年=100 (preceding year=100)

项目	Item	2006	2007	2008	2009	2010
居民消费价格总指数	**General Consumer Price Index**	**102.0**	**103.2**	**103.9**	**101.1**	**102.2**
非食品价格指数	**Consumer Price Index Without Food**	**100.6**	**102.0**	**103.2**	**99.9**	**101.1**
服务项目价格指数	**Services Price Index**	**101.0**	**104.2**	**101.2**	**98.6**	**100.9**
消费品价格指数	**Consumer Goods Price Index**	**102.1**	**103.1**	**105.3**	**101.5**	**102.4**
食品类	**Food**	**104.5**	**105.5**	**102.5**	**103.3**	**104.6**
粮食	Grain	106.2	102.2	101.4	101.4	106.1
淀粉	Starches	101.2	99.9	103.3	99.2	103.7
干豆类及豆制品	Bean and Its Products	112.2	107.6	112.0	102.8	109.7
油脂类	Oil or Fat	104.4	109.7	115.4	97.0	98.1
肉禽及其制品	Meal, Poultry and Their Products	106.2	111.7	116.2	101.4	102.8
蛋类	Eggs	100.3	103.2	104.7	102.0	105.0
水产品	Aquatic Products	101.7	102.2	104.1	101.5	99.3
菜类	Vegetables	105.2	109.7	101.2	108.2	107.4
调味品	Flavoring	100.0	100.4	101.1	100.8	102.7
糖类	Carbohydrate	102.9	102.2	100.3	104.5	103.5
茶及饮料	Tea and Beverages	100.5	100.5	100.5	100.7	101.6
干鲜瓜果类	Dried and Fresh Melons and Fruits	116.6	106.2	104.4	109.4	109.1
糕点、饼干	Cakes and Biscuits	97.7	98.6	102.1	100.4	101.6
液体乳及乳制品	Liquid Milk and Its Products	100.2	103.5	106.3	101.5	103.5
在外用膳食品	Out-of-home Food	100.6	102.9	104.4	106.3	105.0
其他食品	Other Food	100.0	99.9	102.8	100.1	100.0
烟酒及用品	**Cigarettes,Liquors and Related Items**	**100.5**	**101.5**	**104.5**	**102.0**	**101.5**
烟草	Tobacco	100.6	102.5	100.2	99.8	100.7
酒	Liquors	101.0	100.7	107.7	104.4	102.2
吸烟饮酒用品	Cigarettes and Spirits Related Items	97.9	101.2	106.4	100.3	101.2
衣着类	**Clothing**	**100.7**	**101.8**	**102.8**	**100.9**	**102.3**

6-9 续表 continued

上年=100　　(preceding year=100)

项　　目	Item	2006	2007	2008	2009	2010
服装	Garments	100.9	102.2	106.7	101.3	102.5
衣着材料	Clothing Material	99.9	98.6	100.0	100.7	100.6
鞋、袜、帽	Shoes,Socks and Hats	101.1	100.5	98.2	100.9	103.1
衣着加工服务费	Garment Processing Service	99.9	111.0	101.3	100.9	101.3
家庭设备用品及维修服务	**Home Appliances and Repair Service**	**100.5**	**100.5**	**100.5**	**99.1**	**98.9**
耐用消费品	Durable Consumer Goods	100.1	101.6	97.5	97.6	99.1
室内装饰品	Interior Decorations	100.3	98.2	109.4	98.8	97.9
床上用品	Bed Articles	101.2	99.2	102.8	98.6	96.1
家庭日用杂品	Daily Use Household Articles	100.8	99.8	103.5	101.9	99.3
家庭服务及加工维修服务	Household Service and Repair Service	102.8	97.3	100.0	102.2	102.6
医疗保健和个人用品	**Medicine,Medical Service and Personal Aricles**	**99.4**	**101.1**	**103.2**	**101.1**	**101.7**
医疗保健	Medical Appliances and Articles	99.9	100.2	100.1	100.2	101.7
个人用品及服务	Personal Articles and Service	99.0	101.8	105.4	101.8	101.7
交通和通信	**Transportation and Communication**	**100.2**	**101.7**	**102.2**	**97.4**	**99.6**
交通	Transportation	101.7	103.2	105.9	99.7	101.3
通信	Communication	98.0	99.5	96.7	93.8	96.9
娱乐教育文化用品及服务	**Recreation,Education ,Culture Articles and It's Service**	**100.1**	**101.9**	**98.5**	**98.3**	**99.8**
文娱用耐用消费品及服务	Durable Consumer Goods for Recreational Use	97.2	99.1	97.6	91.4	94.6
教育	Education	99.9	100.0	101.5	100.7	101.9
文化娱乐类	Cultural and Recreational Articles	100.6	103.3	102.0	101.7	100.7
旅游	Tourism	104.2	107.9	90.3	100.0	101.5
居住	**Residence**	**101.9**	**105.0**	**108.2**	**99.6**	**101.9**
建房及装修材料	Construction and Decoration Materials	98.6	107.0	106.0	102.7	104.7
租房	Building Materials	100.0	100.0	97.6	99.5	101.3
自有住房	Self-owned House	103.2	113.4	107.3	84.2	101.0
水电燃料	Water, Electricity and Fuels	104.0	103.6	113.4	102.2	100.8

6-10 各月居民消费价格分类指数（2010年）

CONSUMER PRICE INDICES BY CATEGORY AND EACH MONTH (2010)

上年=100 (preceding year=100)

指标	Item	1月Jan.	2月Feb.	3月Mar.	4月Apr.	5月May.	6月June.
总指数	**General Consumer Price Index**	**102.9**	**101.6**	**101.2**	**101.3**	**101.5**	**101.2**
食品类	Food	104.1	103.1	102.2	102.8	103.2	103.3
粮食	Grain	105.6	105.4	105.3	104.5	105.0	105.6
肉禽及其制品	Meal, Poultry and Their Products	102.5	101.3	100.5	101.0	101.7	102.2
蛋类	Eggs	103.1	100.6	100.0	100.2	100.9	100.8
水产品	Aquatic Products	100.7	100.3	97.6	97.5	98.8	99.9
菜类	Vegetables	105.5	105.6	101.7	105.2	105.3	106.3
茶和饮料	Tea and Beverages	101.6	100.6	100.6	100.6	101.0	100.7
干鲜瓜果类	Dried and Fresh Melons and Fruits	108.7	106.8	108.9	111.2	110.3	104.6
烟酒及用品	Cigarettes,Liquors and Related Items	102.9	101.6	101.8	101.5	101.3	100.4
衣着类	Clothing	103.4	101.8	101.7	101.0	101.9	101.3
家庭设备用品及维修服务	Home Appliances and Repair Service	101.1	99.7	99.7	100.2	100.1	100.0
医疗保健和个人用品	Medicine,Medical Service and Personal Aricles	101.9	100.6	100.4	100.3	100.4	100.6
交通和通信	Transportation and Communication	100.3	99.6	99.6	100.1	100.3	99.6
娱乐教育文化用品及服务	Recreation, Education and Culture Articles	103.4	100.9	100.5	100.1	100.1	99.0
居住	Residence	102.7	101.6	100.9	100.5	100.1	100.3
服务项目	Services	105.2	102.5	101.4	100.7	100.6	100.4

6-10 续表 continued

指标	Item	7月July	8月Aug.	9月Sep.	10月Oct.	11月Nov.	12月Dec.
总指数	**General Consumer Price Index**	**101.3**	**101.7**	**102.1**	**102.8**	**104.3**	**104.5**
食品类	Food	103.4	104.6	104.8	105.8	108.0	108.6
粮食	Grain	105.4	106.2	106.8	107.5	113.5	113.8
肉禽及其制品	Meal, Poultry and Their Products	100.9	101.7	102.7	102.7	103.8	104.8
蛋类	Eggs	101.1	102.4	106.4	106.7	109.6	110.3
水产品	Aquatic Products	103.1	104.9	108.8	109.5	107.0	106.2
菜类	Vegetables	107.6	110.8	110.5	112.2	112.5	113.2
茶和饮料	Tea and Beverages	100.6	100.4	100.4	100.6	100.9	100.8
干鲜瓜果类	Dried and Fresh Melons and Fruits	102.7	105.5	105.3	110.9	116.2	116.7
烟酒及用品	Cigarettes,Liquors and Related Items	100.1	100.3	100.5	100.8	101.0	101.0
衣着类	Clothing	101.6	101.7	101.8	102.2	103.2	103.5
家庭设备用品及维修服务	Home Appliances and Repair Service	100.0	100.5	100.5	100.9	102.4	102.4
医疗保健和个人用品	Medicine,Medical Service and Personal Aricles	100.7	100.8	101.2	101.8	103.1	102.9
交通和通信	Transportation and Communication	98.9	99.1	99.1	99.8	100.2	100.5
娱乐教育文化用品及服务	Recreation, Education and Culture Articles	98.7	97.9	97.7	97.9	100.1	100.1
居住	Residence	101.3	101.0	105.0	106.1	107.0	107.1
服务项目	Services	101.0	100.7	100.7	101.1	102.2	102.4

6-11 商品零售价格分类指数（2010年）

RETAIL PRICE INDICES BY CATEGORY（2010）

上年=100 (preceding year=100)

项 目	Item	全 区 Average	城 市 Urban Areas	农 村 Rural Areas
商品零售价格总指数	**General Retail Price Index**	**101.0**	**101.0**	**101.0**
食品类	**Food**	**104.5**	**104.7**	**104.2**
粮食	Grain	106.8	107.4	105.8
淀粉	Starches	103.6	103.7	103.5
干豆类及豆制品	Dry Bean and Bean Products	112.8	114.4	108.4
油脂	Oil or Fat	99.7	98.3	102.8
肉禽及其制品	Meat, Pourtry and It's Products	102.2	101.2	103.3
蛋	Eggs	103.5	103.6	103.3
水产品	Aquatic Products	102.5	102.0	104.0
菜	Vegetable	106.9	106.4	107.6
#鲜菜	Fresh Vegetables	105.2	104.9	106.3
调味品	Flavoring	102.9	105.3	97.9
糖	Sugar	102.0	101.5	103.3
干鲜瓜果	Dried and Fresh Fruits	109.0	110.1	106.7
糕点饼干面包	Cake, Biscuits and Bread	100.8	100.7	100.9
液体乳及乳制品	Liquid Milk and Its Products	103.2	104.7	101.8
在外用膳食品	Out-dining Food	105.5	106.0	104.6
其他食品	Other Food	100.4	100.0	101.1
饮料、烟酒类	**Beverages,Tobacco and Liquor**	**101.2**	**101.3**	**100.9**
茶及饮料	Tea and Beverages	100.7	100.6	100.8
烟草	Tobacco	100.6	101.7	98.4
酒	Liquor	102.5	101.5	104.6
服装、鞋帽类	**Garments,Shoes and Hats**	**101.8**	**101.9**	**101.5**
服装	Garments	102.5	102.5	102.3
鞋袜帽	Shoes and Hats	100.8	101.0	100.3
其他	Others	100.1	100.2	99.7
纺织品类	**Textiles**	**102.2**	**102.7**	**100.5**
衣着材料	Clothing Material	102.1	102.3	101.1
床上用品	Bed Articles	102.3	103.0	100.1
家用电器及音像器材类	**Household Appliances and Video Appliances**	**94.7**	**93.9**	**97.0**
家庭设备	Home Appliances	97.8	97.5	98.4
文娱耐用消费品	Culture and Recreat Durable Consumable	93.1	91.9	96.2
音像器材类	Video Appliances	88.4	87.5	93.7

6-11 续表 continued

上年=100 (preceding year=100)

项 目	Item	全 区 Average	城 市 Urban Areas	农 村 Rural Areas
文化办公用品类	**Culture and Office Articles**	**96.2**	**96.3**	**95.8**
日用品类	**Articles for Daily Use**	**98.7**	**100.0**	**96.0**
日用百货	Articles for Daily Use	99.5	100.6	97.6
日用杂品	Sundries for Daily Use	100.0	100.4	98.9
洗涤用品	Washing Articles	97.9	100.0	94.0
其他日用品	Others	97.4	99.1	93.4
体育娱乐用品类	**Sports and Recreation Goods**	**96.3**	**97.4**	**92.4**
体育用品	Sports Goods	98.5	100.2	93.4
娱乐用品	Recreationa Goods	93.5	94.1	91.1
交通通信用品类	**Transportation and Communication Goods**	**92.8**	**91.2**	**96.5**
交通运输机械	Transportation Machines	96.5	95.9	97.8
通讯器材类	Telecommunication Appliances	89.7	87.1	95.4
家具类	**Furniture**	**102.9**	**103.6**	**101.1**
化妆品类	**Cosmetics**	**99.6**	**99.5**	**99.7**
金银珠宝类	**Jewelry**	**105.1**	**105.6**	**103.5**
中西药及医疗保健品类	**Traditional Chinese and Western Medicine**	**100.1**	**99.9**	**100.5**
医疗器具及用品	Special Appliances of Medicines	98.6	97.4	101.5
中药材及中成药	Traditional Chinese Medicine	102.1	102.8	101.1
西药	Western Medicine	98.9	98.5	99.6
保健器具及用品	Healthcare Equipment	100.1	99.8	100.7
书报杂志及电子出版物类	**Newspapers, Magazines and Electronic Publications**	**100.3**	**100.3**	**100.4**
教材及参考书	Teaching Materials and Reference Books	100.6	100.0	102.2
书报杂志	Newspapers and Magazines	101.8	101.6	102.4
电子音像制品	Electronic Audio-video Products	98.1	99.0	95.6
燃料类	**Fuels**	**106.1**	**106.9**	**104.9**
煤炭及制品类	Coal and Their Products	97.9	100.2	94.4
石油及制品类	Petroleum and Their Products	109.5	109.7	109.2
建筑材料及五金电料类	**Building Materials and Hardwares**	**102.0**	**102.9**	**100.3**
建筑装潢材料	Building Decoration Materials	103.1	103.7	102.0
五金电料类	Hardwares	98.2	100.2	94.2

6-12 拉萨市商品零售价格分类指数

RETAIL PRICE INDICES BY CATEGORY OF LHASA

上年=100　(preceding year=100)

项　　目	Item	2006	2007	2008	2009	2010
商品零售价格总指数	**General Retail Price Index**	**99.7**	**101.2**	**104.6**	**100.1**	**101.2**
食品类	**Food**	102.0	105.9	114.1	104.8	105.0
粮食	Grain	96.7	104.1	102.9	98.4	107.0
淀粉	Starches	98.0	100.0	106.0	99.0	104.5
干豆类及豆制品	Dry Bean and Bean Products	99.2	103.7	121.7	104.9	114.3
油脂	Oil or Fat	100.2	108.4	128.1	94.7	101.0
肉禽及其制品	Meat, Pourtry and It's Products	101.8	117.2	129.5	96.9	101.2
蛋	Eggs	103.6	106.9	112.0	97.8	105.0
水产品	Aquatic Products	98.8	105.1	121.1	102.0	101.2
菜	Vegetable	112.1	100.6	108.3	119.1	105.3
#鲜菜	Fresh Vegetables	112.9	100.0	105.8	122.1	103.9
调味品	Flavoring	99.4	100.2	100.1	105.4	106.0
糖	Sugar	100.0	101.9	106.9	102.1	100.8
干鲜瓜果	Dried and Fresh Fruits	107.8	106.3	115.7	115.3	109.8
糕点饼干面包	Cake, Biscuits and Bread	100.0	105.8	105.1	100.9	101.2
液体乳及乳制品	Liquid Milk and Its Products	94.7	105.5	119.0	108.3	111.9
在外用膳食品	Out-dining Food	100.0	101.0	103.9	104.0	105.5
其他食品	Other Food	99.3	101.5	105.3	100.0	100.0
饮料、烟酒类	**Beverages,Tobacco and Liquor**	**98.2**	**101.2**	**104.9**	**104.2**	**101.8**
茶及饮料	Tea and Beverages	100.0	101.6	108.2	102.2	101.0
烟草	Tobacco	99.8	100.0	101.5	107.5	102.9
酒	Liquor	94.2	102.5	106.5	101.7	101.2
服装、鞋帽类	**Garments,Shoes and Hats**	**99.1**	**100.4**	**104.9**	**99.6**	**102.0**
服装	Garments	98.3	100.3	106.7	101.9	102.6
鞋袜帽	Shoes and Hats	100.6	100.7	102.4	94.5	101.2
其他	Others	100.0	100.0	100.0	102.1	100.2
纺织品类	**Textiles**	100.9	101.0	103.0	105.6	103.7
衣着材料	Clothing Material	100.9	100.0	102.0	109.8	103.1
床上用品	Bed Articles	101.0	102.1	104.1	101.0	104.3
家用电器及音像器材类	**Household Appliances and Video Appliances**	**97.0**	**98.5**	**98.8**	**91.6**	**94.1**
家庭设备	Home Appliances	96.6	97.8	100.6	87.5	98.0
文娱耐用消费品	Culture and Recreat Durable Consumable	97.7	99.2	97.0	96.7	90.6
音像器材类	Video Appliances	86.6	100.0	92.3	69.0	71.2

6-12 续表 continued

上年=100 (preceding year=100)

项　目	Item	2006	2007	2008	2009	2010
文化办公用品类	**Culture and Office Articles**	**98.8**	**99.7**	**100.3**	**103.1**	**97.0**
日用品类	**Articles for Daily Use**	**98.8**	**99.5**	**100.6**	**99.4**	**100.0**
日用百货	Articles for Daily Use	96.5	98.4	98.3	94.4	100.8
日用杂品	Sundries for Daily Use	99.4	99.7	101.8	100.0	100.7
洗涤用品	Washing Articles	100.0	100.1	102.3	100.9	100.0
其他日用品	Others	99.7	99.9	100.5	103.2	98.5
体育娱乐用品类	**Sports and Recreation Goods**	**97.3**	**98.6**	**97.5**	**92.8**	**97.1**
体育用品	Sports Goods	98.1	99.6	98.0	95.6	100.3
娱乐用品	Recreationa Goods	96.5	97.7	97.0	90.2	94.0
交通通信用品类	**Transportation and Communication Goods**	**99.4**	**97.6**	**91.9**	**89.1**	**92.8**
交通运输机械	Transportation Machines	99.7	98.2	98.3	97.0	95.3
通讯器材类	Telecommunication Appliances	99.2	97.0	85.1	79.9	90.0
家具类	**Furniture**	**98.0**	**101.9**	**108.5**	**104.7**	**104.9**
化妆品类	**Cosmetics**	**99.5**	**99.7**	**101.2**	**101.1**	**100.0**
金银珠宝类	**Jewelry**	**100.3**	**102.8**	**116.5**	**101.9**	**106.7**
中西药及医疗保健品类	**Traditional Chinese and Western Medicine**	**99.8**	**99.0**	**100.0**	**97.1**	**99.5**
医疗器具及用品	Special Appliances of Medicines	100.0	100.0	100.0	100.0	96.3
中药材及中成药	Traditional Chinese Medicine	101.2	101.8	101.2	94.3	103.1
西药	Western Medicine	98.5	96.0	99.7	98.8	97.7
保健器具及用品	Healthcare Equipment	100.0	100.0	98.6	96.3	100.0
书报杂志及电子出版物类	**Newspapers, Magazines and Electronic Publications**	**100.0**	**99.1**	**95.1**	**97.5**	**100.4**
教材及参考书	Teaching Materials and Reference Books	100.0	100.0	98.0	96.9	100.0
书报杂志	Newspapers and Magazines	100.0	100.0	100.5	103.4	102.2
电子音像制品	Electronic Audio-video Products	100.0	97.4	86.5	90.1	98.5
燃料类	**Fuels**	**102.8**	**101.9**	**114.0**	**99.4**	**108.0**
煤炭及制品类	Coal and Their Products	93.6	95.2	106.2	99.9	100.7
石油及制品类	Petroleum and Their Products	105.7	103.8	116.2	99.3	110.2
建筑材料及五金电料类	**Building Materials and Hardwares**	**100.3**	**101.4**	**103.1**	**101.6**	**104.2**
建筑装潢材料	Building Decoration Materials	100.5	102.0	105.5	103.2	106.5
五金电料类	Hardwares	100.1	100.4	99.2	98.7	100.3

6-13 昌都地区商品零售价格分类指数

RETAIL PRICE INDICES BY CATEGORY OF QAMDO

上年=100 (preceding year=100)

项　　目	Item	2006	2007	2008	2009	2010
商品零售价格总指数	**General Retail Price Index**	**101.6**	**102.1**	**103.5**	**100.4**	**101.5**
食品类	**Food**	**103.9**	**104.4**	**111.0**	**104.1**	**105.1**
粮食	Grain	100.5	101.8	103.5	102.6	109.7
淀粉	Starches	99.3	105.9	102.2	101.3	100.0
干豆类及豆制品	Dry Bean and Bean Products	103.0	101.2	102.9	101.8	102.5
油脂	Oil or Fat	102.7	103.8	114.8	96.4	102.6
肉禽及其制品	Meat, Pourtry and It's Products	104.3	111.7	129.1	101.2	101.1
蛋	Eggs	101.5	103.5	102.5	99.2	102.8
水产品	Aquatic Products	100.5	102.9	100.9	97.6	105.1
菜	Vegetable	109.9	104.4	112.7	113.0	113.8
#鲜菜	Fresh Vegetables	108.1	100.8	104.4	115.3	114.1
调味品	Flavoring	97.9	103.8	103.6	88.8	81.9
糖	Sugar	102.7	101.9	103.8	98.2	103.8
干鲜瓜果	Dried and Fresh Fruits	109.4	104.2	108.4	113.0	107.5
糕点饼干面包	Cake, Biscuits and Bread	101.4	100.7	102.4	100.2	100.0
液体乳及乳制品	Liquid Milk and Its Products	102.9	100.6	106.1	107.1	99.6
在外用膳食品	Out-dining Food	102.8	108.3	117.7	101.2	104.5
其他食品	Other Food	99.1	104.9	112.2	100.0	100.3
饮料、烟酒类	**Beverages,Tobacco and Liquor**	**102.7**	**100.9**	**101.2**	**102.2**	**97.9**
茶及饮料	Tea and Beverages	112.0	102.7	101.9	102.7	102.9
烟草	Tobacco	101.5	100.0	100.5	102.7	94.4
酒	Liquor	98.9	101.7	102.4	100.7	102.7
服装、鞋帽类	**Garments,Shoes and Hats**	**104.0**	**104.8**	**104.0**	**102.2**	**102.3**
服装	Garments	104.8	104.4	102.6	103.1	103.7
鞋袜帽	Shoes and Hats	102.7	106.7	108.8	101.0	100.2
其他	Others	102.7	99.6	95.3	100.0	100.0
纺织品类	**Textiles**	101.9	101.0	103.3	101.2	99.3
衣着材料	Clothing Material	100.7	101.7	107.8	101.1	98.2
床上用品	Bed Articles	102.6	100.6	100.2	101.2	100.1
家用电器及音像器材类	**Household Appliances and Video Appliances**	**99.3**	**100.0**	**95.4**	**94.1**	**99.7**
家庭设备	Home Appliances	99.8	100.5	100.0	96.5	100.7
文娱耐用消费品	Culture and Recreat Durable Consumable	98.7	99.4	88.2	90.1	99.1
音像器材类	Video Appliances	100.0	100.0	99.4	95.7	85.0

6-13 续表 continued

上年=100 (preceding year=100)

项　目	Item	2006	2007	2008	2009	2010
文化办公用品类	**Culture and Office Articles**	**94.2**	**98.2**	**93.8**	**92.5**	**96.7**
日用品类	**Articles for Daily Use**	**100.4**	**100.0**	**99.5**	**97.5**	**96.6**
日用百货	Articles for Daily Use	102.4	100.8	99.7	97.9	96.8
日用杂品	Sundries for Daily Use	97.9	98.9	99.6	98.8	100.0
洗涤用品	Washing Articles	98.6	99.0	99.6	97.4	93.5
其他日用品	Others	100.3	100.3	98.5	94.8	96.0
体育娱乐用品类	**Sports and Recreation Goods**	**100.0**	**101.9**	**97.3**	**96.6**	**101.3**
体育用品	Sports Goods	100.1	101.9	96.7	97.1	101.7
娱乐用品	Recreationa Goods	99.8	101.8	98.1	95.9	100.7
交通通信用品类	**Transportation and Communication Goods**	**95.5**	**99.2**	**95.6**	**97.3**	**100.0**
交通运输机械	Transportation Machines	99.5	99.9	98.7	100.1	100.1
通讯器材类	Telecommunication Appliances	92.6	98.7	93.3	95.1	100.0
家具类	**Furniture**	**100.0**	**102.0**	**105.1**	**100.3**	**100.5**
化妆品类	**Cosmetics**	**99.9**	**100.6**	**100.7**	**100.8**	**101.0**
金银珠宝类	**Jewelry**	**102.3**	**101.7**	**100.2**	**92.1**	**100.0**
中西药及医疗保健品类	**Traditional Chinese and Western Medicine**	**100.3**	**98.4**	**100.2**	**100.3**	**100.0**
医疗器具及用品	Special Appliances of Medicines	101.3	100.0	119.9	104.2	109.5
中药材及中成药	Traditional Chinese Medicine	99.0	97.1	98.1	100.5	102.0
西药	Western Medicine	99.7	98.5	99.2	99.3	97.2
保健器具及用品	Healthcare Equipment	105.5	100.4	99.9	100.8	99.8
书报杂志及电子出版物类	**Newspapers, Magazines and Electronic Publications**	**97.9**	**99.7**	**94.5**	**98.9**	**101.1**
教材及参考书	Teaching Materials and Reference Books	100.5	100.0	95.7	101.6	103.2
书报杂志	Newspapers and Magazines	100.2	100.0	100.0	100.0	100.0
电子音像制品	Electronic Audio-video Products	91.9	98.8	85.4	93.3	100.0
燃料类	**Fuels**	**106.3**	**105.7**	**111.2**	**97.8**	**105.5**
煤炭及制品类	Coal and Their Products	98.6	105.4	106.6	100.0	96.7
石油及制品类	Petroleum and Their Products	108.7	105.7	112.6	97.0	108.2
建筑材料及五金电料类	**Building Materials and Hardwares**	**100.5**	**100.9**	**101.3**	**99.3**	**99.3**
建筑装潢材料	Building Decoration Materials	100.6	101.3	101.9	99.7	99.8
五金电料类	Hardwares	100.0	99.7	99.2	97.8	97.6

6-14 山南地区商品零售价格分类指数

RETAIL PRICE INDICES BY CATEGORY OF SHANNAN

上年=100 (preceding year=100)

项　目	Item	2006	2007	2008	2009	2010
商品零售价格总指数	**General Retail Price Index**	**99.0**	**103.4**	**102.2**	**99.3**	**101.6**
食品类	**Food**	102.3	108.0	110.0	104.2	103.2
粮食	Grain	104.2	107.8	106.1	100.8	103.0
淀粉	Starches	83.2	100.0	100.0	100.0	100.0
干豆类及豆制品	Dry Bean and Bean Products	101.0	89.3	141.6	100.0	112.4
油脂	Oil or Fat	97.3	121.3	118.2	98.9	104.7
肉禽及其制品	Meat, Pourtry and It's Products	100.6	117.9	123.8	105.0	98.3
蛋	Eggs	101.5	102.3	104.9	111.0	103.1
水产品	Aquatic Products	99.8	98.6	116.4	103.1	107.0
菜	Vegetable	108.7	95.9	99.0	114.2	104.3
#鲜菜	Fresh Vegetables	101.9	95.6	99.7	110.5	99.7
调味品	Flavoring	100.4	108.0	97.1	100.2	101.9
糖	Sugar	103.6	106.1	109.3	103.9	102.5
干鲜瓜果	Dried and Fresh Fruits	108.7	117.7	109.5	114.9	107.0
糕点饼干面包	Cake, Biscuits and Bread	85.7	105.0	94.9	100.0	100.0
液体乳及乳制品	Liquid Milk and Its Products	101.2	104.3	116.0	99.8	101.3
在外用膳食品	Out-dining Food	106.5	117.2	103.0	100.7	106.0
其他食品	Other Food	100.0	100.0	100.0	105.7	102.2
饮料、烟酒类	**Beverages,Tobacco and Liquor**	**99.4**	**106.0**	**99.8**	**100.0**	**104.3**
茶及饮料	Tea and Beverages	105.1	105.4	99.8	100.0	100.0
烟草	Tobacco	96.5	103.2	99.6	98.8	99.6
酒	Liquor	101.0	110.7	99.9	101.9	114.6
服装、鞋帽类	**Garments,Shoes and Hats**	**100.4**	**104.9**	**99.7**	**100.5**	**102.5**
服装	Garments	100.6	103.1	99.4	101.4	103.9
鞋袜帽	Shoes and Hats	100.2	107.2	99.5	99.4	100.9
其他	Others	100.0	105.5	102.4	100.0	100.0
纺织品类	**Textiles**	**99.3**	**103.0**	**99.9**	**99.8**	**102.1**
衣着材料	Clothing Material	100.0	100.0	100.0	99.7	104.0
床上用品	Bed Articles	98.7	105.8	99.8	100.0	100.4
家用电器及音像器材类	**Household Appliances and Video Appliances**	**99.2**	**99.3**	**99.7**	**96.2**	**98.0**
家庭设备	Home Appliances	98.6	99.1	99.7	98.5	98.7
文娱耐用消费品	Culture and Recreat Durable Consumable	100.0	100.0	100.0	93.6	97.4
音像器材类	Video Appliances	100.0	96.8	98.3	93.0	94.6

6-14 续表 continued

上年=100 (preceding year=100)

项目	Item	2006	2007	2008	2009	2010
文化办公用品类	**Culture and Office Articles**	**93.6**	**103.7**	**98.8**	93.4	**95.8**
日用品类	**Articles for Daily Use**	**83.6**	**97.9**	**94.9**	93.8	**98.0**
日用百货	Articles for Daily Use	76.1	96.3	92.6	90.1	97.6
日用杂品	Sundries for Daily Use	90.4	109.7	99.4	97.7	99.3
洗涤用品	Washing Articles	86.3	89.2	94.2	95.4	98.7
其他日用品	Others	85.0	98.9	94.0	92.9	94.8
体育娱乐用品类	**Sports and Recreation Goods**	**82.5**	**91.6**	**93.4**	**93.1**	**92.6**
体育用品	Sports Goods	82.7	91.4	94.7	96.7	93.5
娱乐用品	Recreationa Goods	82.1	92.1	91.0	85.7	90.7
交通通信用品类	**Transportation and Communication Goods**	**98.0**	**100.0**	**98.4**	**90.5**	**96.4**
交通运输机械	Transportation Machines	100.0	100.0	100.0	100.0	99.0
通讯器材类	Telecommunication Appliances	96.1	100.0	96.8	81.0	93.4
家具类	**Furniture**	**99.7**	**99.2**	**99.6**	**98.0**	**104.4**
化妆品类	**Cosmetics**	**92.9**	**102.7**	**96.2**	**98.9**	**103.5**
金银珠宝类	**Jewelry**	**80.9**	**94.7**	**97.8**	**94.3**	**109.3**
中西药及医疗保健品类	**Traditional Chinese and Western Medicine**	**100.3**	**100.4**	**99.4**	**98.4**	**99.6**
医疗器具及用品	Special Appliances of Medicines	100.0	100.0	108.9	102.7	100.0
中药材及中成药	Traditional Chinese Medicine	100.8	105.1	99.7	100.1	100.0
西药	Western Medicine	100.0	96.1	91.6	92.5	98.6
保健器具及用品	Healthcare Equipment	100.3	100.0	105.4	101.7	100.0
书报杂志及电子出版物类	**Newspapers, Magazines and Electronic Publications**	**98.7**	**101.3**	**98.6**	**99.4**	**101.7**
教材及参考书	Teaching Materials and Reference Books	100.0	100.3	100.0	105.0	105.3
书报杂志	Newspapers and Magazines	99.2	102.5	100.4	100.0	100.0
电子音像制品	Electronic Audio-video Products	96.4	100.8	94.3	91.4	99.6
燃料类	**Fuels**	**115.5**	**100.6**	**106.5**	**99.3**	**104.0**
煤炭及制品类	Coal and Their Products	96.9	96.3	98.6	94.8	86.9
石油及制品类	Petroleum and Their Products	121.9	101.7	109.0	101.0	109.7
建筑材料及五金电料类	**Building Materials and Hardwares**	**100.7**	**104.0**	**99.2**	**98.6**	**99.6**
建筑装潢材料	Building Decoration Materials	105.0	106.2	100.5	100.3	103.0
五金电料类	Hardwares	85.8	95.0	94.4	92.2	87.8

6-15 日喀则地区商品零售价格分类指数

RETAIL PRICE INDICES BY CATEGORY OF XIGAZE

上年=100 (preceding year=100)

项　目	Item	2006	2007	2008	2009	2010
商品零售价格总指数	**General Retail Price Index**	**100.2**	**101.1**	**103.3**	**99.1**	**100.9**
食品类	**Food**	101.4	106.9	112.6	102.9	104.5
粮食	Grain	95.0	108.8	103.2	100.2	108.4
淀粉	Starches	92.9	97.0	129.2	96.8	100.0
干豆类及豆制品	Dry Bean and Bean Products	98.7	103.0	106.6	111.0	113.9
油脂	Oil or Fat	101.1	109.7	131.4	92.8	95.6
肉禽及其制品	Meat, Pourtry and It's Products	96.1	119.1	120.9	103.6	103.1
蛋	Eggs	102.4	106.0	111.8	99.3	101.1
水产品	Aquatic Products	104.1	103.3	111.5	100.0	100.6
菜	Vegetable	115.7	107.6	101.0	115.0	110.6
#鲜菜	Fresh Vegetables	120.2	103.0	99.4	123.3	108.6
调味品	Flavoring	106.4	96.0	107.2	100.1	100.5
糖	Sugar	99.6	101.4	102.1	106.1	102.0
干鲜瓜果	Dried and Fresh Fruits	106.1	109.1	118.4	107.8	114.8
糕点饼干面包	Cake, Biscuits and Bread	101.0	102.6	101.5	102.9	100.0
液体乳及乳制品	Liquid Milk and Its Products	100.4	99.5	120.8	100.5	100.8
在外用膳食品	Out-dining Food	100.7	101.4	117.0	101.9	103.1
其他食品	Other Food	97.2	98.2	102.1	100.0	100.0
饮料、烟酒类	**Beverages,Tobacco and Liquor**	**101.0**	**101.9**	**100.0**	**100.1**	**100.5**
茶及饮料	Tea and Beverages	100.4	100.0	100.0	100.0	100.0
烟草	Tobacco	101.5	103.5	100.0	100.0	100.0
酒	Liquor	100.8	101.2	100.0	100.5	101.7
服装、鞋帽类	**Garments,Shoes and Hats**	**99.7**	**101.1**	**99.7**	**101.3**	**101.7**
服装	Garments	99.8	101.9	99.4	100.1	102.1
鞋袜帽	Shoes and Hats	99.5	101.2	100.1	104.2	101.2
其他	Others	100.0	93.5	100.0	100.0	100.0
纺织品类	**Textiles**	99.9	98.6	99.5	100.6	100.0
衣着材料	Clothing Material	100.3	100.0	100.0	101.3	100.0
床上用品	Bed Articles	99.5	97.5	99.2	100.0	100.0
家用电器及音像器材类	**Household Appliances and Video Appliances**	**97.3**	**97.0**	**99.1**	**92.3**	**95.6**
家庭设备	Home Appliances	97.0	98.5	99.2	90.8	96.9
文娱耐用消费品	Culture and Recreat Durable Consumable	99.0	96.0	99.1	92.4	96.5
音像器材类	Video Appliances	94.1	95.4	98.5	96.0	90.1

6-15 续表 continued

上年=100 (preceding year=100)

项目	Item	2006	2007	2008	2009	2010
文化办公用品类	**Culture and Office Articles**	**90.9**	**96.7**	**99.8**	95.2	**95.2**
日用品类	**Articles for Daily Use**	**100.0**	**98.9**	**99.7**	99.7	**100.0**
日用百货	Articles for Daily Use	99.7	101.7	100.7	97.5	100.2
日用杂品	Sundries for Daily Use	98.3	96.3	98.6	100.0	100.0
洗涤用品	Washing Articles	100.0	98.1	100.2	101.6	100.0
其他日用品	Others	102.0	99.1	98.9	100.0	100.0
体育娱乐用品类	**Sports and Recreation Goods**	**97.7**	**93.7**	**95.4**	**91.5**	**97.2**
体育用品	Sports Goods	98.3	97.1	99.7	100.0	100.0
娱乐用品	Recreationa Goods	97.0	89.3	89.8	79.5	93.0
交通通信用品类	**Transportation and Communication Goods**	**96.1**	**90.7**	**93.7**	**81.8**	**89.1**
交通运输机械	Transportation Machines	99.5	99.9	99.3	92.9	100.0
通讯器材类	Telecommunication Appliances	94.4	85.8	90.7	75.8	82.6
家具类	**Furniture**	**96.7**	**102.4**	**99.8**	**99.9**	**100.0**
化妆品类	**Cosmetics**	**100.0**	**98.9**	**99.7**	**98.5**	**99.2**
金银珠宝类	**Jewelry**	**104.0**	**101.0**	**112.7**	**96.9**	**105.1**
中西药及医疗保健品类	**Traditional Chinese and Western Medicine**	**97.9**	**99.2**	**100.1**	**99.2**	**100.6**
医疗器具及用品	Special Appliances of Medicines	100.0	100.0	100.0	100.0	100.0
中药材及中成药	Traditional Chinese Medicine	101.4	101.1	100.5	98.1	102.4
西药	Western Medicine	96.9	97.3	100.0	100.0	100.0
保健器具及用品	Healthcare Equipment	94.5	99.6	100.0	98.7	99.6
书报杂志及电子出版物类	**Newspapers, Magazines and Electronic Publications**	**99.2**	**99.3**	**98.3**	**98.7**	**100.0**
教材及参考书	Teaching Materials and Reference Books	99.0	101.1	100.0	100.0	100.0
书报杂志	Newspapers and Magazines	98.7	100.0	100.0	100.0	100.0
电子音像制品	Electronic Audio-video Products	99.9	96.5	94.7	95.8	100.0
燃料类	**Fuels**	**109.5**	**104.7**	**110.2**	**101.8**	**106.9**
煤炭及制品类	Coal and Their Products	98.8	99.2	100.0	100.0	100.0
石油及制品类	Petroleum and Their Products	113.5	106.5	113.8	102.5	109.4
建筑材料及五金电料类	**Building Materials and Hardwares**	**101.0**	**99.3**	**101.6**	**102.3**	**101.4**
建筑装潢材料	Building Decoration Materials	100.9	99.3	101.6	102.8	101.8
五金电料类	Hardwares	101.3	99.1	101.5	100.2	100.0

6-16 那曲地区商品零售价格分类指数

RETAIL PRICE INDICES BY CATEGORY OF NAGQU

上年=100 (preceding year=100)

项 目	Item	2006	2007	2008	2009	2010
商品零售价格总指数	**General Retail Price Index**	**101.6**	**102.1**	**105.2**	**98.8**	**98.6**
食品类	**Food**	**109.3**	**110.7**	**111.1**	**106.9**	**104.9**
粮食	Grain	101.9	103.4	104.1	100.4	103.9
淀粉	Starches	88.1	103.9	112.2	93.7	108.9
干豆类及豆制品	Dry Bean and Bean Products	101.8	108.7	134.0	101.6	105.6
油脂	Oil or Fat	97.0	107.6	162.2	105.9	102.5
肉禽及其制品	Meat, Pourtry and It's Products	116.7	124.1	116.8	102.1	108.5
蛋	Eggs	102.3	118.9	111.5	103.8	100.3
水产品	Aquatic Products	93.3	121.8	120.9	102.6	109.8
菜	Vegetable	134.4	118.7	95.3	102.3	103.2
#鲜菜	Fresh Vegetables	106.4	112.9	100.7	109.4	105.1
调味品	Flavoring	100.6	100.0	93.5	102.2	99.9
糖	Sugar	100.8	106.1	105.8	99.3	104.3
干鲜瓜果	Dried and Fresh Fruits	133.6	103.1	98.0	107.7	107.2
糕点饼干面包	Cake, Biscuits and Bread	95.1	98.5	107.2	90.3	105.3
液体乳及乳制品	Liquid Milk and Its Products	100.4	102.5	112.7	123.5	104.2
在外用膳食品	Out-dining Food	101.0	104.3	110.3	110.7	104.9
其他食品	Other Food	100.0	100.0	100.0	100.4	100.3
饮料、烟酒类	**Beverages,Tobacco and Liquor**	**96.2**	**99.3**	**109.9**	**98.8**	**100.0**
茶及饮料	Tea and Beverages	96.4	99.8	103.9	101.8	100.2
烟草	Tobacco	93.2	100.2	107.4	100.2	99.9
酒	Liquor	98.9	98.3	116.2	96.0	99.8
服装、鞋帽类	**Garments,Shoes and Hats**	**94.6**	**103.8**	**103.6**	**98.8**	**98.6**
服装	Garments	95.7	102.8	103.0	105.2	99.4
鞋袜帽	Shoes and Hats	96.3	105.8	105.2	92.0	97.1
其他	Others	78.3	104.8	104.5	61.0	94.1
纺织品类	**Textiles**	**96.8**	**100.2**	**108.0**	**98.7**	**99.6**
衣着材料	Clothing Material	94.3	102.6	117.7	97.8	99.0
床上用品	Bed Articles	99.1	98.0	98.9	99.9	100.2
家用电器及音像器材类	**Household Appliances and Video Appliances**	**97.1**	**95.8**	**92.6**	**90.2**	**95.4**
家庭设备	Home Appliances	94.7	99.7	91.6	89.5	99.3
文娱耐用消费品	Culture and Recreat Durable Consumable	98.4	93.4	93.3	91.4	95.0
音像器材类	Video Appliances	97.3	100.0	90.0	81.5	81.8

6-16 续表 continued

上年=100 (preceding year=100)

项　　目	Item	2006	2007	2008	2009	2010
文化办公用品类	**Culture and Office Articles**	**93.5**	**88.4**	**95.3**	**87.0**	**93.9**
日用品类	**Articles for Daily Use**	**102.3**	**96.3**	**105.7**	**88.6**	**88.6**
日用百货	Articles for Daily Use	104.1	98.1	102.8	92.1	89.9
日用杂品	Sundries for Daily Use	97.3	92.1	100.5	100.1	95.0
洗涤用品	Washing Articles	106.8	100.0	102.7	93.2	85.4
其他日用品	Others	94.8	89.2	117.3	72.1	89.0
体育娱乐用品类	**Sports and Recreation Goods**	**96.4**	**96.1**	**98.0**	**82.5**	**80.1**
体育用品	Sports Goods	96.4	96.9	101.9	80.4	80.0
娱乐用品	Recreationa Goods	96.5	95.0	93.1	85.1	80.1
交通通信用品类	**Transportation and Communication Goods**	**91.9**	**95.9**	**92.0**	**98.5**	**93.2**
交通运输机械	Transportation Machines	93.8	96.6	89.9	105.2	91.5
通讯器材类	Telecommunication Appliances	90.6	95.4	93.3	94.2	94.4
家具类	**Furniture**	**94.1**	**98.8**	**106.0**	**104.8**	**94.4**
化妆品类	**Cosmetics**	**92.8**	**100.7**	**91.7**	**83.6**	**88.3**
金银珠宝类	**Jewelry**	**101.4**	**106.6**	**133.3**	**89.3**	**97.2**
中西药及医疗保健品类	**Traditional Chinese and Western Medicine**	**110.2**	**93.9**	**99.8**	**103.2**	**102.1**
医疗器具及用品	Special Appliances of Medicines	100.0	100.0	98.2	91.8	96.9
中药材及中成药	Traditional Chinese Medicine	100.1	97.8	99.8	102.8	103.3
西药	Western Medicine	133.3	87.9	99.7	106.3	100.9
保健器具及用品	Healthcare Equipment	98.4	95.5	100.8	104.2	103.7
书报杂志及电子出版物类	**Newspapers, Magazines and Electronic Publications**	**97.5**	**101.4**	**98.6**	**107.6**	**98.6**
教材及参考书	Teaching Materials and Reference Books	101.7	100.0	99.9	103.3	96.8
书报杂志	Newspapers and Magazines	100.4	104.2	104.0	127.2	112.9
电子音像制品	Electronic Audio-video Products	91.0	98.6	90.5	82.7	78.2
燃料类	**Fuels**	**110.1**	**100.2**	**106.5**	**93.8**	**99.6**
煤炭及制品类	Coal and Their Products	110.1	96.0	100.9	89.7	93.7
石油及制品类	Petroleum and Their Products	110.0	106.1	113.6	99.9	107.3
建筑材料及五金电料类	**Building Materials and Hardwares**	**100.2**	**99.9**	**99.6**	**102.3**	**99.5**
建筑装潢材料	Building Decoration Materials	100.0	100.1	100.2	106.4	101.3
五金电料类	Hardwares	101.1	99.4	97.7	86.9	91.9

6-17 阿里地区商品零售价格分类指数

RETAIL PRICE INDICES BY CATEGORY OF NGARI

上年=100　　(preceding year=100)

项　　目	Item	2006	2007	2008	2009	2010
商品零售价格总指数	**General Retail Price Index**	**102.0**	**102.9**	**105.2**	**99.6**	**100.6**
食品类	**Food**	**104.4**	**111.3**	**112.1**	**107.8**	**104.2**
粮食	Grain	104.4	106.6	106.6	118.2	107.9
淀粉	Starches	107.8	102.9	99.8	107.4	109.7
干豆类及豆制品	Dry Bean and Bean Products	110.2	116.5	100.2	105.2	104.9
油脂	Oil or Fat	102.9	114.3	118.1	99.3	109.3
肉禽及其制品	Meat, Pourtry and It's Products	107.4	119.0	115.0	100.8	108.9
蛋	Eggs	106.4	114.1	101.5	98.1	108.8
水产品	Aquatic Products	109.7	115.1	113.5	99.2	101.2
菜	Vegetable	105.9	114.4	131.7	125.2	99.3
#鲜菜	Fresh Vegetables	103.1	107.7	134.5	117.0	106.1
调味品	Flavoring	98.0	99.2	92.3	117.7	99.7
糖	Sugar	105.8	99.3	99.9	101.4	100.9
干鲜瓜果	Dried and Fresh Fruits	95.9	115.5	114.8	114.0	91.9
糕点饼干面包	Cake, Biscuits and Bread	101.3	103.5	106.5	103.2	97.2
液体乳及乳制品	Liquid Milk and Its Products	100.3	100.0	102.1	100.8	99.4
在外用膳食品	Out-dining Food	101.0	103.7	109.5	103.1	98.2
其他食品	Other Food	101.6	114.4	100.5	102.5	97.6
饮料、烟酒类	**Beverages,Tobacco and Liquor**	**100.6**	**99.4**	**100.4**	**100.4**	**100.4**
茶及饮料	Tea and Beverages	102.3	97.6	100.3	95.9	100.0
烟草	Tobacco	99.9	99.7	100.0	100.3	99.3
酒	Liquor	100.5	100.0	100.9	103.2	102.1
服装、鞋帽类	**Garments,Shoes and Hats**	**102.7**	**100.4**	**100.6**	**101.8**	**100.9**
服装	Garments	103.1	99.9	102.1	103.2	101.9
鞋袜帽	Shoes and Hats	102.2	101.4	97.9	99.3	99.2
其他	Others	100.0	100.0	100.0	100.0	100.0
纺织品类	**Textiles**	102.4	102.0	99.1	98.5	104.5
衣着材料	Clothing Material	100.0	100.0	100.0	112.2	100.0
床上用品	Bed Articles	103.4	102.7	98.7	93.1	106.3
家用电器及音像器材类	**Household Appliances and Video Appliances**	**100.6**	**100.0**	**98.6**	**91.0**	**99.9**
家庭设备	Home Appliances	99.8	100.0	98.6	91.2	101.0
文娱耐用消费品	Culture and Recreat Durable Consumable	101.4	100.0	98.6	90.4	99.0
音像器材类	Video Appliances	97.3	100.0	100.0	98.8	97.4

6-17 续表 continued

上年=100 (preceding year=100)

项 目	Item	2006	2007	2008	2009	2010
文化办公用品类	**Culture and Office Articles**	**96.6**	**98.9**	**98.7**	**97.2**	**90.0**
日用品类	**Articles for Daily Use**	97.4	**96.9**	**99.4**	96.9	**91.1**
日用百货	Articles for Daily Use	99.0	97.8	98.3	96.0	98.8
日用杂品	Sundries for Daily Use	102.2	92.9	99.8	96.5	99.0
洗涤用品	Washing Articles	92.6	97.8	99.6	97.2	77.4
其他日用品	Others	96.5	98.3	100.1	98.0	89.2
体育娱乐用品类	**Sports and Recreation Goods**	**99.9**	**99.3**	**99.0**	**94.9**	**96.7**
体育用品	Sports Goods	103.1	100.0	99.3	96.3	96.0
娱乐用品	Recreationa Goods	94.4	97.9	98.6	92.5	98.0
交通通信用品类	**Transportation and Communication Goods**	101.1	**101.5**	**122.3**	**82.9**	**101.8**
交通运输机械	Transportation Machines	100.0	100.0	99.3	94.6	104.9
通讯器材类	Telecommunication Appliances	102.0	102.6	139.1	75.1	99.4
家具类	**Furniture**	**100.1**	**98.6**	**98.8**	**97.7**	**103.8**
化妆品类	**Cosmetics**	**98.9**	**98.9**	**100.7**	**91.8**	**104.0**
金银珠宝类	**Jewelry**	**100.2**	**98.2**	**96.0**	**96.5**	**98.5**
中西药及医疗保健品类	**Traditional Chinese and Western Medicine**	**99.5**	**96.5**	**99.7**	**100.1**	**100.0**
医疗器具及用品	Special Appliances of Medicines	100.0	100.0	100.0	100.0	100.0
中药材及中成药	Traditional Chinese Medicine	100.3	99.2	99.4	100.0	100.0
西药	Western Medicine	98.0	92.6	99.2	100.0	100.0
保健器具及用品	Healthcare Equipment	101.5	100.0	101.5	100.5	100.0
书报杂志及电子出版物类	**Newspapers, Magazines and Electronic Publications**	**102.3**	**100.0**	**99.6**	**100.8**	**98.4**
教材及参考书	Teaching Materials and Reference Books	101.0	100.0	100.0	95.1	98.8
书报杂志	Newspapers and Magazines	100.0	100.0	99.7	106.8	98.4
电子音像制品	Electronic Audio-video Products	110.8	99.8	98.8	95.9	96.3
燃料类	**Fuels**	111.0	**103.4**	**107.5**	**99.8**	**101.7**
煤炭及制品类	Coal and Their Products	100.0	100.0	100.0	100.0	100.0
石油及制品类	Petroleum and Their Products	118.4	105.4	112.4	99.8	102.8
建筑材料及五金电料类	**Building Materials and Hardwares**	**98.8**	**99.6**	**99.3**	**92.6**	**98.0**
建筑装潢材料	Building Decoration Materials	100.0	100.0	99.3	92.8	102.0
五金电料类	Hardwares	94.4	98.1	99.4	91.9	83.4

6-18 林芝地区商品零售价格分类指数

RETAIL PRICE INDICES BY CATEGORY OF NYINGCHI

上年=100 (preceding year=100)

项　目	Item	2006	2007	2008	2009	2010
商品零售价格总指数	**General Retail Price Index**	**100.5**	**102.1**	**102.5**	**100.8**	**102.0**
食品类	**Food**	**104.0**	**105.4**	**106.0**	**103.6**	**104.7**
粮食	Grain	104.8	102.3	102.6	101.4	106.1
淀粉	Starches	101.1	99.9	103.3	99.2	103.7
干豆类及豆制品	Dry Bean and Bean Products	112.0	106.2	112.2	103.3	109.4
油脂	Oil or Fat	104.1	109.9	115.1	96.9	98.2
肉禽及其制品	Meat, Pourtry and It's Products	105.4	109.4	113.1	103.1	103.3
蛋	Eggs	99.7	102.6	105.5	102.1	105.4
水产品	Aquatic Products	101.8	103.2	105.3	101.3	98.8
菜	Vegetable	103.5	109.7	102.6	108.8	107.6
#鲜菜	Fresh Vegetables	101.3	109.5	104.0	109.0	109.0
调味品	Flavoring	100.0	100.2	101.0	100.6	102.7
糖	Sugar	102.6	102.5	100.4	104.7	104.0
干鲜瓜果	Dried and Fresh Fruits	114.4	105.8	104.4	108.9	108.9
糕点饼干面包	Cake, Biscuits and Bread	97.8	98.5	102.1	100.2	101.7
液体乳及乳制品	Liquid Milk and Its Products	100.1	105.2	108.1	101.7	103.3
在外用膳食品	Out-dining Food	100.4	102.1	104.1	105.5	105.0
其他食品	Other Food	100.0	99.9	102.8	100.1	100.0
饮料、烟酒类	**Beverages,Tobacco and Liquor**	**100.8**	**100.9**	**102.9**	**101.3**	**101.4**
茶及饮料	Tea and Beverages	100.3	100.5	100.5	100.8	101.8
烟草	Tobacco	101.0	101.1	100.1	99.8	100.9
酒	Liquor	100.9	100.9	107.8	103.8	101.9
服装、鞋帽类	**Garments,Shoes and Hats**	**101.0**	**101.0**	**103.8**	**100.9**	**102.6**
服装	Garments	101.1	101.8	106.7	101.2	102.4
鞋袜帽	Shoes and Hats	101.2	99.3	97.3	100.8	103.0
其他	Others	98.4	100.0	100.0	100.0	102.0
纺织品类	**Textiles**	**100.7**	**98.7**	**101.3**	**99.5**	**98.2**
衣着材料	Clothing Material	100.3	98.0	100.0	100.8	100.8
床上用品	Bed Articles	101.1	99.2	102.3	98.6	96.3
家用电器及音像器材类	**Household Appliances and Video Appliances**	**97.5**	**96.3**	**94.5**	**93.5**	**94.9**
家庭设备	Home Appliances	99.6	96.1	93.9	94.1	95.7
文娱耐用消费品	Culture and Recreat Durable Consumable	96.7	97.6	99.1	92.7	93.4
音像器材类	Video Appliances	92.3	89.3	67.9	92.9	100.0

6-18 续表 continued

上年=100 (preceding year=100)

项目	Item	2006	2007	2008	2009	2010
文化办公用品类	**Culture and Office Articles**	**98.5**	**97.4**	**92.7**	**96.1**	**101.5**
日用品类	**Articles for Daily Use**	**99.5**	**99.2**	**97.8**	**104.2**	**100.5**
日用百货	Articles for Daily Use	98.5	99.2	96.5	105.5	103.4
日用杂品	Sundries for Daily Use	101.4	99.3	98.8	98.8	99.2
洗涤用品	Washing Articles	99.1	100.1	99.9	112.1	102.2
其他日用品	Others	99.5	98.1	95.5	97.8	95.4
体育娱乐用品类	**Sports and Recreation Goods**	**98.5**	**96.8**	**96.6**	**99.5**	**97.5**
体育用品	Sports Goods	99.3	98.2	97.8	104.5	100.4
娱乐用品	Recreationa Goods	97.5	95.3	95.1	93.5	93.5
交通通信用品类	**Transportation and Communication Goods**	**94.7**	**98.9**	**94.7**	**91.8**	**93.8**
交通运输机械	Transportation Machines	94.3	100.3	100.0	97.9	96.1
通讯器材类	Telecommunication Appliances	94.9	98.0	91.4	87.7	91.8
家具类	**Furniture**	**101.0**	**111.4**	**101.9**	**100.8**	**102.4**
化妆品类	**Cosmetics**	**97.8**	**101.2**	**103.0**	**101.5**	**99.7**
金银珠宝类	**Jewelry**	**96.8**	**100.9**	**109.6**	**98.7**	**107.8**
中西药及医疗保健品类	**Traditional Chinese and Western Medicine**	**99.2**	**99.8**	**99.9**	**100.3**	**101.9**
医疗器具及用品	Special Appliances of Medicines	102.8	97.2	100.0	102.9	102.5
中药材及中成药	Traditional Chinese Medicine	100.5	100.1	99.8	100.0	100.0
西药	Western Medicine	97.7	100.0	100.4	100.0	103.5
保健器具及用品	Healthcare Equipment	97.9	100.0	98.6	100.2	101.9
书报杂志及电子出版物类	**Newspapers, Magazines and Electronic Publications**	**98.5**	**100.0**	**99.1**	**101.5**	**100.7**
教材及参考书	Teaching Materials and Reference Books	99.7	100.0	100.0	100.6	102.7
书报杂志	Newspapers and Magazines	100.0	100.0	100.4	104.7	102.2
电子音像制品	Electronic Audio-video Products	96.3	100.0	97.4	99.1	98.2
燃料类	**Fuels**	**101.0**	**105.0**	**110.9**	**100.0**	**107.4**
煤炭及制品类	Coal and Their Products	89.1	96.3	96.5	101.8	101.6
石油及制品类	Petroleum and Their Products	105.2	108.0	116.1	99.4	109.5
建筑材料及五金电料类	**Building Materials and Hardwares**	**97.8**	**104.4**	**104.0**	**101.9**	**103.0**
建筑装潢材料	Building Decoration Materials	98.6	106.4	105.7	101.9	103.7
五金电料类	Hardwares	95.2	97.9	98.0	101.9	100.6

6-19 各月商品零售价格分类指数（2010年）

RETAIL PRICE INDICES BY CATEGORY AND EACH MONTH (2010)

上年=100　　(preceding year=100)

	Item	1月 Jan.	2月 Feb.	3月 Mar.	4月 Apr.	5月 May.	6月 June
总指数	**General Consumer Price Index**	**101.3**	**100.4**	**100.2**	**100.4**	**100.6**	**100.2**
食品类	Food	104.0	102.9	102.3	102.7	103.3	103.2
#粮食	Grain	105.4	105.2	105.3	104.6	104.9	105.2
鲜菜	Fresh Vegetables	105.1	104.4	98.4	101.5	100.4	101.5
饮料、烟酒类	Beverages,Tobacco and Liquor	102.9	101.6	101.7	101.4	101.4	100.7
服装、鞋帽类	Garments,Shoes and Hats	102.7	101.0	100.9	100.8	102.1	101.4
纺织品类	Textiles	104.3	103.6	103.8	102.0	100.3	100.1
家用电器及音像器材类	Household Appliances and Audio-vides Appliance	93.2	92.8	93.3	94.0	94.3	94.3
文化办公用品类	Cultural Office Article	99.2	96.4	96.0	95.4	94.8	94.9
日用品类	Articles for Daily Use	98.8	98.2	97.9	97.8	97.9	98.2
体育娱乐用品类	Sports and Recreation Goods	98.6	96.7	95.3	94.9	94.9	95.3
交通通信用品类	Transportation and Communication Goods	90.1	89.9	90.3	91.9	92.2	92.7
家具类	Furniture	103.1	101.9	101.6	101.7	101.5	101.4
化妆品类	Cosmetics	100.8	100.0	100.2	99.9	99.4	99.1
金银珠宝类	Jewelry	104.3	105.2	104.9	104.7	105.1	104.3
中西药及医疗保健品类	Traditional Chinese and Western Medicine	98.9	98.9	98.7	99.2	99.4	99.4
书报杂志及电子出版物类	Newspapers and Magazines	101.4	100.7	100.8	100.8	100.9	100.6
燃料类	Fuels	109.2	109.3	108.6	110.4	110.3	106.4
建筑材料及五金电料类	Building Materials and Hardwares	101.4	101.6	102.2	102.3	102.2	100.1

6-19 续表 continued

	Item	7月July.	8月Aug.	9月 Sep.	10月 Oct.	11月 Nov.	12月 Dec.
总指数	**General Consumer Price Index**	**100.2**	**100.6**	**100.9**	**101.5**	**102.8**	**103.0**
食品类	Food	103.3	104.4	104.9	106.0	108.1	108.9
#粮食	Grain	104.8	106.0	106.6	107.4	112.6	112.9
鲜菜	Fresh Vegetables	102.5	107.1	107.3	111.8	112.5	113.0
饮料、烟酒类	Beverages,Tobacco and Liquor	100.5	100.6	100.7	100.9	101.2	101.2
服装、鞋帽类	Garments,Shoes and Hats	101.5	101.5	101.6	102.0	103.0	103.2
纺织品类	Textiles	100.0	102.1	102.1	102.3	102.9	103.2
家用电器及音像器材类	Household Appliances and Audio-vides Appliance	94.4	94.6	94.2	94.3	99.0	99.2
文化办公用品类	Cultural Office Article	95.5	95.5	95.6	96.3	97.2	97.4
日用品类	Articles for Daily Use	98.5	98.5	98.9	99.4	100.1	100.2
体育娱乐用品类	Sports and Recreation Goods	96.2	95.9	96.2	95.9	97.8	97.7
交通通信用品类	Transportation and Communication Goods	93.4	93.3	93.9	94.6	96.8	95.5
家具类	Furniture	102.7	102.8	103.1	103.6	105.9	105.3
化妆品类	Cosmetics	98.8	98.7	99.2	99.5	100.0	99.7
金银珠宝类	Jewelry	104.2	105.2	105.6	105.9	106.0	105.5
中西药及医疗保健品类	Traditional Chinese and Western Medicine	99.7	99.9	100.3	100.6	103.2	103.2
书报杂志及电子出版物类	Newspapers and Magazines	99.8	99.2	99.0	99.9	100.3	100.2
燃料类	Fuels	103.2	103.8	103.1	104.2	102.3	103.7
建筑材料及五金电料类	Building Materials and Hardwares	100.7	101.1	102.5	102.7	103.8	103.6

6-20 农业生产资料价格分类指数(2010年)

PRICE INDICES FOR MEANS OF AGRICULTURAL PRODUCTION BY CATEGORY（2010）

上年=100 (preceding year=100)

项　目	Item	全年 The Year	1月 Jan.	2月 Feb.	3月 Mar.	4月 Apr.	5月 May.	6月 June
总指数	**General Consumer Price Index**	100. 6	**100.1**	**100.2**	**100.7**	**100.6**	**100.4**	**100.3**
农用手工工具	Farm Hand Tools	99.9	99.4	99.4	99.8	99.8	99.8	99.8
饲料	Forage	100.0	100.0	100.1	100.2	100.0	99.8	99.8
幼禽家畜	Young Livestock and Fowls	101.2	101.2	101.2	101.2	101.1	100.7	100.7
半机械化农具	Semi-mechanized Farm Implements	99.8	99.8	99.8	99.8	99.8	99.8	99.8
机械化农具	Mechanized Farm Implements	99.9	100.0	100.0	100.0	100.0	99.7	99.7
化学肥料	Chemecal Fertilizer	100.7	100.1	100.3	100.4	100.4	100.7	100.7
氮肥	Nitrogenous Fertilizer	101.5	100.2	100.3	100.4	100.9	101.7	101.7
磷肥	Phosphate	99.9	99.9	100.3	100.2	99.5	99.5	99.5
钾肥	Kalium Fertilizer	100.3	100.0	100.8	100.4	100.4	100.2	100.2
复合肥料	Compound Fertilizer	100.3	100.1	100.1	100.4	100.3	100.3	100.3
农药及农药械	Pesticide and Its Appliances	100.1	99.9	99.9	99.9	99.9	99.9	99.9
化学农药	Chemecal Pesticide	100.1	100.0	100.0	100.0	100.1	100.1	100.1
农药器械	Chemecal Pesticide Appliances	100.1	99.5	99.5	99.5	99.5	99.5	99.5
农用机油	Oil for Farm Machinery	101.0	100.5	100.5	101.5	100.8	100.5	100.0
其他农业生产资料	Others	100.7	98.2	98.6	101.6	101.3	101.1	101.1
农业生产服务	Service for Agricultural Production	100.2	100.2	100.2	100.2	100.2	100.2	100.2

6-20 续表 continued

项　目	Item	7月July.	8月Aug.	9月 Sep.	10月Oct.	11月Nov.	12月Dec.
总指数	**General Consumer Price Index**	**100.4**	**100.6**	**100.7**	**100.9**	**100.9**	**101.0**
农用手工工具	Farm Hand Tools	100.0	100.0	100.0	100.3	100.3	100.2
饲料	Forage	99.9	100.0	100.0	100.1	100.1	100.1
幼禽家畜	Young Livestock and Fowls	100.7	101.2	101.2	101.6	101.6	101.6
半机械化农具	Semi-mechanized Farm Implements	99.8	99.9	99.8	99.8	99.8	99.8
机械化农具	Mechanized Farm Implements	99.7	99.9	99.9	99.9	99.9	99.9
化学肥料	Chemecal Fertilizer	100.7	100.8	100.8	101.0	101.0	100.9
氮肥	Nitrogenous Fertilizer	101.7	101.8	101.8	102.4	102.4	102.3
磷肥	Phosphate	99.7	100.0	100.0	100.0	100.0	100.0
钾肥	Kalium Fertilizer	100.2	100.2	100.2	100.4	100.4	100.4
复合肥料	Compound Fertilizer	100.3	100.3	100.3	100.3	100.3	100.2
农药及农药械	Pesticide and Its Appliances	99.9	100.3	100.3	100.3	100.3	100.3
化学农药	Chemecal Pesticide	100.1	100.1	100.1	100.1	100.1	100.1
农药器械	Chemecal Pesticide Appliances	99.5	101.1	101.1	101.1	101.1	101.1
农用机油	Oil for Farm Machinery	99.5	100.4	101.4	101.8	102.6	102.9
农业生产资料	Others	101.1	101.0	101.0	101.2	101.2	101.6
农业生产服务	Service for Agricultural Production	100.2	100.2	100.2	100.2	100.2	100.0

6-21　昌都地区农业生产资料价格分类指数
PRICE INDICES FOR MEANS OF AGRICULTURAL PRODUCTION BY CATEGORY OF QAMDO

上年=100　　(preceding year=100)

项　目	Item	2006	2007	2008	2009	2010
总指数	**General Consumer Price Index**	**100.3**	**101.1**	**101.8**	**99.8**	**99.9**
农用手工工具	Farm Hand Tools	103.2	101.7	99.9	99.9	99.1
饲料	Forage	100.0	103.8	107.4	98.2	100.7
幼禽家畜	Young Livestock and Fowls	101.7	104.7	107.8	101.7	99.6
半机械化农具	Semi-mechanized Farm Implements	97.0	97.6	99.3	97.9	100.0
机械化农具	Mechanized Farm Implements	98.4	99.9	100.7	100.1	100.0
化学肥料	Chemecal Fertilizer	99.1	100.0	100.0	100.0	100.0
氮肥	Nitrogenous Fertilizer	100.0	100.0	100.0	100.0	100.0
磷肥	Phosphate	100.0	100.0	100.0	100.0	100.0
钾肥	Kalium Fertilizer	100.0	100.0	100.0	100.0	100.0
复合肥料	Compound Fertilizer	97.7	100.0	100.0	100.0	100.0
农药及农药械	Pesticide and Its Appliances	100.0	99.8	99.9	100.0	100.0
化学农药	Chemecal Pesticide	100.0	100.0	100.0	100.0	100.0
农药器械	Chemecal Pesticide Appliances	99.8	99.1	99.3	100.0	100.0
农用机油	Oil for Farm Machinery	100.8	101.4	104.6	100.3	100.3
其他农业生产资料	Others	99.0	100.3	101.1	100.0	100.6
农业生产服务	Service for Agricultural Production	100.0	100.0	100.0	100.0	100.0

6-22　山南地区农业生产资料价格分类指数
PRICE INDICES FOR MEANS OF AGRICULTURAL PRODUCTION BY CATEGORY OF SHANNAN

上年=100　　(preceding year=100)

项　目	Item	2006	2007	2008	2009	2010
总指数	**General Consumer Price Index**	**100.0**	**100.2**	**101.7**	**97.2**	**101.7**
农用手工工具	Farm Hand Tools	**100.0**	**100.0**	**100.0**	**97.8**	**100.1**
饲料	Forage	**100.0**	**103.6**	**108.3**	**90.0**	**99.7**
幼禽家畜	Young Livestock and Fowls	100.0	100.7	100.5	100.0	100.0
半机械化农具	Semi-mechanized Farm Implements	**100.0**	**100.0**	**100.0**	**100.0**	**100.0**
机械化农具	Mechanized Farm Implements	**100.0**	**100.0**	**103.4**	**101.5**	**100.0**
化学肥料	Chemecal Fertilizer	**100.0**	**100.0**	**102.4**	**96.5**	**104.0**
氮肥	Nitrogenous Fertilizer	100.0	100.0	97.4	89.0	110.1
磷肥	Phosphate	100.0	100.0	100.0	96.1	99.6
钾肥	Kalium Fertilizer	100.0	100.0	100.0	99.4	102.1
复合肥料	Compound Fertilizer	100.0	100.0	106.2	100.3	101.4
农药及农药械	Pesticide and Its Appliances	**100.0**	**100.0**	**100.3**	**100.3**	**100.3**
化学农药	Chemecal Pesticide	100.0	100.0	100.0	100.0	100.4
农药器械	Chemecal Pesticide Appliances	100.0	100.0	101.0	101.4	100.0
农用机油	Oil for Farm Machinery	**100.0**	**100.0**	**118.8**	**106.4**	**107.2**
农业生产资料	Others	**100.0**	**100.0**	**102.1**	**94.6**	**103.3**
农业生产服务	Service for Agricultural Production	100.0	100.0	100.0	100.1	100.9

6-23 那曲地区农业生产资料价格分类指数
PRICE INDICES FOR MEANS OF AGRICULTURAL PRODUCTION BY CATEGORY OF NAGQU

上年=100 (preceding year=100)

项　目	Item	2006	2007	2008	2009	2010
总指数	**General Consumer Price Index**	**100.4**	**101.0**	**104.4**	**100.0**	**100.6**
农用手工工具	Farm Hand Tools	**106.2**	**97.9**	**110.3**	**98.4**	**100.6**
饲料	Forage	**100.0**	**100.0**	**105.3**	**101.2**	**100.1**
幼禽家畜	Young Livestock and Fowls	100.0	101.0	105.4	98.5	101.1
半机械化农具	Semi-mechanized Farm Implements	**100.0**	**100.0**	**102.7**	**103.1**	**99.5**
机械化农具	Mechanized Farm Implements	**100.0**	**100.0**	**100.5**	**99.2**	**100.0**
化学肥料	Chemecal Fertilizer	**100.0**	**100.0**	**100.0**	**102.2**	**100.0**
氮肥	Nitrogenous Fertilizer	100.0	100.0	100.0	102.8	100.0
磷肥	Phosphate	100.0	100.0	100.0	101.1	99.9
钾肥	Kalium Fertilizer	100.0	100.0	100.0	102.5	100.0
复合肥料	Compound Fertilizer	100.0	100.0	100.0	102.5	100.0
农药及农药械	Pesticide and Its Appliances	**101.8**	**99.2**	**99.9**	**100.4**	**99.6**
化学农药	Chemecal Pesticide	101.7	100.0	100.4	103.6	100.0
农药器械	Chemecal Pesticide Appliances	101.9	98.1	99.2	96.0	99.0
农用机油	Oil for Farm Machinery	**100.0**	**100.0**	**100.0**	**95.5**	**100.0**
其他农业生产资料	Others	**102.4**	**120.2**	**108.5**	**96.3**	**99.1**
农业生产服务	Service for Agricultural Production	100.0	100.0	100.0	100.0	100.0

6-24 阿里地区农业生产资料价格分类指数
PRICE INDICES FOR MEANS OF AGRICULTURAL PRODUCTION BY CATEGORY OF NGARI

上年=100 (preceding year=100)

项　目	Item	2006	2007	2008	2009	2010
总指数	**General Consumer Price Index**	**100.2**	**100.0**	**100.0**	**99.9**	**100.2**
农用手工工具	Farm Hand Tools	**105.4**	**100.0**	**100.0**	**96.9**	**103.2**
饲料	Forage	**100.0**	**100.0**	**100.0**	**100.0**	**100.0**
幼禽家畜	Young Livestock and Fowls	100.0	100.0	100.0	100.0	100.0
半机械化农具	Semi-mechanized Farm Implements	**100.0**	**100.0**	**100.0**	**100.0**	**100.0**
机械化农具	Mechanized Farm Implements	**100.7**	**100.0**	**100.0**	**100.0**	**100.0**
化学肥料	Chemecal Fertilizer	**100.0**	**100.0**	**100.0**	**100.0**	**100.0**
氮肥	Nitrogenous Fertilizer	100.0	100.0	100.0	100.0	100.0
磷肥	Phosphate	100.0	100.0	100.0	100.0	100.0
钾肥	Kalium Fertilizer	100.0	100.0	100.0	100.0	100.0
复合肥料	Compound Fertilizer	100.0	100.0	100.0	100.0	100.0
农药及农药械	Pesticide and Its Appliances	**100.0**	**100.0**	**100.0**	**98.4**	**101.6**
化学农药	Chemecal Pesticide	100.0	100.0	100.0	98.4	101.6
农药器械	Chemecal Pesticide Appliances	100.0	100.0	100.0	97.3	102.8
农用机油	Oil for Farm Machinery	**100.0**	**100.0**	**100.0**	**100.0**	**100.0**
农业生产资料	Others	**100.0**	**100.0**	**100.0**	**100.0**	**100.0**
农业生产服务	Service for Agricultural Production	100.0	100.0	100.0	100.0	100.0

6-25 林芝地区农业生产资料价格分类指数

PRICE INDICES FOR MEANS OF AGRICULTURAL PRODUCTION BY CATEGORY OF NYINGCHI

上年=100 (preceding year=100)

项 目	Item	2006	2007	2008	2009	2010
总指数	**General Consumer Price Index**	**101.0**	**102.0**	**103.9**	**100.1**	**100.8**
农用手工工具	Farm Hand Tools	**97.3**	105.0	**100.0**	**99.9**	**99.2**
饲料	Forage	**104.9**	109.7	**110.4**	**100.5**	**100.4**
幼禽家畜	Young Livestock and Fowls	102.6	100.4	100.1	99.4	99.8
半机械化农具	Semi-mechanized Farm Implements	**90.6**	**93.2**	**90.1**	**99.0**	**99.3**
机械化农具	Mechanized Farm Implements	**97.7**	**99.2**	**98.2**	**99.4**	**99.6**
化学肥料	Chemecal Fertilizer	**100.4**	**100.6**	**105.6**	**100.5**	**100.4**
氮肥	Nitrogenous Fertilizer	100.8	101.0	105.6	100.5	100.2
磷肥	Phosphate	100.9	100.5	105.9	101.4	100.5
钾肥	Kalium Fertilizer	100.0	100.5	104.9	100.0	101.0
复合肥料	Compound Fertilizer	100.0	100.5	105.7	100.3	100.2
农药及农药械	Pesticide and Its Appliances	**100.3**	**99.7**	**100.0**	**100.0**	**102.2**
化学农药	Chemecal Pesticide	100.0	100.0	100.0	100.0	100.0
农药器械	Chemecal Pesticide Appliances	100.9	99.1	100.0	100.0	106.9
农用机油	Oil for Farm Machinery	**104.3**	**102.1**	**114.3**	**101.1**	**105.0**
其他农业生产资料	Others	**100.9**	**102.5**	**99.8**	**99.2**	**100.2**
农业生产服务	Service for Agricultural Production	100.0	100.0	100.0	100.0	100.0

第七篇

人民生活

Chapter 7

PEOPLE'S LIVELIHOOD

7-1 人民物质文化生活提高情况

IMPROVEMENT IN PEOPLE'S MATRERIAL AND CULTURAL LIFE

指　标		Item		1990	1995	2000	2009	2010
就业		**Employment**						
每一农村劳动力负担人数	(人)	Number of Dependents per Rural Laborer	(person)	1.44	1.63	1.74	1.61	1.59
每一城镇就业者负担人数	(人)	Number of Dependents per Urban Employee	(person)	2.01	1.96	1.89	2.29	2.25
收入		**Income of Rural and Urban Residents**						
农牧民人均纯收入	(元)	Annual Per Capita Net Income of Rural Residents	(yuan)	582	878	1331	3532	4139
城镇居民家庭人均可支配收入	(元)	Annual Per Capita Disposable Income of Urban Residents	(yuan)	1631	4000	6448	13544	14980
职工年平均工资	(元)	Annual Average Wages of Staff and Workers	(yuan)	3181	7382	14976	48750	54397
消费水平		**Annual Per Capita Consumption**						
全区居民消费水平	(元)	Per Capita Consumption of All Residents	(yuan)	734	1202	1823	4060	
农村居民	(元)	Urban Residents	(yuan)	485	762	1144	2398	
城镇居民	(元)	Rural Residents	(yuan)	2329	3981	4737	9563	
储蓄		**Savings**						
城乡居民年末储蓄存款余额	(亿元)	Balance of Savings Deposit of Rural and Urban Residents (year-end)	(100 million yuan)	4.85	19.70	40.48	#####	#####
平均每人年末储蓄存款余额	(元)	Per Capita Balance of Saving Deposit	(yuan)	180	807	1558	7805	9117
住房	(平方米)	**Per Capita Floor Space of Residential Buildings**	(sq. m)					
农村平均每人住房面积		Rural Areas		18.94	20.00	23.16	23.62	24.03
城市平均每人居住面积		Urban Areas			14.02	19.86	33.83	34.72
文化、教育		**Culture and Education**						
城市每百户拥有彩色电视机	(台)	Number of Color TV Sets Per 100 Households in Urban	(unit)	94	102	120	127	129
农村每百户拥有电视机	(台)	Number of TV Sets Per 100 Households in Rural	(unit)	0.4	1.3	13.7	70.6	75.5
学龄儿童入学率	(%)	Enrollment Ratio of School-Age Children	(%)	67.4	70.4	85.8	98.8	99.2
每万人口中在校学生数	(人)	Number of Students Per 10000 Persons	(person)	857	1287	1467	1856	1818
卫生		**Public Health**						
每千人拥有床位数	(张)	Every Thousand People Has Berths to Count	(unit)	2.30	2.62	2.52	2.95	3.02
每千人拥有卫生技术人员数	(人)	Number of Medical Technical Personnel Per 1000 Persons	(person)	3.39	3.53	3.44	3.47	3.44

7-2 城乡居民家庭人均收入及指数

PER CAPITA ANNUAL INCOME OF URBAN AND RURAL HOUSEHOLDS

单位：元、%　　(yuan,%)

年份 Year	农牧民人均纯收入 Per Capita Net Income of Rural Residents		城镇居民人均可支配收入 Per Capita Annual Disposable Income of Rural Areas	
	绝对数 Value	指数(上年=100) Indeces (Preceding year=100)	绝对数 Value	指数(上年=100) Indeces (Preceding year=100)
1978	175		565	
1979	233	133.1	625	110.6
1980	274	117.6	683	109.3
1981	296	108.0	715	104.7
1982	324	109.5	768	107.4
1983	318	98.1	840	109.4
1984	446	140.3	915	108.9
1985	535	120.0	984	107.5
1986	492	92.0	1026	104.3
1987	519	105.5	1229	119.8
1988	573	110.4	1376	112.0
1989	555	96.9	1477	107.3
1990	582	104.9	1613	109.2
1991	617	106.0	1995	123.7
1992	653	105.8	2083	104.4
1993	706	108.1	2348	112.7
1994	817	115.7	3330	141.8
1995	878	107.5	4000	120.1
1996	975	111.0	5030	125.8
1997	1085	111.3	5135	102.1
1998	1158	106.7	5439	105.9
1999	1258	108.6	5998	110.3
2000	1331	105.8	6448	107.5
2001	1404	105.5	7119	110.4
2002	1521	108.3	7762	109.0
2003	1691	111.2	8058	103.8
2004	1861	110.1	8200	101.8
2005	2078	111.7	8411	102.6
2006	2435	117.2	8941	106.3
2007	2788	114.5	11131	124.5
2008	3176	113.9	12482	112.1
2009	3532	111.2	13544	108.5
2010	4139	117.2	14980	110.6

7-3 各地区农牧民人均纯收入

PER CAPITA ANNUAL NET INCOME OF RURAL HOUSEHOLDS BY REGION

单位：元、%　　　　(yuan,%)

年份 Year	地区 Region	拉萨市 Lhasa	昌都地区 Qamdo	山南地区 Shannan	日喀则地区 Xigazê	那曲地区 Nagqu	阿里地区 Ngari	林芝地区 Nyingchi
绝对数 Value								
2002		1714	1441	1461	1467	1531	1374	1934
2003		1896	1532	1612	1541	1679	1464	2112
2004		2179	1679	1892	1739	1935	1620	2392
2005		2402	1844	2159	1896	2123	1801	2723
2007		3250	2490	2893	2534	2843	2390	3596
2008		3732	2830	3305	2881	3219	2695	4095
2009		4149	3144	3676	3203	3577	2987	4562
2010		5003	3662	4330	3750	4081	3451	5411
增长速度 Increase rate								
2003		10.6	6.3	10.3	5.0	9.7	6.6	9.2
2004		14.9	9.6	17.4	12.8	15.2	10.7	13.3
2005		9.3	9.8	14.1	9.0	9.7	11.2	13.8
2007		15.1	14.5	14.4	14.4	14.2	13.6	14.2
2008		14.8	13.7	14.2	13.7	13.2	12.8	13.9
2009		11.2	11.1	11.2	11.2	11.1	10.9	11.4
2010		20.6	16.5	17.8	17.1	14.1	15.5	18.6

7-4 各地区农牧民人均纯收入和生活消费支出(2010年)

PER CAPITA ANNUAL NET INCOME AND CONSUMPTION EXPENDITURE OF RURAL HOUSEHOLDS BY REGION (2010)

单位：元　　　　(yuan)

指标	地区 Item Region	拉萨市 Lhasa	昌都地区 Qamdo	山南地区 Shannan	日喀则地区 Xigazê	那曲地区 Nagqu	阿里地区 Ngari	林芝地区 Nyingchi
人均纯收入	**Annual Per Capita Net Income of Rural Residents**	**5003**	**3662**	**4330**	**3750**	**4081**	**3451**	**5410**
工资性收入	Income of Wages and Salaries	1252	822	1458	1199	34	407	548
家庭经营收入	Income from Household Business Operation	2845	2485	2461	1794	3543	2728	3843
转移性和财产性收入	Transfer Income and Property Income	906	355	411	757	504	316	1019
生活消费支出	**Living Expenditure**	**2482**	**2938**	**2464**	**2564**	**1783**	**1843**	**2944**
食品	Food	970	1622	1086	1332	1197	1121	1335
衣着	Clothing	307	528	321	279	188	282	242
居住	Residence	365	289	501	375	121	3	312
家庭设备用品及服务	Household Facilities , Articles and Services	223	243	199	152	47	122	236
交通通讯	Transportation and Communications	381	118	139	177	174	150	515

7-5 各地区城镇居民人均可支配收入和消费支出

单位:元

年份 地区 Year Region		全区 Total		拉萨市 Lhasa		昌都地区 Qamdo	
		2009	2010	2009	2010	2009	2010
可支配收入	**Disposable Income**	**13544**	**14980**	**15114**	**16567**	**11659**	**12730**
总收入	**Total Income**	**14979**	**16539**	**17276**	**18787**	**12491**	**13722**
工资性收入	Wage Income	13326	14707	16182	17524	10518	11582
经营性收入	Management Income	378	396	91	110	308	334
财产净收入	Income from Properties	218	233	249	298	127	137
转移性收入	Income from Transfers	1056	1203	754	854	1539	1669
出售财物收入	**Selling Asset Income**	**52**	**2**	**1**	**1**	**1**	
借贷收入	**Debit and Credit Income**	**1096**	**583**	**842**	**483**	**153**	**13**
消费性支出	**Total Living Expenditurs**	**9034**	**9686**	**11083**	**11687**	**7176**	**7554**
食品	Food	4582	4848	5228	5496	3970	4243
衣着	Clothing	1086	1159	1504	1569	591	624
居住	Residence	690	727	680	716	565	602
家庭设备用品及服务	Household Facitities,Articles and Services	357	376	595	612	149	166
医疗保健	Medicine and Medical Services	352	386	457	487	212	227
交通和通讯	Transportation and Communications	1063	1231	1387	1528	724	682
教育文化娱乐服务	Education,Recreation and Cultural Services	466	478	633	632	442	453
其它商品和服务	Others Commodities and Services	439	482	599	646	522	557

PER CAPITA ANNUAL DISPOSABLE INCOME AND CONSUMPTION EXPENDITURE OF URBAN HOUSEHOLDS BY REGION

(yuan)

山南地区 Shannan		日喀则地区 Xigazê		那曲地区 Nagqu		阿里地区 Ngari		林芝地区 Nyingchi	
2009	2010	2009	2010	2009	2010	2009	2010	2009	2010
12982	**14179**	**13249**	**14700**	**13037**	**14623**	**16410**	**19615**	**12261**	**13439**
13988	**15232**	**14239**	**15765**	**14136**	**16160**	**18276**	**21495**	**13885**	**15131**
12613	13859	11604	12900	12811	14703	15571	18199	12452	13435
676	571	824	937	633	645			195	194
143	181	606	555	3	26	116	111	23	19
556	622	1204	1373	689	786	2589	3186	1214	1482
477	**11**				**2**				…
6967	**3832**	**327**	**28**			**6**	**149**	**97**	**98**
7673	**9119**	**8916**	**9704**	**9598**	**9837**	**9124**	**9659**	**6741**	**7338**
3342	3761	4573	4831	5647	5741	4810	5083	3582	3815
1174	1192	982	1182	985	1018	1087	1125	826	881
516	512	856	862	848	888	774	820	625	751
353	412	334	335	255	266	223	233	193	215
325	340	411	484	337	353	305	347	239	278
1395	2268	914	1067	918	939	1016	1089	697	764
323	359	478	535	213	222	619	644	349	298
245	276	369	408	396	408	290	317	230	336

7-6 全区居民消费水平

ANNUAL PER CAPITA CONSUMPTION OF ALL RESIDENTS

年份 Year	居民消费水平 Annual Per Capita Consumption of All Residents			指数(上年=100) Indeces (Preceding year=100)		
	全区居民 (元/人) All Residents (yuan/person)	农村居民 Rural Residents	城镇居民 Urban Residents	全区居民 (%) All Residents (%)	农村居民 Rural Residents	城镇居民 Urban Residents
1979	218	147	620			
1980	276	210	635	126.6	142.9	102.4
1981	301	198	878	109.1	94.3	138.3
1982	319	209	968	106.0	105.6	110.3
1983	293	215	814	91.3	102.9	84.1
1984	359	268	971	122.5	124.7	119.3
1985	422	309	1182	117.5	115.3	121.7
1986	438	296	1387	103.8	95.8	117.3
1987	499	374	1478	113.9	126.4	106.6
1988	543	382	1519	108.8	102.1	102.8
1989	647	412	2078	119.2	107.9	136.8
1990	735	484	2329	113.6	117.5	112.1
1991	839	554	2721	114.1	114.5	116.8
1992	903	594	2825	107.6	107.2	104.8
1993	931	591	3083	102.9	99.5	109.1
1994	1110	694	3700	119.2	117.4	120.0
1995	1202	762	3981	108.2	109.8	107.6
1996	1312	873	4023	109.2	114.6	101.1
1997	1471	939	4744	112.1	107.6	117.9
1998	1551	981	4169	105.3	100.6	107.8
1999	1669	1030	4579	107.6	105.0	109.8
2000	1823	1144	4737	109.2	111.0	103.4
2001	1939	1223	4992	106.4	106.9	105.4
2002	2725	1365	8278	119.3	109.2	237.4
2003	2825	1272	9112	103.7	93.2	110.1
2004	2950	1483	8895	112.1	111.8	112.2
2005	3019	1532	9040	102.3	103.3	101.6
2006	2990	1874	7515	112.1	111.8	112.2
2007	3215	1950	7888	107.5	104.1	105.0
2008	3504	2149	8324	105.5	106.1	102.6
2009	4027	2397	9421	112.3	109.7	110.0
2010	4513	2635	10523	107.5	107.7	105.2

7-7 城镇居民家庭基本情况

BASIC CONDITIONS OF URBAN HOUSEHOLDS

项目		Item		1990	1995	2000	2009	2010
调查户数	（户）	**Number of Households Surveyed**	**(household)**	**100**	**100**	**100**	**800**	**800**
平均每户家庭人口数	（人）	**Average Household Size**	**(person)**	**3.95**	**3.53**	**3.41**	**3.43**	**3.48**
平均每户就业人口数	（人）	**Average Number of Enployed Persons Per Household**	**(person)**	**1.97**	**1.80**	**1.80**	**1.50**	**1.55**
平均每户就业面	（%）	**Percentage of Employment per Household**	**(%)**	**49.9**	**51.0**	**52.8**	**43.6**	**44.5**
平均每一就业者负担人数	（人）	**Number of Persons Supported by Each Employee Including the Employee Himself**	**(person)**	**2.01**	**1.96**	**1.89**	**2.29**	**2.25**
平均每人每年可支配收入	（元）	**Per Capita Annual Disposable Income**	**(yuan)**	**1685**	**5071**	**7426**	**13544**	**14980**
平均每人每年总收入	（元）	**Per Capita Annual Income**	**(yuan)**	**2120**	**5360**	**11772**	**14979**	**16539**
工薪收入		Wage Income					13326	14707
经营净收入		Management Income					378	396
财产性收入		Property Income		2	26	5	218	233
转移性收入		Transfering Income		204	323	356	1056	1203
出售财物收入		**Selling Asset Income**					**52**	**2**
借贷收入		**Debit and Credit Income**			**276**	**4295**	**1096**	**583**
平均每人消费性支出	（元）	**Per Capita Annual Living Expenditures for Consumption**	**(yuan)**	**1340**	**3912**	**5554**	**9034**	**9686**
食品		Food		888	2255	2570	4582	4848
衣着		Clothing		208	774	876	1086	1159
居住		Residence		27	151	340	690	727
家庭设备用品及服务		Household Facilities,Articles and Service		122	134	275	357	376
医疗保健		Health Care and Medical Services		10	109	265	352	386
交通和通讯		Transport and Communications		12	102	443	1063	1231
教育文化娱乐服务		Education,Cultural and Recreation Service		48	156	419	466	478
其它商品和服务		Others Commodities and Services		24	231	367	439	482

注:本表至8-12表城镇居民家庭收支抽样调查资料,2005年以前数据为拉萨市城镇居民家庭调查数据,2006年以后为全区城镇居民家庭调查数据。

Note:Date from the tables to 8-12 are obtained from the sample survey on income and expenditures of urban households.

The data before 2005 are obtained from the sample survey on income and expenditures of Lhasa urban households.

Since 2006, the data obtained from the sample survey on income and expenditures of Tibet urban households.

7-8 城镇居民家庭平均每百户年底耐用消费品拥有量

NUMBER OF MAJOR DURABLE CONSUMER GOODS OWNED PER 100 URBAN HOUSEHOLDS AT YEAR-END

项　目		Item		1990	1995	2000	2005	2007	2009	2010
助力车	(辆)	Auto-bicycle	(unit)					…	4	5
家用汽车	(辆)	Automobile	(unit)				3	7	13	16
家用电脑	(台)	Household Computer	(unit)			1	19	18	35	39
组合音响	(台)	Hi-Fi Stereo Component System	(unit)		13	24	32	38	38	39
微波炉	(台)	Microwave Oven	(unit)			3	34	15	24	27
洗衣机	(台)	Washing Machine	(unit)	42	78	100	95	82	83	84
电冰箱	(台)	Refrigerator	(unit)	24	50	74	88	73	79	81
摩托车	(辆)	Motorcycle	(unit)	1	9	5	7	14	10	12
彩色电视机	(台)	Color TV Set	(unit)	88	98	120	135	112	127	129
淋浴热水器	(台)	Shower	(unit)		1	12	25	16	22	26
照相机	(架)	Camera	(unit)	26	46	54	56	37	34	37
中高档乐器	(件)	Other Medium and High Grade Musical Instrument	(unit)	8	2	2	2	2	1	1
摄像机	(台)	Cold Wind Machine	(unit)				6	5	6	6
空调器	(台)	Air Conditioner	(unit)		2	3	5	3	6	6
消毒碗柜	(台)	Dish-sterilization Boxes	(unit)				8	3	5	5
洗碗机	(台)	Dish-washer	(unit)				2	1	1	1
健身器材	(套)	Healthy Equipment	(sets)				1	1	1	2
固定电话	(部)	Fixed Telephones	(unit)				89	85	79	79
移动电话	(部)	Mobile Telephone	(unit)			30	112	119	152	156
钢琴	(架)	Piano	(unit)					…	1	1

7-9 城镇居民家庭平均每人全年购买主要商品数量
PER CAPITA ANNUAL PURCHASES OF MAJOR COMMODITIES IN URBAN HOUSEHOLDS

指　标	Item		1990	1995	2000	2005	2007	2009	2010
粮　食	（千克）Grain	(kg)	149.7	117.9	91.4	99.7	107.1	95.8	100.8
油脂类	（千克）Oil and Fats	(kg)	7.2	6.5	7.6	14.4	11.1	10.8	10.3
猪肉	（千克）Pork	(kg)	10.4	16.5	14.4	12.8	9.2	9.9	9.8
牛肉	（千克）Beef	(kg)	5.4	13.5	13.8	15.4	21.4	17.0	17.1
羊肉	（千克）Mutton	(kg)	5.4	2.0	1.7	2.6	5.6	4.1	3.0
家禽	（千克）Poultry	(kg)	1.4	2.6	4.9	9.1	3.7	3.8	4.0
鲜蛋	（千克）Eggs	(kg)	3.8	9.5	4.9	5.9	5.8	7.5	6.7
水产品类	（千克）Aquatic Products	(kg)	2.7		5.7	6.0	1.9	2.2	2.1
鲜菜	（千克）Fresh Vegetables	(kg)	52.4	68.9	84.7	105.7	82.2	71.5	71.5
白酒	（千克）Liquor	(kg)	1.5	0.9	0.7	0.4	0.2	0.4	0.3
啤酒	（千克）Beer	(kg)	9.3	12.9	6.4	10.0	11.5	22.0	22.2
茶叶	（千克）Tea	(kg)	1.0	1.6	1.4	0.6	0.7	2.7	2.7
干鲜瓜果	（千克）Dried and Fresh Melons and Fruits	(kg)	15.6	26.9	35.7	42.8	24.9	23.5	22.8
糕点	（千克）Cake	(kg)	1.2	1.5	1.9	2.5	1.9	1.8	1.9
服装	（千克）Garments	(kg)	1.8	5.0	5.0	3.4	3.2	4.0	3.5

7-10 按收入等级分的城镇居民家庭平均每百户年底耐用消费品拥有量（2010年）

项　目		Item		总平均 Average	最低收入户 Lowest Incme Households	#贫困户 Difficult Households
助力车	(辆)	Auto-bicycle	(unit)	5	7	4
家用汽车	(辆)	Automobile	(unit)	16	3	
家用电脑	(台)	Household Computer	(unit)	39	11	6
组合音响	(台)	Hi-Fi Stereo Component System	(unit)	39	26	19
微波炉	(台)	Microwave Oven	(unit)	27	8	3
洗衣机	(台)	Washing Machine	(unit)	84	51	41
电冰箱	(台)	Refrigerator	(unit)	81	57	42
摩托车	(辆)	Motorcycle	(unit)	12	11	17
彩色电视机	(台)	Color TV Set	(unit)	129	98	88
淋浴热水器	(台)	Shower	(unit)	26	3	
照相机	(架)	Camera	(unit)	37	10	7
中高档乐器	(件)	Other Medium and High Grade Musical Instrument	(unit)	1		
摄像机	(台)	Cold Wind Machine	(unit)	6	1	
空调器	(台)	Air Conditioner	(unit)	6		
消毒碗柜	(台)	Dish-sterilization Boxes	(unit)	5	1	
洗碗机	(台)	Dish-washer	(unit)	1		
健身器材	(套)	Healthy Equipment	(sets)	2		
固定电话	(部)	Fixed Telephones	(unit)	79	60	52
移动电话	(部)	Mobile Telephone	(unit)	156	75	58
钢琴	(架)	Piano	(unit)	1		

NUMBER OF MAJOR DURABLE CONSUMER GOODS OWNED PER 100 URBAN HOUSEHOLDS AT YEAR-END BY LEVEL OF INCOME（2010）

低收入户 Low Income Households	中等偏下户 Lower Middle Income Huoseholds	中等收入户 Middle Income Households	中等偏上户 Upper Middle Income Households	高收入户 High Income Households	最高收入户 Highest Income Households
7	4	5	7	4	1
11	7	17	19	37	33
24	27	42	54	60	53
30	37	49	36	44	41
16	22	29	35	41	28
74	88	89	91	94	83
73	85	85	85	87	81
15	14	14	11	7	10
113	117	140	140	136	143
6	21	26	38	45	40
29	32	40	44	61	43
	2	1	1	1	
1	3	8	9	10	8
4	4	7	9	9	10
4	4	2	7	12	9
	…	1	2		
	2	4	1		1
78	80	82	83	87	72
115	135	181	186	198	171
1			1	2	2

7-11 城镇居民家庭平均每人全年消费性支出

ANNUAL PER CAPITAL LIVING EXPENDITURES OF URBAN HOUSEHOLDS

单位：元　　　　(yuan)

项　　目	Item	1990	1995	2000	2007	2009	2010
消费性支出	**Total Living Expenditurs**	**1340**	**3912**	**5554**	**7532**	**9034**	**9686**
食　品	**Food**	**888**	**2255**	**2570**	**3837**	**4582**	**4848**
粮食	Grain	83	343	280	425	452	432
淀粉及薯类	Starches and tubers		37	35	33	38	34
干豆类及豆制品	Btarches and Tubers	9	12	11	10	6	5
油脂类	Oil and Fats	17	62	72	129	177	163
肉类	Meat	156	415	426	884	994	996
禽类	Poultry	40	104	106	72	88	89
蛋类	Eggs	21	57	50	49	48	54
水产品类	Aquatic Products	14	44	97	47	55	51
鲜菜	Fresh Vegetables	86	234	280	431	498	533
干菜	Dry Vegetables	8	21	25	30	33	32
菜制品	Vegetables Products	1	2	2	5	4	1
调味品	Condiments	10	13	20	37	47	46
糖类	Sugar	18	47	69	79	55	59
烟草类	Tobacco	123	243	275	421	472	408
酒类	Liquor and Beverages	54	81	107	167	185	184
饮料	Beverages	26	38	50	75	123	114
鲜果	Fresh Fruits	40	120	163	162	191	206
鲜瓜	Fresh Melons	5	15	23	13	17	18
其它干鲜瓜果类制品	Melons and Fruits Products	3	8	10	12	19	25
糕点类	Cake	6	16	35	35	32	38
奶及奶制品	Milk and Dairy Products	21	251	283	285	283	311
其他食品	Other Food	121	13	36	78	83	82
食品加工服务费	Food Processig Service Fees		2	13	2	2	1
在外饮食	Dining Out	26	75	103	356	681	964

7-11 续表 continued

单位：元 (yuan)

项　　目	Item	1990	1995	2000	2007	2009	2010
衣　着	**Clothing**	**208**	**774**	**876**	**880**	**1086**	**1159**
服装	Garments	77	565	657	616	812	842
衣着材料	Clothing Materials	71	27	22	9	4	5
鞋类	Shoes				240	255	288
其他衣着用品	Other Clothing				13	12	20
衣着加工服务费	Tailoring and Laundering Service Fees		2	2	2	4	4
居住	**Residence**	**27**	**151**	**340**	**628**	**690**	**727**
住房	Housing	2	40	100	77	105	137
水电燃料其他	Water , Electricity , Fuels and Others	25	111	240	537	553	560
居住服务费	Residence Services				15	32	29
家庭设备用品及服务	**Household Facilities , Articles and Services**	**122**	**134**	**275**	**271**	**357**	**376**
耐用消费品	Durable Consumer Goods	50	42	151	42	93	76
室内装饰品	Room Decorations	1	10	17	18	19	20
床上用品	Bed Articles		27	28	74	75	87
家庭日用杂品	Household Articles for Daily Use	6	51	73	124	150	179
家具材料	Furniture Materials	64	…	…	5	8	5
家庭服务	Household Services		4	6	8	12	11
医疗保健	**Medicine and Medical Services**	**10**	**109**	**265**	**273**	**352**	**386**
交通和通讯	**Transportation and Communications**	**12**	**102**	**443**	**866**	**1063**	**1231**
交通	Transportation	5	93	134	286	439	569
通讯	Communications	7	9	309	581	624	662
教育文化娱乐服务	**Education, Recreation and Cultural Services**	**48**	**156**	**419**	**441**	**466**	**478**
文化娱乐用品	Culture and Recreation Articles	3	36	105	89	152	145
教育	Education	25	104	256	264	201	198
文化娱乐服务	Cultrre and Recreation Service	20	16	58	89	114	135
其它商品和服务	**Others Commodities and Services**	**24**	**231**	**367**	**336**	**439**	**482**
其它商品服务	Others Commodities and Services	24	231	367	336	439	482

7-12 按收入等级分组城镇居民家庭人均消费支出情况(2010年)

单位：元

项目	Item	总平均 Average	最低收入户 Lowest-Income Households	#贫困户 Difficult Households
消费性支出	**Total Living Expenditurs**	**9686**	**3710**	**3023**
食　品	**Food**	**4848**	**2125**	**1795**
粮油类	Grain and Oil	635	468	477
肉禽蛋水产品类	Meat,Poultry,Eggs and Aquatic Products	1190	537	438
蔬菜类	Vegetables	567	308	260
调味品	Condiments	46	21	20
糖烟酒饮料类	Suger,Cigarette and Liquor	766	308	230
干鲜瓜果类	Dried and Fresh Melons and Fruits	249	88	63
糕点、奶及奶制品	Cake,Milk and Dairy Products	349	211	216
其他食品	Other Food	82	29	18
饮食服务	Dining Service	966	155	73
衣　着	**Clothing**	**1159**	**406**	**316**
服装	Garments	842	272	215
衣着材料	Clothing Materials	5	3	…
鞋类	Shoes	288	126	100
其他衣着用品	Other Clothing	20	4	1
衣着加工服务费	Tailoring and Laundering Service Fees	4	1	1
居　住	**Residence**	**727**	**364**	**316**
住房	Housing	137	17	7
水电燃料及其他	Water , Electricity , Fuels and Others	560	343	306
居住服务费	Residence Services	29	4	3

PER CAPITAL ANNUAL LIVING EXPENDITURE OF URBAN HOUSEHOLDS (GROUPED BY LEVEL OF INCOME) (2010)

(yuan)

低收入户 Low Income Households	中等偏下户 Lower Middle Income Households	中等收入户 Middle Income Households	中等偏上户 Upper Middle Income Households	高收入户 High Income Households	最高收入户 Highest Income Households
5456	**7034**	**9753**	**12956**	**15575**	**20344**
3059	**3814**	**5070**	**6167**	**7364**	**8878**
564	584	631	707	747	905
818	937	1220	1475	1888	2140
426	530	581	679	667	913
36	42	47	52	62	78
410	560	863	997	1190	1415
144	213	258	325	362	458
251	287	388	445	444	443
53	74	80	108	112	151
356	589	1002	1380	1892	2374
583	**759**	**1128**	**1642**	**2016**	**2582**
396	529	820	1234	1517	1854
5	7	3	4	4	20
153	196	276	388	469	669
27	23	23	15	19	29
2	4	5	2	7	10
489	**575**	**727**	**891**	**1125**	**1378**
44	85	141	193	254	386
430	468	565	657	812	904
14	22	20	41	60	88

7-12 续表 continued

单位：元

项　　目	Item	总计 Total	最低收入户 Lowest Income Households	#贫困户 Difficult Households
家庭设备用品及服务	**Household Facilities , Articles and Services**	**376**	**125**	**77**
耐用消费品	Durable Consumer Goods	76	25	1
室内装饰品	Room Decorations	20	3	1
床上用品	Bed Articles	87	24	16
家庭日用杂品	Household Articles for Daily Use	179	71	59
家具材料	Furniture Materials	5	…	
家庭服务	Household Services	11	1	
医疗保健	**Medicine and Medical Services**	**386**	**143**	**105**
医疗器具	Medical Treatment Apparatus	5		
保健器具	Medical Services Apparatus	2		
药品费	Medicines	231	109	91
滋补保健品	Medical Prouducts	78	9	6
医疗费	Medical Treatment	69	24	7
其他	Others	1	1	1
交通和通讯	**Transportation and Communications**	**1231**	**290**	**210**
交通	Transportation	569	78	55
通讯	Communications	662	213	155
教育文化娱乐服务	**Education, Recreation and Cultural Services**	**478**	**131**	**96**
文化娱乐用品	Recreational Articles	145	47	50
文化娱乐服务	Recreational Services	135	5	2
教育	Education	198	79	45
其它商品和服务	**Others Commodities and Services**	**482**	**125**	**109**
其它商品	Others Commodities	233	28	15
服务	Services	249	97	93

(yuan)

低收入户 Low Income Households	中等偏下户 Lower Middle Income Households	中等收入户 Middle Income Households	中等偏上户 Upper Middle Income Households	高收入户 High Income Households	最高收入户 Highest Income Households
201	**248**	**374**	**502**	**635**	**932**
30	46	78	88	128	253
8	19	23	21	33	40
40	49	82	122	154	261
116	125	174	255	296	319
…	4	5	5	…	29
8	5	11	12	24	31
186	**251**	**361**	**521**	**751**	**895**
1	4	3	7	15	17
…	…	3	2	16	…
136	148	236	298	409	477
20	43	64	114	199	218
27	55	53	99	111	182
1	1	2	1	1	1
532	**731**	**1077**	**1932**	**1914**	**3581**
157	252	424	1033	807	2161
375	479	653	899	1107	1420
201	**293**	**492**	**679**	**939**	**1040**
60	98	161	193	288	258
23	60	119	179	314	554
117	135	212	307	337	228
206	**364**	**525**	**621**	**830**	**1058**
60	173	271	286	451	568
146	190	254	334	379	490

7-13 城镇居民家庭平均每人全年现金收支情况 (2010年)

单位：元

项目	Item	总平均 Average	最低收入户 Lowest Incme Households	#贫困户 Difficult Households
可支配收入	**Disposable Income**	**14980**	**4395**	**3383**
家庭总收入	**Household Total Income**	**16539**	**4522**	**3434**
工薪收入	Wage and Salary	14707	3159	2444
#工资及补贴收入	Wage and Subsidies	14203	2092	1329
经营净收入	Business Income	396	365	394
财产性收入	Property Income	233	98	41
转移性收入	Transfer Income	1203	899	555
#养老金或离退休金	Pensions	888	335	162
出售财物收入	**Income of Selling Assets**	**2**		
借贷收入	**Income for Savings and Credit**	**583**	**126**	**53**
#提取储蓄存款	Drawing Deposita from Bank	423	123	53
#住房贷款	Housing Loans	74		
家庭总支出	**Household Total Expenditures**	**12054**	**3948**	**3050**
消费支出	Living Expenditure	9686	3710	3023
#服务性消费支出	Service Expenditure	2138	577	394
#食品	Food	4848	2125	1795
购房与建房支出	Purchasing and Constructing Housese	101		
转移性支出	Transfer Expenditures	766	144	5
财产性支出	Property Expenditures	5		
社会保障支出	Social Security Expenditures	1497	94	21
借贷支出	**Expenditure for Savings and Credit**	**3369**	**476**	**312**
#存入储蓄款	Deposit Money in Bank	2318	452	312
#归还住房贷款	Returning Housing Loans	875	8	

URBAN HOUSEHOLD ANNUAL PER CAPITAL CASH INCOME (2010)

(yuan)

低收入户 Low Income Households	中等偏下户 Lower Middle Income Huoseholds	中等收入户 Middle Income Households	中等偏上户 Upper Middle Income Households	高收入户 High Income Households	最高收入户 Highest Income Households
7003	**10111**	**14558**	**20687**	**26949**	**35638**
7488	**11142**	**16095**	**23116**	**29978**	**39219**
5400	9176	14156	21669	28120	36584
4500	8539	13923	21350	27982	36336
415	552	372	286	253	464
330	291	260	115	55	629
1343	1123	1307	1045	1551	1542
816	804	1066	902	1377	1092
		1	**1**		**20**
218	**181**	**222**	**1277**	**554**	**2711**
216	153	218	744	554	1915
			376		
6131	**8448**	**11882**	**17043**	**20089**	**25944**
5456	7034	9753	12956	15575	20344
1013	1427	2100	3042	3838	4849
3059	3814	5070	6167	7364	8878
55		12	467		10
182	434	632	1271	1546	2090
	1	2	8	19	30
437	980	1483	2342	2949	3471
1139	**1415**	**2389**	**4687**	**8437**	**13064**
998	1243	1873	2956	5118	8300
60	107	465	1435	2638	4298

7-14 按收入等级分的城镇居民家庭平均每人全年购买主要商品数量（2010年）

单位：公斤

指标	Item	总平均 Average	最低收入户 Lowest Incme Households	#贫困户 Difficult Households
粮食	Grain	100.8	88.1	94.7
油脂类	Oil and Fats	10.3	7.4	7.2
猪肉	Pork	9.8	4.7	3.2
牛肉	Beef	17.1	8.4	8.1
羊肉	Mutton	3.0	1.7	1.0
家禽	Poultry	4.0	1.0	0.5
鲜蛋	Eggs	6.7	4.8	3.0
水产品类	Aquatic Products	2.1	0.4	0.2
鲜菜	Fresh Vegetables	71.5	43.8	41.7
白酒	Liquor	0.3	…	…
啤酒	Beer	22.2	12.0	7.3
茶叶	Tea	2.7	3.5	5.0
干鲜瓜果	Dried and Fresh Melons and Fruits	22.8	9.2	6.5
糕点	Cake	1.9	0.7	0.4
服装	Garments	3.5	1.9	1.6

PER CAPITA ANNUAL PURCHASES OF MAJOR COMMODITIES OF URBAN HOUSEHOLDS BY LEVEL OF INCOME（2010）

（kg）

低收入户 Low Income Households	中等偏下户 Lower Middle Income Huoseholds	中等收入户 Middle Income Households	中等偏上户 Upper Middle Income Households	高收入户 High Income Households	最高收入户 Highest Income Households
92.9	93.9	104.2	103.9	112.7	128.2
10.1	9.4	9.8	11.5	12.0	14.4
7.8	9.7	9.9	10.5	12.9	17.3
11.7	12.7	19.0	22.1	25.7	25.6
1.8	1.4	2.4	3.4	7.7	8.1
2.3	2.9	3.5	6.0	7.4	7.4
5.4	5.8	6.7	7.4	8.3	11.8
0.9	1.3	1.8	2.9	4.9	4.8
61.3	72.5	73.6	77.0	79.4	104.1
0.1	0.2	0.2	0.5	0.6	0.5
10.4	14.4	25.4	33.0	27.3	38.8
2.2	1.7	3.0	3.2	2.9	2.5
14.4	21.2	23.9	28.3	29.5	40.5
1.1	1.8	2.2	2.4	2.0	3.5
2.5	2.7	3.5	4.5	4.7	6.4

7-15 农村居民家庭基本情况

BASIC CONDITIONS OF RURAL HOUSEHOLDS

项　目	Item	1990	1995	2000	2007	2009	2010
调查户数　(户)	**Number of Households Surveyed (unit)**	**480**	**480**	**480**	**1480**	**1480**	**1480**
调查户人口　(人)	**Number of Residents Surveyed (person)**						
常住人口	Number of Permanent Residents in the House–holds Surveyed	2787	3145	3255	9256	9275	9271
平均每户常住人口	Average Number of Permanent Residents Per Household	5.81	6.55	6.78	6.25	6.27	6.26
平均每户整半劳力	Average Number of Able-bodied and Semi-able-bodied Laborers per Household	3.43	4.03	3.91	3.67	3.88	3.93
平均每个劳动力负担人口（含本人）	Average Number of Persons Supported by a La–borer(including the laborer himself or herself)	1.44	1.63	1.74	1.70	1.61	1.59
平均每人年收入　(元)	**Per Capita Annual Income (yuan)**						
总收入	Total Revenue	623	1501	1727	3598	4415	5027
纯收入	Net Income	447	1200	1331	2788	3532	4139
平均每人年支出　(元)	**Per Capita Annual Expenditure (yuan)**						
总支出	Total Expenditure	485	1211	1477	2912	3278	3311
家庭经营费用支出	Expenditure for Household Business	110	180	227	508	508	530
生活消费支出	Expenditure for Consumption	341	873	1117	2167	2451	2503
其他非生产性支出	Other Nonproductive Expenditure	35	157	133	237		
现金支出	Cash Expenditure	262	704	719	2107	2558	2533
生产费用	Productive Costs	63	223	228	438	537	509
缴纳税金和上交集体税费支出	Expenditure for Tax and Fee	0.46	2.59	4.90	2.39	0.30	0.14
生活消费支出	Expenditure for Consumption	173	413	477	1640	1975	1969
储蓄借贷支出	Expenditure for Savings and Credit	16	52	10	383	252	241

注：本表至8-19表为农村住户抽样调查资料。

Note: Data in Tables 8-14 to 8-19 are obtained from the sample surveys on rural households.

7-16 农村居民家庭平均每人总收入

PER CAPITA ANNUAL GROSS INCOME OF RURAL HOUSEHOLDS

单位：元 (yuan)

项 目	Item	1990	1995	2000	2007	2009	2010
总收入	**Gross Income**	**623**	**1501**	**1727**	**3598**	**4415**	**5027**
基本收入	Basic Income	582	1392	1547	3150	3819	4388
工资性收入	Income of Wages and Salaries	1	79	232	612	753	891
集体组织劳动报酬	From Collectivev Organization	1	…	107	97	84	99
企业劳动报酬	From Enterprises	…	…	22	45	33	38
其他单位劳动报酬	From Other Units	…	79	102	470	636	754
家庭经营收入	Income from Household Business Operation	580	1313	1316	2538	3066	3497
转移性和财产性收入	Transfer Income and Property Income	42	109	179	448	596	639
按收入来源分	**Grouped by Sourse**						
基本收入	Basic Income	582	1392	1547	3150	3819	4388
工资性收入	Income of Wages and Salaries	1	79	232	612	753	891
家庭经营收入	Income from Household Business Operation	580	1313	1316	2538	3066	3497
农业收入	Farming	288	586	517	1139	1388	1625
林业收入	Forestry	15	45	9	119	153	160
牧业收入	Animal Husbandry	130	307	271	843	942	1075
渔业收入	Fishery	…	…	…	…	1	1
工业收入	Industry	1	10	34	16	23	25
建筑业收入	Construction	9	20	143	62	74	75
运输业收入	Transportion	22	85	161	195	268	321
批发和零售贸易餐饮业收入	Wholesale and Retail Trades and Catering Trades	11	57	47	96	137	131
服务业收入	Service Trade	1	13	15	33	40	44
其他收入	Others	39	148	115	35	40	40
转移性和财产性收入	Transfer Income and Property Income	42	109	179	448	596	639
按收入性质分	**Grouped by Type of Income**						
生产性收入	Productive Income	580	1392	1547	3150	3819	4388
第一产业收入	Primary Industry	505	1127	913	2101	2484	2860
第二产业收入	Secondary Industry	18	50	177	620	804	992
第三产业收入	Teriary Industry	57	215	458	429	531	536
非生产性收入	Nonproductive Income	42	109	179	448	596	639

7-17 农村居民家庭平均每人纯收入

PER CAPITA ANNUAL NET INCOME OF RURAL HOUSEHOLDS

单位：元 (yuan)

项　目	Item	1990	1995	2000	2007	2009	2010
纯收入	**Net Income**	**447**	**1200**	**1331**	**2788**	**3532**	**4139**
基本收入	Basic Income	417	1101	1221	2348	2945	3504
工资性收入	Income of Wages	1	79	232	611	753	891
集体组织劳动报酬	From Collectivev Organization	1	…	107	97	84	99
企业劳动报酬	From Enterprises	…	…	22	45	33	38
其他单位劳动报酬	From Other Units	…	79	102	470	636	754
家庭经营收入	Income from Household Business Operation	416	1022	989	1735	2193	2613
转移性和财产性收入	Transfer Income and Property Income	30	99	110	442	586	635
按收入来源分	**Grouped by Sourse**						
基本收入	Basic Income	417	1101	1221	2348	2945	3504
工资性收入	Income of Wages	1	79	232	611	753	891
家庭经营收入	Income from Household Business Operation	416	1022	989	1735	2193	2613
农业收入	Farming	206	457	314	811	1006	1239
林业收入	Forestry	11	35	9	117	151	158
牧业收入	Animal Husbandry	93	239	218	508	601	731
渔业收入	Fishery	…	…	…	…	1	1
工业收入	Industry	1	8	31	14	22	24
建筑业收入	Construction	7	16	143	52	55	71
运输业收入	Transportion	16	66	112	92	165	198
批发和零售贸易餐饮业收入	Wholesale and Retail Trades and Catering Trades	8	45	46	81	118	113
服务业收入	Service Trade	1	10	14	32	38	43
其他收入	Others	28	115	102	29	36	35
转移性和财产性收入	Transfer Income and Property Income	30	99	110	442	586	635
按收入性质分	**Grouped by Type of Income**						
生产性收入	Productive Income	417	1101	1221	2348	2945	3504
第一产业收入	Primary Industry	356	877	752	1435	1759	2129
第二产业收入	Secondary Industry	8	44	174	570	745	924
第三产业收入	Teriary Industry	54	181	295	343	441	451
非生产性收入	Nonproductive Income	30	99	110	448	586	635

7-18 农村居民家庭平均每人生活消费支出

PER CAPTA LIVING EXPENDITURE OF RURAL HOUSEHOLDS

单位：元 (yuan)

项　目	Item	1990	1995	2000	2007	2009	2010
生活消费支出	**Living Expenditure**	**341**	**873**	**1117**	**2167**	**2451**	**2502**
按消费类别分	**By Category of Consumption**						
食品	Food	253	644	886	1082	1175	1287
#主食	Staple Food	114	106	263	443	479	526
副食	Non-Staple Food	91	191	399	554	599	653
其他食品	Other Food	48	347	216	85	97	108
衣着	Clothing	43	93	87	234	276	317
居住	Residence	20	45	47	371	463	308
家庭设备用品及服务	Household Facilities , Articles and Services	19	62	40	134	148	174
医疗保健	Medicines and Medical Services	…	6	16	61	76	75
交通通讯	Transportation and Communications	…	8	15	161	205	219
文教娱乐用品及服务	Cultural , Educational and Recreational Articles and Services	2	6	11	64	55	51
其他商品及服务	Other Commodities and Services	5	9	14	60	53	71
按消费性质分	**By Source of Consumption**						
货币性消费	Consumption Paid in Money	173	413	477	1639	1975	1969
食品	Food	87	204	257	592	715	771
衣着	Clothing	43	92	87	222	265	304
居住	Residence	18	26	36	350	458	304
家庭设备用品及服务	Household Facilities , Articles and Services	19	61	40	130	148	174
医疗保健	Medicines and Medical Services	…	6	16	61	76	75
交通通讯	Transportation and Communications	…	8	15	160	205	219
文教娱乐用品及服务	Cultural , Educational and Recreational Articles and Services	2	6	11	64	55	51
其他商品及服务	Other Commodities and Services	5	9	14	60	53	71
实物性消费	Consumption in kind	168	460	640	528	476	533
食品	Food	165	440	629	490	460	516
衣着	Clothing		1	…	12	11	13
居住	Residence	3	19	11	21	5	4
家庭设备用品及服务	Household Facilities , Articles and Services		1		4		
医疗保健	Medicines and Medical Services						
交通通讯	Transportation and Communications				1		
文教娱乐用品及服务	Cultural , Educational and Recreational Articles and Services	…					
其他商品及服务	Other Commodities and Services		…				

7-19 农村居民家庭主要实物消费量

MAIN CONSUMPTIONS IN KIND OF RURAL HOUSEHOLDS

项　　目		Item		1990	1995	2000	2007	2009	2010
粮食(原粮)	(公斤/人)	Grain (Unprocessed)	(kg/person)	183.63	264.56	280.18	290.60	270.56	277.89
细粮		Wheat and Rice		155.64	89.08	134.73	174.73	151.25	161.27
稻谷		Rice		4.12	13.04	40.06	74.06	53.47	64.84
小麦		Wheat		55.45	76.04	94.67	100.67	97.78	96.43
粗粮		Non-Wheat and Rice		27.99	175.48	145.45	115.87	119.31	116.62
蔬菜	(公斤/人)	Vegetables	(kg/person)	22.83	23.31	23.58	24.00	15.41	16.16
食用油	(公斤/人)	Edible oil	(kg/person)	3.56	4.59	6.17	7.07	6.91	7.23
植物油		Vegetable Oil		2.18	3.55	5.00	6.07	5.80	6.16
动物油		Animal Oil		1.38	1.04	1.17	1.00	1.10	1.07
肉类	(公斤/人)	Meat	(kg/person)	14.69	12.17	11.83	17.83	15.44	15.95
#猪肉		Pork		1.48	1.06	1.90	2.46	2.24	2.43
牛羊奶	(公斤/人)	Cow and Sheep Milk	(kg/person)	50.02	14.06	12.25	38.29	29.91	78.27
家禽	(公斤/人)	Poultry	(kg/person)	0.01	0.01	0.01	0.04	0.04	0.04
蛋类	(公斤/人)	Eggs	(kg/person)	0.51	1.05	0.64	0.64	0.63	0.87
鱼虾	(公斤/人)	Fish and Shrimp	(kg/person)		0.01	0.01	0.01	0.01	0.01
食糖	(公斤/人)	Sugar	(kg/person)	1.06	2.43	2.62	2.64	3.43	3.1
酒	(公斤/人)	Liquor	(kg/person)	96.37	0.53	0.89	2.71	3.85	3.35
茶叶	(公斤/人)	Tea	(kg/person)	3.97	2.35	1.77	8.11	6.46	6.64
建筑材料		Building Material							
水泥	(公斤/人)	Cement	(kg/person)	0.73	0.22	0.94	29.24	19.52	33.03
木材	(立方米/户)	Timber	(cu.m/person)	0.24	0.21	0.95	0.50	12.29	3.47
玻璃	(平方米/户)	Glass	(sq.m/household)	0.03	0.11	0.09	0.34	0.95	0.88
服装	(件/人)	Garments	(piece/person)	0.69	0.99	1.06	0.72	0.98	1.05
化肥	(公斤/人)	Chemical Fertilizers	(kg/person)	70.85	73.25	14.5	22.52	21.42	21.11
农药	(公斤/人)	Pesticides	(kg/person)		0.47	1.32	1.32	1.16	1.00
生产用燃料	(公斤/人)	Fuels for Prodution	(kg/person)	13.26	15.03	13.17	7.19	18.97	21.23

7-20 农村居民家庭人均粮食收支平衡情况

PER CAPITA GRAIN BALANCE OF RURAL HOUSEHOLDS

单位：公斤　　(kg)

项　目	Item	1990	1995	2000	2007	2009	2010
年初粮食结存	**Grain Remainder at Year-head**	**617.69**	**578.41**	**960.11**	**966.88**	**1118.81**	**1149.43**
年内粮食收入合计	**Total Grain Income This Year**	**516.45**	**553.82**	**680.36**	**503.13**	**513.22**	**555.24**
家庭经营	From Household Management	495.59	528.95	628.89	382.88	392.93	422.04
购入	Purchase	16.85	24.06	50.31	118.89	119.78	132.77
收回借出粮	Grains Took Back Lending	0.14	0.05	0.12	0.01		
其他	Others	3.86	0.57	1.04	1.35	0.51	
年内粮食支出	**Total Grain Expenditure This Year**	**379.51**	**390.43**	**411.63**	**409.98**	**410.65**	**421.15**
主食用粮	Grains for Staple Food	198.03	233.14	282.66	290.61	270.56	277.89
其他生活用粮	For Other Consumption	6.46	2.85	1.24	4.71	5.85	8.18
出售	Sale	52.22	56.53	47.34	41.99	59.72	60.18
种籽	Seeds	42.65	30.07	24.95	19.41	20.9	22
饲料	Fodder	39.04	38.58	48.47	52.04	52.98	52.37
借出	Lended	0.02	0.12	0.12	0.04	…	
归还借粮	Grains Returned Borrowing	0.07	0.02	0.17	0.01	0.06	0.05
其他	Others	7.28	0.55	6.68	1.17	0.58	0.48
年末粮食结存	**Grains Remainder at Year-end**	**754.53**	**741.79**	**1228.84**	**987.58**	**1150.54**	**1283.52**
#口粮	Grain Ration	303.87	425.94	749.59	438.93	589.10	
饲料	Fodder	29.60	74.72	191.35	77.25	105.84	
种籽	Seeds	31.48	67.77	113.61	52.59	72.48	

7-21 农村居民家庭平均每百户主要耐用物品拥有量
NUMBER OF DURABLE CONSUMER GOODS OWNED PER 100 RURAL HOUSEHOLDS AT THE YEAR-END

项　目		Item		1990	1995	2000	2007	2009	2010
自行车	（辆）	Bicycle	(unit)	6.80	11.73	79.38	32.09	32.02	32.64
洗衣机	（台）	Washing Machine	(unit)		0.13	2.29	8.58	9.70	10.41
摩托车	（辆）	Motorcycle	(unit)		0.03	0.20	33.37	42.56	46.69
黑白电视机	（台）	Black and White TV Set	(unit)	0.32	0.73	4.79	1.35	2.16	2.09
彩色电视机	（台）	Colour TV Set	(unit)	0.04	0.57	8.96	53.91	68.44	73.45
照相机	（台）	Camera	(unit)	0.04	0.03	0.83	0.68	1.08	0.95
电冰箱	（台）	Refrigerator	(unit)			0.41	10.13	11.82	14.73
电话机	（部）	Telephone	(unit)			0.20	44.66	77.97	98.04
影碟机	（台）	VCD Player	(unit)			0.41	29.59	45.06	45.27
电动自行车	（辆/每百户）	Electraic-bicycle	(unit/100 household)				0.08	0.87	0.95

7-22 农村居民家庭主要农产品生产量、出售量

PRODUCTS AND SALES OF MAJOR AGRICULTURE OF RURAL HOUSEHOLDS

项 目		Item		1990	1995	2000	2007	2009	2010
生产量		**Products**							
粮食	(公斤/人)	Grain	(kg/person)	496.66	528.95	628.89	382.88	340.61	371.90
油料	(公斤/人)	Oil-bearing Crops	(kg/person)	16.97	20.90	20.66	18.78	21.83	25.97
蔬菜	(公斤/人)	Vegetables	(kg/person)	63.90	61.73	74.17	28.91	30.11	31.32
水果	(公斤/人)	Fruits	(kg/person)	2.83	4.37	4.16	2.76	4.19	3.45
出售量		**Sales**							
粮食	(公斤/人)	Grain	(kg/person)	10.71	56.54	47.34	42.00	49.68	50.23
油料	(公斤/人)	Oil-bearing Crops	(kg/person)	22.57	4.34	3.21	5.71	4.88	3.46
蔬菜	(公斤/人)	Vegetables	(kg/person)	5.10	4.28	6.47	6.48	7.04	7.27
水果	(公斤/人)	Fruits	(kg/person)	20.40	0.69	0.82	0.67	0.96	1.14
猪肉	(公斤/人)	Pork	(kg/person)	14.05	0.32	0.96	1.40	1.46	1.17
羊肉	(公斤/人)	Mutton	(kg/person)	17.27	1.05	0.18	3.49	4.98	3.63
牛羊奶	(公斤/人)	Cow and Goat Milk	(kg/person)	0.35	3.14	1.89	1.17	0.78	1.01
家禽	(只/人)	Poultry	(head/person)	2.82	0.26	0.23	1.19	0.02	0.06
禽蛋	(公斤/人)	Poultry Eggs	(kg/person)	15.27	0.62	0.69	0.35	0.33	0.24
羊毛	(公斤/户)	Wool	(kg/household)	18.11	0.56	7.64	10.47	17.52	16.01

第八篇

农　业

Chapter 8

AGRICULTURE

8-1 农村和农业基本情况

BASIC CONDITIONS OF RURAL AND AGRICULTURE

项 目		Item		2000	2009	2010
乡村户数	（万户）	Number of Rural Households	(10000 units)	37.83	46.03	47.75
乡村劳动力	（万人）	Number of Rural Laborers	(10000 persons)	100.83	119.36	121.94
男		Male		50.80	61.77	63.78
女		Female		50.03	57.59	58.16
按行业分乡村劳动力	（万人）	Number of Rural Laborers by Sector	(10000 persons)	100.83	119.36	121.94
农业林牧渔业		Farming,Forestry,Animal Husbandry & Fishery		90.12	91.19	91.55
工业		Industry		1.57	2.44	2.97
建筑业		Construction		2.33	8.41	8.77
交通运输业、仓储及邮电通信业		Transport,Storage,Post and Telecommunications		1.89	3.45	3.69
批发零售贸易业餐饮业		Wholesale and Retail Trade & Catering Services		1.99	2.80	3.19
其他非农业行业		Other Non-agricultural Trades		2.93	11.07	11.77
年末实有耕地面积	（千公顷）	Cultivated Areas (Year-end)	(1000 hectares)	230.85	229.57	229.53
水田		Paddy Fields		1.09	1.08	1.1
旱地		Dry Fields		229.76	228.49	228.43
当年减少耕地面积	（千公顷）	Decrease in Cultivated Area by Cause	(1000 hectares)	0.94	0.83	1.53
农村机械总动力	（千瓦）	Total Agricultural Machinery Power	(1000 kw)	1145276	3516226	4119871
农用大中型拖拉机	（台）	Number of Large & Medium Tractors	(unit)	2025	15918	22946
农用大中型拖拉机	（千瓦）	Capacity of Large & Medium Tractors	(1000 kw)	126960	382639	531847
小型拖拉机	（台）	Number of Mini-tractors	(unit)	30999	101293	119621
小型拖拉机	（千瓦）	Capacity of Mini-tractors	(1000 kw)	332177	1272496	1547424
化肥施用量	（吨）	Consumption of Chemical Fertilizers	(ton)	24955	46858	47352
农林牧渔业总产值	（万元）	Gross Output of Farming, Forestry, Animal Husbandry and Fishery	(10000 yuan)	512185	933807	1007685
#农业		Farming		263649	390575	462910
牧业		Animal Husbandry		235282	442880	488613
农作物总播种面积	（千公顷）	Total Sown Area	(1000 hectares)	231.05	235.07	240.02
#粮食		Grain Crops		201.44	169.43	170.15
油料		Oil-bearing Crops		16.11	24.49	24.02
蔬菜		Vegetables			20.44	21.33
粮食总产量	（万吨）	Yield of Grain Crops	(10000 tons)	96.22	90.53	91.22
#小麦		Wheat		30.73	24.56	24.24
年末牲畜总头数	（万头）	Number of Animals (Year-end)	(10000 heads)	2266.31	2324.08	2321.05
猪牛羊肉产量	（万吨）	Output of Pork,Beef and Mutton	(10000 tons)	14.93	25.52	26.31

8-2 农村基本情况

BASIC CONDITIONS OF RURAL

年份 地区 Year Region	乡村户数 （万户） Number of Households (10000 households)	乡村从业人员 （万人） Number of Rural Employed Persons (10000 persons)	男 Male	女 Female
1965	23.14	67.94		
1978	30.84	80.86		
1979	30.99	80.38		
1980	31.31	81.82	38.69	43.13
1985	31.81	87.83	43.69	44.14
1986	32.31	89.64	43.82	45.82
1987	32.55	90.15	44.60	45.55
1988	32.81	89.15	44.57	44.58
1989	33.15	90.33	45.22	45.11
1990	33.49	90.85	45.00	45.85
1991	33.89	91.19	45.35	45.84
1992	34.21	91.55	46.03	45.52
1993	35.04	92.81	46.20	46.61
1994	35.79	94.35	47.21	47.33
1995	35.44	94.71	47.57	47.14
1996	34.87	95.34	47.71	47.63
1997	36.28	97.77	49.03	48.72
1998	36.75	97.52	50.14	47.38
1999	37.11	100.91	51.05	49.86
2000	37.83	100.83	50.80	50.03
2001	38.34	100.67	51.08	49.60
2002	38.87	103.50	52.64	50.86
2003	39.02	103.61	52.66	50.95
2004	39.26	105.69	53.52	52.17
2005	40.35	108.83	55.31	53.52
2006	40.75	109.92	55.86	54.06
2007	42.78	112.42	57.72	54.70
2008	44.09	115.07	59.40	55.67
2009	46.03	119.36	61.77	57.59
2010	47.78	121.94	63.78	58.16
拉萨市 Lhasa	6.24	15.01	7.79	7.22
昌都地区 Qamdo	9.49	27.84	14.67	13.17
山南地区 Shannan	7.38	14.79	7.47	7.32
日喀则地区 Xigazê	11.64	34.97	18.22	16.75
那曲地区 Nagqu	8.55	18.75	9.96	8.79
阿里地区 Ngari	1.79	4.16	2.2	1.96
林芝地区 Nyingchi	2.69	6.42	3.47	2.95

8-3　乡村从业人员

RURAL EMPLOYED PERSONS BY SECTOR

单位：万人　　(10000 persons)

年份 Year	地区 Region	合计 Total	农林牧渔业 Farming Forestry, Animal Husbandry and Fishery	工业 Industry	建筑业 Construction	交通运输、仓储和邮政业 Transportation, Storage and Post	批发和零售业 Wholesale and Retail Trade	其它非农行业 Other Non-agricultural Trades
1978		80.86	79.65	0.30				0.91
1985		87.83	85.02	0.37	0.21	0.41	0.80	1.02
1986		89.64	84.68	0.66	0.43	0.59	0.89	2.39
1987		90.15	84.75	0.99	0.42	0.62	0.87	2.50
1988		89.15	84.35	0.90	0.50	0.68	0.87	1.85
1989		90.33	85.71	0.51	0.51	0.75	0.84	2.01
1990		90.85	86.01	0.40	0.48	0.79	0.67	2.50
1991		91.19	86.05	0.52	0.41	0.91	0.73	2.57
1992		91.55	85.86	0.63	0.47	0.92	0.76	2.91
1993		92.81	87.15	1.07	0.69	0.95	0.84	2.11
1994		94.35	88.92	1.02	0.87	1.01	0.93	1.60
1995		94.72	88.48	1.23	0.79	1.17	1.12	1.93
1996		95.34	88.68	1.29	1.03	1.42	1.18	1.74
1997		97.77	90.34	1.40	1.32	1.37	1.23	2.11
1998		97.52	88.79	1.56	1.63	1.63	1.39	2.52
1999		100.91	91.75	1.33	1.56	1.68	1.43	3.16
2000		100.83	90.12	1.57	2.33	1.89	1.99	2.93
2001		100.68	88.84	1.86	2.72	2.04	1.74	3.48
2002		103.50	88.80	1.66	2.97	2.39	2.11	5.57
2003		103.61	84.39	1.95	5.75	2.28	2.21	7.03
2004		105.69	85.19	2.03	5.96	2.52	2.57	7.42
2005		108.83	85.53	2.62	5.63	2.98	2.81	9.26
2006		109.92	86.38	2.65	5.68	3.01	2.84	9.36
2007		112.42	87.67	2.34	7.71	3.59	2.64	8.47
2008		115.07	88.28	2.39	7.59	3.50	2.94	10.37
2009		119.36	91.19	2.44	8.41	3.45	2.80	11.07
2010		121.94	91.55	2.97	8.77	3.69	3.19	11.77
拉萨市	Lhasa	15.02	8.85	0.45	1.44	0.83	0.56	2.89
昌都地区	Qamdo	27.84	23.49	0.95	0.87	0.48	0.82	1.23
山南地区	Shannan	14.79	10.28	0.35	2.27	0.45	0.43	1.01
日喀则地区	Xigazê	34.99	25.23	0.90	3.42	0.84	0.75	3.85
那曲地区	Nagqu	18.75	14.78	0.07	0.42	0.60	0.40	2.48
阿里地区	Ngari	4.14	3.31	0.22	0.23	0.21	0.05	0.12
林芝地区	Nyingchi	6.41	5.61	0.03	0.13	0.28	0.18	0.19

注：2002年以前交通运输、仓储和邮政业为交通运输、仓储和邮电通讯业资料,批发和零售业为批发零售贸易餐饮业资料。

Note:The Data of Transportation,Storage and Post Included Telecommunacations Before 2002.

The Data of Wholesale and Retail Sale Included Catering at 2002.

8-4 农林牧渔业总产值

GROSS OUTPUT VALUE OF FARMING, FORESTRY, ANIMAL HUSBANDRY AND FISHERY

单位：万元 (10000 yuan)

年份 地区 Year Region		农林牧渔业总产值 Gross Output Value	农业 Farming	林业 Forestry	牧业 Animal Husbandry	渔业 Fishery	农林牧渔服务业 FFAF Services
1959		14417	4704		9713		
1965		26420	8522	20	17878	2	
1970		28028	8671	12	19340	5	
1978		39228	14657	167	24386	18	
1979		40785	13340	404	27026	15	
1980		53215	24846	765	27597	7	
1985		108875	50999	2274	55562	40	
1986		99206	43793	1625	53756	32	
1987		103761	45692	1528	56506	35	
1988		129484	59684	1752	67986	62	
1989		137126	64077	1584	71408	57	
1990		195023	98138	3250	93573	62	
1991		210063	95755	2949	111278	81	
1992		224530	101092	3485	119863	90	
1993		229860	100452	5659	123661	89	
1994		268249	131327	6487	130335	100	
1995		358961	177927	7151	173782	101	
1996		385282	192157	8773	184083	269	
1997		414546	218195	8577	187624	150	
1998		423770	224346	8821	190350	253	
1999		482155	260666	9224	212062	202	
2000		512185	263649	13130	235282	124	
2001		527791	276113	12849	238695	134	
2002		558874	290759	12221	255772	122	
2003		586339	252779	53084	270867	78	9531
2004		627373	265638	57186	291197	87	13265
2005		677408	298887	56997	300498	136	20890
2006		704765	304974	60191	316975	1762	20863
2007		798309	359382	63078	349108	1073	25668
2008		884518	396962	67971	389629	2804	27152
2009		933807	390575	71155	442880	2049	27147
2010		1007685	462822	24602	488612	2268	29381
拉萨市	Lhasa	149944	63030	5069	77411	146	4287
昌都地区	Qamdo	236928	97668	10767	123281	35	5177
山南地区	Shannan	72238	34243	1651	29317	1492	5536
日喀则地区	Xigazê	280526	155991	4505	112208	404	7418
那曲地区	Nagqu	138153	69031		65441	20	3661
阿里地区	Ngari	48091	2503	133	44641	20	794
林芝地区	Nyingchi	81805	40356	2477	36313	151	2508
其它	Others	…	…				

注:①本表按当年价格计算。②2002年以前农林牧渔业总产值不含农林牧渔服务业产值。

Note:The data in terms of value in this table are calculated at current prices.

The data of gross output of FFAF Didn't Include FFAF Services before 2002.

8-5 农林牧渔业总产值指数

INDICES OF GROSS OUTPUT VALUE OF FARMING, FORESTRY, ANIMALS HUSBANDRY AND FISHERY

上年=100　　　　(preceding year=100)

年份 Year	农林牧渔业总产值 Gross Output Value	农业 Farming	林业 Forestry	牧业 Animal	渔业 Fishery	农林牧渔服务业 FFAF Services
1959	92.1	109.8		85.0		
1965	111.3	107.3	105.0	113.6		
1970	100.1	101.4	100.7	99.3	135.7	
1978	103.9	103.2	130.7	103.9	293.7	
1979	104.0	87.1	239.4	105.2	82.8	
1980	111.0	130.0	89.4	102.0	80.2	
1985	112.3	106.6	119.4	111.4	79.9	
1986	104.8	85.7	77.1	107.4	76.3	
1987	104.4	104.4	103.8	105.6	105.4	
1988	102.6	107.9	112.5	96.7	103.9	
1989	101.4	102.2	86.3	99.0	131.4	
1990	106.4	116.2	132.6	98.8	64.5	
1991	104.5	91.1	189.5	103.1	106.6	
1992	103.4	100.4	96.0	104.4	119.1	
1993	100.3	123.4	111.7	98.7	89.0	
1994	104.5	102.3	119.8	104.8	109.3	
1995	104.4	108.9	119.4	100.7	102.1	
1996	103.4	107.4	107.3	100.2	153.1	
1997	103.4	104.2	85.4	104.5	94.6	
1998	102.4	104.5	103.1	100.9	135.4	
1999	107.5	110.8	97.5	105.9	100.0	
2000	101.9	102.2	104.0	101.6	45.2	
2001	105.4	108.5	84.7	104.5	91.8	
2002	103.8	103.0	119.8	103.6	70.3	
2003	103.2	84.9	218.7	102.2	41.9	
2004	104.1	102.0	102.7	104.2	156.4	152.0
2005	103.9	102.3	103.9	100.8	160.7	157.5
2006	105.8	100.6	117.4	108.0	801.1	99.1
2007	108.6	117.8	104.8	105.6	59.0	117.9
2008	110.8	110.5	107.8	111.6	261.3	105.8
2009	105.6	107.8	49.5	113.7	73.1	100.0
2010	107.9	118.2	73.0	110.3	110.7	108.2

注：本表按可比价格计算。

Note:The indices in this table are calculated at comparable prices.

8-6 农林牧渔业总产值指数

INDICES OF GROSS OUTPUT VALUE OF FARMING, FORESTRY, ANIMALS HUSBANDRY AND FISHERY

1951年=100 (1951=100)

年份 Year	农林牧渔业总产值 Gross Output Value	农业 Farming	林业 Forestry	牧业 Animal	渔业 Fishery	农林牧渔服务业 FFAF Services
1959	102.1	113.2		108.2		
1965	187.1	205.1	145.3	190.3	100.0	
1970	198.6	209.3	84.5	198.0	330.6	
1978	277.9	344.4	1239.8	263.0	1010.9	
1979	289.0	300.0	2968.1	276.7	837.0	
1980	320.8	390.0	2653.5	282.2	671.3	
1985	396.5	419.0	8122.4	341.7	1317.8	
1986	415.5	359.1	6262.4	367.0	1005.5	
1987	433.8	374.9	6500.4	387.6	1059.8	
1988	445.1	404.5	7313.0	374.8	1101.1	
1989	451.3	413.4	6311.1	371.1	1446.8	
1990	480.2	280.4	8368.5	366.6	933.2	
1991	501.9	437.6	7489.8	378.0	994.8	
1992	519.0	439.4	7190.2	394.6	1184.8	
1993	520.6	542.2	8031.5	389.5	1054.5	
1994	544.0	554.7	9621.7	408.2	1152.6	
1995	565.8	604.1	11488.3	411.1	1176.8	
1996	583.9	648.8	12326.9	411.9	1801.7	
1997	603.8	676.0	10527.2	430.4	1704.4	
1998	618.3	706.4	10853.5	434.3	2307.8	
1999	664.7	782.7	10582.2	459.9	2307.8	
2000	677.3	799.9	11005.5	467.3	1043.1	
2001	713.9	867.9	9321.7	488.3	957.6	
2002	741.0	893.9	11167.3	505.9	673.2	
2003	764.7	758.9	24423.0	517.0	282.1	100.0
2004	796.1	774.1	25082.4	538.8	441.1	152.0
2005	827.1	791.9	26060.6	543.1	708.9	239.4
2006	875.1	796.7	30595.2	586.5	5679.1	237.2
2007	950.4	938.5	32063.8	619.3	3350.7	279.7
2008	1053.0	1037.0	34564.8	691.1	8755.4	295.9
2009	1112.0	1117.9	17109.5	785.8	6400.2	295.9
2010	1199.8	1209.2	12485.3	866.7	7085.0	320.2

注：本表按可比价格计算。

Note:The indices in this table are calculated at comparable prices.

8-7　各地市农林牧渔业总产值

GROSS OUTPUT VALUE OF FARMING，FORESTRY，ANIMAL HUSBANDRY AND FISHERY BY REGION

单位：万元　　(10000 yuan)

年份 Year	合计 Total	拉萨 Lhasa	昌都 Qamdo	山南 Shannan	日喀则 Xigazê	那曲 Nagqu	阿里 Ngari	林芝 Nyingchi	其它 Others
1997	414546	58087	103000	44558	116097	43111	16718	29539	3436
1998	423770	62134	105601	47863	122013	39022	13863	28534	4740
1999	482155	71864	115291	52693	131448	56173	17004	32838	4843
2000	512185	85059	124269	53416	132220	56272	22473	34151	4325
2001	527791	73916	126207	53969	146264	67220	21003	36017	3195
2002	558874	84212	131970	54160	148314	75969	23832	40417	
2003	586339	86548	149635	50852	144143	79603	26760	46273	2525
2004	627373	93403	150532	56521	161838	80070	30619	53159	1231
2005	677408	100255	163423	55463	179421	89761	30463	57975	647
2006	704765	105644	168553	55887	187627	95261	31208	59966	619
2007	798309	116473	186534	59992	222011	109835	37155	66002	307
2008	884518	128401	207577	65884	246360	122109	41074	72417	696
2009	933807	135551	219636	69105	259657	128430	44188	76738	502
2010	1007685	149944	236928	72238	280526	138153	48091	81806	…

注：本表按当年价格计算。

Note: The indices in this table are caculated at current prices.

8-8 各地市农林牧渔业总产值指数

INDEX OF GROSS OUTPUT VALUE OF FARMING，FORESTRY，ANIMAL HUSBANDRY AND FISHERY BY REGION

上年=100　　preed=100

年份 Year	合计 Total	拉萨 Lhasa	昌都 Qamdo	山南 Shannan	日喀则 Xigazê	那曲 Nagqu	阿里 Ngari	林芝 Nyingchi	其它 Others
1997	103.4	103.2	104.3	103.5	101.1	111.6	96.5	93.8	126.3
1998	102.4	101.6	103.1	105.1	106.3	97.7	89.0	98.6	151.4
1999	107.5	105.6	105.5	108.4	107.8	108.7	116.4	109.3	83.6
2000	101.9	105.7	106.3	100.5	101.0	97.4	100.7	99.8	90.1
2001	105.4	101.0	98.2	99.7	114.2	111.5	107.9	99.7	
2002	103.8	111.3	103.3	102.1	101.2	104.4	101.9	102.9	
2003	103.2	100.4	111.3	89.9	94.6	100.4	108.2	115.5	
2004	104.1	103.6	101.5	103.7	105.2	106.6	108.9	101.3	82.0
2005	103.9	105.8	104.7	101.1	107.2	104.0	88.5	104.2	97.5
2006	105.8	102.5	104.2	105.7	107.9	105.3	101.7	113.2	99.1
2007	108.6	105.7	106.1	103.0	113.4	110.5	114.2	105.6	47.5
2008	110.8	110.2	111.3	109.8	111	111.1	110.5	109.7	226.7
2009	105.6	105.6	105.8	105.0	105.4	105.2	107.2	106	72.1
2010	107.9	110.6	107.8	104.5	108.0	107.6	108.8	106.6	

注:本表按可比价格计算。

Note:The indices in this table are caculated at comparable prices .

8-9 农林牧渔业分项产值

GROSS OUTPUT VALUE OF FARMING, FORESTRY, ANIMAL HUSBANDRY AND FISHERY BY BRANCH

指标	Item	绝对数(万元) Value (10000 yuan)					2010年为2009年% 2010/2009 Rate
		2000	2003	2007	2009	2010	
农林牧渔业总产值	**Gross Output Value**	**512185**	**586339**	**798309**	**933807**	**1007685**	**107.9**
农业产值	**Farming**	**263649**	**252779**	**359382**	**390575**	**462910**	**118.2**
谷物及其它作物	Corn and Other Crops	190664	183092	210819	209330	223833	106.9
#粮食作物	#Grain Grops	178246	168417	182447	175162	195058	111.4
# 谷物	#Corn	172777	162398	175515	174507	188369	107.9
#小麦	#Wheat		38157	43464	41530	43494	104.7
玉米	Maize		2253	3066	4885	5979	122.4
薯类	Potato		417	978	855	973	113.8
油料	Oil Plants		13810	20988	22816	23624	103.5
#油菜籽	#Rapeseed		12252	20907	22722	23484	103.4
林业产值	**Forestry**	**13130**	**53085**	**63078**	**33623**	**24602**	**73.0**
林木培育和种植	Tree Breeding and Planting	2668	6591	8201	10285	10438	101.5
林产品	Forest Products	4898	30909	38368	5569	2177	39.1
村及村以下竹木采伐	Lumbering in Village and Below	5564	9584	8445	17769	11987	67.5
牧业产值	**Animal Husbandry**	**235282**	**270867**	**349108**	**442879**	**488612**	**110.3**
牲 畜	Domestic Animals	152357	258429	330978	416781	456985	109.6
牛	Cattles	78157	97436	130343	208147	240656	115.6
猪	Hogs	10614	6606	14212	20788	26416	127.1
羊	Sheep and Goats	63586	65259	84677	110281	110595	100.3
家禽饲养	Poultry Raising	1161	2749	3858	4930	5403	109.6
捕 猎	Hunting	136	634	6	1	…	
渔业产值	**Fishery**	**124**	**78**	**1073**	**2049**	**2268**	**110.7**
农林牧渔服务业产值	**FFAF Services**		**9531**	**25667**	**27148**	**29381**	**108.2**

注:本表绝对数按当年价计算,指数按可比价计算。

Note:Data in terms of value in this table are calculated at current prices,while the related indices are caleulated at comparable prices.

8-10　农林牧渔业分项产值构成

COMPOSITION OF GROSS OUTPUT VALUE OF FARMING, FORESTRY, ANIMAL HUSBANDRY AND FISHERY BY BRANCH

指　　标	Item	构成　Composition　(%)				
		2000	2003	2007	2009	2010
农林牧渔业	**Gross Output Value**	**100.0**	**100.0**	**100.0**	**100.0**	**100.0**
农业	**Farming**	**51.5**	**43.1**	**45.0**	**41.9**	**45.9**
谷物及其它作物	Corn and Other Crops	37.2	31.2	26.4	22.4	22.2
#粮食作物	#Grain Grops	34.8	28.7	22.9	18.8	19.3
# 谷物	#Corn	33.7	27.7	21.9	18.7	18.7
#小麦	#Wheat		6.5	5.4	4.5	4.3
玉米	Maize		0.4	0.4	0.5	0.6
薯类	Potato		0.1	0.1	0.1	0.1
油料	Oil Plants		2.4	2.6	2.4	2.3
#油菜籽	#Rapeseed		2.1	2.6	2.4	2.3
林业	**Forestry**	**2.6**	**9.1**	**7.9**	**3.6**	**2.4**
林木培育和种植	Tree Breeding and Planting	0.5	1.1	0.8	1.1	1.0
林产品	Forest Products	1.0	5.3	4.8	0.5	0.2
村及村以下竹木采伐	Lumbering in Village and Below	1.1	1.6	1.1	1.9	1.2
牧业	**Animal Husbandry**	**45.9**	**46.2**	**43.7**	**47.4**	**48.5**
牲　畜	Domestic Animals	29.7	44.1	41.5	44.6	45.3
牛	Cattles	15.3	16.6	16.3	22.3	23.9
猪	Hogs	2.1	1.1	1.8	2.2	2.6
羊	Sheep and Goats	12.4	11.1	10.6	11.8	11.0
家禽饲养	Poultry Raising	0.2	0.5	0.4	0.5	0.5
捕　猎	Hunting	…	0.1	…	…	…
渔业	**Fishery**	**…**	**…**	**0.2**	**0.2**	**0.2**
农林牧渔服务业	**FFAF Services**	**…**	**1.6**	**3.2**	**2.9**	**2.9**

注:本表构成按当年价计算。

Note:The data in terms of composition in this table are calculated at current prices.

8-11 全区农村社会总产值

RURAL SOCIAL GROSS OUTPUT VALUE

单位：万元 (10000 yuan)

年份 地区 Year Region		农村社会总产值 Rural Social Gross Output Value	农林牧渔业总产值 Gross Output Value	农村工业总产值 Rural Industry Gross Output Value	农村建筑业总产值 Rural Constration Gross Output Value	农村运输业总产值 Rural Transportation Gross Output Value	农村商业总产值 Rural Commerce Gross Output Value
1985		177142	106316	1233	3410	3106	3077
1986		106147	97985	1199	2315	2303	2345
1987		113062	102986	3204	1997	1993	2882
1988		139970	128528	3053	2365	2541	3483
1989		146382	135808	2064	2436	3014	3060
1990		182283	170347	2055	2712	3433	3736
1991		221175	208923	1551	2550	4458	3693
1992		236362	223249	1942	2910	5009	3252
1993		242776	229860	2381	2336	4632	3567
1994		282293	268113	2628	2532	5206	2314
1995		389605	358961	5857	5447	8957	10383
1996		416824	382553	6711	5279	10992	11289
1997		455711	414546	8901	8459	13454	10350
1998		470337	423770	14076	8888	11820	11783
1999		536358	482155	14588	10624	14570	14421
2000		570808	512185	13307	14546	17086	13684
2001		577709	527791	14244	12407	13274	9993
2002		618802	558874	11707	14788	20832	12601
2003		675593	586339	20033	23995	26120	19106
2004		757243	627373	26536	40567	41556	21211
2005		823658	677408	27207	43925	45077	30041
2006		877722	704765	27802	64743	47445	32967
2007		1021216	798309	29411	103807	53065	36624
2008		1150468	884519	30385	126476	59854	49234
2009		1236703	933807	28520	150398	67243	56733
2010		1351837	1007685	35194	154366	82109	72483
拉萨市	Lhasa	228539	149944	8124	23157	27279	20035
昌都地区	Qamdo	321336	236928	5315	50830	7184	21079
山南地区	Shannan	134368	72238	9704	24404	17033	10989
日喀则地区	Xigazê	341515	280526	10525	24717	15480	10267
那曲地区	Nagqu	160274	138153	614	9504	6371	5632
阿里地区	Ngari	56322	48091	52	4980	1510	1689
林芝地区	Nyingchi	109483	81805	860	16774	7252	2792

注:本表按当年价计算，全区农林牧渔业总产值中含有区直产值。

Note:The data in value terms in this table are calculated at current prices. Straight output value of containing area in the gross output value of the agriculture, forestry, animal husbandry and fishery.

8-12　农村社会总产值构成

RURAL SOCIAL GROSS OUTPUT PERCENTAGE

单位：%　　　　　　　　　　　　　　　　　　　　　　　　　　　　　　　　(%)

年份 Year	地区 Region	农村社会总产值 Rural Social Gross Output Value	农林牧渔业总产值 Gross Output Value	农村工业总产值 Rural Industry Gross Output Value	农村建筑业总产值 Rural Constration Gross Output Value	农村运输业总产值 Rural Transportation Gross Output Value	农村商业总产值 Rural Commerce Gross Output Value
1985		100.0	90.8	1.0	2.9	2.7	2.6
1986		100.0	92.3	1.1	2.2	2.2	2.2
1987		100.0	91.0	2.8	1.8	1.8	2.6
1988		100.0	91.8	2.2	1.7	1.8	2.5
1989		100.0	92.8	1.4	1.7	2.0	2.1
1990		100.0	93.4	1.1	1.5	1.9	2.1
1991		100.0	94.4	0.7	1.2	2.0	1.7
1992		100.0	94.5	0.8	1.2	2.1	1.4
1993		100.0	94.6	1.0	1.0	1.9	1.5
1994		100.0	95.0	0.9	0.9	1.8	1.4
1995		100.0	92.1	1.5	1.4	2.3	2.7
1996		100.0	91.8	1.6	1.3	2.6	2.7
1997		100.0	91.0	2.0	1.9	3.0	2.3
1998		100.0	90.1	3.0	1.9	2.5	2.5
1999		100.0	89.9	2.7	2.0	2.7	2.7
2000		100.0	89.7	2.4	2.5	3.0	2.4
2001		100.0	91.4	2.5	2.1	2.3	1.7
2002		100.0	90.3	1.9	2.4	3.4	2.0
2003		100.0	86.7	3.0	3.6	3.9	2.8
2004		100.0	82.8	3.5	5.4	5.5	2.8
2005		100.0	82.2	3.3	5.4	5.5	3.6
2006		100.0	80.3	3.2	7.4	5.4	3.7
2007		100.0	78.2	2.9	10.1	5.2	3.6
2008		100.0	76.9	2.6	11.0	5.2	4.3
2009		100.0	75.5	2.3	12.2	5.4	4.6
2010		100.0	74.5	2.6	11.4	6.1	5.4
拉萨市	Lhasa	100.0	65.6	3.6	10.1	11.9	8.8
昌都地区	Qamdo	100.0	73.7	1.7	15.8	2.2	6.6
山南地区	Shannan	100.0	53.8	7.2	18.2	12.7	8.2
日喀则地区	Xigazê	100.0	82.1	3.1	7.2	4.5	3.0
那曲地区	Nagqu	100.0	86.2	0.4	5.9	4.0	3.5
阿里地区	Ngari	100.0	85.4	0.1	8.8	2.7	3.0
林芝地区	Nyingchi	100.0	74.7	0.8	15.3	6.6	2.6

注：本表按当年价格计算。

Note:The data in value terms in this table are calculated at current prices.

8-13 农业商品产值

GROSS OUTPUT VALUE OF AGRICULTURE

单位：万元 (10000 yuan)

年份 Year	地区 Region	合计 Total	农业 Farming	林业 Forestry	牧业 Animal Husbandry	渔业 Fishery
1990		39571	10512	1218	19648	13
1991		45911	14059	1187	22861	15
1992		52423	13619	1024	27893	24
1993		55278	21169	1003	33086	20
1994		75214	32384	2163	40640	27
1995		108615	40283	5084	63215	33
1996		111774	47668	3984	60032	90
1997		122948	53337	4170	65398	43
1998		123332	48887	3242	71055	148
1999		153485	71350	3500	78485	150
2000		166980	73846	4220	88829	85
2001		184887	84725	4955	95084	122
2002		204237	95700	5235	103194	108
2003		235559	104097	9192	122177	93
2004		300929	136705	8126	156000	98
2005		327154	153080	8494	165477	103
2006		379614	177401	10307	191800	106
2007		425378	199780	9488	215995	115
2008		485152	228141	11441	245455	115
2009		560052	292188	11873	254372	1619
2010		596053	288973	11521	293962	1595
拉萨市	Lhasa	68989	30327	1111	37509	42
昌都地区	Qamdo	195211	119131	6614	69466	
山南地区	Shannan	33667	19786	1288	11117	1476
日喀则地区	Xigazê	119023	40662	172	78166	22
那曲地区	Nagqu	104964	56131	2	48830	
阿里地区	Ngari	30332	285		30047	
林芝地区	Nyingchi	43867	22651	2334	18827	54

注：本表按当年价格计算。

Note:The data in value terms in this table are calculated at current prices.

8-14　耕地面积

AREAS UNDER CULTIVATION

年份 Year	地区 Region	年末实有耕地面积（千公顷） Cultivated Area (1000 hectares)	旱地 Dry Fields	水田 Paddy Fields	当年减少（千公顷） Decrease in This Year (1000 hectares)	#国家基建占地 Capital Construction	当年增加（千公顷） Increase in This Year (1000 hectares)
1959		167.63					
1965		202.77					
1970		218.31					
1978		227.60					
1980		228.67					
1985		223.55	223.14	0.41	4.76	0.13	2.97
1986		222.33	221.74	0.59	1.99	0.06	0.34
1987		221.40	220.84	0.56	1.97	1.60	1.04
1988		221.50	220.85	0.65	0.96	0.06	2.61
1989		222.35	221.47	0.88	0.45	0.21	1.35
1990		222.50	221.86	0.64	1.31	0.10	1.20
1991		222.90	222.30	0.60	1.33	0.04	1.73
1992		223.79	222.97	0.83	0.73	0.02	1.60
1993		222.62	221.83	0.79	0.52	0.07	0.75
1994		222.84	222.07	0.77	0.35	0.09	0.57
1995		224.47	221.68	0.79	0.31	0.08	2.17
1996		224.80	223.99	0.81	3.37	0.34	3.72
1997		228.76	227.91	0.85	0.61	0.20	3.94
1998		230.32	229.44	0.88	0.98	0.17	2.31
1999		231.16	230.23	0.93	1.33	0.09	2.15
2000		230.83	229.76	1.07	0.39	…	0.06
2001		230.20	229.15	1.05	1.40	0.25	0.77
2002		229.89	228.90	1.00	2.45	0.66	2.15
2003		225.34	224.38	0.96	6.22	0.79	2.77
2004		222.74	221.77	0.97	4.03	0.35	1.46
2005		223.01	222.03	0.98	1.55	0.37	1.83
2006		223.01	222.03	0.98	1.55	0.37	1.83
2007		228.23	227.26	0.97	1.27	0.68	1.95
2008		225.92	224.95	0.97	0.44	0.09	1.58
2009		229.57	228.49	1.08	0.83	0.04	5.06
2010		229.53	228.43	1.10	1.53	0.09	1.49
拉萨市	Lhasa	35.27	35.27		0.14	0.05	0.02
昌都地区	Qamdo	48.61	48.61		…	…	0.24
山南地区	Shannan	30.00	30.00		0.24	0.01	0.09
日喀则地区	Xigazê	89.12	89.12		0.01	0.01	0.22
那曲地区	Nagqu	5.03	5.03		0.02	0.02	0.01
阿里地区	Ngari	3.00	3.00		0.30		
林芝地区	Nyingchi	18.50	17.40	1.10	0.82	…	0.91
其 他	Others						

8-15 主要农业机械年末拥有量

（年底数） (year-end)

指 标		Item		2000	2001	2002
农业机械总动力	（千瓦）	**Total Power of Agricultural Machinery**	**(kw)**	**1145276**	**1232123**	**1458024**
耕作机械		**Cultivation Machinery**				
农用大中型拖拉机	（台）	Large and Medium Agricultural Tractors	(unit)	2025	2538	3205
	（千瓦）		(kw)	126960	112967	106499
小型拖拉机及手扶拖拉机	（台）	Mini and Walking Tractors	(unit)	30999	38318	50598
	（千瓦）		(kw)	332177	409866	513355
大中型拖拉机配套农具	（部）	Farm Tools for Large and Medium Tractor	(unit)	1033	2136	2558
小型拖拉机配套农具	（部）	Farm Tools for Mini Tractor	(unit)	11450	10424	11684
农用排灌动力机械		Irrigating Machinery				
柴油机	（台）	Diesel Engines	(unit)	2608	2853	3596
	（千瓦）		(kw)	24469	27168	36276
电动机	（台）	Electromotors	(unit)	1476	1075	1487
	（千瓦）		(kw)	14610	11697	15997
农用水泵	（台）	Pumps	(unit)	627	446	754
收获机械		**Harvest Machinery**				
联合收割机	（台）	Combine Harvesters	(unit)	129	1694	625
	（千瓦）		(kw)	2354	2602	5614
机动脱粒机	（台）	Thresher Threshing Machines	(unit)	6859	8201	13721
运输机械		**Transport Machinery**				
农用运输车	（辆）	Transport Vehicles for Agricultureal Use	(unit)	3665	3462	8781
	（千瓦）		(kw)	139727	168407	607526

MAIN AGRICULTURL MACHINERY YEAR-END POSSESSED

2003	2007	2009	2010	拉萨 Lhasa	昌都 Qamdo	山南 Shannan	日喀则 Xigazê	那曲 Nagqu	阿里 Ngari	林芝 Nyingchi
1812121	**3294227**	**3516226**	**4119871**	**769823**	**553999**	**373232**	**1482855**	**282393**	**137496**	**520073**
5302	9973	15918	22946	4601	882	4955	9176	280	369	2683
158915	307370	382639	531847	128425	42796	70421	183935	23954	2355	79961
60524	88321	101293	119621	21709	8637	20970	48051	3875	6825	9554
662170	1457540	1272496	1547424	303816	152828	209685	638138	57918	72595	112444
2507	3486	6440	8484	990	40	1442	3959		1	2052
15252	21294	27774	37260	8693	980	7283	12673		235	7396
4675	2529	3626	4313	335	980	2026	30		1	941
43134	21929	40379	47257	3718	8711	18556	1188		111	14973
2420	1036	1145	2908	145	35	2212	79			437
17091	13625	13619	36940	121	296	23053	9488			3982
786	1015	353	395	168		137	70			20
2176	2261	4152	4138	656	73	316	2902	37	1	153
35938	39053	61659	74164	13293	663	4701	36473	3263	111	15660
13032	21574	25718	27968	3915	3552	10580	5964	24	11	3922
11044	15382	19919	20496	4421	4501	1025	4226	1832	1222	3269
777161	1001836	1389890	1453403	320377	272911	58774	334017	191143	60023	216158

8-16 农业电气化、化学化及水利情况

指　　标		Item		2000	2001
农村电气化情况		**Electrization in Rural Areas**			
农村小型水电站个数	(个)	Number of Small Hydropower Station in Rural Areas	(unit)	231	235
农村用电量	(万千瓦时)	Electricity Consumed in Rural Area	(10000 kwh)	3392	3117
发电量	(万千瓦时)	Generate Electricity	(10000 kwh)	2127	1540
农业化学化情况		**Chemistry in Rural Areas**			
农用化肥施用折纯量	(吨)	Consumption of Chemical Fertilizers	(ton)	24955	30164
氮肥		Nitrogenous Fertilizer		11610	15730
磷肥		Phosphate Fertilizer		5359	4719
钾肥		Potash Fertilizer		1721	1312
复合肥		Compound Fertilizer		6266	8404
每公顷耕地平均化肥施用量	(公斤)	Chemical Fertilizer Per Hectare	(kg)	108	131
农用塑料薄膜使用量	(吨)	Plastic Film for Agricultural Use	(ton)	128	294
农药使用量	(吨)	Consumption of Chemical Fertilizers	(ton)	651	583
每公顷播种面积用农药	(公斤)	Chemical Fertilizer Per Hectare	(kg)	3	3
农业水利化情况		**Irrigation Works in Rural Areas**			
农田有效灌溉面积	(千公顷)	Effective Irrigated Areas	(1000 hectares)	157.03	154.37
#机电灌溉面积	(千公顷)	Irrigated Areas by Power	(1000 hectares)	8.05	5.81
有效灌溉面积占耕地面积比重	(%)	Effective Irrigated Areas as Proportion of Cultivated Areas	(%)	68.00	67.10
有效灌溉面积占播种面积比重	(%)	Effective Irrigated Areas Proportion of Areas	(%)	68.00	66.90
机电灌溉面积占有效灌溉面积比重	(%)	Irrigated Areas by Power as Proportion of Irrigated Land	(%)	5.10	3.80
旱涝保收面积	(千公顷)	Dried and Flooded Area Under Control and Ensuring Stable Yields	(1000 hectares)	87.58	82.99
旱涝保收面积占播种面积比重	(%)	Rate of Dried and Flooded Area Under Control and Ensuring Stable Yields	(%)	37.90	36.00
草场灌溉面积	(千公顷)	Irrigated Area of Grass	(1000 hectares)	722.10	16.41

ELECTRIFICATION，CHEMICAL AND WATER CONSERVANCY OF AGRICULTURE

2002	2003	2007	2009	2010	拉萨 Lhasa	昌都 Qamdo	山南 Shannan	日喀则 Xigazê	那曲 Nagqu	阿里 Ngari	林芝 Nyingchi
237	239	283	311	296	1	106	58	67	9	16	39
3586	4305	5553	7540	7623	896	2295	1183	1660	271	14.95	1303
5173	4941	11779	7471	8576	358	2731	1500	1764	183	70.3	1970
30361	31837	45837	46858	47351	10585	6469	6965	15775	1627	1076	4854
14081	16957	18705	16565	19185	3850	1622	3856	7192	635	129	1901
6165	5694	10560	9936	10677	1982	571	1377	5532	456	69	690
1597	1572	1865	2763	4423	2552	62	225	824	536	29	195
8518	7614	14707	17594	13066	2200	4214	1507	2226		850	2069
264	283	402	408	413	600	266	464	354	647	716	525
521	579	484	463	734	34	12	132	239		200	117
1611	596	953	921	1036	141	159	112	429		49	146
7	3	4	4	9	7	6	7	10		15	13
159.73	154.95	156.37	165.47	167.04	32.80	20.17	25.74	71.47		1.14	15.72
6.82	8.99	8.04	9.66	9.55	0.09		4.46	4.95			0.05
69.48	68.76	68.51	66.27	72.77	92.98	41.49	85.82	80.19		37.95	85.01
68.58	66.31	67.13	64.72	69.59	85.82	38.05	84.13	83.90		17.78	71.59
4.26	5.80	5.14	6.35	5.71	0.30		17.31	6.92			0.34
94.20	90.36	82.63	71.60	78.83	11.26	7.41	13.58	37.67			8.91
40.44	38.67	35.47	30.46	32.84	34.31	13.98	44.39	44.21			40.57
208.44	514.54	1314.44	579.6	550.56	2.80	3.64	133.23	330.73	68.30	8.24	3.62

8-17 主要农作物播种面积

单位：千公顷

年份 Year 地区 Region	总计 Total	粮食作物 Grain Crops	# 青稞 Qingke	# 小麦 Wheat	# 冬小麦 Winter Wheat	# 豆类 Soybeans
1951	134.15	128.74				
1959	140.23	133.47				
1965	184.68	176.87				
1978	219.83	205.00	106.68	65.65	47.90	21.43
1980	220.67	198.67	106.00	58.67	41.51	8.670
1985	209.97	194.03	121.78	38.71	23.15	25.79
1986	210.84	190.23	121.45	35.74	21.47	25.22
1987	209.52	190.07	118.87	38.11	23.00	24.10
1988	208.45	187.86	117.47	38.01	21.58	24.11
1989	211.75	189.57	118.76	39.35	24.39	23.25
1990	213.71	191.95	120.17	41.80	27.43	21.83
1991	215.72	191.91	121.36	43.31	29.51	19.58
1992	214.99	192.29	122.26	43.57	31.12	18.53
1993	215.57	192.55	120.32	46.75	35.82	18.54
1994	216.46	187.28	116.67	48.12	34.06	17.31
1995	220.17	189.14	109.38	52.04	33.75	16.71
1996	225.02	191.86	119.90	52.51	35.37	14.52
1997	229.15	197.94	123.09	53.91	38.81	13.92
1998	229.40	200.41	126.31	55.04	38.86	12.47
1999	230.44	200.76	127.10	54.73	39.71	11.78
2000	231.04	201.44	131.56	51.91	38.41	10.53
2001	230.86	199.12	134.62	46.99	33.70	10.60
2002	232.90	195.01	129.60	44.77	28.72	11.08
2003	234.35	186.12	125.71	42.38	28.13	9.93
2004	231.23	179.79	120.11	40.64	25.03	9.00
2005	234.95	177.68	120.27	42.00	27.95	8.97
2006	233.02	171.66	116.28	41.49	29.98	8.05
2007	232.94	171.78	117.99	40.29	28.66	7.79
2008	235.29	170.63	117.85	37.34	28.41	7.08
2009	235.07	169.43	117.83	36.77	26.85	6.66
2010	240.02	170.15	117.83	37.06	28.04	6.62
拉萨市 Lhasa	38.22	25.93	16.52	8.73	7.13	0.60
昌都地区 Qamdo	53.00	44.94	34.83	6.08	3.13	1.06
山南地区 Shannan	30.60	22.24	12.09	8.66	8.09	1.18
日喀则地区 Xigazê	85.18	54.52	44.71	5.97	3.14	3.30
那曲地区 Nagqu	4.65	3.59	3.46	0.08	0.08	0.03
阿里地区 Ngari	6.41	1.63	1.48	0.01		0.08
林芝地区 Nyingchi	21.96	17.31	4.74	7.53	6.47	0.37
其他 Others	…	…		…		

TOTAL SOWN AREAS OF MAJOR FARM CROPS

(1000 hectares)

# 薯类 Tubers	油料 Oil-bearing Crops	#油菜籽 Rapeseeds	#花生 Peanuts	其他 Others	#蔬菜 Vegetables	#青饲料 Fresh
	4.73	4.73		0.68		
	5.03	5.03		1.73		
	5.87	5.87		1.95		
	10.54	10.54		4.29		
0.11	12.00	11.33	0.02	10.00	8.00	2.00
1.72	10.38	9.99	0.39	5.56	3.38	2.01
1.72	9.31	9.31		11.30	8.41	2.86
1.37	9.07	9.03	0.02	10.38	7.48	2.63
1.19	9.85	9.83	0.01	10.74	6.35	3.93
1.19	11.23	11.23	0.01	10.95	7.73	3.04
1.23	10.74	10.73	0.01	11.02	8.11	2.87
1.11	11.65	11.63	0.01	12.16	8.28	3.86
1.21	11.53	11.51	0.02	11.17	6.61	4.11
3.27	12.13	12.08	0.01	10.89	6.14	4.52
1.57	16.21	16.20	0.01	12.97	7.80	4.14
1.28	18.52	18.50	0.02	12.51	7.24	4.77
0.87	18.33	18.30	0.03	14.83	9.29	4.85
0.05	17.34	17.33	0.01	13.87	9.01	3.49
0.11	16.98	16.95	0.02	12.10	7.35	4.44
0.15	17.12	17.06	0.05	12.56	7.36	4.65
0.22	16.11	16.08	0.03	13.48	7.47	5.74
0.28	16.82	16.77	0.03	13.82	8.71	5.11
0.56	20.39	18.74	0.03	16.23	9.74	6.50
0.42	21.64	21.61	0.02	26.59	14.11	10.00
1.87	24.35	24.32	0.03	27.02	15.15	10.50
0.55	26.11	26.05	0.06	31.15	18.04	12.14
0.61	24.12	24.05	0.07	37.24	18.99	17.37
0.62	23.13	23.06	0.07	37.89	19.66	17.59
0.53	24.73	24.65	0.07	39.93	20.14	18.90
0.53	24.49	24.42	0.07	41.14	20.44	19.83
0.54	24.02	23.92	0.10	45.85	21.33	19.21
	3.76	3.76		8.53	4.13	4.37
0.24	3.23	3.23		4.83	2.41	2.05
	4.56	4.56		3.80	1.70	2.09
0.07	10.20	10.20		20.47	11.10	8.19
0.01	0.03	0.03		1.03	0.50	0.35
0.02	0.13	0.13		4.65	0.09	1.38
0.2	2.11	2.01	0.01	2.54	1.23	0.78

8-18 主要农作物产品产量

单位：吨

年份 地区	Year Region	粮食总产量 Total	稻谷 Rice	小麦 Wheat	#冬小麦 Winter Wheat	青稞 Qingke
1951		153200				
1959		182905				
1965		290725				
1978		513449	2631	192959	153223	245233
1980		504970	2210	181085	143830	237230
1985		530669	2488	118519	72621	333736
1986		454448	3128	94528	61181	284393
1987		467043	2350	106882	71864	290844
1988		508670	3013	111340	68558	324280
1989		549923	3097	134046	92739	342355
1990		608280	3264	164271	115911	369294
1991		644186	2717	183088	133874	392309
1992		657121	3905	196282	150679	393429
1993		672185	3889	212417	170673	386806
1994		664480	4108	223177	181120	379059
1995		719605	4731	249366	187865	380922
1996		777249	4897	261422	193082	448663
1997		791904	5239	283052	212053	446564
1998		849793	4937	290773	210880	498482
1999		922138	5550	312117	237536	547530
2000		962234	5517	307288	245319	597094
2001		982508	6024	284453	220672	628400
2002		983970	5831	278250	208505	635978
2003		966001	5564	272308	211484	619137
2004		959950	5533	257279	192324	612273
2005		933918	5452	255506	171172	613548
2006		923688	5884	265315	209286	592000
2007		938634	5460	264859	206941	610845
2008		950343	5140	257556	193002	618196
2009		905330	5172	245617	194763	595192
2010		912289	5932	242373	197811	602570
拉萨市	Lhasa	171621		66037	56303	100907
昌都地区	Qamdo	165606		23949	13505	127872
山南地区	Shannan	143301		66329	65058	69765
日喀则地区	Xigazê	341371		55666	36279	271449
那曲地区	Nagqu	10257		237	237	9879
阿里地区	Ngari	5085		30		4583
林芝地区	Nyingchi	75048	5932	30125	26429	18115
其他	Others					

YIELD OF MAJOR FARM CROPS

(ton)

豆　类 Bean	其　他 Others	油菜籽 Repeseed	花　生 Peanut	蔬　菜 Vegetable	青饲料 Fodder
		1750			
		2610			
		5264			
49266	23360	7914			
24370	60075	10770			
57296	18630	14455		60244	
53973	18426	11617	2	68924	8761
49729	17238	11796	23	80417	17099
53288	16749	14141	16	71212	20191
53936	16489	16727	12	83939	26077
52439	19012	17140	11	84545	27898
48090	17982	18457	37	98394	26265
44975	18530	17862	35	51364	24026
49023	20050	26040		51610	46081
44362	13774	29373	34	96773	37356
45962	38624	33689	29	93400	59342
40816	21451	35104	33	123300	36383
33402	23647	33682	30	141478	38429
33758	21843	34009	34	137920	45515
33295	23646	41091	121	170734	49553
29467	22867	39610	46	173727	54820
31813	31818	43469	74	202654	216598
34435	29476	45157	94	234506	84109
33541	35453	49378	100	281979	121088
30780	53937	53944	50	299858	149247
32371	27041	61164	154	429225	152852
31550	28939	54490	108	449309	213352
31882	25588	52125	137	450650	213923
24333	35015	57729	126	551060	271249
26527	42924	60145	161	481408	276243
23503	3791	57986		581208	317757
1899		12034		188664	46261
2637		4149		42930	31493
4951		11777		30896	39453
13103		26038		293333	177085
52		47		2205	2174
179		206		1513	12806
682		3735	245	21667	8485

8-19 主要农产品单位面积产量

YIELD OF MAJOR FARM CROPS PER HECTARE (BY SOWN AREAS)

单位：公斤/公顷 (kg / hectare)

年份 Year	粮食作物 Grain Crops	# 小麦 Wheat	#冬小麦 Winter Wheat	#青稞 Qingke	#豆类 Bean	油菜籽 Repeseed
1959	1370					519
1965	1644					896
1978	2505	2940	3025	2300	2300	750
1979	2048	2325	2968	1950	2108	765
1980	2543	3090	3480	2235	2813	953
1985	2738	3060	3135	2738	2220	1448
1986	2390	2646	2849	2342	2448	1250
1987	2495	2805	3123	2447	2957	1307
1988	2708	2816	3177	2760	2246	1439
1989	2901	3407	3803	2883	2321	1490
1990	3170	3930	3365	3074	2403	1598
1991	3357	4227	3365	3233	2456	1587
1992	3417	4499	4842	3218	2427	1551
1993	3491	4544	3888	3215	2642	2147
1994	3548	4638	5318	3255	2564	1814
1995	3804	4793	4804	3483	2751	1821
1996	4051	4779	5459	3928	2811	1919
1997	4017	5250	5463	3628	2399	1944
1998	4240	5283	5427	3946	2705	2006
1999	4593	5703	5982	4095	2827	2408
2000	4777	5920	6387	4539	2798	2456
2001	4934	6053	6546	4667	3000	2592
2002	5045	6215	7260	4907	3106	2409
2003	5195	6451	7516	4926	3377	2285
2004	5339	6330	7684	5098	3420	2220
2005	5256	6083	6124	5101	3609	2348
2006	5381	6395	6981	5091	3917	2266
2007	5464	6574	7221	5177	4092	2260
2008	5570	6897	6793	5245	3745	2432
2009	5343	6679	7254	5051	3653	2824
2010	5361	6540	7054	5114	3553	2424

8-20 农作物播种面积及产量

SOWN AREAS AND OUTPUT OF FARM CROPS

指 标	Item	播种面积(千公顷) Sown Area (1000 hectare)				产 量(吨) Yield (ton)			
		2000	2009	2010	2010年比2009年± % 2010 Increase Over 2009	2000	2009	2010	2010年比2009年± % 2010 Increase Over 2009
农作物总播种面积	**Total Sown Area**	**231.05**	**235.07**	**240.02**	**2.1**				
粮食作物	**Grain Crops**	**201.44**	**169.44**	**170.15**	**0.4**	**962234**	**905330**	**912289**	**0.8**
谷物	Cereal	190.68	162.25	162.99	**0.5**	931829	877795	885284	0.9
#稻谷	Rice	1.01	1.00	1.00	-	5518	5172	5932	14.7
小麦	Wheat	51.91	36.77	37.06	**0.8**	307288	245617	242373	-1.3
#冬小麦	Winter Wheat	38.41	26.85	28.04	**4.4**	245319	194763	197811.7	1.6
玉米	Corn	3.15	4.02	4.22	**5.0**	14131	25468	27608	8.4
青稞	Qingke	131.56	117.83	120.74	**2.5**	597094	595192	602570	1.2
其他谷物	Other Cereal	3.06	3.16			7798	2066		
豆类	Bean	10.53	6.66	6.62	**-0.6**	29467	24333	23503	-3.4
大豆	Soybean	0.31	0.13	0.12	**-7.7**	554	617	433	-29.8
杂豆	Other Beans	10.22	1.00	0.92	**-8.0**	28913	3430	2701	-21.3
薯类(按折粮计算)	Tuber	0.23	0.53	0.54	**1.9**	938	3201	3502	9.4
油料	**Oil-bearing**	**16.11**	**24.49**	**24.01**	**-2.0**	**39610**	**57855**	**58231**	**0.6**
#花生油	Peanut	0.03	0.07	0.09	**28.6**	46	126	245	94.4
油菜籽	Rapeseed	16.08	24.42	23.92	**-2.1**	39564	57729	57986	0.4
蔬菜、瓜类	**Vegetable and Melon**	**7.47**	**20.56**	**21.16**	**3.5**	**176728**	**554662**	**581208**	**4.8**
蔬菜	Vegetable	7.47	20.44	21.18	**3.6**	176695	551060	568952	3.2
瓜类	Melon	…	0.12	0.15	**25.0**	33	3602	3998	11.0
其他作物	**Other Crops**	**6.01**	**20.58**	**24.54**	**19.2**	**57622**	**282192**	**3188862**	**130.0**
#青饲料	Succulence	5.74	19.83	19.21	**-3.1**	54820	271249	317757	17.1

8-21 茶园、果园面积和茶叶、水果产量

TEA PLANTATIONS，ORCHARDS AND OUTPUT OF TEA AND FRUIT

指 标	Item	1990	1995	2000	2009	2010
面积 （公顷）	**Ares** (hectare)					
茶园面积	Ares of Tea Plantations	149	146	48	55	224
果园面积	Area of Orchards	629	1277	1235	1544	1860
#苹果园	Apple Plantations	508	1145	1051	708	1375
梨园	Pear Plantations	41	58	112	313	81
产量 （吨）	**Yield** (ton)					
茶叶产量	Yield of Tea	66	130	1	1	8
水果产量	Yield of Fruits	5445	6242	7418	8747	9484
#苹果	Apple	3696	3615	5299	4427	5124
梨	Pear	319	705	803	1420	1228

8-22 各地市造林面积情况 (2010年)

AFFORESTATIONS AREA BY REGION (2010)

单位：公顷 (hectare)

地区	Region	当年造林面积 Current New Forest Areas	#用材林 Commercial Forest	#经济林 Ecomomic Forest	育苗面积 Nursery Garden Areas	幼林抚育面积 Actual Nursery Areas	成林抚育面积 Forest Areas	迹地更新面积 Update Areas
全区合计	**Total**	**28793**	**1019**	**2451**	**512**	**2076**	**14377**	**1036**
拉萨市	Lhasa	5171	124		38	20	149	
昌都地区	Qamdo	3240		849	22		11558	590
山南地区	Shannan	6809	575	664	4	2056	29	93
日喀则地区	Xigazê	10213	3		399		2641	20
那曲地区	Nagqu	51	51					
阿里地区	Ngari	318						
林芝地区	Nyingchi	2991	508	938	49			333

8-23 林业生产情况

OUTPUT OF FOREST PRODUCTS

指　标		Item		1990	1995	2000	2007	2009	2010
营林情况		**Tree Planting and Forestation**							
当年造林面积	（公顷）	Current New Forest Areas	(hectare)	5977	12966	14101	22264	24780	28793
用材林		Commercial Forest		193	478	2293	2813	733	1019
经济林		Economic Forest		15	179	398	1593	1870	2451
防护林		Shelter Forest		440	3306	2721	13132	21933	25292
薪炭林		Firewood Charcoal Forest		18	2	299	1239	243	30
其他林		Other Forest		201	48	80	291	2	
迹地更新面积	（公顷）	Update Areas	(hectare)	469	684	1684	129	13377	1035
零星植树	（万株）	Odd Pieces of Planting	(10000units)	28	1893	840	1155	1427	1383
育苗面积	（公顷）	Nursery Garden Areas	(hectare)	486	92	165	190	484	512
幼林抚育作业面积	（公顷）	Actual Nursery Areas	(hectare)	989	1893	2626	2346	982	2076
成林抚育面积	（公顷）	Forest Areas	(hectare)	2660	3269	6150	16040	144318	14377
主要林产品产量		**Output of Major Forest Products**							
松茸	（吨）	Songrong	(ton)	8	155		756	611	611
香菇	（吨）	Xianggu					11	44	44
核桃	（吨）	Walnuts	(ton)	98	1386	1829	2247	3011	3011
花椒	（吨）	Huajiao	(ton)	1		35	67	119	119
农村竹木采伐		**Cut Bamboo and Timber in Rural Areas**							
木材	（万立方米）	Timber	(10000cu. m)	13.13	14.09	13.39	35.68	34.78	23.12
竹材	（万根）	Lumbering	(10000units)	45.68	118.98	170.31	52.75	102.06	128.76

8-24 年末牲畜存栏情况

NUMBER OF LIVESTOCK IN YEAR-END

单位：万头(只) (10000 heads)

年份 Year	地区 Region	牲畜总头数 Number of Animal	大牲畜 Large Animal	#牛 Cattle and Buffalo	羊 Sheep and Goat	#绵羊 Sheep	猪 Hog
1951		955	242	221	710	463	3
1959		956	243	222	707	474	6
1965		1701	459	427	1229	799	13
1978		2349	509	474	1815	1236	25
1979		2349	508	471	1816	1249	25
1980		2351	502	465	1825		24
1985		2179	539	499	1627	1086	13
1986		2258	556	514	1687	1122	14
1987		2326	563	519	1747	1168	16
1988		2319	568	522	1736	1160	15
1989		2300	578	530	1706	1135	15
1990		2251	554	506	1681	1113	16
1991		2317	575	526	1724	1146	18
1992		2395	598	547	1779	1188	19
1993		2320	588	537	1713	1145	20
1994		2297	582	531	1695	1126	20
1995		2379	590	539	1767	1168	22
1996		2276	560	511	1693	1109	23
1997		2310	574	524	1715	1126	21
1998		2252	559	509	1671	1096	21
1999		2290	579	528	1689	1104	22
2000		2266	579	526	1664	1074	23
2001		2360	607	553	1729	1111	24
2002		2439	633	577	1782	1139	24
2003		2451	647	591	1779	1134	25
2004		2509	668	613	1816	1151	26
2005		2415	686	632	1698	1072	30
2006		2438	703	651	1703	1066	32
2007		2407	674	622	1707	1060	26
2008		2405	696	645	1678	1032	31
2009		2324	705	653	1584	968	35
2010		2321	706	654	1579	977	36
拉萨市	Lhasa	165	78	75	83	47	5
昌都地区	Qamdo	368	206	182	157	84	5
山南地区	Shannan	199	56	53	140	108	3
日喀则地区	Xigazê	576	109	100	467	296	1
那曲地区	Nagqu	657	196	189	460	315	..
阿里地区	Ngari	282	19	17	263	122	
林芝地区	Nyingchi	73	42	37	9	5	21
其他	Others	1					1

8-25 牛、猪、羊出栏情况

SLAUGHTERED OF CATTLE AND BUFFALA, HOG AND SHEEP AND GOAT

单位：万头 (10000 heads)

年份 Year	地区 Region	牛 Cattle and Buffalo 出栏数 Number of Slaughtered	牛 出栏率(%) Come Out Rate (%)	猪 Hog 出栏数 Number of Slaughtered	猪 出栏率(%) Come Out Rate (%)	羊 Sheep and Goat 出栏数 Number of Slaughtered	羊 出栏率(%) Come Out Rate (%)
1978		22.87	4.8	4.96	22.8	213.72	12.3
1980		23.27	4.9	6.47	26.2	225.03	12.4
1985		34.30	7.0	5.65	45.2	283.32	17.4
1986		35.82	7.2	6.39	48.3	384.74	23.7
1987		39.68	7.7	7.84	54.3	358.39	21.2
1988		42.52	7.5	7.47	48.7	314.74	18.1
1989		43.94	8.4	7.12	46.4	324.54	18.7
1990		43.74	7.6	7.10	43.4	317.49	18.6
1991		43.32	7.8	8.81	53.9	333.74	19.9
1992		47.16	8.2	9.02	50.6	357.04	20.7
1993		53.73	9.0	9.66	52.0	352.94	19.9
1994		58.08	9.9	9.86	49.9	365.13	21.5
1995		68.17	11.7	9.46	52.7	388.66	22.9
1996		62.49	11.6	12.23	55.6	328.82	18.6
1997		66.59	13.0	13.24	57.6	403.28	23.8
1998		69.63	12.1	12.64	60.2	411.33	24.0
1999		77.49	15.2	12.95	60.9	439.16	26.3
2000		80.13	15.2	13.64	62.0	437.52	25.9
2001		85.31	16.2	12.73	55.3	467.74	28.1
2002		89.47	16.2	14.38	59.9	530.38	30.7
2003		96.28	16.3	13.93	55.7	516.19	29.0
2004		105.10	17.1	15.26	61.0	475.92	26.8
2005		106.07	16.8	18.84	62.8	483.07	28.4
2006		107.96	16.6	18.31	57.2	508.52	29.9
2007		116.59	17.9	15.58	48.6	526.90	30.9
2008		123.35	18.9	15.60	60.0	520.08	30.5
2009		126.58	19.6	19.67	63.5	529.84	31.6
2010		136.89	21.0	20.45	58.7	525.11	33.1
拉萨市	Lhasa	14.08	18.5	3.15	66.9	22.26	26.8
昌都地区	Qamdo	49.66	27.5	4.71	98.1	55.09	34.5
山南地区	Shannan	11.59	22.5	3.03	64.8	45.23	33.7
日喀则地区	Xigazê	17.42	47.0	1.06	80.0	153.04	32.8
那曲地区	Nagqu	37.86	20.4	0.13	24.2	170.96	36.6
阿里地区	Ngari	2.56	14.4			76.96	29.3
林芝地区	Nyingchi	3.72	10.1	8.37	40.6	1.57	15.6
其他	Others						

8-26 畜产品产量

OUTPUT OF LIVESTOCK PRODUCTS

年份 地区 Year Region	猪牛羊肉总产量（万吨） Output of Pork Beef and Mutton (10000 tons)	猪 肉 Pork	牛 肉 Beef	羊 肉 Mutton	奶类产量（万吨） Milk (10000 tons)	#牛 奶 Cow Milk
1978	4.71	0.19	2.09	2.43	9.34	6.01
1980	4.75	0.24	2.09	2.40	9.87	7.02
1985	7.07	0.28	3.38	3.41	10.28	8.79
1986	7.48	0.32	3.68	3.48	17.26	13.94
1987	8.80	0.33	4.08	4.39	18.49	14.13
1988	8.64	0.31	4.34	3.99	14.75	12.13
1989	9.02	0.39	4.55	4.08	17.46	14.04
1990	8.78	0.50	4.35	3.93	15.75	12.55
1991	9.10	0.47	4.42	4.21	17.71	14.03
1992	9.74	0.51	4.85	4.38	18.60	14.82
1993	10.25	0.53	5.31	4.41	16.56	13.20
1994	10.39	0.47	5.60	4.33	16.16	13.08
1995	11.21	0.56	6.13	4.52	17.61	14.10
1996	11.54	0.66	6.24	4.64	16.62	13.51
1997	12.15	0.69	6.67	4.79	18.60	14.90
1998	12.91	0.67	7.33	4.91	19.56	15.58
1999	14.69	0.73	8.29	5.67	20.88	16.72
2000	14.93	0.79	8.48	5.66	20.40	16.20
2001	16.01	0.83	8.94	6.23	23.05	18.14
2002	17.21	0.92	9.40	6.89	24.30	19.00
2003	18.98	0.86	10.76	7.36	25.13	19.62
2004	20.82	1.04	12.19	7.59	26.20	20.29
2005	21.46	1.22	12.76	7.47	26.98	21.21
2006	22.70	1.19	13.46	8.05	27.61	21.57
2007	23.48	1.08	14.20	8.20	28.94	22.98
2008	24.46	1.11	15.07	8.28	29.46	23.32
2009	25.52	1.25	16.31	7.96	29.43	23.69
2010	26.31	1.26	16.91	8.14	30.25	24.15
拉萨市 Lhasa	2.97	0.24	2.20	0.53	2.97	2.69
昌都地区 Qamdo	7.97	0.27	6.61	1.08	7.89	6.82
山南地区 Shannan	2.05	0.16	1.34	0.55	4.33	4.01
日喀则地区 Xigazê	3.63	0.10	1.54	1.99	7.41	5.04
那曲地区 Nagqu	7.12	0.01	4.43	2.69	4.68	3.34
阿里地区 Ngari	1.49		0.23	1.26	0.86	0.14
林芝地区 Nyingchi	1.08	0.48	0.56	0.04	2.11	2.11
其 他 Others						

第九篇

工　业

Chapter 9

INDUSTRY

9-1 全部工业企业单位数

NUMBER OF ALL INDUSTRIAL ENTERPRISES

单位：个 (unit)

分　类	Item	2000	2001	2007	2009	2010
总 计	**Total**	**482**	**489**	**443**	**519**	**479**
按登记注册类型分	**Grouped by Ownership**					
国有经济	State-owned	288	267	214	180	138
集体经济	Collective-Owned	105	128	81	84	66
其他经济	Others	89	94	148	255	275
按轻重工业分	**Grouped by Light and Heavy Industry**					
轻工业	Enterprises of Light Industry	202	208	168	214	167
重工业	Enterprises of Heavy Industry	280	281	275	305	312
按企业规模分	**Grouped by Size of Enterprises**					
大型企业	Large-sized				1	1
中型企业	Medium-sized	4	4	10	9	13
小型企业	Small	478	485	433	509	465
按国民经济行业分	**Grouped by Sectors**					
煤炭开采和洗选业	Coal Mining and Dressing	2	3	2		2
黑色金属矿采选业	Ferrous Metals Mining and Dressing	10	9	14	21	16
有色金属矿采选业	Nonferrous Metals Mining and Dressing	19	22	42	53	52
非金属矿采选业	Nonmetal Minerals Mining and Dressing	17	21	24	32	29
其他矿采选业	Other Minerals Mining and Dressing	1		1		
农副食品加工业	Farm and Sideline Products Processing	38	36	25	43	44
食品制造业	Food Production	10	15	11	14	12
饮料制造业	Beverage Production	16	16	21	23	25
烟草加工业	Tobacco Processing	1				
纺织业	Textile Industry	18	20	10	13	11
纺织服装、鞋、帽制造业	Garments,shoes and Accessories Manufactring	22	18	12	12	11

注：2002年以前总计中含“木材及竹材采运业”。

Note:Before 2002, Total has excluded Loffing and Transport of Timber.

9-1 续表 continued

单位：个 (unit)

分　类	Item	2000	2001	2007	2009	2010
皮革、毛皮、羽毛(绒)及其制品业	Leather, Furs,and Wool Products Manufacturing	1	1	1	2	3
木材加工及竹、藤、棕草制品业	Timber Processing , Bamboo, Cane, Palm Fiber and Straw Products	25	30	15	16	13
家具制造业	Furniture Manufacturing	9	13	7	9	7
造纸及纸制品业	Papermaking and Paper Products	1	1		2	2
印刷业和记录媒介的复制	Printing and Record Medium Reproduction	16	18	14	14	14
文教体育用品制造业	Cultural, Educational and Sports Goods	5				
化学原料及化学制品制造业	Raw Chemical Materials and Chemical Products	9	8	10	15	15
医药制造业	Medical and Pharmaceutical Products	16	17	20	24	23
塑料制品业	Plastic Products	3	3	1	2	4
非金属矿物制品业	Nonmetal Mineral Products	45	40	34	57	55
黑色金属矿冶炼及压延加工业	Smelting and Pressing of Ferrous Metals	2	2			
有色金属矿冶炼及压延加工业	Smelting and Pressing of Nonferrous Metals			1	3	1
金属制品业	Metal Products	6	6	3	6	8
通用设备制造业	General Equipment	2	1	1		
专用设备制造业	Special Purposes Equipment	9	6	2	3	2
交通运输设备制造业	Transport Equipment	33	34	22	19	18
电气机械及器材制造业	Electrical Machinery and Equipment			3	5	3
工艺品及其他制造业	Artworks and Other Manufacturing	26	24	31	35	35
电力、热力的生产和供应业	Production and Supply of Electricity and Thermal Power	102	107	105	84	60
自来水生产和供应业	Production and Supply of Tap Water	7	8	11	12	14

9-2 工业总产值

GROSS OUTPUT VALUE OF INDUSTRY

单位：万元　　　　(10000 yuan)

年份 Year	合计 Total	按登记注册类型分 Grouped by Ownership			按轻重工业分 Grouped by Light and Heavy Industry		按企业规模分 Grouped by Size of Enterprises	
		国有经济 State-owned	集体经济 Collective-owned	其他经济 Other	轻工业 Light Industry	重工业 Heavy Industry	中型企业 Medium-sized	小型企业 Small
1956	140	140				140		140
1959	4344	4243	101		164	4180		4344
1965	2349	1797	522		892	1457		2349
1978	14934	11438	3496		5691	9243		14934
1979	16698	12774	3924		5220	11478	548	16150
1980	14894	13818	1076		4600	10294	477	14417
1981	12061	10832	1229		5321	6740	668	11393
1982	13834	12710	1124		5423	8411	1664	12170
1983	14662	13294	1307	61	5631	9031	1858	12804
1984	19289	13870	5195	244	7330	11959	2164	17125
1985	21247	13950	1958	5339	10765	10482	1101	20146
1986	20200	13085	2022	5093	7734	12466	1343	18857
1987	21608	15353	2255	4000	9500	12108	2173	19435
1988	26496	19615	2881	4000	11088	15408	1628	24868
1989	33300	24119	3406	5775	12900	20400	1578	31722
1990	37200	25395	4230	7575	14518	22682	2102	35098
1991	44214	28709	3805	11700	20307	23907	1815	42399
1992	49696	31502	4871	13323	23053	26643	3559	46137
1993	59873	39637	5475	14761	23531	36342	4263	55610
1994	76200	48895	6139	21166	35964	40236	3997	72203
1995	90816	65679	13909	11228	28479	62337	12774	78042
1996	103617	69561	20642	13414	28137	75480	11507	92110
1997	117586	78033	17648	21905	40981	76605	21905	40981
1998	144313	94543	22381	27389	47554	96759	13842	130471
1999	166010	94686	14090	57234	65626	100384	11804	154206
2000	183036	94970	44529	43537	68814	114222	26749	156287
2001	199769	85086	44612	70071	79495	120274	50337	149432
2002	216337	96244	44899	75194	87977	128360	51343	164994
2003	239635	105503	40209	93923	89753	149882	98005	141630
2004	284243	116453	43073	124717	119924	164319	104399	179844
2005	336462	133805	44358	158299	136300	200162	111569	224893
2006	401641	135733	53667	212241	158267	243374	123194	278447
2007	504375	166871	28471	309033	187171	317204	203869	300506
2008	597153	184919	27994	384240	227571	369582	183802	413351
2009	657970	191361	20251	446358	271729	386241	254967	403003
2010	756144	225250	18063	512831	276447	479697	325047	431097

9-3 工业总产值指数

INDICES OF GROSS OUTPUT VALUE OF INDUSTRY

(上年=100) (Preceding year=100)

年 份 Year	合 计 Total	按登记注册类型分 Grouped by Ownership			按轻重工业分 Grouped by Light and Heavy Industry		按企业规模分 Grouped by Size of Enterprises	
		国有经济 State-owned	集体经济 Collective-owned	其他经济 Other	轻工业 Light Industry	重工业 Heavy Industry	中型企业 Medium-sized	小型企业 Small
1957	252.7	252.7				252.7		252.7
1959	96.5	95.8	138.3		137.0	95.4		96.5
1965	119.2	102.6	251.3		251.2	90.2		119.2
1978	113.5	113.5	113.5		107.1	117.8		113.5
1979	111.7	111.7	111.7		91.7	124.0		108.0
1980	91.9	111.7	27.4		95.1	90.4	87.0	92.1
1981	70.1	67.7	102.0		94.1	58.7	125.2	68.4
1982	104.6	106.3	89.5		101.7	106.7	95.4	105.1
1983	106.5	105.1	114.3		104.3	108.1	115.8	106.0
1984	129.9	98.1	141.4		171.2	100.7	123.9	130.2
1985	102.6	99.8	92.7	118.3	99.9	105.9	101.4	102.6
1986	92.7	89.2	117.7	92.9	68.3	120.4	98.1	92.4
1987	113.7	119.7	113.7	98.7	129.5	103.5	111.9	113.7
1988	110.3	99.4	118.0	139.3	119.4	103.0	111.6	110.2
1989	109.5	108.7	108.2	112.0	109.1	109.9	112.8	109.3
1990	106.3	101.2	117.3	135.8	110.4	102.6	92.1	107.2
1991	107.2	97.9	99.0	160.0	135.0	89.7	84.7	108.7
1992	108.2	105.0	110.5	113.8	112.6	103.9	169.5	105.0
1993	108.5	109.5	97.4	110.6	102.1	115.1	135.2	106.3
1994	113.1	104.0	116.9	129.0	111.8	114.2	86.0	116.0
1995	114.7	132.9	202.0	51.0	108.5	117.8	300.7	99.2
1996	110.4	113.3	104.9	103.7	97.1	117.8	91.2	120.7
1997	112.2	102.1	116.2	175.2	133.0	123.2	29.8	129.3
1998	113.5	106.7	124.6	123.7	111.4	114.8	125.7	105.3
1999	108.7	111.2	104.0	103.8	121.2	101.7	100.8	109.2
2000	108.1	103.7	115.2	109.4	114.0	107.5	103.2	105.4
2001	108.0	98.4	96.8	137.2	108.1	106.3	110.7	102.9
2002	108.0	107.5	103.3	112.0	113.1	103.2	113.5	107.2
2003	109.6	113.4	92.2	118.6	106.8	111.9	112.1	108.6
2004	114.6	111.0	118.7	126.9	116.4	113.1	104.5	118.4
2005	116.5	104.7	109.7	114.7	120.4	113.0	112.7	117.5
2006	117.0	110.5	115.4	129.2	100.9	135.6	111.5	118.3
2007	117.4	113.6	90.7	141.9	110.4	122.2	101.8	120.2
2008	112.1	117.6	93.2	111.0	115.9	109.9	85.4	130.3
2009	112.9	104.9	89.3	118.8	120.5	108.7	112.2	113.5
2010	113.2	118.2	108.0	108.6	98.8	122.1	101.4	120.9

注:本表按可比价格计算。

Note:Data in this table are calculated at comparable prices.

9-4 工业总产值指数

INDICES OF GROSS OUTPUT VALUE OF INDUSTRY

(1956年=100)　　　　(1956=100)

年 份 Year	合 计 Total	按登记注册类型分 Grouped by Ownership			按轻重工业分 Grouped by Light and Heavy Industry		按企业规模分 Grouped by Size of Enterprises	
		国有经济 State-owned	集体经济 Collective-owned	其他经济 Other	轻工业 Light Industry	重工业 Heavy Industry	中型企业 Medium-sized	小型企业 Small
1957	252.7	252.7				252.7		252.7
1959	3095.7	3501.0	213.2		137.0	3060.4		3095.7
1965	1673.9	1485.2	1148.9		746.1	1065.6		1673.9
1978	9459.1	8356.1	6490.7		3977.8	6243.4		9459.1
1979	10565.8	9333.8	7250.1		3647.6	7741.8	100.0	10215.8
1980	9710.0	10425.9	1986.5		3468.9	2998.6	87.0	9408.8
1981	6806.7	7058.3	2026.2		3264.2	4108.2	108.9	6435.6
1982	7119.8	7503.0	1813.4		3319.7	4383.4	103.8	6763.8
1983	7582.6	7885.7	2072.7		3462.4	4738.5	120.2	7169.6
1984	9849.8	7735.9	2930.8	100.0	5927.6	4771.7	148.9	9334.8
1985	10105.9	7720.4	2716.9	118.3	5921.8	5053.2	151.0	9577.5
1986	9368.2	6886.6	3197.8	109.9	4044.6	6084.1	148.0	8849.6
1987	10651.6	8243.3	3635.9	108.5	5237.8	6297.0	165.7	10062.0
1988	11748.7	8193.8	4290.4	151.1	6253.9	6485.9	185.0	11088.3
1989	12864.8	8906.7	4642.2	169.1	6823.0	7128.0	208.7	12119.5
1990	13675.3	9013.6	5445.3	198.4	7532.6	7313.3	192.3	12992.1
1991	14659.9	8824.3	5390.8	198.3	10169.0	6560.0	206.6	14122.4
1992	15862.0	9265.5	5956.8	225.8	11450.3	6815.8	350.3	14828.5
1993	17210.3	10145.7	5801.9	249.7	11690.8	7845.0	473.6	15762.7
1994	19464.8	10551.5	6782.4	322.1	13070.3	8959.0	407.3	18284.7
1995	22534.9	14022.9	13700.4	164.3	14181.3	10553.7	1224.8	18436.0
1996	24878.0	15887.9	14371.7	170.4	13770.0	12432.3	1117.0	22252.3
1997	27913.7	16221.5	16699.9	298.5	18314.1	15316.6	332.9	28772.2
1998	31682.0	17308.3	20808.1	369.2	20401.9	17583.5	418.5	30297.1
1999	34438.3	19246.8	21640.4	383.2	24727.1	17882.4	421.8	33084.4
2000	37227.8	19958.9	24929.7	419.2	28188.9	19223.6	435.3	34871.0
2001	40206.0	19639.6	24131.9	575.1	30472.2	20434.7	481.9	35882.3
2002	43422.5	21112.6	24928.3	644.1	34464.1	21088.6	546.9	38465.8
2003	47591.1	23941.7	22983.9	763.9	36807.7	23598.1	613.1	41773.9
2004	54539.4	26575.3	27281.9	969.4	42844.2	26689.5	640.7	49460.3
2005	63538.4	27824.3	29928.2	1111.9	51584.4	30159.1	722.1	58115.9
2006	74339.9	30745.9	34537.1	1582.7	52048.7	40895.7	805.1	68751.1
2007	87275.0	34927.3	31325.1	2245.9	57461.8	49974.5	819.6	82638.8
2008	97835.3	41074.5	29195.0	2492.9	66598.2	54921.9	699.9	107678.4
2009	110456.1	43087.2	26071.1	2961.6	80250.8	59700.1	785.3	122215.0
2010	125036.3	50929.1	28156.8	3216.3	79287.8	72893.8	796.3	147757.9

注：本表按可比价格计算。
Note:Data in this table are calculated at comparable prices.

9-5 全部工业企业分行业工业总产值

GROSS OUTPUT VALUE OF ALL INDUSTRIAL ENTERPRISES BY BRANCH

单位：万元 (10000 yuan)

分　　类	Item	2000	2001	2007	2009	2010
总　计	**Total**	**176035**	**191769**	**473407**	**601879**	**704849**
按登记注册类型分	**Grouped by Ownership**					
国有企业	State-owned Enterprises	94969	85085	166872	191361	225250
集体企业	Collective-owned Enterprises	44529	49169	28471	20251	18063
股份合作企业	Cooperative Share Holding Enterprises	2170	2633	7152	3360	3881
股份制企业	Share Holding Enterprises	24535	45277	178787	283302	333501
外商及港澳台商企业	Foreign-invested and Hong Kong, Macao and Taiwan Funded	682	500	48726	57195	54891
其他经济企业	Other Enterprises	9150	9105	43399	46410	69263
按国民经济行业分	**Grouped by Sectors**					
煤炭开采和洗选业	Coal Mining and Processing	799	861			
黑色金属矿采选业	Ferrous Metals Mining and Dressing	13222	12297	38013	29542	39589
有色金属矿采选业	Nonferrous Metals Mining and Dressing	15317	19349	86483	74673	103550
非金属矿采选业	Nonmetal Minerals Mining and Dressing	8847	10206	10789	15562	13796
其他矿采选业	Other Minerals Mining and Dressing	774				
农副食品加工业	Farm and Sideline Products Processing	2258	2869	10192	26099	25954
食品制造业	Food Production	3413	3490	9981	10455	11291
饮料制造业	Beverage Production	13700	15902	51359	87632	106958
烟草加工业	Tobacco Processing	19				
纺织业	Textile Industry	1700	1660	3230	6443	8549
纺织服装、鞋、帽制造业	Garments,Shoes and Accessories Manufacturing	789	429	686	2136	880
皮革、毛皮及其制品业	Leather,Fur, and Wool Products Manufacturing	608	302	610	685	1176
木材加工及竹、藤、棕草制品业	Timber Processing , Bamboo, Cane, Palm Fiber and Straw Products	6532	5150	15834	16861	10822
家具制造业	Furniture Manufacturing	600	536	429	451	721
造纸及纸制品业	Papermaking and Paper Products	250	261		10	8651
印刷业和记录媒介的复制	Printing and Record Medium Reproduction	3925	4745	9872	13356	8188
文教体育用品制造业	Cultural, Educational and Sports Goods	342				
化学原料及化学制品制造业	Raw Chemical Materials and Chemical Products	1114	1171	5414	5824	9317
医药制造业	Medical and Pharmaceutical Products	25800	31562	63819	62818	65027
化学纤维制造业	Chemical Fiber		1178			
塑料制品业	Plastic Products	179	158	53	449	632
非金属矿物制品业	Nonmetal Mineral Products	32690	32759	81377	126427	147662
黑色金属矿冶炼及压延加工业	Smelting and Pressing of Ferrous Metals	560	258			
有色金属矿冶炼及压延加工业	Smelting and Pressing of Nonferrous Metals			349		
金属制品业	Metal Products	116	188	27	467	343
通用设备制造业	General Equipment	31	1	11		
专用设备制造业	Special Purposes Equipment	1510	1079	520	202	42
交通运输设备制造业	Transport Equipment	5800	6577	4311	7638	10791
电气机械及器材制造业	Electrical Machinery and Equipment			790	937	1481
工艺品及其他制造业	Artworks and Other Manufacturing	2724	1856	3580	6792	5873
电力、热力的生产和供应业	Production and Supply of Electricity and Thermal Power	23701	26726	65556	94278	110616
自来水生产和供应业	Production and Supply of Tap Water	4007	5348	10121	12142	12940

9-6 分地市全部工业企业单位数及工业总产值(2010年)

NUMBER OF ENTERPRISES AND GROSS OUTPUT VALUE OF ALL INDUSTRIAL ENTERPRISES BY REGION（2010）

地区	Region	合计 Total	国有经济 State-owned	集体经济 Collective-owned	其他经济 Other	轻工业 Light Industry	重工业 Heavy Industry
单位数　（个）	**Number　(unit)**	**479**	**138**	**66**	**275**	**167**	**312**
拉萨市	Lhasa	218	28	24	166	87	131
昌都地区	Qamdo	71	22	4	45	12	59
山南地区	Shannan	51	18	15	18	18	33
日喀则地区	Xigazê	76	30	18	28	33	43
那曲地区	Nagqu	15	11		4	4	11
阿里地区	Ngari	16	13	1	2	1	15
林芝地区	Nyingchi	32	16	4	12	12	20
工业总产值 (万元)	**Total Industry (10000 yuan)**	**704849**	**225250**	**18063**	**461536**	**261044**	**443805**
拉萨市	Lhasa	398258	111504	11335	275419	198488	199770
昌都地区	Qamdo	59361	21002	1117	37242	17090	42271
山南地区	Shannan	121680	31245	1047	89388	8782	112898
日喀则地区	Xigazê	59770	25184	2851	31735	9209	50561
那曲地区	Nagqu	8786	8419		367	817	7970
阿里地区	Ngari	11241	10599	37	605	87	11154
林芝地区	Nyingchi	45753	17297	1676	26780	26571	19182

注:本表按当年价格计算。

Note:Data in this table are calculated at current prices.

9-7 全部规模以上工业企业主要经济指标

MAIN ECONOMIC INDICATORS OF ALL INDUSTRIAL ENTERPRISES ABOVE DESIGNATED SIZE

单位：万元 (10000 yuan)

指标	Item	2000	2001	2007	2009	2010
企业单位数（个）	Number of Industrial Enterprises (unit)	219	205	100	90	97
#亏损企业	Number of Loss Making Enterprises	45	48	14	24	24
工业总产值(当年价)	Gross Industrial Output Value (at current price)	152376	160363	413637	516043	622246
工业增加值(当年价)	Added Value of Industry (at current price)	86419	85332	234621	275606	292500
工业销售产值(当年价)	Sales Value of Industry (at current price)	141582	143829	387163	501649	600627
#出口交货值	Delivery Value of Industry	1094	375	90	782	254
流动资产合计	Circulating Funds	223916	204455	573217	767245	907575
固定资产原价	Original Value of Fixed Assets	562109	579977	1204026	1633648	1898472
资产总计	Total Assets	752352	766752	1721826	2510837	3152355
流动负债合计	Liquid Liabilities	137495	123942	290843	420873	583755
长期负债合计	Long-term Liabilities	46655	37334	102952	172054	300521
所有者权益合计	Creditors Equity	566057	605476	1328031	1915729	2232227
实收资本	Total Capital Hold	437438	462800	554520	762400	898243
主营业务收入	Business Income of the Main Products	144227	156288	367308	488764	597092
主营业务成本	Core Business Cost	81691	104000	228165	367398	483103
主营业务税金及附加	Sales Tax of the Core Business and Adding	4053	3889	5649	8019	8409
营业利润	Business Profits	14012	19834	65895	62093	29001
利润总额	Total Profits	26848	26646	71465	68192	108200
亏损企业亏损总额	Total Loss of Loss-suffering Enterprises	2773	3383	14300	42269	31301
应交所得税	Income Taxes Payable	1504	1288	5649	6732	14642
本年应交增值税	Value Added Tax Payable	11216	11416	43772	35843	50084
本年应付工资总额	Wages Payable in This Year	27462	19875	52277	76676	85435
本年应付福利费总额	Welfarisms Payable in This Year	2224	2691	4097	2736	2908
全部从业人员年平均人数(人)	Average Number of Employees (person)	22934	21571	20170	16854	19144

注:2007年以前为全部国有及主营业务收入500万元以上非国有工业企业，2007年以后为主营业务收入500万元以上工业企业。

Note:Date in the table are all state-owned and non-state-owned industrial enterprises with business income of the main products over 5 million yuan before 2007,since2007 late for business income of the main products over 5 million yuan industrial enterprises.

9-8 规模以下工业企业主要经济指标

MAIN ECONOMIC INDICATORS OF INDUSTRIAL ENTERPRISES BELOW DESIGNATED SIZE

单位：万元　(10000 yuan)

指　标	Item	2009	2010
企业单位数（个）	Number of Industrial Enterprises (unit)	429	382
期末从业人数（人）	Average Number of Employees (person)	10553	8761
工业总产值(当年价)	Gross Industrial Output Value (at current price)	78683	82603
主营业务收入	Core Business Cost	73645	76627
税金总额	Total Tax	4224	4517
其中:企业所得税	Company Imcome Tax	733	770
营业利润	Business Profits	26718	24201
工资及福利	Wages and Benefits	15776	14416
资产总计		342393	314600
固定资产原价	Original Value of Fixed Assets	295120	251806
固定资产折旧	Depreciation of Fixed Assets	9143	10457
利息支出	Interest Expense	220	153

注：本表数据包括主营业务收入500万元以下国有工业企业。（下同）

Note:Data in this table include state-owned industrial enterprise with business income of the main products 5 millinon yuan.

(The same as in the following table)

9-9 全部规模以上工业企业分类型主要经济指标（2010年）

单位：万元

指　标	Item	企业单位数（个） Number of Enterprises (unit)	#亏损企业 Number of Loss Making Enterprises	工业总产值（当年价） Gross Industrial Output Value (At current price)
总　计	**Total**	**97**	**24**	**622246**
按登记注册类型分	**Grouped by Ownership**			
国有企业	State-owned Enterprises	33	12	199516
集体企业	Collective-owned Enterprises	6		12367
股份合作企业	Cooperative Share Holding Enterprises	1	1	527
股份制企业	Share Holding Enterprises	50	10	332576
外商及港澳台商企业	Foreign-invested and Hong kong, Macao and Taiwan Funded	3		54599
其他经济企业	Other Enterprises	4	1	22661
按轻重工业分	**By Light Industry and Heavy Industry**			
轻工业	Light Industry	47	8	235679
重工业	Heavy Industry	50	16	386567
按企业规模分	**By Size of Enterprises**			
大型企业	Large-sized	1	1	81922
中型企业	Medium-sized	13	1	243126
小型企业	Small	83	22	297198
总计中：	**Of the Total:**			
国有及国有控股企业	State-owned Enterprises (Including Enterprises with Controlling Share Hold by the State)	39	12	283910

MAIN ECONOMIC INDICATORS OF ALL INDUSTRIAL ENTERPRISES ABOVE DESIGNATED SIZE BY STATUS OF REGISTRATION (2010)

(10000 yuan)

工业销售产值（当年价） Sales Revenue (At Current Prices)	出口交货值 Delivery Value of Industry	流动资产合计 Circulating Funds	固定资产原价 Original Value of Fixed Assets	固定资产净值 Net Value of Fixed Assets	资产总计 Total Assets
600627	**254**	**907575**	**1898472**	**1379407**	**3152355**
202176		359601	1389042	997696	1902138
13209		15846	15120	7958	31160
527		1306	4361	3696	5060
312419	254	445837	427382	326927	1081386
52164		45518	47482	31771	78453
20132		39467	15086	11359	54159
227688		260658	241329	188626	538129
372939		646916	1657143	1190781	2614226
81922		235893	975733	669930	1287516
236229		291260	425291	323231	967471
282476		380421	497448	386247	897368
278982		461652	1516925	1078483	2125199

9-9 续表1

单位：万元

指　标	Item	流动负债合　计 Liquid Liabilities	长期负债合　计 Long-term Liabilities
总 计	**Total**	**583755**	**300521**
按登记注册类型分	**Grouped by Ownership**		
国有企业	State-owned Enterprises	265193	178344
集体企业	Collective-owned Enterprises	7545	729
股份合作企业	Cooperative Share Holding Enterprises	4045	
股份制企业	Share Holding Enterprises	288393	121347
外商及港澳台商企业	Foreign-invested and Hong kong, Macao and Taiwan Funded	16208	
其他经济企业	Other Enterprises	2372	100
按轻重工业分	**By Light Industry and Heavy Industry**		
轻工业	Light Industry	93566	43933
重工业	Heavy Industry	490189	256588
按企业规模分	**By Size of Enterprises**		
大型企业	Large-sized	152328	47221
中型企业	Medium-sized	223405	198499
小型企业	Small	208021	54801
总计中：	**Of the Total:**		
国有及国有控股企业	State-owned Enterprises (Including Enterprises with Controlling Share Hold by the State)	303673	199544

continued

(10000 yuan)

所有者权益合计 Creditor's Equity	实收资本 Total Capital Hold	主营业务收入 Business Income of The Main Products	主营业务成本 Core Business Cost	主营业务税金及附加 Sales Tax of The Core Business and Adding	营业利润 Business Profits
2232227	**898243**	**597092**	**483103**	**8409**	**29001**
1456132	466981	191600	253423	2520	-79776
22831	10069	13079	8668	234	2127
1015	500	358	454	5	-410
638572	371903	311218	177460	4509	80918
62245	40160	51782	33259	328	9382
51432	8630	29056	9839	813	16760
396708	210283	204677	124145	1626	34205
1835519	687960	392415	358958	6782	-5204
1087966	300000	92621	177722	446	-85363
514567	317761	227066	132064	4269	65797
629694	280482	277405	173317	3694	48567
1619512	536514	279264	309231	4251	-54010

9-9 续表2

单位：万元

指　　标	Item	亏损企业亏损总额 Total Loss of Loss-making Enterprises	利　润总　额 Total Profits
总 计	**Total**	**31301**	**108200**
按登记注册类型分	**Grouped by Ownership**		
国有企业	State-owned Enterprises	25996	-5985
集体企业	Collective-owned Enterprises		2216
股份合作企业	Cooperative Share Holding Enterprises	388	-388
股份制企业	Share Holding Enterprises	4916	84833
外商及港澳台商企业	Foreign-invested and Hong kong, Macao and Taiwan Funded		10846
其他经济企业	Other Enterprises	2	16679
按轻重工业分	**By Light Industry and Heavy Industry**		
轻工业	Light Industry	1315	45211
重工业	Heavy Industry	29986	62989
按企业规模分	**By Size of Enterprises**		
大型企业	Large-sized	19738	-19738
中型企业	Medium-sized	2925	71056
小型企业	Small	8639	56882
总计中：	**Of the Total:**		
国有及国有控股企业	State-owned Enterprises (Including Enterprises with Controlling Share Hold by the State)	25996	20801

continued

(10000 yuan)

应　交 所得税 Income Taxes Payable	本年应交 增值税 Value Added Tax Payable	本年应付 工资总额 Wages Payable in This Year	本年应付 福利费总额 Welfarisms Payable in This Year	全部从业人员 年平均人数(人) Average Number of Employees (person)
14642	**50084**	**85435**	**2908**	**19144**
1868	13409	54907	887	9255
39	997	1597	94	876
	46	190		62
8688	27093	23706	1740	7788
1698.1	4531	3607	124	696
2348	4008	1429	63	467
2824	15160	22941	1027	6071
11818	34924	62494	1881	13073
	4032	30382		3051
9255	21965	21910	1631	6783
5387	24086	33144	1277	9310
5959	22244	62104	1406	11313

9-10 全部规模以上工业企业分行业主要经济指标（2010年）

单位：万元

指 标	Item	企业单位数（个）Number of Enterprises (unit)	#亏损企业 Number of Loss Making Enterprises	工业总产值（当年价）Gross Industrial Output Value (At current price)
总 计	**Total**	**97**	**24**	**622246**
按国民经济行业分	**Grouped by Sectors**			
煤炭开采和洗选业	Coal Mining and Processing			
黑色金属矿采选业	Ferrous Metals Mining and Dressing	6	2	31420
有色金属矿采选业	Nonferrous Metals Mining and Dressing	16	6	103300
非金属矿采选业	Nonmetal Minerals Mining and Dressing	1		2670
农副食品加工业	Farm and Sideline Products Processing	9	1	20896
食品制造业	Food Production	3	1	10125
饮料制造业	Beverage Production	7		102886
纺织业	Textile Industry	2	1	7550
纺织服装、鞋、帽制造业		1		356
皮革、毛皮、羽毛(绒)及其制品业	Leather, Fur, and Wool Products Manufacturing	1		581
木材加工及竹、藤、棕草制品业	Timber Processing , Bamboo, Cane, Palm Fiber and Straw Products	2		7908
造纸及纸制品业	Manufacture of Paper and Paper Products	1		8564
印刷业和记录媒介的复制	Printing and Record Medium Reproduction	5	2	6288
化学原料及化学制品制造业	Row Chemical Materials and Chemical Products	3		8124
医药制造业	Medical and Pharmaceutical Products	11	2	61284
塑料制品业	Plastic Products			
非金属矿物制品业	Nonmetal Mineral Products	15	3	136203
黑色金属矿冶炼及压延加工业	Smelting and Pressing of Ferrous Metals			
金属制品业	Metal Products			
通用设备制造业	General Equipment			
专用设备制造业	General Equipment			
交通运输设备制造业	Transport Equipment	2		7131
电气机械及器材制造业	Manufacture of Electrical Machinery and Equipment	1		1017
工艺品及其他制造业	Artworks and Other Manufacturing	1		1300
电力、热力的生产和供应业	Production and Supply of Electricity and Thermal Power	6	5	92423
自来水生产和供应业	Production and Supply of Tap Water	4	1	12219

MAIN ECONOMIC INDICATORS OF ALL INDUSTRIAL ENTERPRISES ABOVE DESIGNATED SIZE BY SECTOR (2010)

(10000 yuan)

工业销售产值（当年价） Sales Revenue (At Current Prices)	出口交货值 Delivery Value of Industry	流动资产合计 Circulating Funds	固定资产原价 Original Value of Fixed Assets	固定资产净值 Net Value of Fixed Assets	资产总计 Total Assets
600627	**254**	**907575**	**1898472**	**1379407**	**3152355**
36364					157758
98484		82070	44429	22676	694392
2804		198977	210207	182922	5643
18549		689	465	415	45021
8735		18665	18034	15514	20899
99787		6151	11303	7921	174828
6565		78733	109633	91094	6863
322		4621	1849	1560	1007
454		508	499	491	3451
6716		2041	2437	1369	29514
8512		17577	13754	8235	12276
6288		4904	3554	1715	22948
7469		7668	19187	15261	19989
62010	254	5791	13676	12086	198358
		122933	31589	20614	
124073					258966
		96630	208553	144109	
6997		3784	1349	826	4696
1028		3786	685	556	5207
1021		1020	1294	1039	2058
92275		241891	1167777	822529	1448250
12175		9135	38199	28478	40233

9-10 续表1

单位：万元

指 标	Item	流动负债合 计 Liquid Liabilities	长期负债合 计 Long-term Liabilities
总 计	**Total**	**583755**	**300521**
按国民经济行业分	**Grouped by Sectors**		
煤炭开采和洗选业	Coal Mining and Processing		
黑色金属矿采选业	Ferrous Metals Mining and Dressing	32218	
有色金属矿采选业	Nonferrous Metals Mining and Dressing	210480	154633
非金属矿采选业	Nonmetal Minerals Mining and Dressing	185	
农副食品加工业	Farm and Sideline Products Processing	13574	307
食品制造业	Food Production	5674	2159
饮料制造业	Beverage Production	34118	23116
纺织业	Textile Industry	3037	1009
纺织服装、鞋、帽制造业		508	
皮革、毛皮、羽毛(绒)及其制品业	Leather, Fur, and Wool Products Manufacturing	2223	125
木材加工及竹、藤、棕草制品业	Timber Processing , Bamboo, Cane, Palm Fiber and Straw Products	7752	1426
造纸及纸制品业	Manufacture of Paper and Paper Products	910	2000
印刷业和记录媒介的复制	Printing and Record Medium Reproduction	5083	390
化学原料及化学制品制造业	Row Chemical Materials and Chemical Products	4499	6353
医药制造业	Medical and Pharmaceutical Products	22801	14255
塑料制品业	Plastic Products		
非金属矿物制品业	Nonmetal Mineral Products	76301	39789
黑色金属矿冶炼及压延加工业	Smelting and Pressing of Ferrous Metals		
金属制品业	Metal Products		
通用设备制造业	General Equipment		
专用设备制造业	General Equipment		
交通运输设备制造业	Transport Equipment	2777	
电气机械及器材制造业	Manufacture of Electrical Machinery and Equipment	3871	
工艺品及其他制造业	Artworks and Other Manufacturing		500
电力、热力的生产和供应业	Production and Supply of Electricity and Thermal Power	156141	54460
自来水生产和供应业	Production and Supply of Tap Water	1603	

continued

(10000 yuan)

所有者权益合计 Creditor's Equity	实收资本 Total Capital Hold	主营业务收入 Business Income of The Main Products	主营业务成本 Core Business Cost	主营业务税金及附加 Sales Tax of The Core Business and Adding	营业利润 Business Profits
2232227	**898243**	**597092**	**483103**	**8409**	**29001**
125510	44949	46382	24282	1288	21271
298288	229568	99143	43008	2643	34664
5457	486	2804	1017	86	652
30295	15075	19986	16136	95	1878
11364	4012	9175	7380	53	316
117128	79238	93668	55789	602	16871
2818	2690	3702	2677	12	972
499	300	322	178		52
1103	1948	731	454	9	8
20336	5782	9095	5255	420	2145
9366	2400	6743	5616	31	728
17253	13712	7197	10297	60	-4236
9137	3413	10800	6325	77	2590
161139	67004	51289	18332	666	16903
142274	71545	117605	81462	1419	25111
1918	1150	7131	6015	295	539
812	2000	922	301	3	77
1558	628	1021	690	31	123
1237343	332217	101138	192471	556	-91471
38629	20127	8238	5421	65	-192

9-10 续表2

单位：万元

指　　标	Item	亏损企业亏损总额 Total Loss of Loss-making Enterprises	利　润总　额 Total Profits
总 计	**Total**	**31301**	**108200**
按国民经济行业分	**Grouped by Sectors**		
煤炭开采和洗选业	Coal Mining and Processing		
黑色金属矿采选业	Ferrous Metals Mining and Dressing	480	21648
有色金属矿采选业	Nonferrous Metals Mining and Dressing	4330	33531
非金属矿采选业	Nonmetal Minerals Mining and Dressing		652
农副食品加工业	Farm and Sideline Products Processing	81	2452
食品制造业	Food Production	401	326
饮料制造业	Beverage Production		18946
纺织业	Textile Industry	108	221
纺织服装、鞋、帽制造业			52
皮革、毛皮、羽毛(绒)及其制品业	Leather, Fur, and Wool Products Manufacturing		10
木材加工及竹、藤、棕草制品业	Timber Processing , Bamboo, Cane, Palm Fiber and Straw Products		2130 727
造纸及纸制品业	Manufacture of Paper and Paper Products		
印刷业和记录媒介的复制	Printing and Record Medium Reproduction	239	102
化学原料及化学制品制造业	Row Chemical Materials and Chemical Products		2471
医药制造业	Medical and Pharmaceutical Products	328	21418
塑料制品业	Plastic Products		
非金属矿物制品业	Nonmetal Mineral Products	351	27537
黑色金属矿冶炼及压延加工业	Smelting and Pressing of Ferrous Metals		
金属制品业	Metal Products		
通用设备制造业	General Equipment		
专用设备制造业	General Equipment		
交通运输设备制造业	Transport Equipment		541
电气机械及器材制造业	Manufacture of Electrical Machinery and Equipment		76
工艺品及其他制造业	Artworks and Other Manufacturing		123
电力、热力的生产和供应业	Production and Supply of Electricity and Thermal Power	24825	-24815
自来水生产和供应业	Production and Supply of Tap Water	157	52

continued

(10000 yuan)

应　交 所得税 Income Taxes Payable	本年应交 增值税 Value Added Tax Payable	本年应付 工资总额 Wages Payable in This Year	本年应付 福利费总额 Welfarisms Payable in This Year	全部从业人员 年平均人数(人) Average Number of Employees (person)
14642	**50084**	**85435**	**2908**	**19144**
3441	6234	5935	288	1433
3950	11780	8943	764	2735
	347	123		47
7	500	1545	76	571
102	390	1302	53	324
2398	8020	5023	145	1131
4	84	915	7	194
8	4	115	8	172
2	45	186		87
5	138	1462	52	952
101	305	570	27	280
54	226	4593	6	881
356	724	1096	128	365
64	5067	5648	552	1471
3983	10723	11098	568	4007
81	12	273	21	124
	25	153	43	80
	38	454	5	259
2	4967	33821	64	3556
86	454	2181	103	475

9-11 规模以下工业企业分行业主要经济指标(2010年)

单位：万元

指　　标	Item	企业单位数（个）Number of Enterprises (unit)	期末从业人员（人）Average Number of Employees (person)
总　计	**Total**	**382**	**8761**
按国民经济行业分	**Grouped by Sectors**		
煤炭开采和洗选业	Coal Mining and Processing	2	3
黑色金属矿采选业	Ferrous Metals Mining and Dressing	10	270
有色金属矿采选业	Nonferrous Metals Mining and Dressing	36	212
非金属矿采选业	Nonmetal Minerals Mining and Dressing	28	601
其他采矿业	Mining of Other Ores		
农副食品加工业	Farm and Sideline Products Processing	35	737
食品制造业	Food Production	9	117
饮料制造业	Beverage Production	18	389
纺织业	Textile Industry	9	470
纺织服装、鞋、帽制造业	Garments, Shoes and Accessories Manufacturing	10	225
皮革、毛皮、羽毛（绒）及其制品业	Leather, Fur, and Wool Products Manufacturing	2	21
木材加工及竹、藤、棕草制品业	Timber Processing , Bamboo, Cane, Palm Fiber and Straw Products	11	268
家具制造业	Furniture Manufacturing	7	229
造纸及纸制品业	Manufacture of Paper and Paper Products	2	7
印刷业和记录媒介的复制	Printing and Record Medium Reproduction	8	196
化学原料及化学制品制造业	Row Chemical Materials and Chemical Products	12	183
医药制造业	Medical and Pharmaceutical Products	12	308
塑料制品业	Plastic Products	4	124
非金属矿物制品业	Nonmetal Mineral Products	40	840
有色金属矿冶炼及压延加工业	Smelting and Pressing of Nonferrous Metals	1	
金属制品业	Metal Products	8	80
专用设备制造业	General Equipment	2	19
交通运输设备制造业	Manufacture of Transport Equipment	16	366
电气机械及器材制造业	Electrical Machinery and Equipment	2	32
工艺品及其他制造业	Artworks and Other Manufacturing	34	1383
电力、热力的生产和供应业	Production and Supply of Electricity and Thermal Power	54	1556
自来水生产和供应业	Production and Supply of Tap Water	10	125

MAIN ECONOMIC INDICATORS OF INDUSTRIAL ENTERPRISES BELOW DESIGNATED SIZE BY SECTOR (2010)

(10000 yuan)

工业总产值(当年价) Gross Industrial Output Value (At current price)	主营业务收入 Business Income of The Main Products	税金总额 Total Tax	其中:所得税 Company Imcome Tax	营业利润 Business Profits	工资及福利 Wages and Benefits	固定资产原价 Original Value of Fixed Assets	固定资产折旧 Depreciation of Fixed Assets	利息支出 Interest Expense
82603	76627	4517	770	24201	14416	251806	10457	153
					2			
8169	8125	561	87	2150	938	1255	233	
250	269	16		161	165	11576	137	
11125	10992	1139	222	4975	1045	5450	495	
5058	4878	178	12	831	937	21156	794	19
1167	1058	58	3	339	228	4089	43	
4071	3060	174	12	1088	615	10603	529	16
999	1611	26		604	465	2177	74	
524	466	35		52	238	3191	43	
594	551	24	8	377	41	1035	14	
2914	2031	463	71	861	488	5685	888	
721	479	16		117	309	3146	101	
87	65	3		26	5	20	2	
1900	1765	100	12	230	331	5294	285	13
1193	976	38	3	365	268	2337	70	3
3743	2981	77	5	683	865	6494	861	15
632	630	13		166	120	6395	66	
11459	11457	661	203	4625	1399	15097	272	7
343	335	21	2	113	225	3185	25	
42	41	1		3	23	125	1	
3660	3177	134	25	433	541	5542	355	20
464	464	8		22	87	2100	10	
4573	3771	125	10	1299	1333	20508	924	45
18193	16695	601	94	4647	3320	112732	4069	3
721	749	45		34	426	2614	168	13

9-12 分地区全部规模以上工业企业主要经济指标 (2010年)

单位：万元

指 标	Item	合 计 Total	拉 萨 Lhasa
企业单位数 (个)	Number of Industrial Enterprises (unit)	97	62
#亏损企业	Number of Loss Making Enterprises	24	17
工业总产值(当年价)	Gross Industrial Output Value (at current price)	622246	378243
工业增加值(当年价)	Added Value of Industry (at current price)	292516	158810
工业销售产值(当年价)	Sales Value of Industry (at current price)	600627	450766
#出口交货值	Delivery Value of Industry	254	
流动资产合计	Circulating Funds	907575	696924
固定资产原价	Original Value of Fixed Assets	1898472	1473996
资产总计	Total Assets	3152355	2409904
流动负债合计	Liquid Liabilities	583755	423620
长期负债合计	Long-term Liabilities	300521	225644
所有者权益合计	Creditors Equity	2232227	1727125
实收资本	Total Capital Hold	898243	655052
主营业务收入	Business Income of the Main Products	597092	450721
主营业务成本	Core Business Cost	483103	396355
主营业务税金及附加	Sales Tax of the Core Business and Adding	8409	5817
营业利润	Business Profits	29001	-6396
利润总额	Total Profits	108200	68597
亏损企业亏损总额	Total Loss of Loss-suffering Enterprises	31301	23125
应交所得税	Income Taxes Payable	14642	10618
本年应交增值税	Value Added Tax Payable	50084	36911
本年应付工资总额	Wages Payable in This Year	85435	66053
本年应付福利费总额	Welfarisms Payable in This Year	2908	1650
全部从业人员年平均人数 (人)	Average Number of Employees (person)	19144	13210

MAIN ECONOMIC INDICATORS OF ALL INDUSTRIAL ENTERPRISES ABOVE DESIGNATED SIZE BY REGION (2010)

(10000 yuan)

昌 都 Qamdo	山 南 Shannan	日喀则 Xigazê	那 曲 Nagqu	阿 里 Ngari	林 芝 Nyingchi
9	6	11	3	2	4
4	1	1		1	
32431	107590	51921	6278	6859	38924
14351	67624	24152	2863	3029	21687
28361	54202	24521	1171	6585	35022
					254
31236	61791	17175	1600	5877	92972
209456	87606	39790	920	61062	25643
319892	149329	55757	4043	58170	155262
83623	54484	8773	453	2421	10381
43964	26100	3357		30	1426
192269	68435	42905	3044	55157	143293
139939	14406	33517	1801	6147	47382
27062	52230	22235	1771	5641	37432
21999	25206	16686	783	7149	14924
415	927	375	6	63	806
-4894	23197	2115	336	-1316	15959
-4504	24742	2276	336	-805	17559
6512	157	266		1242	
273	3600	139			13
2655	4634	1782	4	677	3420
6270	5508	3550	118	875	3061
549	381	195	42		92
1447	1568	1278	169	177	1295

9-13 分地区规模以下工业企业主要经济指标(2010年)

单位：万元

指　　标		Item		合 计 Total	拉 萨 Lhasa
企业单位数	（个）	Number of Industrial Enterprises	(unit)	382	156
期末从业人数	（人）	Average Number of Employees	(person)	8761	2904
工业总产值(当年价)		Gross Industrial Output Value (at current price)		82603	20015
主营业务收入		Core Business Cost		76627	17586
税金总额		Total Tax		4517	702
其中:企业所得税		Company Imcome Tax		770	22
营业利润		Business Profits		24201	5021
工资及福利		Wages and Benefits		14416	4441
固定资产原价		Original Value of Fixed Assets		251806	86174
固定资产折旧		Depreciation of Fixed Assets		10457	2257
资产总计				314600	100694
利息支出		Interest Expense		153	26

MAIN ECONOMIC INDICATOR OF INDUSTRIAL ENTERPRISE BELOW DESIGNATED SIZE BY REGION (2010)

(10000 yuan)

昌 都 Qamdo	山 南 Shannan	日喀则 Xigazê	那 曲 Nagqu	阿 里 Ngari	林 芝 Nyingchi
62	45	65	12	14	28
1208	1654	1620	313	280	782
26931	14090	7849	2508	4382	6829
26728	14149	6450	2511	4367	4835
1520	736	205	28	663	664
549	93	34	5		66
12778	3405	1472	349	226	950
2241	2279	2212	959	831	1455
49940	31542	47212	7343	11062	18534
1296	1498	922	2719	491	1273
58102	42485	60792	8168	15551	28808
26	15	74	1	11	

9-14 工业主要产品产量

年份 Year	铬矿石 (吨) Chromium Ore (ton)	发电量 (万千瓦时) Electricity (10000 kwh)	# 水电 Hydropower	水 泥 (吨) Cement (ton)	啤酒 (吨) Beer (ton)	矿泉水 (吨) Mineral Water (ton)
1956		3	3			
1959		88	88			
1965		2782	2782	10600		
1978	12500	13398	13398	62000		
1979	38800	15310	15310	67800		
1980	50300	17459	17459	52200		
1981	62159	17195	15220	53536		
1982	50129	19443	17273	57494		
1983	50262	21094	16177	57357		
1984	24535	22708	20158	53233		
1985	14101	24668	16561	46668		
1986	42118	26266	18193	29822		
1987	64193	25665	20295	44516		
1988	72091	26860	19414	94869		
1989	87047	27492	21969	119815		
1990	93120	31582	24798	132345		
1991	75513	34491	24991	136637	1635	
1992	84175	35602	26095	140911	2659	
1993	71277	39288	37998	130893	1858	
1994	74000	44584	28252	150188	2029	
1995	109882	48343	30361	219952	1211	
1996	111979	51511	38119	231100	4527	
1997	122138	57766	45133	322300	16571	
1998	213719	62162	49644	370000	13440	
1999	183661	63323	52204	390378	24080	
2000	196628	66075	55350	493200	25017	2167
2001	159446	69690	58958	495900	27525	3894
2002	124222	79650	68796	590800	29105	5225
2003	155796	101600	92083	889100	32942	3716
2004	142251	116469	104628	959800	38860	3961
2005	116679	133389	120970	1372800	48917	3983
2006	121758	151514	137901	1666659	63280	8114
2007	128637	169072	156164	1596600	83500	15588
2008	101690	184537	168707	1684952	90429	41255
2009	124461	220275	192960	1898671	113039	71719
2010	201000	241593	189631	2191200	133300	85173

OUTPUT OF MAIN INDUSTRIAL PRODUCTS

中成药 （吨） Traditional Chinese Medicine (ton)	面粉 （吨） Flour (ton)	食用植物油 （吨） Edible Vegetable Oil (ton)	毛线 （吨） Knitting Wool (ton)	地毯 （平方米） Carpet (sq. m)	服装 （件） Garments (unit)
	10				
	3252	856			
71	17486	1908	410	6762	
81	14200	1883	383	6996	
101	14407	1841	371	6182	
65	12807	1843	309	11554	
65	11827	1784	321	8709	128545
72	11950	2256	302	19224	179856
109	5765	2185	181	16751	48199
82	9390	2434	146	12973	154261
45	14801	3637	69	1908	24900
44	5279	1962	186	9034	37221
48	6501	1465	211	37861	45140
47	10014	1638	167	13889	38078
55	9319	1917	72	16799	25576
61	9048	1593	27	30659	42450
76	11128	2150	25	15709	67324
48	14663	4496	34	69489	41410
47	10423	2447	26	80000	40000
222	8337	1562	89	21841	100900
271	3319	747	39	16001	126518
85	10699	1330	55	17516	351700
652		1278	84	18807	128898
538	8661	1502	38	22660	50728
591	9210	1020	30	22880	441900
697	34700	342	28	20426	63600
995	18600	352	17	20933	36400
889	5500	192	7	25984	17900
1090	7900	1126	10	34042	15500
1210	8300	1121	2	37118	20900
1296	2422	1231	38	31373	1600
1176	2689	1156	39	35286	17300
1465	3092	1482	9	60135	19230
1366	2923	1354		33878	10800
1249	12977	1202	6	31563	12056

第十篇

建 筑 业

Chapter 10

CONSTRUCTION

10-1 建筑业企业生产情况

MAJOR INDICATORS FOR CONSTRUCTION ENTERPRISES

指　标		Item		2000	2009	2010
企业个数	(个)	Construction Enterprises	(unit)	141	166	174
建筑业总产值	(万元)	Gross Output Value of Construction	(10000 yuan)	168178	962210	1218763
建筑工程		Construction		153122	890448	1201636
安装工程		Installation		10099	73488	11641
其他		Others		4957	18273	5486
建筑业增加值	(万元)	Value Added of Construction	(10000 yuan)	45811	233311	277279
竣工产值	(万元)	Value of Building Completed	(10000 yuan)	133086	785770	941158
房屋建筑施工面积	(万平方米)	Floor Space of Building Under Construction	(10000 sq.m)	86.98	285.64	272.42
房屋建筑工程竣工面积	(万平方米)	Floor Space of Building Under Completed	(10000 sq.m)	81.06	179.50	128.25
住宅面积		Floor Space of Residential Buildings		27.53	119.15	56.33
全部职工平均人数	(人)	Staff and Workers of Annual Average	(person)	26782	50547	58315
全员劳动生产率	(元/人·年)	Overall Labor Productivity	(yuan/person.year)			
按总产值计算		In Terms of Gross Output Valuc		62795	190359	208996
按增加值计算		In Terms of Construction Valuc-added		17105	46157	47548

10-2 国有建筑企业生产情况

MAJOR INDICATORS FOR STATE-OWNED CONSTRUCTION ENTERPRISES

指　标		Item		2000	2009	2010
企业个数	(个)	Construction Enterprises	(unit)	39	24	30
建筑业总产值	(万元)	Gross Output Value of Construction	(10000 yuan)	104699	170509	671838
建筑工程		Construction Output Value		97918	167001	669741
安装工程		Construction and Installation		5794	1455	697
其他		Others		987	2053	1400
建筑业增加值	(万元)	Value Added of Construction	(10000 yuan)	22486	49530	117075
竣工产值	(万元)	Value of Building Completed	(10000 yuan)	73484	134970	447974
房屋建筑施工面积	(万平方米)	Floor Space of Building Under Construction	(10000 sq.m)	35.13	27.11	35.65
房屋建筑工程竣工面积	(万平方米)	Floor Space of Building Under Completed	(10000 sq.m)	31.73	17.94	11.3
住宅面积		Floor Space of Residential Buildings		9.37	11.00	7.08
全部职工平均人数	(人)	Staff and Workers of Annual Average	(person)	12897	5648	20337
全员劳动生产率	(元/人·年)	Overall Labor Productivity	(yuan/person.year)			
按总产值计算		In Terms of Gross Output Valuc		81181	301893	330353
按增加值计算		In Terms of Construction Valuc-added		17435	87695	57567

10-3 集体建筑企业生产情况

MAJOR INDICATORS FOR URBAN COLLECTIVE-OWNED CONSTRUCTION ENTERPRISES

指　　标	Item		2000	2009	2010
企业个数	(个) Construction Enterprises	(unit)	87	20	22
建筑业总产值	(万元) Gross Output Value of Construction	(10000 yuan)	35099	104517	27763
建筑工程	Construction Output Value		30197	86482	27072
安装工程	Construction and Installation		3427	15096	84
其他	Others		1475	2939	607
建筑业增加值	(万元) Value Added of Construction	(10000 yuan)	15150	27716	12142
竣工产值	(万元) Value of Building Completed	(10000 yuan)	31529	101695	18410
房屋建筑施工面积	(万平方米) Floor Space of Building Under Construction	(10000 sq.m)	35.21	25.56	10.47
房屋建筑工程竣工面积	(万平方米) Floor Space of Building Under Completed	(10000 sq.m)	33.98	20.87	8.41
住宅面积	Floor Space of Residential Buildings		4.11	16.04	1.46
全部职工平均人数	(人) Staff and Workers of Annual Average	(person)	9741	4947	3041
全员劳动生产率	(元/人·年) Overall Labor Productivity (yuan/person.year)				
按总产值计算	In Terms of Gross Output Valuc		36032	211273	91295
按增加值计算	In Terms of Construction Valuc-added		15553	33142	39926

10-4 建筑业企业财务状况

FINANCIAL INDICATORS OF CONSTRUCTION ENTERPRISES

单位：万元 (10000 yuan)

指　　标	Item	2000	2009	2010
资本金合计	**Total Capital**	**67267**	**459602**	**497562**
年末资产负债	**Assets and Liabilities**			
流动资产合计	Total Circalating Funds	89937	426838	497827
#存货	Stock	19983	92713	94945
固定资产合计	Fixed Assets	88112	307064	350884
固定资产原价合计	Original Value of Fixed Assets	74517	270590	333542
累计折旧	Accumulative Depreciation	48804	40296	61821
#本年折旧	Depreciation in this Year	3985	6783	29823
资产总计	Total Assets	194577	782837	907013
流动负债合计	Liquid Liabilites	69002	195575	370892
长期负债合计	Long-term Liabilities	4654	23765	38558
所有者权益合计	Ownership Rights and Interests	120921	563496	497562
损益及分配	**Profits and Loss**			
工程结算收入	Revenue of Proiect Settled Accounts	108808	905723	1180553
工程结算税金及附加	Taxes and Addea of Enginecring Settle Accounts	4536	33935	49637
工程结算利润	Profits of Enginecring Settle Accounts	18004	207897	120333
管理费用	Management Costs	9848	84481	34986
#税金	Taxes	884	6300	8071
劳动、失业保险费	Permium for Employment Insurance	723	796	1252
利润总额	Profits of Enginecring Settle Accounts	7385	122166	91540
工资、福利费	**Wages and Welfarism**			
本年应付工资额	Wages Payable	19021	62569	86834
本年应付福利费总额	Welfare Payable	1930	8514	10123
建筑业增加值	**Add-value of Construction Enterprises**	**45811**	**233311**	**277279**

10-5 国有建筑企业财务状况

FINANCIAL INDICATORS OF STATE-OWNED CONSTRUCTION ENTERPRISES

单位：万元 (10000 yuan)

指　　标	Item	2000	2007	2009	2010
资本金合计	**Total Capital**	**23839**	**20026**	**47533**	**220076**
年末资产负债	**Assets and Liabilities**				
流动资产合计	Total Circalating Funds	59417	54848	82383	268693
#存货	Stock	12167	8176	18919	50847
固定资产合计	Fixed Assets	57726	18265	56952	188813
固定资产原价合计	Original Value of Fixed Assets	38934	20670	42287	162641
累计折旧	Accumulative Depreciation	32274	4363	7036	22546
#本年折旧	Depreciation in this Year	3351	1257	1188	100025
资产总计	Total Assets	129897	76275	143026	463076
流动负债合计	Liquid Liabilites	51784	32498	42736	241207
长期负债合计	Long-term Liabilities	3050	4868	1186	1792
所有者权益合计	Ownership Rights and Interests	75063	38930	99104	220076
损益及分配	**Profits and Loss**				
工程结算收入	Revenue of Proiect Settled Accounts	53167	100139	173394	662621
工程结算税金及附加	Taxes and Addea of Enginecring Settle Accounts	1749	3103	7772	23280
工程结算利润	Profits of Enginecring Settle Accounts	6504	6585	37242	54953
管理费用	Management Costs	4530	3143	5267	11827
#税金	Taxes	270	733	880	2326
劳动、待业保险费	Permium for Employment Insurance	610	217	156	688
利润总额	Profits of Enginecring Settle Accounts	2102	3098	32591	47954
工资、福利费	**Wages and Welfarism**				
本年应付工资额	Wages Payable	10194	6121	7581	28711
本年应付福利费总额	Welfare Payable	1822	300	65	4114
建筑业增加值	**Add-value of Construction Enterprises**	**22486**	**15249**	**49530**	**117075**

10-6 集体建筑企业财务状况

FINANCIAL INDICATORS OF URBAN COLLECTIVE-OWNED CONSTRUCTION ENTERPRISES

单位：万元 (10000 yuan)

指 标	Item	2000	2007	2009	2010
资本金合计	**Total Capital**	**30577**	**20045**	**168625**	**35799**
年末资产负债	**Assets and Liabilities**				
流动资产合计	Total Circalating Funds	12775	38540	12179	20327
#存货	Stock	3478	1143	3176	3317
固定资产合计	Fixed Assets	18317	18948	11918	26403
固定资产原价合计	Original Value of Fixed Assets	17160	20460	13812	26683
累计折旧	Accumulative Depreciation	9347	6137	3260	5248
#本年折旧	Depreciation in this Year	417	927	8660	1362
资产总计	Total Assets	33274	61369	25891	54139
流动负债合计	Liquid Liabilites	8646	24422	3983	11793
长期负债合计	Long-term Liabilities	556	2047	313	6547
所有者权益合计	Ownership Rights and Interests	24072	34900	21596	35799
损益及分配	**Profits and Loss**				
工程结算收入	Revenue of Proiect Settled Accounts	29926	91621	103596	32543
工程结算税金及附加	Taxes and Addea of Enginecring Settle Accounts	2064	3116	3390	1290
工程结算利润	Profits of Enginecring Settle Accounts	6524	23728	32255	5329
管理费用	Management Costs	3095	5383	15561	1825
#税金	Taxes	526	313	989	496
劳动、失业保险费	Permium for Employment Insurance	20	22	100	248
利润总额	Profits of Enginecring Settle Accounts	3061	17102	16464	3883
工资、福利费	**Wages and Welfarism**				
本年应付工资额	Wages Payable	5945	8840	5871	4307
本年应付福利费总额	Welfare Payable	103	87	27	557
建筑业增加值	**Add-value of Construction Enterprises**	**15150**	**30241**	**27716**	**12142**

10-7 国有建筑业主要经济指标

MAJOR ECONOMIC INDICATORS OF STATE-OWNED CONSTRUCTION

指　　标	Item		2000	2009	2010
总产值 (万元)	Gross Output Value	(10000 yuan)	104699	170509	671838
#施工产值	Gross Output Value of Construction		104699	170509	671838
全员劳动生产率 (元/人)	Overall Labor Productivity				
按总产值计算	In Terms of Gross Output Value	(yuan/person)	81181	301893	330353
按施工产值计算	In Terms of Construction Gross Output Value		81181	301893	330353
全部职工平均人数 (人)	Staff and Workers of Annual Average	(person)	12897	5648	20337
房屋建筑施工面积 (平方米)	Floor Space of Building Under Construction	(sq. m)	351333	271109	356538
房屋建筑竣工面积 (平方米)	Floor Space of Building Completed	(sq. m)	317347	179402	113035
#住宅	Residential Buildings		93693	110035	70840
房屋建筑面积竣工率 (%)	Rate of Floor Space of Buildings Completed	(%)	90.3	66.2	31.7
利润总额 (万元)	Total Profits	(10000 yuan)	2101	32591	47954
产值利润率 (元/百元)	Ratio of Profit to Gross Output Value	(yuan/ 100 yuan)	2.0	19.1	7.1
工资总额 (万元)	Total Wages	(10000 yuan)	10194	7581	28711
产值工资率 (元/百元)	Ratio of Output Value to Wages	(yuan/100 yuan)	9.7	4.4	4.3

10-8 集体建筑业主要经济指标

MAJOR ECONOMIC INDICATORS OF URBAN COLLECTIVE-OWNED CONSTRUCTION

指　　标	Item		2000	2009	2010
总产值 (万元)	Gross Output Value	(10000 yuan)	35099	104517	27763
#施工产值	Gross Output Value of Construction		35099	104517	27763
全员劳动生产率 (元/人)	Overall Labor Productivity				
按总产值计算	In Terms of Gross Output Value	(yuan/person)	36032	211273	91295
按施工产值计算	In Terms of Construction Gross Output Value		36032	211273	91295
全部职工平均人数 (人)	Staff and Workers of Annual Average	(person)	9741	4947	3041
房屋建筑施工面积 (平方米)	Floor Space of Building Under Construction	(sq. m)	352127	255566	104676
房屋建筑竣工面积 (平方米)	Floor Space of Building Completed	(sq. m)	336835	208707	84059
#住宅	Residential Buildings		41089	160435	14638
房屋建筑面积竣工率 (%)	Rate of Floor Space of Buildings Completed	(%)	95.7	76.9	80.3
利润总额 (万元)	Total Profits	(10000 yuan)	3061	16464	3883
产值利润率 (元/百元)	Ratio of Profit to Gross Output Value	(yuan/ 100 yuan)	8.7	15.8	14.0
工资总额 (万元)	Total Wages	(10000 yuan)	5945	5871	4307
产值工资率 (元/百元)	Ratio of Output Value to Wages	(yuan/100 yuan)	16.9	5.6	15.5

10-9 建筑业生产效益指标

ECONOMIC RESULTS INDICATORS OF CONSTRUCTION

指　　标		Item		2000	2009	2010
房屋建筑面积竣工率	(%)	Rat of Floor Space of Buildings Completed	(%)	93.2	62.8	47.1
产值利润率	(%)	Ratio of profit to Gross Output Value	(%)	4.4	12.7	0.8
资本金利润率	(%)	Ratio of Profit to Principal	(%)	11.0	26.6	18.4
工资利润率	(%)	Ratio of Profit to Wages	(%)	38.8	51.2	94.9
产值工资率	(%)	Ratio of Wages to Production Value	(%)	11.3	6.5	5.1
百元产值占用流动资金	(%)	Per 100 Output Value Engross Circulating Capital	(%)	53.5	44.4	40.8
流动比率	(%)	Circulating Rate	(%)	130.3	217.0	134.2
速动比率	(%)	Speed Rate	(%)	101.4	169.5	108.6
资产负债率	(%)	Ratio of Liabilities to Assets	(%)	37.9	28.1	45.1
职工人均生产房屋竣工面积	(平方米/人)	Per Staff and Workers Products Floor Space of Buildings Completed	(sq. m/person)	30.3	35.5	33.3

10-10 国有建筑业生产效益指标

ECONOMIC RESULTS INDICATORS OF STATE-OWNED CONSTRUCTION

指　　标		Item		2000	2009	2010
房屋建筑面积竣工率	(%)	Rat of Floor Space of Buildings Completed	(%)	90.3	66.2	31.7
产值利润率	(%)	Ratio of profit to Gross Output Value	(%)	2.0	19.1	7.1
资本金利润率	(%)	Ratio of Profit to Principal	(%)	9.3	68.6	21.8
工资利润率	(%)	Ratio of Profit to Wages	(%)	20.6	23.3	59.9
产值工资率	(%)	Ratio of Wages to Production Value	(%)	9.7	4.4	4.3
百元产值占用流动资金	(%)	Per 100 Output Value Engross Circulating Capital	(%)	49.5	48.3	32.8
流动比率	(%)	Circulating Rate	(%)	114.7	192.8	111.4
速动比率	(%)	Speed Rate	(%)	91.2	148.5	90.3
资产负债率	(%)	Ratio of Liabilities to Assets	(%)	42.2	30.7	52.5
职工人均生产房屋竣工面积	(平方米/人)	Per Staff and Workers Products Floor Space of Buildings Completed	(sq. m/person)	38.4	31.8	5.6

10-11 各地市建筑业生产情况 (2010年)

指　标		Item		总计 Total	拉萨市 Lhasa
企业个数	(个)	Construction Enterprises	(unit)	174	80
建筑业总产值	(万元)	Gross Output Value of Construction	(10000 yuan)	1218763	1036508
建筑工程		Construction Output Value		1201636	1025562
安装工程		Construction and Installation		11641	8728
其他		Others		5486	2219
建筑业增加值	(万元)	Value Added of Construction	(10000 yuan)	277279	213364
竣工产值	(万元)	Value of Building Completed	(10000 yuan)	941158	797768
房屋建筑施工面积	(万平方米)	Floor Space of Building Under Construction	(10000 sq.m)	272.42	174.46
房屋建筑工程竣工面积	(万平方米)	Floor Space of Building Under Completed	(10000 sq.m)	128.25	53.82
# 住宅面积		Floor Space of Residential Buildings		56.34	28.29
自有机械设备年末总台数	(台)	Machinery and Equipment Owned Unit	(unit)	6129	2636
施工机械功率	(万千瓦)	Power of Construction Machines	(10000 kw)	25547	17154.00
自有机械设备净值	(万元)	Net Value of Machinery and Equipment Owned	(10000 yuan)	61041	35482
全部职工平均人数	(人)	Staff and Workers of Annual Average	(person)	58315	37799
全员劳动生产率	(元/人·年)	Overall Labor Productivity	(yuan/person.year)		
按总产值计算		In Terms of Gross Output Valuc		208996	274216
按增加值计算		In Terms of Construction Valuc-added		47548	56447

MAJOR INDICATORS FOR CONSTRUCTION ENTERPRISES BY REGION (2010)

昌都地区 Qamdo	山南地区 Shannan	日喀则地区 Xigazê	那曲地区 Nagqu	阿里地区 Ngari	林芝地区 Nyingchi
4	27	30	2	8	23
5192	49698	83141	4900	23361	15963
5192	47671	82626	4890	22092	13603
	269	315	10	519	1800
	1757	200		750	560
2448	15576	29117	882	10636	5335
5192	35907	66330		23361	12600
3.51	19.11	43.33	1.80	10.32	19.90
3.51	13.30	31.44		6.91	19.27
0.90	3.90	14.08		3.72	5.45
166	1009	1940		373	5
1272.00	2014	3943.00		1151	13
1438	7710	12091		4311	9
975	4735	10496	84	2208	2018
53251	104958	79212	583333	105802	79103
25108	32895	27741	105000	48170	26437

第十一篇

运输和邮电业

Chapter 11

TRANSPORTATION,POSTAL AND TELECOMMUNICATIONS SERVICES

11-1　公路、桥梁、渡口

HIGHWAY , BRIDGE AND FERRY

年 份 Year	公路通车 里程(公里) Highways in Operation (km)	#晴雨通车 Length of Highways in All Weathers	公路养护 (公里) Maintain Highways (km)	桥梁 (座/米) Bridge (seat/meter)	渡口 (处) Ferry (unit)
1954	1988	1988			
1959	7343	7343			
1965	14721	5713	5792	631/11286	6
1978	15852	7247	7247	665/15919	6
1979	15852	7247	7247	665/15919	6
1980	21511	20663	7944	712/18358	10
1981	21551	20663	8252	713/18452	10
1982	21551	20663	8541	717/18594	10
1983	21551	20663	8571	721/18753	10
1984	21611	20723	13656	726/19553	10
1985	21660	20733	17863	730/19845	10
1986	21662	20733	17863	744/20178	10
1987	21695	20766	17863	744/20178	10
1988	21695	20845	17863	746/20281	10
1989	21834	20970	17973	757/20549	10
1990	21842	20978	17981	777/21697	10
1991	21944	21066	17981	780/21718	10
1992	21944	20978	17981	881/23960	10
1993	21944	20978	17981	881/23960	10
1994	21842	20978	17981	881/23960	10
1995	22391	20988	17081	882/23988	10
1996	22391	16719	17081	948/27775	10
1997	22455	16719	17981	948/27775	8
1998	22455	8895	17981	948/27775	7
1999	22475	8895	17981	948/27775	7
2000	22503	8895	17981	1011/29472	7
2001	35537	17317	12419	1293/35240	5
2002	39760	18455	12419	1293/35240	
2003	41302	17104	13129	1528/42106	5
2004	42203	16762	39243	1831/47328	5
2005	43716	10916	39501	2012/59514	5
2006	44813	16766	42645	3507/96062	1
2007	48611	21299	45488	4265/115526	1
2008	51314	24317	47239	4452/118548	1
2009	53845	29658	49592	4906/133932	1
2010	58249	43774	55856	5545/147050	1

注：2001年公路通车里程为第二次公路普查数据。

Note:Date of highways in operation of 2001 is from the second highways cecsuses.

11-2 全社会客、货运输量及周转量

TURNOVER VOLUME OF PASSENGER AND FREIGHT TRAFFIC

指标		Item		2009	2010
客运量总计	**（万人次）**	**Total Passenger Traffic**	**(10000 person-times)**	**7964.80**	**8308.24**
公 路		Highways		7759.00	8066.00
民 航		Total Civil Aviation Routes		131.80	154.04
铁 路		Railways		74.00	88.20
旅客周转量总计	**（万人公里）**	**Total Passenger-Kilometers**	**(10000 person-km)**	**391630**	**429389**
公 路		Highways		217316	227669
民 航		Total Civil Aviation Routes		91795	107308
铁 路		Railways		82519	94412
货运量总计	**（万吨）**	**Total Freight Traffic**	**(10000 tons)**	**959.26**	**996.37**
公 路		Highways		920.00	952.00
民 航		Total Civil Aviation Routes		1.36	1.47
管 道		Petroleum and Gas Pipelines		15.10	13.00
铁 路		Railways		22.80	29.90
货物周转量总计	**（万吨公里）**	**Total Freight Ton-kilometers**	**(10000 ton-km)**	**370349**	**417558**
公 路		Highways		254041	265607
民 航		Total Civil Aviation Routes		1574	1700
管 道		Petroleum and Gas Pipelines		15388	13153
铁 路		Railways		99346	137098

11-3 公路客货运输量、周转量（2010年）

HIGHWAYS OF PASSENGER AND FREIGHT TRAFFIC (2010)

指标	Item	客运量（万人）Passenger Traffic (10000 persons)	旅客周转量（万人公里）Passenger-Kilometers (10000 person-km)	货运量（万吨）Freight Traffic (10000 tons)	货运周转量（万吨公里）Freight Ton-kilometers (10000 ton-km)
全年	**The Year**	**8066**	**227668**	**952**	**265607**
1月	Jan.	560	16845	53	18287
2月	Feb.	594	15050	53	16290
3月	Mar.	670	15430	56	15894
4月	Apr.	661	17985	95	21518
5月	May.	665	20106	97	24764
6月	June.	715	18235	102	22718
7月	July.	729	21121	94	24191
8月	Aug.	750	20693	94	23952
9月	Sep.	693	18995	98	23581
10月	Oct.	719	20839	98	24189
11月	Nov.	686	19466	64	24502
12月	Dec.	624	22903	48	25721

11-4 民用车辆拥有量（2010年）

NUMBER OF CIVIL MOTOR VEHICIES OWNED (2010)

单位：辆 (unit)

指标	Item	总计 Total	营运 In Management	非营运 Out Management	总计中 (In Total) 进口 Import	个人 Private	新注册 Newly Register	报废 Useless
合计	**Total**	**220307**	**64655**	**155652**	**11096**	**160993**	**28360**	**149**
汽车	**Vehicles**	**168933**	**51286**	**117647**	**11006**	**112196**	**25039**	**115**
载客汽车	Buses and Cars	101485	16301	85184	10683	62804	15977	89
大型	Large	5610	3676	1934	130	1258	986	34
中型	Middle	7635	3929	3706	333	3516	854	10
小型	Small	78420	7840	70580	9773	52807	13244	20
微型	Mini	9820	856	8964	447	5223	893	25
载货汽车	Trucks	63210	32557	30653	307	47483	7899	26
重型	Heavy-duty	22293	18533	3760	145	16610	1205	3
中型	Middle	13563	8780	4783	65	11527	1221	4
轻型	Light	25204	4658	20546	65	17647	5461	5
微型	Small	2150	586	1564	32	1699	12	14
其他汽车	Others	4238	2428	1810	16	1909	1163	
摩托车	**Motorcycle**	**32444**	**1515**	**30929**	**76**	**30881**	**2881**	**11**
普通	Common	29675	1404	28271	75	28145	2324	11
轻便	Brisk	2769	111	2658	1	2736	557	
挂车	**Trailers**	**933**	**912**	**21**		**189**	**121**	**4**
拖拉机	**Tractors**	**16611**	**9556**	**7055**	**14**	**16341**	**319**	**19**
其他	Others	1386	1386			1386		

11-5　邮电通信网

SYSTEM OF POSTAL AND TELECOMMUNICATIONS SERVICES

年 份 Year	邮政局所（个） Number of post Offices (unit)	邮路总长度（公里） Length of Postal Routes (km)	农村投递路线（公里） Rural Delivery Routes (km)	邮政主要设备汽车（辆） Postal Trucks (unit)	局用交换机容量（门） Capacity of Local Tele-phone Exch-ange(line)	长途光缆线路长度（公里） Length of Long Distance Optical Cable Lines (km)
1958	12	2816		15	150	
1959	51	4839		19	360	
1965	90	12378	10498	48	1185	
1978	112	95338	82480	183	5720	
1979	112	82518	69608	182	6850	
1980	117	15865	57487	200	9530	
1985	124	14355	59478	188	10960	
1986	124	17000	60252	198	11080	
1987	118	14837	59937	193	10585	
1988	117	14882	60996	168	11910	
1989	118	14676	56725	166	11760	
1990	119	14678	56725	177	15840	
1991	120	14391	55769	113	15985	
1992	123	15395	54999	175	20995	
1993	125	15175	55186	155	35385	
1994	133	17320	55367	146	38146	
1995	138	17648	55367	155	46571	
1996	139	16407	55260	173	57700	423
1997	134	16435	55260	174	90256	4076
1998	134	16332	58368	189	149280	1450
1999	138	16720	42016	210	158980	2532
2000	142	16646	42677	286	170228	5317
2001	133	16357	42677	341	244160	6789
2002	129	16576	42677	363	272036	6872
2003	128	18544	42677	406	293533	6405
2004	126	18615	44185	415	340824	7565
2005	126	15357	116710	464	362093	9576
2006	126	15347	116975	464	373974	13345
2007	193	17161	117736	501	416325	19019
2008	193	17654	117746	537	430000	23000
2009	194	19246	117635	554	419900	22000
2010	196	16752	117612	473	423000	22500

11-6 邮电业务量

POSTAL AND TELECOMMUNICATIONS SERVICES

年份 Year	邮电业务总量 (万元) Business Volume of Post and Telecommunications Services (10000 yuan)	邮政业务总量 Business Volume of Post	电信业务总量 Business Volume of Telecommunications	函件 (万件) Number of Letters (10000 pcs)	包件 (万件) Number of Parcels (10000 pcs)
1958	60	12	48	96	0.1
1959	99	31	43	273	0.2
1965	284	63	58	478	1
1978	214	89	125	557	5
1979	228	100	128	565	5
1980	269	104	165	576	6
1985	813	32	781	657	5
1986	829	191	638	727	6
1987	894	203	691	804	8
1988	1205	296	909	799	10
1989	1524	396	1128	784	12
1990	1713	836	877	792	12
1991	2121	1127	994	753	9
1992	2726	1480	1246	867	9
1993	3273	1399	1874	1168	12
1994	4112	1527	2585	1460	17
1995	5740	1665	4075	1653	16
1996	7991	1858	6133	1587	20
1997	11787	2282	9505	1373	20
1998	16492	2410	14082	1298	27
1999	26030	3073	22960	1415	34
2000	38431	3220	35211	1349	31
2001	64831	7276	28165	926	31
2002	74549	8184	66364	932	35
2003	98192	9288	88904	637	35
2004	134657	10040	124617	473	36
2005	164833	10466	154367	343	36
2006	215134	11346	203788	350	32
2007	308899	13285	295614	301	37
2008	417265	14788	402477	284	30
2009	521235	16918	504317	536	35
2010	638381	18381	620000	291	19

注：邮电业务总量1980年以前按1970年不变价格计算，1981年至1990年按1980年不变价格计算，1991年至2000年按1990年不变价格计算，2001年以后按2000年不变价格计算。

Note: The business volume of post and telecommunications in 1980 and prerious years was calculated at 1970 constant prices while that in 1981-1990 was calculated in 1980 constant prices. Since 1990, it has caculated in 1990 constant prices.

11-6 续表 continued

年份 Year	报刊期发数 (万份) Number of Newspapers & Magazines Circulation (10000 copies)	特快专递 (万件) Pieces of Express Mail Services (10000 pcs)	年末市内电话户数 (户) Local Telephone Subscribers Year-end (subscriber)	移动电话用户 (户) Number of Mobile Telephone Subscribers (subscriber)	年末农村电话户数 (户) Rural Telephone Subscribers Year-end (subscriber)
1958	2		139		
1959	3		276		
1965	4		735		
1978	19		3189		530
1979	20		3859		570
1980	23		3923		529
1985	30		5981		280
1986	29		6233		358
1987	24		6429		371
1988	25		7051		332
1989	21		7688		310
1990	25		9056		307
1991	27		10052		307
1992	25		11715		304
1993	26	1	15026	374	304
1994	58	1	19778	717	312
1995	22	3	26230	1422	300
1996	19		32794	2218	321
1997	26	5	43326	6580	310
1998	18	6	58867	11513	299
1999	27	10	79022	27774	530
2000	40	13	105005	72300	620
2001	20	17	144852	112836	4713
2002	24	20	187954	210521	9492
2003	22	28	247661	330900	9094
2004	24	31	378424	396557	24998
2005	27	33	495313	469303	30396
2006	36	39	649680	605483	32513
2007	26	47	678500	737259	11693
2008	26	50	695000	835259	27000
2009	26	63	512100	1255114	27200
2010	42	69	419142	1576388	19602

第十二篇

国内贸易

Chapter 12

DOMESTIC TRADE

12-1 社会消费品零售总额

TOTAL RETAIL SALES OF CONSUMER GOODS

单位：万元　(10000 yuan)

年份 Year	地区 Region	社会消费品零售总额 Total Retail Sales of Consumer Goods	按地区分 Grouped by Region 市 City	县 Country	县以下 Under Country Level
1978		24479	9474	3665	11340
1979		27114	10493	3758	12863
1980		28687	11101	4446	13140
1981		33151	12829	6831	13491
1982		37051	14080	5782	17189
1983		39386	15243	5908	18235
1984		92422	35767	13863	42792
1985		94983	36759	14891	43333
1986		91009	35199	22752	33058
1987		98571	34499	24642	39430
1988		106239	32979	28833	44427
1989		128783	34636	50166	43981
1990		128700	33059	54082	41559
1991		138532	59933	47234	31365
1992		152265	68519	45680	38066
1993		181563	76256	68994	36313
1994		207363	87299	78866	41198
1995		243030	111633	76782	54615
1996		261865	122269	82736	56860
1997		323246	157045	108761	57440
1998		347198	174043	121030	52125
1999		376258	185116	140223	50919
2000		425209	204237	164287	56685
2001		486482	238647	189758	58077
2002		529390	238427	223892	67071
2003		578253	258705	248035	71513
2004		631799	280126	271778	79895
2005		732328	330704	308763	92861
2006		900173	439495	357143	103535
2007		1125992	566576	441876	117540
2008		1299875	647290	513434	139151
2009		1565814	760185	622573	183056
2010		1853000	914085	733047	205868

12-2 按行业分的社会消费品零售总额

TOTAL RETAIL SALES OF CONSUMER GOODS BY SECTOR

年份 Year	地区 Region	合 计 (万元) Total (10000 yuan)	批发和零售业 Wholesale and Retail Trades	住宿和餐饮业 Hotel and Restaurants	其他行业 Others
1978		24477	22679	169	1631
1979		27114	24885	179	2050
1980		28687	26220	189	2278
1981		33151	28723	221	4207
1982		37051	33728	532	2791
1983		39386	37426	187	1773
1984		92422	76086	2662	13674
1985		94983	79556	3553	11874
1986		91009	70628	3640	16741
1987		98571	79510	4020	15041
1988		106239	86370	4961	14908
1989		128783	109325	5027	14431
1990		128700	110935	4657	13108
1991		138532	103539	9277	25716
1992		152265	123382	6240	22643
1993		181563	136325	11203	34035
1994		207363	168470	15724	23169
1995		243030	170493	37624	34913
1996		261865	175803	44556	41506
1997		323246	262961	36315	23970
1998		347198	265795	52623	28780
1999		376258	293794	53051	29413
2000		425209	319695	65861	39653
2001		486482	366299	73722	46461
2002		529390	419709	77131	32550
2003		578253	462009	81027	35217
2004		631799	510970	109958	10871
2005		732328	593024	123990	15314
2006		900173	718558	147790	33825
2007		1125992	890370	188975	46647
2008		1299875	1053295	196427	50153
2009		1565814	1298188	229319	38307
2010		1853000	1575166	277834	

12-3 分地区社会消费品零售总额(2010)

TOTAL RETAIL SALES OF CONSUMER GOODS BY REGION (2010)

单位：万元 (10000 yuan)

地区	Region	社会消费品零售总额 Total Retail Sales of Consumer Goods	城镇 Cities and towns	乡村 Rural
合计	Total	1853000	1377086	475914
拉萨市	Lhasa	884477	784624	99853
昌都地区	Qamdo	155208	116760	38448
山南地区	Shannan	187162	144536	42626
日喀则地区	Xigazê	358697	134736	223961
那曲地区	Nagqu	96589	65388	31201
阿里地区	Ngari	44645	40364	4281
林芝地区	Nyingchi	126222	90678	35544

12-4 各地区按行业分的社会消费品零售总额(2010)

TOTAL RETAIL SALES OF CONSUMER GOODS BY REGION AND SECTOR (2010)

地区	Region	合 计 (万元) Total (10000 yuan)	批发和零售业 Wholesale and Retail Trades	住宿和餐饮业 Hotel and Restaurants
拉萨市	Lhasa	884477	775837	108640
昌都地区	Qamdo	155208	121285	33923
山南地区	Shannan	187162	163904	23258
日喀则地区	Xigazê	358697	298694	60003
那曲地区	Nagqu	96589	90955	5634
阿里地区	Ngari	44645	29545	15100
林芝地区	Nyingchi	126222	94946	31276

12-5 限额以上批发和零售业法人企业基本情况(2010)

BASIC CONDITIONS OF ENTERPRISES ABOVE DESIGNATED SIZE IN WHOLESALE TRADESALE AND RETAIL TRADES BY TYPES OF REGISTRATION AND SECTOR (2010)

指　标	Item	法人企业数(个) Number of Corporation Enterprises(unit)	年末从业人员数(人) Engaged Persons at Year-end(person)
总　计	**Total**	**60**	**6152**
批发业合计	**Wholesale Trade**	**14**	**2082**
内资企业	**Domestic Funded Enterprises**	**14**	**2082**
国有企业	State-owned Enterprises	8	834
有限责任公司	Limited Liability Corporations	5	830
私营企业	Private Enterprises	1	418
港、澳、台商投资企业	**Enterprises with Funds from Hong Kong,Macao and Taiwan**		
外商投资企业	**Foreign Funded Enterprises**		
零售业合计	**Retail Trade**	**46**	**4070**
内资企业	**Domestic Funded Enterprises**	**45**	**4051**
国有企业	State-owned Enterprises	10	1301
集体企业	Collective-owned Enterprises	1	210
有限责任公司	Limited Liability Corporations	9	784
股份有限公司	Share-holding Corporations Ltd.	4	389
私营企业	Private Enterprises	20	1257
其他企业	Others	1	110
港、澳、台商投资企业	**Enterprises with Funds from Hong Kong,Macao and Taiwan**		
外商投资企业	**Foreign Funded Enterprises**	**1**	**19**

12-6 按登记注册类型分限额以上批发和零售业法人企业商品购、销、存总额（2010年）

TOTAL PURCHASES，SALES AND STOCK OF ENTERPRISES ABOVE DESIGNATED SIZE OF WHOLESALE AND RETAIL TRADES BY STATUS OF REGISTRATION (2010)

单位：万元 (10000 yuan)

指　标	Item	购进总额 Total Purchases Value	销售总额 Total Sales Value	批发 Wholesale Value	零售 Retail Value	年末库存总额 Stock (yesr-end)
总　计	**Total**	**772885**	**920731**	**429811**	**490920**	**145727**
批发业合计	**Wholesale Trade**	**262863**	**404138**	**399856**	**4282**	**32654**
内资企业	**Domestic Funded Enterprises**	**262863**	**404138**	**399856**	**4282**	**32654**
国有企业	State-owned Enterprises	184065	266850	263897	2953	27235
有限责任公司	Limited Liability Corporations	73818	133474	132431	1043	4253
私营企业	Private Enterprises	4980	3814	3528	286	1166
港、澳、台商投资	**Enterprises with Funds from Hong Kong,Macao and Taiwan**					
外商投资企业	**Foreign Funded Enterprises**					
零售业合计	**Retail Trade**	**510022**	**516593**	**29955**	**486638**	**113073**
内资企业	**Domestic Funded Enterprises**	**506825**	**512422**	**29955**	**482467**	**112791**
国有企业	State-owned Enterprises	233426	215095	17153	197943	75323
集体企业	Collective-owned Enterprises	1360	923		923	437
有限责任公司	Limited Liability Corporations	59328	57978		57978	19286
股份有限公司	Share-holding Corporations Ltd.	86853	110199	9539	100660	3164
私营企业	Private Enterprises	116920	122164	3264	118900	11707
其他企业	Others	8938	6063		6063	2874
港、澳、台商投资	**Enterprises with Funds from Hong Kong,Macao and Taiwan**					
外商投资企业	**Foreign Funded Enterprises**	**3197**	**4171**		**4171**	**282**

12-7 按行业分限额以上批发和零售业法人企业商品购、销、存总额（2010年）

TOTAL PURCHASES，SALES AND STOCK OF ENTERPRISES ABOVE DESIGNATED SIZE OF WHOLESALE AND RETAIL TRADES BY SECTOR（2010）

单位：万元 (10000 yuan)

指标	Item	购进总额 Total Purchases Value	销售总额 Total Sales Value	批发 Wholesale Value	零售 Retail Value	年末库存总额 Stock (yesr-end)
总计	**Total**	**772885**	**920731**	**429811**	**490920**	**145727**
批发业合计	**Wholesale Trade**	**262863**	**404138**	**399856**	**4282**	**32654**
农畜产品批发	Wholesale of Farm Produce and Livestock Products		6165	6165		723
食品、饮料及烟草制品批发	Wholesale of Food,Beverages and Tobaccos	185250	256874	254133	2741	21977
文化、体育用品及器材批发	Wholesale of Culture,Sports Appliances and Equipments	8048	7518	6395	1123	5026
医药及医疗器材批发	Whollesale of Medicines and Medical Appliances	49271	102913	102913		617
矿产品、建材及化工产品批发	Wholesalea of Mineral Products,Building Materials and Chemical Products	6936	6777	6777		589
机械设备、五金交电及电子产品批发	Wholesaale of Machimery,Hardware and Electronic Equipment	13358	23891	23473	418	3722
零售业合计	**Retail Trade**	**510022**	**516593**	**29955**	**486638**	**113073**
综合零售	Integrated Retail	22965	22975		22976	6522
食品、饮料及烟草制品专门零售	Retail of Food,Beverages and Tobaccos	69660	43544	13772	29772	32591
纺织、服装及日用品专门零售	Special Retail of Textiles,Garments and Daily Consumer Articles	3198	4171		4171	282
文化、体育用品及器材专门零售	Retail of Culture,Sports Appliances and Equipments	5116	4957		4957	2131
汽车、摩托车、燃料及零配件专门零售	Retail of Motor Vehicles,Motorcycles, Fuel and Parts	390782	419320	12920	406400	68439
家用电器及电子产品专门零售	Special Retail of Household Electric Appliances and Electronic Products	17499	20832	3264	17568	3095
无店铺及其他零售	Non-shop and Other Retails	802	794		794	13

12-8 按登记注册类型分限额以上批发和零售业企业资产及负债（2010年）

BUSINESS OF ENTERPRISES ABOVE DESIGNATED SIZE OF HOTELS AND CATERING SERVICES BY STATUS OF REGISTRATION AND SECTOR (2010)

单位：万元　　(10000 yuan)

指　标	Item	资产总计 Total Assets	#流动资产合计 Working Capitals	#固定资产原价 Original Value of Fixed Assets	负债合计 Total Liabilities	所有者权益合计 Total Owners' Equities
总　计	**Total**	**414738**	**215834**	**116752**	**181443**	**233296**
批发业合计	**Wholesale Trade**	**238886**	**122802**	**42945**	**91546**	**147340**
按登记注册类型分组	**By Status of Registration**					
内资企业	**Domestic Funded Enterprises**	**238886**	**122802**	**42945**	**91546**	**147340**
国有企业	State-owned Enterprises	123652	37934	29808	23071	100581
有限责任公司	Limited Liability Corporations	97545	80540	8805	64359	33186
私营企业	Private Enterprises	17689	4328	4332	4116	13573
港、澳、台商投资企业	**Enterprises with Funds from Hong Kong,Macao and Taiwan**					
外商投资企业	**Foreign Funded Enterprises**					
零售业合计	**Retail Trade**	**175852**	**93032**	**73807**	**89897**	**85956**
内资企业	**Domestic Funded Enterprises**	**175322**	**92548**	**73705**	**89417**	**85906**
国有企业	State-owned Enterprises	64127	21157	46698	24516	39611
集体企业	Collective-owned Enterprises	747	702	53	450	298
有限责任公司	Limited Liability Corporations	33551	18026	8662	22648	10903
股份有限公司	Share-holding Corporations Ltd.	23089	6803	12579	3107	19983
私营企业	Private Enterprises	52733	45189	5174	37820	14912
其他企业	Others	1075	671	539	876	199
港、澳、台商投资企业	**Enterprises with Funds from Hong Kong,Macao and Taiwan**					
外商投资企业	**Foreign Funded Enterprises**	**530**	**484**	**102**	**480**	**50**

12-9 按行业分限额以上批发和零售业企业资产及负债（2010年）
ASSETS AND LIABILITIES OF ENTERPRISES ABOVE DESIGNATED SIZE OF WHOLESALE AND RETAIL TRADES BY SECTOR（2010）

单位：万元 (10000 yuan)

指 标	Item	资产总计 Total Assets	#流动资产合计 Working Capitals	#固定资产原价 Original Value of Fixed Assets	负债合计 Total Liabilities	所有者权益合计 Total Owners' Equities
总 计	**Total**	**414738**	**215834**	**116752**	**181443**	**233296**
批发业合计	**Wholesale Trade**	**238886**	**122803**	**42945**	**91547**	**147340**
农畜产品批发	Wholesale of Farm Produce and Livestock Products	6254	3306	3483	2605	3649
食品、饮料及烟草制品批发	Wholesale of Food,Beverages and Tobaccos	115648	33621	23685	12969	102679
文化、体育用品及器材批发	Wholesale of Culture,Sports Appliances and Equipments	6608	4226	3071	4201	2408
医药及医疗器材批发	Whollesale of Medicines and Medical Appliances	52858	47676	1388	42864	9994
矿产品、建材及化工产品批发	Wholesalea of Mineral Products,Building Materials and Chemical Products	34156	25285	4890	20589	13567
机械设备、五金交电及电子产品批发	Wholesaale of Machimery,Hardware and Electronic Equipment	23362	8689	6428	8319	15043
零售业合计	**Retail Trade**	**175852**	**93031**	**73807**	**89896**	**85956**
综合零售	Integrated Retail	19032	14510	3957	12351	6681
食品、饮料及烟草制品专门零售	Retail of Food,Beverages and Tobaccos	19305	7542	7429	11005	8301
纺织、服装及日用品专门零售	Special Retail of Textiles,Garments and Daily Consumer Articles	529	483	102	479	50
文化、体育用品及器材专门零售	Retail of Culture,Sports Appliances and Equipments	7712	5191	3190	1920	5792
汽车、摩托车、燃料及零配件专门零售	Retail of Motor Vehicles,Motorcycles, Fuel and Parts	122026	58587	58813	59641	62384
家用电器及电子产品专门零售	Special Retail of Household Electric Appliances and Electronic Products	6648	6492	180	4464	2184
无店铺及其他零售	Non-shop and Other Retails	600	226	136	36	564

12-10 按登记注册类型分限额以上批发和零售业法人企业主要财务指标(2010年)

MAIN FINANCIAL INDICATORS OF ENTERPRISES ABOVE DESIGNATED SIZE OF WHOLESALE RETAIL TRADES BY STATUS OF REGISTRATION AND SECTOR (2010)

单位：万元 (10000 yuan)

指 标	Item	主营业务收入 Revenue from Principal Business	主营业务成本 Cost of Principal Business	主营业务税金及附加 Taxes and Other Charges on Principal Business	主营业务利润 Profits from Principal Business
总 计	**Total**	**887763**	**722547**	**12234**	**152982**
批发业合计	**Wholesale Trade**	**370520**	**281438**	**8582**	**80500**
内资企业	**Domestic Funded Enterprises**	**370520**	**281438**	**8582**	**80500**
国有企业	State-owned Enterprises	236798	194601	7651	34545
有限责任公司	Limited Liability Corporations	129908	83890	923	45095
股份有限公司	Share-holding Corporations Ltd.				
私营企业	Private Enterprises	3814	2947	8	860
港、澳、台商投资企业	**Enterprises with Funds from Hong Kong,Macao and Taiwan**				
外商投资企业	**Foreign Funded Enterprises**				
零售业合计	**Retail Trade**	**517243**	**441109**	**3652**	**72482**
内资企业	**Domestic Funded Enterprises**	**513678**	**438321**	**2940**	**72417**
国有企业	State-owned Enterprises	214134	175832	2320	35982
集体企业	Collective-owned Enterprises	923	518	13	392
有限责任公司	Limited Liability Corporations	58008	48887	114	9007
股份有限公司	Share-holding Corporations Ltd.	110198	91733	220	18244
私营企业	Private Enterprises	123629	114743	270	8617
其他企业	Others	6786	6608	3	175
港、澳、台商投资企业	**Enterprises with Funds from Hong Kong,Macao and Taiwan**				
外商投资企业	**Foreign Funded Enterprises**	**3565**	**2788**	**712**	**65**

12-11 按行业分限额以上批发和零售业法人单位主要财务指标(2010年)

MAIN FINANCIAL INDICATORS OF ENTERPRISES ABOVE DESIGNATED SIZE OF WHOLESALE AND RETAIL TRADES BY SECTOR (2010)

单位：万元 (10000 yuan)

指　　标	Item	主营业务收入 Revenue from Principal Business	主营业务成本 Cost of Principal Business	主营业务税金及附加 Taxes and Other Charges on Principal Business	主营业务利润 Profits from Principal Business
总　　计	**Total**	**887763**	**722547**	**12234**	**152982**
批发业合计	**Wholesale Trade**	**370520**	**281438**	**8582**	**80500**
农畜产品批发	Wholesale of Farm Produce and Livestock Products	6165	5120	740	305
食品、饮料及烟草制品批发	Wholesale of Food,Beverages and Tobaccos	225634	183776	7029	34828
文化、体育用品及器材批发	Wholesale of Culture,Sports Appliances and Equipments	5140	4524		616
医药及医疗器材批发	Whollesale of Medicines and Medical Appliances	102913	56968	804	45142
矿产品、建材及化工产品批发	Wholesalea of Mineral Products,Building Materials and Chemical Products	6777	9981		-3204
机械设备、五金交电及电子产品批发	Wholesaale of Machimery,Hardware and Electronic Equipment	23891	21069	9	2813
零售业合计	**Retail Trade**	**517243**	**441109**	**3652**	**72482**
综合零售	Integrated Retail	23810	17626	174	6010
食品、饮料及烟草制品专门零售	Retail of Food,Beverages and Tobaccos	43544	36561	1880	5102
纺织、服装及日用品专门零售	Special Retail of Textiles,Garments and Daily Consumer Articles	3564	2788	713	65
文化、体育用品及器材专门零售	Retail of Culture,Sports Appliances and Equipments	4956	4388	5	563
汽车、摩托车、燃料及零配件专门零售	Retail of Motor Vehicles,Motorcycles, Fuel and Parts	419742	359570	864	59307
家用电器及电子产品专门零售	Special Retail of Household Electric Appliances and Electronic Products	20832	19538	12	1282
无店铺及其他零售	Non-shop and Other Retails	795	638	4	153

12-12 限额以上批发和零售业商品分类销售额（2010年）

SALE VALUES OF ENTERPRISES ABOVE DESIGNATED SIZE OF WHOLESALE AND RETAIL TRADES BY CATEGORY OF COMMODITIES (2010)

单位：万元 (10000 yuan)

指标	Item	销售合计 Total Sales	批发 Wholesale	零售 Retail
粮油、食品、饮料、烟酒类	Grain and oil,Food,Beverages,Tobaccos and Liquor	307583	265736	41847
粮油、食品类	Grain and oil,Food	5882	1	5881
#粮油类	Provisions and Oil	3355		3355
肉禽类	Meat and Poultry	695		695
饮料类	Beverages	1558	3	1555
烟酒类	Tobacco and Liquor	300144	265732	34412
服装鞋帽、针、纺织品类	Clothing,Shoes,Hats and Textiles	5282	18	5264
服装类	Clothing	3123	14	3109
鞋帽类	Shoes and Hats	1696		1696
针、纺织品类	Knitwear and Textiles	463	4	459
化妆品类	Cosmectics	3842		3842
金银珠宝类	Gold,Sliver and Jewelry	1803		1803
日用品类	Articles for Daily Use	5592	6	5586
#洗涤用品类	Washing Articles	1988		1988
儿童玩具类	Children Toys	22		22
五金、电料类	Hardwarea and Electrical Materials	3		3
体育、娱乐用品类	Sports and Recreation Articles	242		242
书报杂志类	Newspapers ang Magazines	1540		1540
电子出版物及音像制品类	E-journal and Video Products	27		27
家用电器和音像器材类	Household Appliances and Video Appliances	9828		9828
中西药品类	Traditional Chinese and Western Medicines	99938	99921	17
#西药	Western Medicines	1056	1053	3
中草药及中成药	Traditional Chinese Medicines	16478	16478	
文化办公用品类	Culture and Official Goods	37	7	30
家俱类	Furniture			
通讯器材类	Communication Appliances	8739		8739
煤炭及制品类	Coal and Related Products			
木材及制品类	Wood and Wooden Products			
石油及制品类	Petroleum and Relateel Products	246536	23929	222607
化工材料及制品类	Raw Chemical Materials	8691	8691	
#化肥类	Fertilizer	3265	3265	
金属材料类	Metal Materials			
建筑及装潢材料类	Building and Decoration Materials			
机电产品及设备类	Mechanical and Electrical Products	21049	19937	1112
#农机类	Agricultural Machinery	16543	16543	
汽车类	Automobile	158916	80	158836
种子饲料类	Seeds and Feedstuff			
棉麻类	Cotton,Hemp			
其他类	Others	8809	6156	2653

12-13 限额以上住宿和餐饮业企业基本情况（2010年）
BASIC CONDITIONS OF ENTERPRISES ABOVE DESIGNATED SIZE IN HOTELS AND CATERING SERVICES BY TYPES OF REGISTRATION AND SECTOR (2010)

单位：万元 (10000 yuan)

指 标	Item	法人企业数(个) Number of Corporation Enterprises(unit)	年末从业人员数(人) Engaged Persons at Year-end(person)
总 计	**Total**	**46**	**4742**
住宿业	**Hotesl**	**40**	**4202**
按登记注册类型分组	**By Status of Registration**		
内资企业	**Domestic Funded Enterprises**	**39**	**4102**
国有企业	State-owned Enterprises	19	2475
集体企业	Collective-owned Enterprises	3	179
股份合作企业	Cooperative Enterprises	1	106
有限责任公司	Limited Liability Corporations	4	446
股份有限公司	Share-holding Corporations Ltd.	1	74
私营企业	Private Enterprises	11	822
港、澳、台商投资企业	**Enterprises with Funds from Hongkong,Macao and Taiwan**	**1**	**100**
外商投资企业	**Enterprises with Foreign Investment**		
按行业分组	**by Sectors**		
旅游饭店	Tour Restaurant	40	4202
餐饮业	**Catering Services**	**6**	**540**
按登记注册类型分组	**By Status of Registration**		
内资企业	**Domestic Funded Enterprises**	**6**	**540**
有限责任公司	Limited Liability Corporations	3	292
私营企业	Private Enterprises	3	248
港、澳、台商投资企业	**Enterprises with Funds from Hongkong,Macao and Taiwan**		
外商投资企业	**Enterprises with Foreign Investment**		
按行业分组	**by Sectors**		
正餐服务	Restaurant	5	456
快餐服务	Fast Food	1	84

12-14 限额以上住宿和餐饮业企业经营情况（2010年）

BASIC CONDITIONS OF ENTERPRISES ABOVE DESIGNATED SIZE IN HOTELS AND CATERING SERVICES BY TYPES OF REGISTRATION AND SECTOR (2010)

单位：万元　　(10000 yuan)

指　标	Item	营业额 Business Revenue	客房收入 From Hotes Rooms	餐费收入 From Meala	商品销售收入 From Commodities	其他收入 From Others
总　计	**Total**	**44141**	**22625**	**15178**	**657**	**5682**
住宿业	**Hotesl**	**39168**	**22625**	**10239**	**657**	**5648**
按登记注册类型分组	**By Status of Registration**					
内资企业	**Domestic Funded Enterprises**	**37005**	**20491**	**10239**	**657**	**5618**
国有企业	State-owned Enterprises	23343	13303	6072	47	3922
集体企业	Collective-owned Enterprises	1297	833	252		212
股份合作企业	Cooperative Enterprises	784	409	375		
有限责任公司	Limited Liability Corporations	3552	1408	1085	52	1007
股份有限公司	Share-holding Corporations Ltd.	667	288	379		
私营企业	Private Enterprises	7361	4250	2076	558	477
港、澳、台商投资企业	**Enterprises with Funds from Hongkong,Macao and Taiwan**	**2163**	**2134**			**30**
外商投资企业	**Enterprises with Foreign Investment**					
按行业分组	**by Sectors**					
旅游饭店	Tour Restaurant	39168	22625	10239	657	5648
餐饮业	**Catering Services**	**4973**		**4939**		**34**
按登记注册类型分组	**By Status of Registration**					
内资企业	**Domestic Funded Enterprises**	**4973**		**4939**		**34**
有限责任公司	Limited Liability Corporations	2397		2364		34
私营企业	Private Enterprises	2576		2576		
港、澳、台商投资企业	**Enterprises with Funds from Hongkong,Macao and Taiwan**					
外商投资企业	**Enterprises with Foreign Investment**					
按行业分组	**by Sectors**					
正餐服务	Restaurant	4646		4612		34
快餐服务	Fast Food	327		327		

12-15 限额以上住宿和餐饮业法人企业资产及负债（2010年）

ASSETS AND LIABILITIES OF ENTERPRISES ABOVE DESIGNATED SIZE OF HOTELS AND CATERING SERVICES BY STATUS OF REGISTRATION ANDSECTOR（2010）

单位：万元 (10000 yuan)

指　标	Item	资产总计 Total Assets	#流动资产合计 Working Capitals	#固定资产原价 Original Value of Fixed Assets	负债合计 Total Liabilities	所有者权益合计 Total Owners' Equities
总　　计	**Total**	**200379**	**33429**	**207502**	**81962**	**118418**
住宿业合计	**Hotesl**	**197784**	**31380**	**206839**	**80126**	**117658**
按登记注册类型分组	**By Status of Registration**					
内资企业	**Domestic Funded Enterprises**	**196535**	**30131**	**206839**	**78867**	**117668**
国有企业	State-owned Enterprises	110174	19715	123589	45488	64686
集体企业	Collective-owned Enterprises	9919	1003	9383	5740	4179
股份合作企业	Cooperative Enterprises	5393	105	8145	5771	-378
有限责任公司	Limited Liability Corporations	21209	1920	19909	4733	16476
股份有限公司	Share-holding Corporations Ltd.	4951	521	4150	1344	3607
私营企业	Private Enterprises	44889	6867	41663	15791	29098
港、澳、台商投资企业	**Enterprises with Funds from Hongkong,Macao and Taiwan**	**1249**	**1249**		**1259**	**-10**
外商投资企业	**Enterprises with Foreign Investment**					
按国民经济行业分	**by Sectors**					
旅游饭店	Tour Restaurant	197784	31380	206839	80126	117658
餐饮业合计	**Catering Services**	**2595**	**2049**	**663**	**1836**	**760**
按登记注册类型分	**By Status of Registration**					
内资企业	**Domestic Funded Enterprises**	**2595**	**2049**	**663**	**1836**	**760**
有限责任公司	Limited Liability Corporations	796	433	421	536	260
私营企业	Private Enterprises	1799	1616	242	1300	499
港、澳、台商投资企业	**Enterprises with Funds from Hongkong,Macao and Taiwan**					
外商投资企业	**Enterprises with Foreign Investment**					
按国民经济行业分	**by Sectors**					
正餐服务	Restaurant	2240	1806	501	1698	542
快餐服务	Fast Food	355	243	162	138	218

12-16 限额以上住宿和餐饮业企业主要财务指标(2010年)

MAIN FINANCIAL INDICATORS OF ENTERPRISES ABOVE DESIGNATED SIZE OF HOTELS AND CATERING SERVICES BY STATUS OF REGISTRATION AND SECTOR(2010)

单位：万元 (10000 yuan)

指　标	Item	主营业务收入 Revenue from Principal Business	主营业务成本 Cost of Principal Business	主营业务税金及附加 Taxes and Other Charges on Principal Business	主营业务利润 Profits from Principal Business
总　计	**Total**	**43529**	**12949**	**2423**	**28157**
住宿业	**Hotesl**	**38556**	**11179**	**2144**	**25233**
按登记注册类型分组	**By Status of Registration**				
内资企业	**Domestic Funded Enterprises**	**36393**	**10840**	**2028**	**23525**
国有企业	State-owned Enterprises	22242	4685	1183	16374
集体企业	Collective-owned Enterprises	1297	606	71	620
股份合作企业	Cooperative Enterprises	784	123	43	618
有限责任公司	Limited Liability Corporations	3552	1317	190	2046
股份有限公司	Share-holding Corporations Ltd.	667	288	99	279
私营企业	Private Enterprises	7851	3821	442	3588
港、澳、台商投资企业	**Enterprises with Funds from Hongkong,Macao and Taiwan**	**2163**	**339**	**116**	**1708**
外商投资企业	**Enterprises with Foreign Investment**				
按行业分组	**by Sectors**				
旅游饭店	Tour Restaurant	38556	11179	2144	25233
餐饮业	**Catering Services**	**4973**	**1770**	**279**	**2924**
按登记注册类型分组	**By Status of Registration**				
内资企业	**Domestic Funded Enterprises**	**4973**	**1770**	**279**	**2924**
有限责任公司	Limited Liability Corporations	2397	411	137	1849
私营企业	Private Enterprises	2576	1359	142	1075
港、澳、台商投资企业	**Enterprises with Funds from Hongkong,Macao and Taiwan**				
外商投资企业	**Enterprises with Foreign Investment**				
按餐饮行业小类分组	**by Sectors**				
正餐服务	Restaurant	4646	1578	262	2806
快餐服务	Fast Food	327	192	17	118

第十三篇

对外经济贸易和旅游

Chapter 13

FOREIGN TRADE AND TOURISM

13-1 进出口贸易总额

TOTAL VALUE OF IMPORTS AND EXPORTS

年份 Year	人民币(万元) RMB(10000 Yuan)			美元(万美元) USD (10000 US Dollars)		
	进出口总额 Total Imports And Exports	出口总额 Total Exports	进口总额 Total Imports	进出口总额 Total Imports And Exports	出口总额 Total Exports	进口总额 Total Imports
1953	1387	236	1151	402	68	334
1959	672	352	320	195	102	93
1965	693	110	583	243	39	204
1978	2869	272	2597	1664	158	1506
1979	2395	315	2080	1557	205	1352
1980	2463	381	2082	1650	255	1395
1981	3179	441	2738	1907	265	1642
1982	2049	757	1292	1107	409	698
1983	3202	941	2261	1633	480	1153
1984	3257	860	2397	1466	387	1079
1985	5422	1494	3928	1844	508	1336
1986	4119	2914	1205	1195	845	350
1987	9160	4501	4659	2473	1215	1258
1988	8219	5949	2270	2219	1606	613
1989	14481	7342	7139	3910	1982	1928
1990	14267	6581	7686	3022	1394	1628
1991	18460	8581	9879	3470	1613	1857
1992	34891	10466	24425	6434	1930	4504
1993	89305	13076	76229	10265	1503	8762
1994	266887	41857	225030	31288	4907	26381
1995	53726	24942	28784	7052	3494	3558
1996	84764	36768	47996	10471	4542	5929
1997	97954	41473	56481	11833	5010	6823
1998	93576	60911	32665	11304	7358	3946
1999	146140	75655	70485	16622	8605	8017
2000	113352	98597	14755	13029	11333	1696
2001	78416	68178	10238	9482	8244	1238
2002	107775	67070	40705	13032	8110	4922
2003	133271	100613	32658	16115	12166	3949
2004	184876	107584	77292	22355	13009	9346
2005	166366	133909	32457	20539	16532	4007
2006	256152	173332	82820	32840	22222	10618
2007	287422	238408	49014	39348	32638	6710
2008	531798	491348	40450	76543	70721	5822
2009	274507	256296	18211	40202	37535	2667
2010	565890	521942	43948	83594	77102	6492

注:本表1998年以前为外贸部门统计数，1999年开始为海关统计数(下同)。

Note:Data before 1998 were obtained from the Ministry of Foreign Trade ,and the data since 1999 have been obtained from the Customs statistics(The same as in the following tables).

13-2 边境进出口贸易总额

TOTAL VALUE OF IMPORTS AND EXPORTS FOR FRONTIER TRADE

年份 Year	人民币(万元) RMB(10000 Yuan)			美元(万美元) USD (10000 US Dollars)		
	边境进出口总额 Total Value of Imports And Exports for Frontier Trade	出口总额 Total Exports	进口总额 Total Imports	进出口总额 Total Value of Imports and Exports for Frontier Trade	出口总额 Total Exports	进口总额 Total Imports
1953	1387	236	1151	402	68	334
1959	672	352	320	195	102	93
1965	429	110	319	150	39	111
1978	601	272	329	349	158	191
1979	675	315	360	439	205	234
1980	761	381	380	500	255	245
1981	840	406	434	504	244	260
1982	994	446	548	537	241	296
1983	1328	631	697	664	316	348
1984	1136	562	574	511	253	258
1985	1647	819	828	559	278	281
1986	2876	1920	956	834	557	277
1987	2679	2087	592	723	563	160
1988	821	605	216	221	163	58
1989	5205	3168	2037	1405	855	550
1990	4026	2475	1551	902	524	378
1991	3625	2995	630	682	564	118
1992	5829	5352	477	1075	987	88
1993	7760	6072	1688	892	698	194
1994	10500	3557	6943	1231	417	814
1995	4806	4059	747	579	489	90
1996	9715	7448	2267	1200	920	280
1997	2989	2724	265	361	329	32
1998	6664	4892	1772	805	591	214
1999	69356	62014	7342	7972	7128	844
2000	94430	88644	5786	10854	10189	665
2001	67078	62951	4127	8111	7612	499
2002	50786	46792	3994	6141	5658	483
2003	64150	59883	4267	7757	7241	516
2004	74860	70816	4044	9052	8563	489
2005	98982	93806	5176	12220	11581	639
2006	137420	133832	3588	17618	17158	460
2007	181827	179584	2243	24892	24585	307
2008	166391	164487	1904	23949	23675	274
2009	169872	167468	2404	24878	24526	352
2010	338847	336884	1963	50055	49765	290

13-3 旅游人数及旅游收入

NUMBER OF TOURISTS AND FOREIGN EARNINGS

年 份 Year	接待旅游者人数(人次) Number of International Tourists Received (persons-times)	入境旅游者人数 Number of Overseas Visitor Arrivals	#外国人 Foreigners	国内旅游者人数 Number of Civil Tourists	旅游总收入(万元) Business Income (10000 yuan)	国内旅游收入(万元) Earnings from International tourism (10000 yuan)	外汇收入(万美元) Foreign Exchange Earnings from Tourism (USD 10000)
1981	8624	2056	2005	6568	258		171
1982	18201	1580	1578	16621	186		130
1983	37564	1723	1596	35841	263		150
1984	60183	1579	1508	58604	257		100
1985	71980	15402	15041	56578	399		120
1986	87968	31000	29553	56968	2970		620
1987	127554	108750	42889	18804	5600		800
1988	103255	56293	21835	46962	6229		700
1989	29833	8287	3341	21546	3726		222
1990	23954	6654	9842	17300	684		145
1991	117169	38286	14768	78883	5069		770
1992	161164	50963	49823	110201	7257		997
1993	184262	54409	53192	129853	9348		675
1994	198928	65980	62233	132948	15321		1045
1995	206598	67814	65428	138784	21375	6340	1130
1996	325468	75003	72580	250465	23258	7835	2955
1997	366610	81800	73412	284810	25974	10338	3172
1998	386643	96444	87039	290199	26491	10998	3302
1999	448547	108224	98966	340323	57000	22234	3630
2000	608335	149441	134539	458894	67462	25834	5226
2001	686116	127148	116440	558968	75053	37053	4638
2002	867320	142279	129617	725041	98777	55899	5166
2003	928639	51120	45685	877519	103723	88028	1891
2004	1223098	95816	88797	1127282	153195	122817	3660
2005	1800623	121308	111018	1679315	193524	157536	4443
2006	2512103	154818	136159	2357285	277072	228929	6094
2007	4029438	365370	338744	3664068	485160	383152	13529
2008	2246447	67997	62934	2178450	225865	204237	3112
2009	5610630	174910	162458	5435720	559870	506088	7873
2010	6851390	228321	214136	6623069	714401	644001	10359

第十四篇

金融和保险

Chapter 14

BANKING AND INSURANCE

14-1 金融机构各项存款

BALANCE OF DEPOSITS OF BANKING SYSTEM

单位：万元　(10000 yuan)

年 份 Year	存款合计 Total Deposita	#企事业存款 Deposits of Enterprises	#财政存款 Treasury Deposits	#储蓄存款 Savings Deposits
1959	10182	2827		975
1965	23029	2897	9572	2514
1978	70608	10878	26349	3340
1979	76961	14816	31789	4412
1980	87234	14612	31703	6054
1981	101153	20812	37500	6282
1982	108201	25027	34158	7611
1983	134543	24043	56092	9791
1984	104475	28979	24725	12622
1985	133799	33316	37260	15974
1986	143599	35745	33482	19978
1987	175649	52076	47448	23134
1988	196274	64973	42464	28360
1989	215016	62291	52762	33563
1990	212611	80335	32722	39961
1991	262275	92473	48162	58260
1992	290493	103950	30106	69880
1993	326750	116592	23824	90464
1994	525744	157307	59706	130731
1995	716307	329620	171699	193747
1996	854659	420991	122534	267651
1997	977201	499006	51638	304515
1998	1101308	538961	67252	334481
1999	1318361	626238	121042	368169
2000	1449755	734012	74919	404807
2001	2129002	1256992	96742	501778
2002	2829653	1705832	62803	703825
2003	3208709	1816101	47630	918982
2004	3617220	2074667	97697	1074935
2005	4551139	2196389	158668	1230959
2006	5445494	2471416	454718	1398071
2007	6424371	2953682	468457	1595615
2008	8278506	3860619	734226	1848908
2009	10272388	4397700	1052153	2263699
2010	12955418	3275738	1361434	2671317

14-2 金融机构各项贷款

BALANCE LOAN OF BANKING SYSTEM

单位：万元 (10000 yuan)

年 份 Year	贷款合计 All Loans	#工业贷款 Industry	#商业贷款 Commerce	#农业贷款 Agriculture
1959	1379	7	1274	
1965	9092	980	7281	
1978	16091	1684	13616	
1979	24626	4476	19386	
1980	23223	4987	17172	
1981	20709	2727	17092	
1982	22580	1503	20655	
1983	31542	1482	29573	
1984	59135	9737	46504	
1985	73413	7854	62311	
1986	66909	9659	54309	
1987	55915	6318	42865	
1988	108054	17282	66116	
1989	124308	15820	95061	
1990	172156	18837	123348	
1991	171817	17727	119468	
1992	208413	19790	116668	
1993	330067	42895	180248	
1994	403420	53000	222544	
1995	522528	33505	252170	22452
1996	593957	43215	273736	13777
1997	758123	60985	253562	10595
1998	788391	58181	248924	7947
1999	745852	60654	246008	8705
2000	806248	84600	240382	8739
2001	966246	89714	261107	14044
2002	1211279	92530	328332	33645
2003	1444358	94193	308971	54683
2004	1678969	56021	186296	67694
2005	1788521	76921	153160	73441
2006	2037107	58565	147274	92137
2007	2234699	100538	65870	62287
2008	2189754	94376	39939	28104
2009	2480072	63639	41026	30167
2010	3014941			

14-3 银行现金收支

CASH RECEIPTS AND EXPENDITURES OF BANKING SYSTEM

单位：万元　　　　　　　　　　　　　　　　　　　　　　　　　　　　　　(10000 yuan)

年 份 Year	收 入 合 计 Total of Revenue	#商品销售收入 Income from Commodity Sales	#服 务业收入 Income From Service Trade	支 出 合 计 Total of Expenditures	#工资性及个人其他支出 Wages and Other of Expenditures	#农副产品采购支出 Purchases of Agricultural and Sideline Products	投 放 回笼差 Cash Statistics
1960	4442	2566	56	4715	1365	1258	273
1965	10820	6498	210	12272	3692	2059	1452
1978	19884	11952	1156	21894	8603	729	2010
1979	24655	13832	1266	28022	11433	661	3367
1980	30752	16909	1374	37131	15175	1226	
1981	31599	18403	1417	35204	13465	1327	3605
1982	34330	19159	1606	40011	15523	2296	5681
1983	38465	19906	1829	46089	17241	1962	7624
1984	47333	22492	2489	63092	21798	1669	15759
1985	63842	27155	3780	84735	27552	3178	20893
1986	69834	28171	4274	87694	31335	3949	17860
1987	79837	31193	5799	95657	32115	4591	15820
1988	104360	41154	7589	23642	31690	9094	19282
1989	122840	44566	9339	158964	37647	10871	36124
1990	128841	38942	11193	182467	43328	9364	53626
1991	142094	37850	13145	202303	47532	8732	60209
1992	178801	42793	14191	252630	52844	9531	73830
1993	273017	56807	24502	367403	65177	11424	94386
1994	380723	68191	41039	555340	112741	14794	174618
1995	691710	79585	51075	945820	141211	30007	254111
1996	882667	106625	81980	1122786	206472	30786	240119
1997	1064042	116196	111691	1290921	199922	29246	226879
1998	1171173	129354	133723	1389642	200443	11549	218469
1999	1510834	154487	167547	1708721	239174	44084	197887
2000	1713563	189615	190123	1947659	261551	30703	234096
2001	2081952	230764	232507	2362862	314822	39830	280910
2002	2809173	271247	277812	3132293	413019	41584	323120
2003	3853063	425675	379400	4261426	484037	50355	408363
2004	5288637	423618	428992	5625297	551693	68883	336660
2005	5209620	572290	467463	5584708	562488	68391	375088
2006	6435010	800159	568614	6709514	655551	90368	274504
2007	7663452	853866	702041	7968018	1732777	155107	304566
2008	7953238	777246	649570	8298501	1674580	94867	345263
2009	9116840	947774	712406	9583723	2001741	113792	466883
2010	10255165	1116213	766128	462295	2148172	139594	462295

14-4 银行现金收入

CASH RECEIPTS OF BANKING SYSTEM

单位：万元 (10000 yuan)

指　　标	Item	1990	1995	2000	2009	2010
合　计	**Total**	**128841**	**691710**	**1665286**	**9116840**	**10255165**
商品销售收入	Income from Commodity Sales	39143	79585	182914	947774	1116213
服务业收入	Income from Service Trade	11295	51662	189061	712406	766128
行政税费收入	Income from AdiministrativeTaxes	1074	5187	17993	64431	122046
城乡个体经营收入	Income from Individual Business	2856	16900	111839	375159	405293
储蓄存款收入	Income from Savings Deposits	43032	251310	704881	5735248	6223491
其他金融性公司收入	Income from Other Financial Corporations	7440	15146	11877	1488	102
居民归还贷款收入	Income from Household Loan Recovery			34824	294019	337949
汇兑收入	Income from Remittances	13383		278754	278841	337401
有价证券收入及其他投资收入	Income from Debts and Other		12775	5397	6133	4277
其他收入	Other Income	10618	159145	127746	701341	942265

14-5 银行现金支出

CASH EXPENDITURES OF BANKING SYSTEM

单位：万元 (10000 yuan)

指　　标	Item	1990	1995	2000	2009	2010
合　计	**Total**	**182467**	**945820**	**1910296**	**9583723**	**10717460**
工资性及个人其他支出	Wages and other of Expenditure	88795	280914	577171	2001741	2148172
农副产品采购支出	Purchases of Agricultural and Sideline Products	9364	20007	30453	113792	139594
工矿及其他产品采购支出	Expenditure for Purchases of Industrial and Mineral Products				68833	78405
行政企业管理与经营费支出	Expenditure for Government and Enterprises Expenses	10101	65419	194677	855268	1049199
城乡个体经营支出	Expenditure for Individual Business	4375	39186	136078	367394	431179
储蓄存款支出	Expenditure for Savings Deposits	35457	214797	697287	4746457	5246246
其他金融性公司支出	Expenditure for Other Financial Corporations	16452	68399	2117	3713	8499
居民提取贷款支出	Expenditure for Household Loan Draw			28297	327022	389256
汇兑支出	Expenditure for Remittances	2266	23661	72112	120101	122128
有价证券及其他投资性支出	Expenditure for Securities and Other	172	87117	3837	1750	311
其他支出	Other Expenditure	15616	142960	158297	977652	1104470
投放(+) 回笼(-)	**Withdrawn(+)Or Curency Issuance(—)**	**53626**	**254111**	**245010**	**466883**	**462295**

14-6 保险业务经济技术指标

ECONOMIC AND TECHNICAL INDICATORS OF INSURANCE COMPANIES

指　　标	Item	1995	1998	1999	2000	2007	2009	2010
保险金额 (万元)	**Amount Insured (10000 yuan)**	**1703029**	**415264**	**708697**	**687201**	**7748773**	**13086436**	**15103901**
财产险	Projects Insurance	1516061	174762	218156	215207	2147224	7239422	6134752
企业财产险	Enterprise Property Insurance	88023	145367	134742	102170	201033	650127	1134711
家庭财产险	Family Property Insurance	20395	16151	17731	47293	81213	24222	23654
工程险	Projects Insurance				4050	161173	554264	808382
责任险	Related Liability	5427	13244	65682	61354	1703790	6009716	4165740
保证险	Guarantee Insurance				340	15	1083	2265
其它险	Other Insurance	1402216						
机动车辆险	Motor Vehicle Insurance	175051	224433	484534	462684	1558985	2078383	2556848
货物运输险	Freight Transport Insurance	11917	16069	6008	9310	44958	43700	40026
航空航天险	Aerospase Insurance					38675	34160	34160
人身意外伤害险	Unforeseen Human Injury Insurance					3925802	2055221	4805247
健康险	Health Insurance						1621973	1497250
寿险	Life Insurance							22007
农业险	Agriculture Insurance					33129	13577	13610
保费收入 (万元)	**Premiums Income (10000 yuan)**	**2894**	**4550**	**5619**	**7010**	**26781**	**40069**	**50585**
财产险	Projects Insurance	735	716	1287	1491	3862	7394	8828
企业财产险	Enterprise Property Insurance	296	508	555	488	658	1305	2009
家庭财产险	Family Property Insurance	30	105	136	187	231	56	72
工程险	Projects Insurance				6	756	3654	3311
责任险	Related Liability	19	103	596	796	2217	2375	3427
保证险	Guarantee Insurance				7		3	8
其它险	Other Insurance	390			8		1	
机动车辆险	Motor Vehicle Insurance	2075	3764	4281	5432	20972	25989	31398
航空航天险	Aerospase Insurance					11	9	8
货物运输险	Freight Transport Insurance	84	70	51	87	39	77	72
人身意外伤害险	Unforeseen Human Injury Insurance					1742	2600	3045
健康险	Health Insurance						950	2074
寿险	Life Insurance							4343
农业险	Agriculture Insurance					155	815	817
其它	Other						2235	

14-6 续表 continued

指标	Item	1995	1998	1999	2000	2007	2009	2010
已决赔案件数(笔、户、辆)	**Number of Indemnity (unit)**	**1873**	**2848**	**3315**	**4250**	**14926**	**25416**	**26194**
财产险	Projects Insurance					814	943	935
企业财产险 (笔)	Enterprise Property Insurance	51	102	97	90	276	366	516
家庭财产险 (户)	Family Property Insurance	101	370	548	567	385	362	159
工程险 (笔)	Projects Insurance					23	41	80
责任险 (笔)	Related Liability	2	36	153	120	130	174	180
保证险 (笔)	Guarantee Insurance							
其它险 (笔)	Other Insurance	67						
机动车辆险 (笔)	Motor Vehicle Insurance	1645	2335	2517	3467	13867	23402	24153
货物运输险 (辆)	Freight Transport Insurance	7	5		6	5	15	21
人身意外伤害险 (笔)	Unforeseen Human Injury Insurance					236	207	317
健康险 (笔)	Health Insurance						415	522
寿险 (笔)	Life Insurance							11
农业险 (笔)	Agriculture Insurance					4	434	235
已决赔款金额 (万元)	**Indemnity Expenditure (10000 yuan)**	**1397**	**2041**	**2334**	**2533**	**14873**	**19468**	**19153**
财产险	Projects Insurance	224	204	503	355	1355	2525	2697
企业财产险	Enterprise Property Insurance	144	138	245	185	668	687	801
家庭财产险	Family Property Insurance	9	27	25	31	115	755	97
工程险	Projects Insurance					233	667	1011
责任险	Related Liability	1	39	233	139	339	394	798
保证险	Guarantee Insurance							
其它险	Other Insurance	70						
机动车辆险	Motor Vehicle Insurance	1131	1829	1831	2166	7728	12313	13570
货物运输险	Freight Transport Insurance	42	8		13	28	72	43
人身意外伤害险	Unforeseen Human Injury Insurance					5640	759	1635
健康险	Health Insurance						77	996
寿险	Life Insurance							48
农业险	Agriculture Insurance					122	3067	155

第十五篇

教育 科技和文化

Chapter 15

EDUCATION,SCIENCE AND CULTURE

15-1 教育事业基本情况

BASIC STATISTICS ON EDUCATION

指　标	Item	2000	2007	2009	2010
学校数　（所）	**Number of Schools　(unit)**	**956**	**1014**	**1014**	**1006**
普通高等学校	Gegular Institutions of Higher Education	4	6	6	6
中等学校	Secondary Schools	110	124	124	128
#专业学校	Specialized Secondary Schools	12	7	6	6
普通中学	Regular Secondary Schools	98	117	118	122
小学	Primary Schools	842	884	884	872
专任教师　（人）	**Number of Full-time Teachers　(person)**	**19042**	**30108**	**32754**	**33731**
普通高等学校	Gegular Institutions of Higher Education	813	1755	1969	2195
中等学校	Secondary Schools	5048	10540	12099	12635
#专业学校	Specialized Secondary Schools	742	507	601	591
普通中学	Regular Secondary Schools	4306	10033	11498	12044
小学	Primary Schools	13181	17813	18686	18901
招生数　（人）	**New Students Enrollment　(person)**	**88908**	**133604**	**137666**	**129697**
普通高等学校	Gegular Institutions of Higher Education	2320	8046	9020	9213
中等学校	Secondary Schools	28619	73668	74964	69737
#专业学校	Specialized Secondary Schools	2957	6654	11038	7319
普通中学	Regular Secondary Schools	25662	67014	63926	62418
小学	Primary Schools	57969	51890	53682	50747
在校学生　（人）	**Student Enrollment　(person)**	**381099**	**546524**	**538426**	**532850**
普通高等学校	Gegular Institutions of Higher Education	5475	26767	30264	31109
中等学校	Secondary Schools	61817	199168	202927	202333
#专业学校	Specialized Secondary Schools	6585	18958	21357	22613
普通中学	Regular Secondary Schools	55232	180210	181570	179720
小学	Primary Schools	313807	320589	305235	299408
毕业生数　（人）	**Graduates　(person)**	**51822**	**110576**	**118620**	**124490**
普通高等学校	Gegular Institutions of Higher Education	764	4346	8454	8266
中等学校	Secondary Schools	14019	53992	59316	65582
#专业学校	Specialized Secondary Schools	1895	2197	3603	7312
普通中学	Regular Secondary Schools	12124	51795	55713	58270
小学	Primary Schools	37039	52238	50850	50642
每一教师负担学生数　（人）	**Student-teacher Ratio　(person)**	**20.01**	**18.15**	**16.44**	**15.80**
普通高等学校	Gegular Institutions of Higher Education	6.73	15.25	15.37	14.17
中等学校	Secondary Schools	12.24	18.9	16.77	16.01
#专业学校	Specialized Secondary Schools	8.87	37.39	35.54	38.26
普通中学	Regular Secondary Schools	12.83	17.96	15.79	14.92
小学	Primary Schools	23.81	18.00	16.34	15.84

15-2 各级各类学校数

NUMBER OF SCHOOLS BY LEVEL AND TYPE

单位：所 (unit)

年份 Year	高等学校 Regular Institutions of Higher Education	中等学校 Secondary Schools	中等专业学校 Specialized Secondary Schools	普通中学 Regular Secondary Schools	小学 Primary Schools	幼儿园 Kinder-gartens
1956					10	
1959		3	1	2	462	
1965	1	5	1	4	1822	
1978	4	88	28	60	6819	
1979	4	83	28	55	6266	
1980	4	98	24	74	6266	256
1985	3	70	14	56	2315	21
1986	3	78	14	64	2388	
1987	3	81	14	67	2437	26
1988	3	82	15	67	2453	36
1989	3	83	15	68	2398	40
1990	3	78	15	63	2474	37
1991	3	76	15	61	2652	31
1992	3	76	14	62	2831	36
1993	4	84	15	69	3090	32
1994	4	93	16	77	3477	26
1995	4	102	16	86	3943	29
1996	4	104	16	88	790	46
1997	4	106	16	90	806	36
1998	4	106	16	90	814	31
1999	4	113	16	97	820	36
2000	4	110	12	98	842	21
2001	4	111	11	100	895	20
2002	3	114	11	103	899	32
2003	4	115	10	105	892	41
2004	4	120	10	110	886	41
2005	4	128	10	118	890	42
2006	6	128	10	118	880	46
2007	6	124	7	117	884	61
2008	6	126	7	119	885	83
2009	6	124	6	118	884	88
2010	6	128	6	122	872	119

注:1996年以前小学校数包括教学点。(以下同)

Note: The total number of the primary schools in 1996 and previous year included teaching classes. (The same as in the following tables.)

15-3 各级各类学校教职工数

NUMBER OF SCHOOLS STAFF AND WORKERS BY LEVEL AND TYPE OF SCHOOL

单位：人　　(person)

年份 Year	高等学校 Regular Institutions of Higher Education	中等学校 Secondary Schools	中等专业学校 Specialized Secondary Schools	普通中学 Regular Secondary Schools	小学 Primary Schools	幼儿园 Kinder-gartens
1959			396			
1965	703	232	110	122	2475	
1978	1399	2578	978	1600	12169	
1979	1601	2817	1025	1792	11620	
1980	1689	2970	1174	1796	13964	254
1985	1750	3260	945	2315	9060	99
1986	1675	3611	1078	2533	9115	107
1987	2883	4023	1215	2808	8685	212
1988	1757	4312	1269	3043	9186	317
1989	1791	4323	1258	3065	9072	291
1990	1737	4382	1202	3180	9573	224
1991	1763	4416	1237	3179	9399	288
1992	1773	4525	1315	3210	9659	300
1993	1744	4502	1340	3162	10528	289
1994	1771	5041	1441	3600	12390	300
1995	1818	5129	1463	3666	14090	347
1996	1720	5444	1462	3982	14712	416
1997	1737	5624	1398	4226	14750	360
1998	1762	5789	1320	4469	14659	343
1999	1736	6125	1264	4861	14418	397
2000	1673	6431	1255	5176	13936	322
2001	1836	7129	1254	5875	12926	283
2002	1829	7722	1222	6500	13631	537
2003	1794	8442	1108	7334	13767	628
2004	1913	9402	1155	8247	14378	616
2005	2033	10220	1214	9006	14967	672
2006	2669	10230	753	9477	16446	644
2007	2888	11586	725	10861	18450	822
2008	2990	12270	745	11525	18715	1131
2009	3082	13046	797	12249	19293	1281
2010	3312	13504	731	12773	19289	1576

15-4 各级各类学校教师数

NUMBER OF TEACHERS BY LEVEL AND TYPE OF SCHOOL

单位：人 (person)

年份 Year	高等学校 Regular Institutions of Higher Education	中等学校 Secondary Schools	中等专业学校 Specialized Secondary Schools	普通中学 Regular Secondary Schools	小学 Primary Schools	幼儿园 Kinder-gartens
1978	438	1452	391	1061		
1979	554	1641	451	1190	9722	
1980	625	1618	418	1200	12301	
1981	571	1619	456	1163	10164	
1982	534	1634	440	1194	8322	
1983	518	1464	280	1184	8381	
1984	567	1760	354	1406	8118	
1985	571	1875	382	1493	7931	99
1986	659	2182	458	1724	7742	
1987	1071	2570	574	1996	7368	212
1988	723	2894	626	2268	8045	317
1989	756	2936	619	2317	7939	291
1990	719	2941	618	2323	8506	224
1991	741	2975	631	2344	8408	288
1992	727	3031	654	2377	8647	300
1993	761	3027	685	2342	9587	289
1994	777	3435	744	2691	11514	300
1995	782	3580	746	2834	13349	347
1996	833	3936	794	3142	13916	416
1997	849	4132	784	3348	13938	360
1998	834	4381	765	3616	13908	343
1999	765	4785	740	4045	13726	397
2000	813	5048	742	4306	13181	196
2001	867	5781	802	4979	11995	171
2002	885	6359	782	5577	12792	298
2003	972	7162	701	6461	13026	341
2004	1081	8145	774	7371	13610	345
2005	1187	8996	835	8161	14267	378
2006	1673	9161	484	8677	15961	373
2007	1755	10540	507	10033	17813	514
2008	1877	11293	541	10752	18087	757
2009	1969	12099	601	11498	18686	850
2010	2195	12635	591	12044	18901	1042

15-5 各级各类学校在校学生数

NUMBER OF STUDENTS ENROLLMENT BY LEVEL AND TYPE OF SCHOOL

单位：人 (person)

年份 Year	高等学校 Regular Institutions of Higher Education	中等学校 Secondary Schools	中等专业学校 Specialized Secondary Schools	普通中学 Regular Secondary Schools	小学 Primary Schools	幼儿园 Kinder-gartens
1959		1732	1390	342	16300	
1965	2251	1514	455	1059	66781	
1978	2081	22319	4640	17679	262611	
1979	1476	24849	5061	19788	248000	
1980	1494	22286	3489	18797	240811	3491
1981	1522	19244	2327	16917	186882	3491
1982	1214	18340	1573	16767	141587	1020
1983	1326	19561	1403	18158	124612	731
1984	1370	20713	1826	18887	125469	850
1985	1577	22671	2249	20422	119939	1092
1986	1850	25011	3062	21949	121156	1243
1987	1801	27112	3231	23881	137069	1678
1988	1736	26904	3465	23439	144809	2648
1989	1973	27186	3960	23226	138875	2635
1990	2025	25478	4175	21303	157402	2257
1991	1961	26187	4385	21802	168062	2668
1992	2239	27964	4713	23251	191768	2974
1993	2813	30641	4948	25693	211872	2365
1994	3280	33915	5190	28725	232976	2517
1995	3878	38286	5575	32711	258651	4087
1996	3412	40340	5383	34957	284350	5141
1997	3200	44143	5730	38413	300453	5083
1998	3447	45417	5579	39838	310220	4583
1999	4021	49879	5672	44207	310437	5274
2000	5475	61817	6585	55232	313807	4491
2001	6793	78529	6819	71710	311993	3819
2002	8438	96906	6437	90469	319569	7098
2003	10409	120854	6718	114136	322060	7876
2004	14731	144437	8549	135888	326952	8204
2005	18979	161075	7027	154048	327497	9596
2006	23327	180334	14775	165559	329532	9149
2007	26767	199168	18958	180210	320589	11110
2008	29409	205516	21003	184513	311832	14667
2009	30264	202927	21357	181570	305235	16068
2010	31109	202333	22613	179720	299408	23414

15-6 各级各类学校招生数

NEW STUDENTS ENROLLMENT BY LEVEL AND TYPE OF SCHOOL

单位：人 (person)

年份 Year	高等学校 Regular Institutions of Higher Education	中等学校 Secondary Schools	中等专业学校 Specialized Secondary Schools	普通中学 Regular Secondary Schools	小学 Primary Schools
1959		76		76	
1965	910	880	455	425	
1978	711	8722	1896	6826	
1979	465	9188	1899	7289	64798
1980	233	8530	334	8196	61312
1981	284	6682	310	6372	38106
1982	245	6712	422	6290	25572
1983	266	7379	542	6837	30736
1984	471	8181	904	7277	43746
1985	530	7555	615	6940	25282
1986	579	8169	1031	7138	30333
1987	404	9158	913	8245	32057
1988	568	8301	1060	7241	37657
1989	670	8760	1150	7610	34608
1990	645	7687	1171	6516	38338
1991	552	8981	1117	7864	41748
1992	683	10655	1303	9352	52739
1993	1193	11215	1306	9909	52740
1994	1095	12262	1531	10731	63488
1995	1175	13946	1707	12239	59963
1996	909	14818	1517	13301	73218
1997	717	16317	1552	14765	59611
1998	1385	16784	1300	15484	60385
1999	1681	19831	1664	18167	58939
2000	2320	28619	2957	25662	57969
2001	2420	35912	2089	33823	58973
2002	3414	40080	2107	37973	60824
2003	4279	49138	2203	46935	58913
2004	6009	56938	4223	52715	59126
2005	7589	59684	2856	56828	54665
2006	8359	60573	2336	58237	52864
2007	8046	73668	6654	67014	51890
2008	8526	70173	5219	64954	50937
2009	9020	74964	11038	63926	53682
2010	9213	69737	7319	62418	50747

15-7 各级各类学校毕业生数

NUMBER OF GRADUATES BY LEVEL AND TYPE OF SCHOOL

单位：人　　(person)

年份 Year	高等学校 Regular Institutions of Higher Education	中等学校 Secondary Schools	中等专业学校 Specialized Secondary Schools	普通中学 Regular Secondary Schools	小学 Primary Schools
1959		2287	2287		
1965	1063	206		206	
1978	783	5338	1388	3950	
1979	232	5709	1478	4231	20934
1980	193	5861	1288	4573	17051
1981	205	5725	1422	4303	12199
1982	539	5679	1209	4470	11088
1983	106	4866	257	4609	13585
1984	411	4682	435	4247	11500
1985	305	4680	133	4547	11381
1986	315	5716	452	5264	11724
1987	424	6867	667	6200	13167
1988	683	6914	833	6081	7467
1989	394	7253	581	6672	7483
1990	587	6773	900	5873	9314
1991	543	6670	895	5775	8607
1992	593	7949	1006	6943	12403
1993	564	6644	1080	5564	11443
1994	621	7600	1291	6309	12594
1995	525	8351	1196	7155	14412
1996	1242	10104	1353	8751	15974
1997	857	11148	1366	9782	19378
1998	1151	13015	1693	11322	24611
1999	1066	13519	1427	12092	30725
2000	764	14019	1895	12124	37039
2001	1050	14701	1517	13184	42044
2002	1686	18023	2311	15712	43929
2003	1745	23263	1973	21290	45695
2004	2108	33570	2544	31026	45182
2005	3172	40010	2930	37080	47960
2006	3846	47975	2280	45695	48655
2007	4346	53992	2197	51795	52238
2008	5840	58358	2436	55922	52721
2009	8454	59316	3603	55713	50850
2010	8266	65582	7312	58270	50642

15-8 高等学校分科在校学生数

STUDENT ENROLLMENT IN INSTITUTIONS OF HIGHER EDUCATION BY FIELD OF STUDY

单位：人 (person)

项目 Item		2000			2009			2010		
		合计 Total	本科 Regular College Course	专科 Specialized Subject (Three Years)	合计 Total	本科 Regular College Course	专科 Specialized Subject (Three Years)	合计 Total	本科 Regular College Course	专科 Specialized Subject (Three Years)
合计	**Total**	**5475**	**2251**	**3224**	**30264**	**19371**	**10893**	**31109**	**19681**	**11428**
哲学	Philosophy	64	64		73	73		53	53	
经济学	Economics	1004	195	809	1030	924	106	910	789	121
法学	Law	527	236	291	2623	1360	1263	2584	1392	1192
教育学	Education	259	29	230	2655	835	1820	2471	948	1523
文学	Literature	1120	608	512	4855	4242	613	4643	4061	582
历史学	History	370	59	311	274	274		276	276	
理学	Science	510	362	148	1749	1749		1911	1911	
工学	Engineering	525	195	330	4819	2776	2043	5432	3012	2420
农学	Agriculture	639	196	443	3283	1645	1638	3912	1837	2075
医学	Medicine	457	307	150	3354	2336	1018	3161	2379	782
管理学	Management				5549	3157	2392	5756	3023	2733

15-9 高等学校分科招生数

NEW STUDENT ENROLLMENT IN INSTITUTIONS OF HIGHER EDUCATION BY FIELD OF STUDY

单位：人 (person)

项目 Item		2000			2009			2010		
		合计 Total	本科 Regular College Course	专科 Specialized Subject (Three Years)	合计 Total	本科 Regular College Course	专科 Specialized Subject (Three Years)	合计 Total	本科 Regular College Course	专科 Specialized Subject (Three Years)
合计	**Total**	**2320**	**998**	**1322**	**9020**	**5010**	**4010**	**9213**	**5023**	**4190**
哲学	Philosophy				34	34				
经济学	Economics	459	91	368	189	189		181	139	42
法学	Law	238	68	170	603	323	280	696	342	354
教育学	Education	192	29	163	800	232	568	829	257	572
文学	Literature	455	251	204	1367	1177	190	1280	1046	234
历史学	History	126	59	67	120	120		58	58	
理学	Science	176	176		521	521		561	561	
工学	Engineering	212	142	70	1715	809	906	1861	861	1000
农学	Agriculture	302	112	190	1144	441	703	1460	658	802
医学	Medicine	160	70	90	845	547	298	722	449	273
管理学	Management				1682	617	1065	1565	652	913

15-10 高等学校分科毕业生数

GRADUATES OF INSTITUTIONS OF HIGHER EDUCATION BY FIELD OF STUDY

单位：人 (person)

项目 Item		2000			2009			2010		
		合计 Total	本科 Regular College Course	专科 Specialized Subject (Three Years)	合计 Total	本科 Regular College Course	专科 Specialized Subject (Three Years)	合计 Total	本科 Regular College Course	专科 Specialized Subject (Three Years)
合计	**Total**	**764**	**252**	**512**	**8454**	**4682**	**3772**	**8266**	**4645**	**3621**
哲学	Philosophy									
经济学	Economics	92		92	386	362	24	271	245	26
法学	Law	23		23	861	458	403	1050	384	666
教育学	Education	55		55	518	70	448	759	176	583
文学	Literature	165	124	41	1397	1182	215	1333	1029	304
历史学	History	92		92				38	38	
理学	Science	69	53	16	436	436		430	430	
工学	Engineering	47		47	1256	489	767	1142	571	571
农学	Agriculture	144	26	118	902	342	560	833	466	367
医学	Medicine	77	49	28	935	479	456	942	431	511
管理学	Management				1763	864	899	1468	875	593

15-11 中等专业学校分科学生数（2010年）

NUMBER OF STUDENTS BY FIELD STUDY IN SPECIALIZED SECONDARY SCHOOLS（2010）

单位：人 (person)

项目	Item	毕业生数 Graduates	招生数 New Student Enrollment	在校学生数 Student Enrollment
合计	**Total**	**7312**	**7319**	**22613**
农林牧渔类	Agriculture,Forestry	798	840	3596
资源与环境类	Resource and Environment	153		131
能源与新能源类	Energy and new Energy	53	100	100
土木水利类	Constrution and Water Conservancy Engineering	298	114	272
加工制造类	Machining and Manufacture	88	229	382
轻纺食品类	Light Fang and eats	92	191	447
交通运输类	Transport	221	559	1582
信息技术类	Information Technology	733	514	1965
医药卫生类	Medicine and Health	1131	2717	5891
财经商贸类	Finance and Economics	266	75	298
旅游服务类	Travel service	932	500	2863
文化艺术类	Culture and Arts	1160	733	3236
体育健身类	Pysical Education	268	215	602
师范类	Teacher Training	39		35
公共管理与服务类	Society Commonality Business	755	421	1102
其他	Others	325	111	111

15-12 各级学校教师负担学生数

STUDENT-TEACHER RATIO BY LEVEL OF SCHOOL

单位：人 (person)

年份 Year	高等学校 Institutions of Higher Education		中等专业学校 Specialized Secondary Schools		普通中学 Regular Secondary Schools		小学 Primary Schools	
	教师数 Number of of Teachers	平均每个教师负担学生数 Student-Teacher Ratio	教师数 Number of of Teachers	平均每个教师负担学生数 Student-Teacher Ratio	教师数 Number of of Teachers	平均每个教师负担学生数 Student-Teacher Ratio	教师数 Number of of Teachers	平均每个教师负担学生数 Student-Teacher Ratio
1978	438	4.75	391	11.87	1061	16.66		
1979	554	2.66	451	12.55	1190	16.63	9722	25.51
1980	625	2.39	418	8.35	1200	15.66	12301	19.58
1981	571	2.67	456	5.10	1163	14.55	10164	18.39
1982	534	2.27	440	3.58	1194	14.04	8322	17.01
1983	518	2.56	280	5.01	1184	15.34	8381	14.87
1984	567	2.42	354	5.16	1406	13.43	8118	15.46
1985	571	2.76	382	5.89	1493	13.68	7931	15.12
1986	659	2.81	458	6.69	1724	12.73	7742	15.65
1987	1071	1.68	574	5.63	1996	11.96	7368	18.60
1988	723	2.40	626	5.54	2268	10.33	8045	18.00
1989	756	2.61	619	6.40	2317	10.02	7939	17.49
1990	719	2.82	618	6.76	2323	9.17	8506	16.44
1991	741	2.65	631	6.95	2344	9.30	8408	19.99
1992	727	3.08	654	7.21	2377	9.78	8647	22.18
1993	761	3.70	685	7.22	2342	10.97	9587	22.10
1994	777	4.22	744	6.98	2691	10.67	11514	20.23
1995	782	4.96	746	7.47	2834	11.54	13349	19.38
1996	833	4.10	794	6.78	3142	11.13	13916	20.43
1997	849	3.76	784	7.31	3348	11.47	13938	21.56
1998	834	4.13	765	7.29	3616	11.02	13908	22.31
1999	765	5.26	740	7.66	4045	10.93	13726	22.62
2000	813	6.73	742	8.87	4306	12.83	13181	23.81
2001	867	7.84	802	8.50	4979	14.40	11995	26.01
2002	885	9.53	782	8.23	5577	16.22	12792	24.98
2003	972	10.71	701	9.58	6461	17.67	13026	24.72
2004	1081	13.63	774	11.05	7371	18.44	13610	24.02
2005	1187	15.99	835	8.42	8161	18.88	14267	22.95
2006	1673	13.94	484	30.53	8677	19.08	15961	20.65
2007	1755	15.25	507	37.39	10033	17.96	17813	18.00
2008	1877	15.67	541	38.82	10752	17.16	18087	17.24
2009	1969	15.37	601	35.54	11498	15.79	18686	16.34
2010	2195	14.17	591	38.26	12044	14.92	18901	15.84

15-13 初中毕业生和小学毕业生升学率及小学学龄儿童入学率

PERCENTAGE GRADUATES OF JUNIOR SECONDARY SCHOOLS AND PRIMARY SCHOOLS ENTERING HIGHER LEVEL SCHOOLS, PERCENTAGE OF SCHOOL-AGE CHILDREN ENROLLED

单位：%　　(%)

年份　Year	初中毕业生升学率 Percentage of Graduates of Junior Secondary Schools Entering Senior Secondary Schools	小学毕业生升学率 Percentage of Graduates of Primary Schools Entering Senior Secondary Schools	小学学龄儿童入学率 Percentage of School-Age Children Enrolled
1981		29.6	76.0
1982	38.1	41.1	78.0
1983	39.2	49.7	42.1
1984	36.0	44.0	46.4
1985	49.4	44.9	46.0
1986	44.4	47.9	50.0
1987	48.8	53.2	48.4
1988	41.3	39.6	55.7
1989	40.7	73.6	53.1
1990	36.2	62.1	67.4
1991	32.9	67.7	45.6
1992	32.4	62.7	52.4
1993	30.2	74.0	58.9
1994	29.9	87.3	66.6
1995	43.2	67.7	70.4
1996	35.6	66.7	73.5
1997	52.8	61.7	78.2
1998	47.1	62.9	81.3
1999	66.6	45.2	81.7
2000	82.5	55.0	85.8
2001	73.3	67.0	87.2
2002	77.3	71.1	88.3
2003	72.1	82.9	91.8
2004	61.7	92.3	94.7
2005	50.5	91.7	95.9
2006	42.5	92.0	96.5
2007	58.0	97.1	98.2
2008	48.8	93.8	98.5
2009	55.2	98.4	98.8
2010	46.3	93.5	99.2

15-14 平均每万人口中在校学生数和大中小学学生构成

STUDENT ENROLLMENT PER 10000 POPULATION AND COMPOSITION OF STUDENTS ENROLLED

年份 Year	平均每万人口中 Number of Students per 10000 Population				大中小学学生占学生总数 Students of Different Level as Percentage of Total Students			
	大学生（人） University and College Students (person)	中专生（人） Specialized Secondary School Students (person)	中学生（人） Secondary School Students (person)	小学生（人） Primary School Students (person)	大学生（%） University and College Students (%)	中专生（%） Specialized Secondary School Students (%)	中学生（%） Secondary School Students (%)	小学生（%） Primary School Students (%)
1965	16	3	8	487				
1978	12	26	99	1469	0.7	1.6	6.2	91.5
1979	8	31	108	1358	0.5	1.9	7.2	90.4
1980	8	19	102	1300	0.6	1.3	7.1	91.0
1985	8	11	102	601	1.1	1.6	14.2	83.2
1986	9	15	108	598	1.3	2.1	14.8	81.9
1987	9	16	115	659	1.1	1.9	14.4	82.6
1988	8	16	110	682	1.0	2.0	13.5	83.5
1989	9	19	109	654	1.2	2.4	13.8	82.7
1990	9	19	98	725	1.1	2.3	11.5	85.1
1991	9	20	98	758	1.0	2.2	11.1	85.7
1992	10	21	104	858	1.0	2.1	10.5	86.4
1993	12	22	112	926	1.2	2.0	10.5	86.4
1994	14	23	125	1011	1.2	1.9	10.6	86.2
1995	17	24	139	1098	1.3	1.9	10.9	86.0
1996	14	23	146	1188	1.0	1.6	10.7	86.7
1997	13	24	162	1238	0.9	1.7	11.0	86.4
1998	14	23	163	1271	1.0	1.6	11.1	86.4
1999	16	23	179	1253	1.1	1.6	12.1	85.2
2000	21	25	213	1199	1.4	1.7	14.6	82.3
2001	26	26	273	1187	1.7	1.7	18.1	78.5
2002	32	24	339	1197	2.0	1.5	21.3	75.2
2003	39	25	422	1192	2.3	1.5	25.2	71.0
2004	54	31	497	1195	3.0	1.8	28.0	67.3
2005	69	25	556	1182	3.7	1.4	30.4	64.5
2006	83	53	589	1173	4.4	2.8	31.1	61.8
2007	94	67	634	1128	4.9	3.5	33.0	58.7
2008	102	73	643	1086	5.4	3.8	33.7	57.0
2009	104	74	626	1052	5.6	4.0	33.7	56.7
2010	106	77	613	1022	5.8	4.3	33.7	56.2

15-15 高等学校分科专任教师数（2010年）

NUMBER OF FULL-TIME TEACHERS BY FIELD OF STUDY IN REGULAR HIGHER EDUCATIONAL INSTITUTIONS (2010)

单位：人 (person)

项　目	Item	合计 Total	正高级 Senior Title	副高级 Associate Title	中级 Junior Title	初级 Primary Title	无职称 Non-title
合计	**Total**	**2195**	**88**	**535**	**856**	**404**	**312**
哲学	Philosophy	93	3	32	16	14	28
经济学	Economics	69	2	24	19	10	14
法学	Law	192	6	39	73	35	39
教育学	Education	325	8	68	110	72	67
文学	Literature	463	19	120	179	89	56
历史学	History	46	6	14	15	5	6
理学	Science	213	15	86	74	22	16
工学	Engineering	272	6	34	120	65	47
农学	Agriculture	178	8	49	95	23	3
医学	Medicine	164	12	34	72	26	20
管理学	Management	180	3	35	83	43	16

15-16 高等学校专任教师、聘请校外教师学历情况（2010年）

EDUCATIONAL BACKGROUND OF FULL-TIME TEACHERS AND ENGAGED FROM OTHER SCHOOLS IN INSTITUTIONS OF HIGHER EDUCATION (2010)

单位：人 (person)

项　目	Item	合计 Total	博士 Doctor	硕士 Master	大学本科 Regular College Course	大学专科及以下 Specializ subjec and Below
专任教师	**Full-time Teachers**	**2159**	**83**	**809**	**1236**	**67**
正高级	Senior Title	88	18	12	49	9
副高级	Associate Title	535	27	157	338	13
中级	Junior Title	856	32	420	370	34
初级	Primary Title	404	1	78	316	9
无职称	Non-title	312	5	142	163	2
聘请校外教师	**Engaged from Other Schools**	**276**	**71**	**74**	**109**	**22**
正高级	Senior Title	115	44	32	34	5
副高级	Associate Title	94	26	31	32	5
中级	Junior Title	37	1	8	22	6
初级	Primary Title	18		3	9	6
无职称	Non-title	12			12	

15-17 各级学校女学生和女教师数

NUMBER OF FEMALE STUDENTS AND TEACHERS BY LEVEL OF SCHOOL

单位：人 (person)

项目	Item	2000	2007	2009	2010
女学生数	**Number of Female Students**	**176102**	**261161**	**239300**	**259211**
高等学校	Institutions of Higher Education	2049	13293	15116	16156
中等专业学校	Specialized Secondary Schools	3433	9529	9904	10432
普通中学	Regular Secondary Schools	25946	85371	87612	87803
小学	Primaey Schools	144674	152968	146778	144820
女学生占学生总数的百分比 (%)	**Percentage of Female Students to Total Students (%)**	**46.2**	**49.8**	**44.4**	**48.7**
高等学校	Institutions of Higher Education	37.4	49.7	49.9	51.9
中等专业学校	Specialized Secondary Schools	52.1	50.2	46.4	46.1
普通中学	Regular Secondary Schools	47.0	41.3	48.3	48.9
小学	Primaey Schools	46.1	47.8	48.1	48.4
女教师数	**Number of Female Teachers**	**7721**	**13878**	**15617**	**16323**
高等学校	Institutions of Higher Education	290	783	908	1046
中等专业学校	Specialized Secondary Schools	299	189	233	219
普通中学	Regular Secondary Schools	1514	4162	5158	5502
小学	Primaey Schools	5618	8744	9318	9556
女教师数占教师总数的百分比 (%)	**Percentage of Female Teachers to Total Teachers (%)**	**40.6**	**44.0**	**47.7**	**48.4**
高等学校	Institutions of Higher Education	35.7	44.6	46.1	47.7
中等专业学校	Specialized Secondary Schools	40.3	37.3	38.8	37.1
普通中学	Regular Secondary Schools	35.2	41.5	44.9	45.7
小学	Primaey Schools	42.6	49.1	49.9	50.6

15-18 各地区普通中学基本情况(2010年)

BASIC STATISTICS OF REGULAR SECONDARY SCHOOLS BY REGION(2010)

单位：人 (person)

地区	Region	学校(所) Schools (unit)	毕业生数 Graduates	招生数 New Students Enrollment	在校学生 Students Enrollment	教职员工 Staff and Workers	# 专任教师 Full-time Teachers
合计	**Total**	**122**	**58270**	**62418**	**179720**	**12773**	**12044**
拉萨市	Lhasa	23	10855	11552	33769	2710	2494
昌都地区	Qamdo	18	12145	12696	38043	1982	1886
山南地区	Shannan	17	7410	7240	21525	1701	1599
日喀则地区	Xigazê	28	14393	14710	42773	3440	3275
那曲地区	Nagqu	15	7014	8982	22662	1391	1340
阿里地区	Ngari	7	1259	1453	4445	290	281
林芝地区	Nyingchi	11	3428	4352	11880	874	839
其他	Others	3	1766	1433	4623	385	330

15-19 各地区普通小学基本情况(2010年)

BASIC STATISTICS OF REGULAR PRIMARY SCHOOLS BY REGION(2010)

单位：人 (person)

地区	Region	学校(所) Schools (unit)	毕业生数 Graduates	招生数 New Students Enrollment	在校学生 Students Enrollment	教职员工 Staff and Workers	# 专任教师 Full-time Teachers
合计	**Total**	**872**	**50642**	**50747**	**299408**	**19289**	**18901**
拉萨 市	Lhasa	94	7586	8135	47791	3435	3307
昌都地区	Qamdo	198	11950	11478	68079	3787	3725
山南地区	Shannan	101	5636	4752	29563	2254	2236
日喀则地区	Xigazê	224	12009	11721	66762	4578	4493
那曲地区	Nagqu	148	8127	9641	54996	2987	2937
阿里地区	Ngari	39	1664	1693	10954	698	683
林芝地区	Nyingchi	66	3508	3140	20119	1486	1466
其他	Others	2	162	187	1144	64	54

15-20 各类专业技术人员数

SCIENTIFIC AND TECHNICAL PERSONNEL

单位：人 (Person)

指　　标	Item	1985	1990	1995	2000	2009	2010
总计	**Total**	**23537**	**26751**	**30353**	**36587**	**52107**	**52686**
自然科技人员	Natural Science	17615	19704	24548	30924	48934	49539
工程技术人员	Engineering	1735	2367	2963	4093	2341	2221
农业技术人员	Agriculture	1838	1578	1726	1852	2722	2750
科学研究人员	Scientific Research	324	360	417	352	278	428
卫生技术人员	Health Care	6019	6530	7353	7304	8317	8687
教学人员	Teaching	7699	8869	12089	17323	35276	35453
社会科技人员	Social Science	5922	7047	5805	5663	3173	3147
会计人员	Financial Accounting	3447	2671	1735	1956	295	229
统计人员	Statistical	773	533	283	162	22	14
新闻、出版、播音人员	Editor, Reporter and Announcer	361	492	534	689	952	1037
翻译人员	Translator	79	310	332	391	214	202
体育教练人员	Physical Coaches	50	48	57	42	173	171
经济人员	Economic	370	1755	1028	870	86	61
图书、档案、文博人员	Books, Archives and Data	118	364	440	509	306	268
工艺美术人员	Industrial Arts	8	16	26	2	22	10
艺术人员	Literature	716	800	831	471	983	1029
律师、公证人员	Lawyer		58	51	66	18	13
政工人员	Politics			488	505	102	113

15-21 自治区科协系统科技活动情况

BASIC STATISTICS ON SCIENTIFIC AND TECHNOLOGICAL ACTIVITIES OF TIBET ASSOCIATIONS FOR SCIENCE AND TECHNOLOGY

项目		Item		2000	2007	2009	2010
学术活动		**Academic Activities**					
参加活动次数	（次）	Number of Academic Meeting	(time)	41	28	50	42
参加人数	（人）	Number of Participants	(person)	4419	1270	1375	2600
交流论文数	（篇）	Number of Papers Presented	(piece)	579	281	552	340
科普活动		**Activities for Popular Science**					
讲座次数	（次）	Number of Lectures	(time)	19	12	145	150
参加人数	（人）	Number of Participants	(person)	5028	4700	168000	170000
展览次数	（次）	Number of Exhibitions	(time)	6	5	157	160
参观人数	（人）	Number of Participants	(person)	30000	28000	150000	165000
参加科技咨询的科技人员数	（人）	Number of Consultation for Decision-Making	(person)	150	300	2770	3100
出版		**Publications**					
科技期刊总数	（种）	Number of Academic Journals	(kind)	9	5	7	7
学术论著发行量	（册）	Number of Copies Distributed for Science Treatise	(copies)	21000		6000	6000
论文集种数	（种）	Number of Collections Articles	(kind)	1	3	1	2
发行量	（册）	Number of Copies Distributed	(copies)	1000	1000	1500	1500
科技报纸种数	（种）	Number of Scientific and Technological Newspapers	(kind)	2	2	2	2
发行份数	（万份）	Number of Copies Distributed	(10000 copies)	50	22	280	287

15-22 科学研究与技术开发机构科技活动情况

BASIC STATISTICS ON SCIENTIFIC RESEARCH AND DEVELOPMENT INSTITUTION

项　目		Item		2007	2009	2010
科技活动人员	（人）	**Personnel Engaged in S&T Activities**	**(person)**	**881**	**854**	**880**
科学家和工程师	（人）	Scientists and Engineers	(person)	473	410	474
科技论文	（篇）	Scientific Papers	(piece)	229	268	246
科技著作	（种）	Scientific Books	(kind)	25	31	40
科技经费筹集额	**（万元）**	**Funding for S&T Activities**	**(10000 yuan)**	**13740**	**36418**	
政府资金	（万元）	Government Appropriation Funds	(10000 yuan)	13451	34145	
企业资金	（万元）	Enterprises Funds	(10000 yuan)			
事业单位资金	（万元）	Institutions Funds	(10000 yuan)	238	1983	
国外资金	（万元）	Foreign Funds	(10000 yuan)	51	290	
其他	（万元）	Others	(10000 yuan)			
科技经费内部支出	**（万元）**	**Intramural Expenditures on S&T Activities**	**(10000 yuan)**	**10685**	**13448**	**17136**
人员费用	（万元）	Personnel Cost	(10000 yuan)	4000	5209	6143
资产购建费	（万元）	Purchases or Coustruction of Fixed Asssets	(10000 yuan)	2163	4212	4050
其它日常支出	（万元）	Other Expenditure	(10000 yuan)	4522	4027	5942
研究与试验发展经费支出	**（万元）**	**Expenditure on R&D**	**(10000 yuan)**	**4174**	**5552**	**4654**
基础研究	（万元）	Basic Research	(10000 yuan)	427	1174	1053
应用研究	（万元）	Applied Research	(10000 yuan)	3121	1260	2046
试验发展	（万元）	Experimental Development	(10000 yuan)	626	3118	1555
研究与试验发展折合全时工作量	**（人年）**	**Full-time Equivalent of R&Dnding for R&D Personnel**	**(man-year)**	**397**	**418**	**444**
基础研究	（人年）	Basic Research	(man-year)	48	88	140
应用研究	（人年）	Applied Research	(man-year)	298	122	220
试验发展	（人年）	Experimental Development	(man-year)	51	208	84

15-23 文化艺术、文物和出版行业事业机构和人员情况

NUMBER OF INSTITUTIONS AND PERSONNEL IN CULTURE, ART, CULTURAL RELICS, NEWS AND PUBLISHING UNDERTAKINGS

机构类别	Catetory of Institutions	机构数(个) Number of Institutions (unit)			从业人员(人) Number of Persons Engaged (person)		
		2000	2009	2010	2000	2009	2010
文化事业合计	**Culture**	**143**	**360**	**377**	**1683**	**1820**	**1763**
艺术事业	Art Institutions	46	51	50	1255	1367	1335
剧团、文工团	Troupe and Cultural Troupes	10	10	10	816	841	858
乌兰牧骑、文宣队	Ulanmuchi and Performance Troupes	16	19	19	234	438	436
艺术表演场所	Art Centers	20	22	21	205	88	41
图书馆事业	Libraries	1	4	4	43	66	64
群众文化事业	Mass Culture	94	297	321	333	331	311
群众艺术馆	Mass Art Centers	7	7	8	183	157	154
文化馆	Culture Centers	52	49	74	118	71	100
文化站	Culture Stations	35	239	239	32	103	57
其他文化事业	Other Culture Units	2	2	2	52	56	53
文物事业	**Cultural Relics**	**18**	**17**	**79**	**286**	**286**	**346**
出版发行事业	**News and Publishing Undertakings**	**71**	**90**	**90**	**376**	**435**	**458**

15-24 图书、杂志出版情况

NUMBER OF BOOKS，MAGAZINES PUBLISHED

年份 Year	图书 Books Published			杂志 Magazines Published					
				合计 Total		汉文 Chinese		藏文 Tibetan	
	合计 (万册) Total (10000 copies)	汉文 Chinese	藏文 Tibetan	种数 (种) Number of Publications (kind)	印数 (千册) Printed Copies (1000 copies)	种数 (种) Number of Publications (kind)	印数 (千册) Printed Copies (1000 copies)	种数 (种) Number of Publications (kind)	印数 (千册) Printed Copies (1000 copies)
1965	50	10	40						
1978	306	61	245	4	74	4	74		
1979	365	140	225	1	40	1	40		
1980	359	159	200	7	835	4	519	3	316
1985	310	96	214	14	417	8	298	6	119
1986	293	124	169						
1987	378	153	225	12	218	6	107	6	111
1988	301	118	184	17	277	9	181	7	96
1989	372	125	247	15	217	7	137	8	80
1990	435	225	210	16	205	7	96	8	106
1991	363	114	249	18	299	8	109	9	187
1992	368	119	249	26	355	14	220	11	133
1993	416	108	308	26	297	15	171	11	126
1994	308	122	186	23	293	12	181	11	112
1995	402	94	308	23	286	12	182	11	104
1996	450			21	252				
1997	349	87	262	20	290	10	177	10	113
1998	456	88	369	20	329	10	172	10	157
1999	436	103	333	23	462	12	302	11	160
2000	524	151	373	32	580	17	347	15	233
2001	461	219	235	33	874	19	518	14	356
2002	874	400	474	34	720	14	263	20	457
2003	781	367	414	34	716	20	517	14	199
2004	795	374	421	34	750	20	531	14	219
2005	854	369	485	34	767	20	587	14	180
2006	927	381	546	34	830	20	635	14	195
2007	1206	725	481	34	3903	20	3614	14	289
2008	1286	788	498	34	2808	20	2478	14	330
2009	1339	899	441	34	1327	20	1009	14	318
2010	1446	977	469	34	1605	20	1174	14	431

15-25 报纸出版情况

NUMBER OF NEWSPAPER PUBLISHED

年 份 Year	合计 Total 种数 (种) Number of Newspaper Published (kind)	总印张 (千印张) Printed Sheets (1000 sheets)	总印数 (万份) Printed Copies (10 000copies)	汉文报 Chinese 种数 (种) Number of Newspaper Published (kind)	总印张 (千印张) Printed Sheets (1000 sheets)	总印数 (万份) Printed Copies (10 000copies)	藏文报 Tibetan 种数 (种) Number of Newspaper Published (kind)	总印张 (千印张) Printed Sheets (1000 sheets)	总印数 (万份) Printed Copies (10 000copies)
1959		1560			800			760	
1965		3258			2008			1250	
1978		26669			10112			16557	
1979		23153			9102			14051	
1980		20739			8342			12397	
1981		15129			5788			9341	
1982		15167			6593			8574	
1983	6	17251		3	6854		3	10397	
1984	6	17253		3	7329		3	9924	
1985	13	16529		6	9035		7	7494	
1986									
1987	10	15121		5	8103		5	7018	
1988	11	15046		5	8177		6	6869	
1989	12	14782		6	8973		6	5809	
1990	11	13441		5	7493		6	5948	
1991	13	15535		6	8851		7	6684	
1992	14	16454		7	9325		7	7129	
1993	15	15377		8	9072		7	6305	
1994	15	27004		8	15451		7	11553	
1995	15	27207		8	15593		7	11614	
1996	10	28690							
1997	12	26739		7	20261		5	7578	
1998	14	27360		8	20134		6	7226	
1999	16	35573		9	26482		7	9091	
2000	16	28712		9	21987		7	6725	
2001	16	34370	2248	10	24470	1629	6	9900	619
2002	19	51330	2937	11	43953	2048	8	7377	889
2003	19	45130	2806	11	37722	1912	8	7408	894
2004	19	53520	3298	11	44737	2474	8	8783	824
2005	23	53511	2631	13	45632	1810	10	7879	821
2006	23	56000	3440	13	47754	2207	10	8246	1233
2007	23	76642	3788	13	65507	2488	10	11135	1300
2008	23	88662	5694	13	67372	4399	10	21290	1295
2009	23	122774	5927	13	98978	4346	10	23796	1581
2010	23	140237	6694	13	109232	4420	10	31005	2274

15-26 广播、电视基本情况

BASIC STATISTICS BROADCASTING AND TELEVISION STATIONS

项　目		Item		1990	1995	2000	2009	2010
广播电台	(座)	**Broadcasting Stations**	(unit)	**2**	**2**	**2**	**1**	**1**
节目套数	(套)	Produced Programs	(set)	3	4	3	4	4
中、短波转播发射台	(座)	Transmission Stations and Relaying Stations of MW & SW	(unit)	20	35	36	42	42
中、短波转播发射功率	(千瓦)	Power of MW & SW Transmitters	(kw)	435.7	1041.1	1401.9	161.0	179.0
广播综合人口覆盖率	(%)	Listener Rating	(%)	26.00	55.00	77.73	89.20	90.28
电视台	(座)	**Television Stations**	(unit)	**2**	**2**	**2**	**5**	**5**
节目套数	(套)	Produced Programs	(set)	3	3	3	10	10
电视转播发射台	(座)	Television Transmitters Stations and Relaying Stations	(unit)	164	333	647	2060	2060
#50W以上电视转播发射台	(座)	With Power above 50W	(unit)	**80**	**80**	**80**	**80**	**80**
电视转播发射功率	(千瓦)	Power of Transmitters	(kw)	18.6	19.8	21.6	104.0	104.0
电视综合人口覆盖率	(%)	Viewer Rating	(%)	35.00	55.00	76.13	90.36	91.41
广播电视台	(座)	**Broadcast-Television Stations**	(unit)				**3**	**3**
节目套数	(套)	Produced Programs	(set)				6	6
卫星收转站	(座)	Satellite Receicing and Transmission Stations	(unit)	**164**	**1156**	**2759**	**15142**	**15404**
县级以上有线电视转播发射台	(座)	TV Transmission Stations and Relaying Stations in Counties and Cities	(unit)	**74**	**76**	**72**	**76**	**76**
100W以上调频转播发射台	(座)	Transmission and Relaying Stations of Frequency Modulation Broadcast With Power above 100W	(unit)		**1**	**1**	**78**	**76**
卫星地球站	(座)	Satellite Communication Earth Station	(unit)			**1**	**1**	**1**

15-27 广播电视节目播出时间

BROADCAST IN THE BROADCAST TIME OF TV PROGRAMME

单位：小时:分　　(hour:minute)

项　目	Item	2010	项　目	Item	2010
广播节目	**Broadcasting Program**		**电视节目**	**Television Program**	
播出公共节目时间	Broadcast Public Program Time	38743:00	播出公共节目时间	Broadcast Public Program Time	47044:00
#转播中央台节目时间	Transfer to the Program time of chinese central Broadcasting	1576:15	#转播中央台节目时间	Transfer to the Program time of chinese central Broadcasting	2759:00
转播省级台节目时间	Transfer to and Save one Grade of Programs time	360:00	转省级台节目时间	Transfer to and Save one Grade of Programs time	2100:00
播出制作节目时间	Broadcast and Make Program time	31785:00	播出制作节目时间	Broadcast and Make Program time	17372:00
购买交换节目时间	Buy Exchange Program time	5021:20	购买交换节目时间	Buy Exchange Program time	24813:00

第十六篇

体育 卫生 环保

Chapter 16

SPORTS,PUBLIC HEALTH AND ENVIRONMENTAL PROTECTION

16-1 体育局系统职工人数

NUMBER OF STAFF AND WORKERS IN SPORTS COMMISSIONS

单位：人　　(person)

人员分类	Category Personnel	1990	1995	2000	2007	2009	2010
合计	**Total**	**610**	**707**	**640**	**672**	**534**	**607**
专职教练员	Full-time Coaches	33	40	22	47	48	42
专职文化教师	Full-time Teachers	16	53	3	18	18	23
医务人员	Medical Personnel	13	17	11	12	13	13
行政管理干部	Administrative Personnel	271	140	120	135	172	186
工人	Workers	93	457	325	327	149	145
其他	Others	184		137	133	134	198

16-2 等级运动员 (2010年)

NUMBER OF ATHLETES IN GRADES BY TYPE OF SPORTS (2010)

单位：人　　(person)

运动项目	Item	等级运动员 Number of Athletes in Grades	国际运动健将 International Master of Sports	运动健将 Master of Sports	一级运动员 First Grade Sportsman	其他 Others
合计	**Total**	**198**	**27**	**6**	**41**	**124**
田径	Track and Field	5			4	1
射箭	Archery	18			1	17
国际式摔跤	International Wrestling	64		6	10	48
柔道	Judo	6				6
足球	Football	26				26
登山	Mountaineering	27	27			
马术	Horsemanship	45			22	23
射击	Shooting	5			4	1
拳击	Boxer	2				2

16-3 政府援建体育场地

PHYSICAL EDUCATION FIELD AIDED BY GOVERNMENT

级次	场地设施数量（个/条） Number of Physical Field Establishment (unit)					投入(万元) Investment (10000 yuan)				场地规模(m²) Field Size (m²)	
Level	小计 Total	健身路径 Fitness Route	篮球场 Basketball Court	乒乓球台 Table Tennis Table	小篮板 Mini-Basketball	小计 Total	财政拨款 Government Subsidies	体彩公益金 Pysical Education lottery Public Fund	其他 Other	占地面积 Land Covering	场地面积 Field Area
自治区 Autonomous Region											
2009年	811	100	237	474		1308	80	1228		300000	242200
2010年	1065	600	155	310		2229	1829	400		350600	234100
地市 City											
2010年	108	6	102			49	4		45	14625	10850

16-4 体育彩票销量、公益金及税收情况

SITUATIONS OF SALES,PUBLIC FUND AND TAX OF PHYSICAL EDUCATION LOTTERY

单位：万元 (10000 yuan)

年度 Year	竞猜型销量 Guess	乐透型销量 Lottery	即开型销量 Instant	销量合计 Total Sales	公益金 Public Fund	上缴税款 Tax
合计 Total	**2144**	**13252**	**38489**	**53885**	**43427**	**753**
2006	382	1635		2017	656	29
2007	323	2087		2410	801	37
2008	298	3110	12180	15588	3590	185
2009	396	2875	16640	19911	4433	336
2010	745	3545	9669	13959	33947	166

16-5 环保系统机构、人员数

NUMBER OF ENVIRONMENTAL PROTECTION AGENCIES AND PERSONS

指　　标		Item		1995	2000	2009	2010
机构总数	(个)	Number of Agencies	(unit)	9	21	101	112
人员总数	(人)	Total Number of Staff & Workers	(person)	140	176	557	588
#科技人员		Scientific and Technical Personnel			25		
监测人员		Monitoring Personal		55	48	78	78
监理人员		Supervising and Administrative Personnel			5	37	36

16-6 "三废"排放及治理情况

DISCHARGE AND TREATMENT OF WASTE WATER，WASTE GAS AND SOLID WASTES

指　　标		Item		1995	2000	2009	2010
废水		**Waste Water**					
废水排放总量	(万吨)	Total Volume of Industrial Waste Water Discharged	(10000 tons)	4200	5204	942	736
废水排放达标量	(万吨)	Volume of Industrial Waste Water up to the Standards for Discharge	(10000 tons)	3500	4477	210	217
废水处理量	(万吨)	Total Volume of Industrial Waste Water Treated	(10000 tons)	1400	1615	218	217
废气		**Waste Gas**					
废气排放总量	(万标立方米)	Total Volume of Industrial Waste Gas Emission	(ten thousands cu.m)	389	12000	154092	158138
烟尘排放量	(吨)	Volume of Soot Emission	(tons)	5200	1150	720	721
工业粉尘排放量	(吨)	Volume of Industrial Dust Emission	(tons)	14600	7380	1179	845
固体废物		**Solid Wastes**					
工业固体废物产生量	(万吨)	Volume of Industrial Sōlid Wastes Produced	(10000 tons)	0.51	17.05	11.12	11.12
工业固体废物处置量	(万吨)	Volume of Industrial Solid Wastes Accumulated	(10000 tons)				
工业固体废物排放量	(万吨)	Volume of Industrial Solid Wastes Treated	(10000 tons)	0.22	17.04	4.12	4.12

16-7 卫生事业发展情况

指　标	Item	1980	1985	1990	1991
全区机构数　（个）	**Number of Health Institutions (unit)**	**832**	**958**	**1110**	**1197**
医院、卫生院	Hospitals	528	525	742	479
#医院	Hospitals	92	96	83	107
疗养院	Sanatoriums				1
门诊部(所)	Clinics	247	374	548	595
疾病预防控制中心	Center For Disease Control And Prerention	31	75	80	80
妇幼保健院(所、站)	Maternity and Child Care Centers		4	13	21
采供血机构	Blood Gathering and Supplying Institutions				
卫生监督所	Health Supervision				
社区卫生服务中心	Health Service Center for Community				
其他卫生事业机构	Other Health Care Institutions	20	20	15	15
全区床位数　（张）	**Nmber of Beds (unit)**	**4328**	**4580**	**5381**	**5397**
医院、卫生院	Hospitals	4261	4412	5015	5077
#医院	Hospitals	3719	3679	3361	4388
疗养院	Sanatoriums			150	150
门诊部	Clinics	67	160	207	139
妇幼保健所(站)	Maternity and Child Care Centers		8	9	31
社区卫生服务中心	Other Health Care Institutions				
其他卫生事业机构	Other Health Care Institutions				
全区人员数　（人）	**Personnel (person)**	**8382**	**8461**	**9513**	**9740**
卫生技术人员	Medical Technical Personnel	6663	6837	7498	7749
#执业医师、助理医师	Working Traditional Doctors and Assistants	3564	3628	4514	4620
#注册护士	Registered Nurses	1104	1351	1883	1730
其他技术人员	Other Technical Personnel	100	16	185	180
管理人员	Managerial Personnel	644	584	584	655
工勤技能人员	Logistics Workers	975	1024	1246	1156

注：执业医师、助理医师和注册护士数2001年及以前各年份分别为医生和护士(师)数。

Note:The data of Working Traditional Doctors and Assistants and Registered Nurses is the data of Doctors and Nurses before 2001

DEVELOPMENT OF HEALTH INSTITUTIONS

	1992	1993	1994	1995	1996	1997	1998	1999	2000	2007	2008	2009	2010
	1223	**1068**	**1152**	**1198**	**1300**	**1324**	**1307**	**1254**	**1237**	**1339**	**1326**	**1329**	**1352**
	491	293	838	882	882	895	876	824	810	765	764	763	773
	108	103	103	104	106	108	108	107	105	97	99	100	101
	1	1	1	1	1	1	1	1	1	1	1	1	1
	609	667	196	195	302	303	303	303	303	419	412	417	430
	82	78	81	83	82	84	84	83	81	79	81	81	81
	21	17	23	24	21	30	32	32	32	58	57	57	55
										1	1	1	1
										1	2	2	2
										14	7	6	8
	14	10	10	4	12	8	2	8	7	1	1	1	1
	5857	**5042**	**5602**	**6176**	**6136**	**6246**	**6512**	**6440**	**6348**	**7127**	**8765**	**8553**	**8838**
	5555	5515	5333	5895	5979	6049	6305	6255	6156	6832	8344	8193	8439
	4647	3862	4131	4331	4546	4498	4572	4462	4426	4462	5585	5368	5444
	150	150	150	150	120	150	150	120	120	57	40	40	40
	114	347	78	78									
	32	27	41	43	37	47	57	65	72	235	336	320	342
										3			17
	6	3		10							45		
	10063	**9683**	**10424**	**389**	**10935**	**10929**	**10974**	**10957**	**11027**	**10635**	**11680**	**12099**	**12269**
	8030	7540	8176	8467	8682	8697	8785	8892	8948	8535	9435	10047	9983
	4597	4457	4760	4851	4909	5149	5089	5181	5262	4148	4376	4465	4371
	1729	1501	1572	1657	1669	1669	1760	1687	1816	1807	1920	2007	1986
	120	308	350	272	190	154	126	154	211	454	509	415	481
	640	755	713	758	817	743	811	714	676	607	634	649	610
	1273	1080	1185	1250	1246	1335	1252	1197	1192	1039	1102	988	1195

16-8 卫生机构数

NUMBER OF HEALTH INSTITUTIONS

单位：个 (unit)

年份 Year	合计 Total	医院、卫生院 Hospitals	# 医院 Hospitals	门诊部、所 Clinice	疾病预防控制中心 Center For Disease Control And Prerention
1958	43	8	8	35	
1959	62	11	11	51	
1965	193	86	83	106	1
1978	855	519	92	297	14
1979	817	528	93	251	17
1980	832	528	92	247	31
1981	924	530	92	337	30
1982	958	529	93	351	50
1983	940	519	94	432	52
1984	927	520	95	315	64
1985	958	525	96	330	75
1986	770	450	389	213	72
1987	868	544	85	188	81
1988	883	564	83	211	80
1989	1008	638	83	263	80
1990	1110	742	83	255	80
1991	1197	787	83	287	80
1992	1223	831	85	269	82
1993	1068	614	80	345	78
1994	1152	838	88	196	81
1995	1198	882	104	195	83
1996	1300	882	106	231	83
1997	1324	895	108	303	84
1998	1307	876	108	303	84
1999	1254	824	107	303	83
2000	1237	810	105	303	81
2001	1284	808	105	355	81
2002	1346	771	98	361	82
2003	1305	769	97	397	81
2004	1326	764	97	422	79
2005	1378	763	97	474	81
2006	1349	763	97	446	81
2007	1339	765	97	419	79
2008	1326	764	99	412	81
2009	1329	763	100	417	81
2010	1352	773	101	430	81

16-9 卫生机构床位数和卫生技术人员数

NUMBER OF BEDS AND TECHNICAL PERSONNEL IN HEALTH INSTITUTIONS

单位：张、人　　　　(unit,person)

年份 Year	床位数 Beds	医院、卫生院 Hospitals Health Centers	# 医院 Hospitals	卫生技术人员数 Medical Technical Personnel	每千人拥有床位数 Every Thousand People has Berths to Count	每千人卫生技术人员数 Number of Medical Technical Personnel Per 1000 Population
1958	174	174	174	502	0.14	0.42
1959	480	480	480	791	0.39	0.64
1965	1631	1570	1570	2424	1.14	1.77
1978	4421	4198	3488	5780	2.35	3.23
1979	4295	4125	3650	6606	2.26	3.62
1980	4328	4261	3719	6663	2.30	3.60
1981	4622	4507	3837	7268	2.42	3.91
1982	4396	4353	3670	7189	2.30	
1983	4455	4307	3642	6899	2.23	3.57
1984	4738	4594	3892	6725	2.34	3.42
1985	4580	4412	3679	6837	2.20	3.43
1986	4983	4720	2881	7001	2.30	3.46
1987	5222	4986	3414	7003	2.40	3.37
1988	5197	4876	3233	7097	2.30	3.34
1989	5355	4999	3325	8064	2.30	3.73
1990	5381	5015	3361	7498	2.30	3.39
1991	5397	5077	3337	7749	2.30	3.44
1992	5857	5555	3569	8030	2.50	3.51
1993	5042	4515	3036	7540	2.00	3.25
1994	5602	5333	3087	8176	2.29	3.46
1995	6176	5895	4331	8467	2.62	3.53
1996	6136	5979	4546	8006	2.56	3.29
1997	6246	6049	4498	7999	2.57	3.23
1998	6512	6305	4572	8785	2.65	3.49
1999	6440	6255	4462	8892	2.60	3.48
2000	6348	6156	4426	8948	2.52	3.44
2001	6372	6153	4385	8820	2.51	3.35
2002	6087	5694	4297	7913	2.38	2.97
2003	6216	5859	4261	8287	2.40	3.07
2004	6413	5928	4238	8569	2.34	3.13
2005	6767	6412	4426	8914	2.44	3.22
2006	7496	7091	4513	8895	2.67	3.17
2007	7127	6832	4462	8535	2.51	3.02
2008	8765	8344	5585	9435	3.05	3.29
2009	8553	8193	5368	10047	2.95	3.47
2010	8838	8439	5444	9983	3.02	3.44

16-10 全区卫生机构、床位和人员情况（2010年）

指　　标	Item	机构数(个) Number of Institutions (unit)	床位数(张) Beds (unit)	人员数(人) Number of Personnel (person)
总　　计	**Total**	**1352**	**8838**	**12269**
医院	Hospitals	101	5444	6972
综合医院	Comprehensive Hospitals	82	4514	5615
民族医院	Native Hospitals	18	850	1192
专科医院		1	80	39
疗养院	Sanatoriums	1	40	39
社区卫生服务中心(站)	Community Health	8	17	15
卫生院	Rural Township Hospitals	672	2995	2711
乡镇卫生院	Township Hospitals	672	2995	2711
#中心卫生院	Center Hospitals	257	1184	1122
诊所、卫生所、医务室	Center,community Health	430		901
采供血机构	Blood Gathering and Supplying Institutions	1		20
妇幼保健院(所、站)	Meternity and Child Care Centers	55	342	471
疾病预防控制中心	Center For Disease Control And Prerention	81		1083
卫生监督所(中心)	Health Supervision	2		44
医学在职培训机构	Health Care Institution Earth Station	1		13

16-11 各地（市）卫生机构、床位和人员情况 （2010年）

地　　区	Region	机构数(个) Number of Institutions (unit)	床位数(张) Beds (unit)	人员数(人) Number of Personnel (person)
拉萨市	Lhasa	237	2092	4146
昌都地区	Qamdo	224	1319	1638
山南地区	Shannan	164	830	1098
日喀则地区	Xigazê	318	1889	2292
那曲地区	Nagqu	206	1280	1477
阿里地区	Ngari	74	580	642
林芝地区	Nyingchi	129	848	976

NUMBER OF ALL HEALTH INSTITUTIONS,BEDS AND PERSONS ENGAGED BY TYPE OF INSTITUTIONS (2010)

卫生技术人员 Medical Technical Personnel	执业(助理)医师 Working Traditional Doctor's Assitants	执业医师 Working Traditional Doctors	注册护士 Registered Nurses	药剂师(士) Pharmaceutical Personnel	技师(士) Technician	检验师 Laboratory Personnel	其他 Others	其他技术人员 Other Technical Personnel	管理人员 Managerial Personnel	工勤人员 Logistics Workers
9983	**4371**	**3251**	**1986**	**451**	**491**	**305**	**2684**	**481**	**610**	**1195**
5435	2502	1981	1537	346	399	230	651	215	461	861
4482	2013	1555	1327	233	354	203	555	188	351	594
849	457	401	158	105	33	19	96	25	103	215
104	32	25	52	8	12	8		2	7	52
12	1	1	11						15	12
15	7	7	4				4			
2403	620	301	168	66	11	4	1538	189	41	78
2403	620	301	168	66	11	4	1538	189	41	78
993	236	110	64	32	10	4	651	83	22	24
837	600	523	158	19	1	1	59			64
10	2	2	3		5	5		1	5	4
372	208	137	86	16	23	16	39	17	30	52
866	430	298	19	4	52	49	361	50	53	114
32							32	7	2	3
1	1	1						2	3	7

NUMBER OF HEALTH INSTITUTION AND IT'S BEDS AND PERSONNEL BY REGION (2010)

卫生技术人员 Medical Technical Personnel	执业(助理)医师 Working Traditional Doctor's Assitants	执业医师 Working Traditional Doctors	注册护士 Registered Nurses	药剂师(士) Pharmaceutical Personnel	技师(士) Technician	检验师 Laboratory Personnel	其他 Others	其他技术人员 Other Technical Personnel	管理人员 Managerial Personnel	工勤人员 Logistics Workers
3100	1433	1278	951	155	149	92	412	106	243	697
1376	517	407	209	43	53	34	554	75	104	83
913	511	387	98	33	47	28	224	55	41	89
1954	685	437	307	98	111	70	753	98	98	142
1218	464	309	191	73	62	43	428	91	74	94
601	235	151	80	31	28	16	227	5	19	17
821	526	282	150	18	41	22	86	51	31	73

第十七篇

各县（市、区）主要统计指标

Chapter 17

MAIN ECONOMIC INDICATORS BY COUNTIES(CITY AND REGIONS)

17-1 乡村从业人员（2010年）

RURAL LABOR FORCE BY SECTOR (2010)

单位：人 (person)

地区	Region	乡村从业人员 Number of Rural Laborers	农林牧渔业 Farming,Forestry, Animal Husbandry and Fishery	工　业 Industry	建筑业 Construction	其他非农从业人员 Other Non-agricultural Trades
拉萨市	**Lhasa**					
城关区	Lhasa Chengguanqu	8870	3591	1006	1420	2853
林周县	Lhünzhub	31627	28242	42		3343
当雄县	Damxung	18001	8514	110	658	8719
尼木县	Nyêmo	17511	10297	651	3455	3108
曲水县	Qüxü	18279	12388	450	1983	3458
堆龙德庆县	Doilungdêqên	23955	14052	208	1790	7905
达孜县	Dagzê	13922	4529	453	1238	7702
墨竹工卡县	Maizhokunggar	18032	6906	1577	3815	5734
昌都地区	**Qamdo**					
昌都县	Qamdo	29720	21796	3828	1965	2131
江达县	Jomda	43319	31814	3559	2038	5908
贡觉县	Konjo	17539	15088		1284	1167
类乌齐县	Riwoqê	15445	12980	989		1476
丁青县	Dêngqên	26573	24388	34	681	1470
察雅县	Chagyab	24173	20121	210	575	3267
八宿县	Baxoi	18155	15845	82	738	1490
左贡县	Zogang	21242	20120	15	340	767
芒康县	Markam	49638	43509	582	742	4805
洛隆县	Lhorong	16538	15087	38	144	1269
边坝县	Banbar	16013	14203	154	184	1472
山南地区	**Shannan**					
乃东县	Nêdong	20514	10276	430	3727	6081
扎囊县	Chanang	15489	12640	61	1457	1331
贡嘎县	Konggar	22638	15130	751	4441	2316

17-1 续表1 continued

单位：人 (person)

地区	Region	乡村从业人员 Number of Rural Laborers	农林牧渔业 Farming,Forestry, Animal Husbandry and Fishery	工业 Industry	建筑业 Construction	其他非农从业人员 Other Non-agricultural Trades
桑日县	Sangri	7379	4200		700	2479
琼结县	Qonggyai	8608	7781	24	346	457
曲松县	Qusum	7035	5293	637	393	712
措美县	Comai	7036	5410	75	707	844
洛扎县	Lhozhag	8825	4170	309	3806	540
加查县	Gyaca	7702	6241	117	451	893
隆子县	Lhünzê	16317	12298	207	2812	1000
错那县	Cona	7086	6350	21	373	342
浪卡子县	Nagarzê	19280	12987	919	3462	1912
日喀则地区	**Xigazê**					
日喀则市	Xigazê Shi	43306	26787	1565	10029	4925
南木林县	Namling	41126	37998	22	380	2726
江孜县	Gyangzê	30288	25651	990	2868	779
定日县	Tingri	29500	17992	326	95	11087
萨迦县	Sa'gya	23606	18621	675	1813	2497
拉孜县	Lhazê	28473	12861	923	293	14396
昂仁县	Ngamring	24225	20903	255	112	2955
谢通门县	Xaitongmoin	23620	13998	1761	6064	1797
白朗县	Bainang	22923	13716	1049	3500	4658
仁布县	Rinbung	18744	10327	358	6505	1554
康马县	Kangmar	9366	7072	239	1281	774
定结县	Dinggyê	10728	9439	315	253	721
仲巴县	Zhongba	10591	8049			2542
亚东县	Yadong	6351	5051	229	145	926
吉隆县	Gyirong	7105	6341	144	220	400
聂拉木县	Nyalam	8276	6635	67	610	964
萨嘎县	Saga	5969	5916			53
岗巴县	Kamba	5573	4934	38		601

17-1 续表2 continued

单位：人 (person)

地区	Region	乡村从业人员 Number of Rural Laborers	农林牧渔业 Farming,Forestry, Animal Husbandry and Fishery	工　业 Industry	建筑业 Construction	其他非农从业人员 Other Non-agricultural Trades
那曲地区	**Nagqu**					
那曲县	Nagqu	34984	26139	521	985	7339
嘉黎县	Lhari	12514	10863		424	1227
比如县	Biru	23994	22425	22		1547
聂荣县	Nyainrong	16044	14225	77	706	1036
安多县	Amdo	16017	12565		955	2497
申扎县	Xainza	8588	6768	39	995	786
索　县	Sog	15649	14272			1377
班戈县	Bangoin	19098	17833			1265
巴青县	Baqên	20782	4808			15974
尼玛县	Nyima	14351	13299			1052
阿里地区	**Ngari**					
普兰县	Burang	4060	3064		345	651
札达县	Zanda	3017	2783		2	232
噶尔县	Gar	4647	3947	178	164	358
日土县	Rutog	4850	3419		1172	259
革吉县	Gê'gyai	9007	5626	2001		1380
改则县	Gêrzê	9877	9594	31	66	186
措勤县	Coqên	6093	4707		607	779
林芝地区	**Nyingchi**					
林芝县	Nyingchi	7592	4626	60	181	2725
工布江达县	Gongbo' gyamda	12655	11723		18	914
米林县	Mainling	7741	7497	15		229
墨脱县	Mêdog	4650	4303		70	277
波密县	Bomê	12392	10186	197	738	1271
察隅县	Zayü	11971	11154	25	174	618
朗　县	Nang	7146	6601		95	450

17-2 农林牧渔业、工业总产值 （2010年）

GROSS OUTPUT VALUE OF FARMING，FORESTRY，ANIMAL HUSBANDRY，FISHERY AND INDUSTRY (2010)

单位：万元 (10000 yuan)

地区	Region	农林牧渔业产值 Gross Out Value of Farming Forestry, Animal,Husbandry and Fishery	农业 Farming	林业 Forestry	牧业 Animal Husbandry	渔业 Fishery	服务业 Service	工业总产值 Gross Output Value of Industry
拉萨市	**Lhasa**							
城关区	Lhasa Chengguanqu	9004	4211	661	4132			153175
林周县	Lhünzhub	24248	11975	222	12051			1073
当雄县	Damxung	23194	5096		18022		76	33261
尼木县	Nyêmo	9128	4011	197	4920			4050
曲水县	Qüxü	14760	9731	534	4375	120		14565
堆龙德庆县	Doilungdêqên	17273	7250	370	8996		657	127831
达孜县	Dagzê	15482	8356	786	6340			24453
墨竹工卡县	Maizhokunggar	26017	10135	180	15702			39851
昌都地区	**Qamdo**							
昌都县	Qamdo	31163	12205	1295	17438		225	43307
江达县	Jomda	28531	6926	1703	19131		771	5153
贡觉县	Konjo	11038	4931	12	5716		379	1154
类乌齐县	Riwoqê	19166	7442	894	10651		179	1146
丁青县	Dêngqên	28226	18883	60	8436		847	1385
察雅县	Chagyab	18081	6466	13	11412		190	309
八宿县	Baxoi	13198	4695	144	8047		312	982
左贡县	Zogang	18506	7158	970	9693		685	2164
芒康县	Markam	29212	11579	1555	15070		1008	1506
洛隆县	Lhorong	19857	9077	1496	9009		275	1363
边坝县	Banbar	17623	6735	1905	8679		304	892
山南地区	**Shannan**							
乃东县	Nêdong	13794	5595	269	3407	1491	3032	47351
扎囊县	Chanang	6740	3149	170	3126		295	481
贡嘎县	Konggar	8688	4431	507	3719	1	30	5423

17-2 续表1 continued

单位：万元 (10000 yuan)

地区	Region	农林牧渔业产值 Gross Out Value of Farming Forestry, Animal,Husbandry and Fishery	农业 Farming	林业 Forestry	牧业 Animal Husbandry	渔业 Fishery	服务业 Service	工业总产值 Gross Output Value of Industry
桑日县	Sangri	4750	2633	42	1675		400	37595
琼结县	Qonggyai	3203	2118	42	833		210	1356
曲松县	Qusum	4026	1426	42	2518		40	6876
措美县	Comai	3031	1049	44	1797		141	69
洛扎县	Lhozhag	4789	2454	58	1883		394	188
隆子县	Lhünzê	6826	3535	104	3147		40	21438
错那县	Cona	2630	1228	27	1180		195	310
浪卡子县	Nagarzê	5651	1252	39	3666		694	278
加查县	Gyaca	8106	5373	305	2363		65	315
日喀则地区	**Xigazê**							
日喀则市	Xigazê Shi	40045	31489	998	6668		890	40560
南木林县	Namling	31155	23787	198	6521		649	51
定日县	Tingri	17531	7478	409	8964		680	99
萨迦县	Sa'gya	17017	9263	388	7207		159	187
拉孜县	Lhazê	22027	16018	223	5471		315	
谢通门县	Xaitongmoin	17411	8055	532	8399		425	138
昂仁县	Ngamring	17133	7268	48	9531		286	86
定结县	Dinggyê	6000	3012	255	2521		212	170
仲巴县	Zhongba	14010	11		13607		392	6544
吉隆县	Gyirong	6400	2129	27	4063		181	193
聂拉木县	Nyalam	8042	2784	63	4777		418	2056
萨嘎县	Saga	6382	862		5473		47	142
江孜县	Gyangzê	30119	18598	841	9997		683	5400
白朗县	Bainang	19576	14176	218	4900		282	1542
仁布县	Rinbung	8298	3384	65	3858		991	679
康马县	Kangmar	8222	4252	53	3742		175	567
岗巴县	Kamba	3834	1469		2245		120	969
亚东县	Yadong	7066	1937	189	4222	404	414	386

17-2 续表2 continued

单位：万元 (10000 yuan)

地区	Region	农林牧渔业产值 Gross Out Value of Farming Forestry, Animal,Husbandry and Fishery	农业 Farming	林业 Forestry	牧业 Animal Husbandry	渔业 Fishery	服务业 Service	工业总产值 Gross Output Value of Industry
那曲地区	**Nagqu**							
那曲县	Nagqu	21545	11821		9671		53	6499
嘉黎县	Lhari	14414	8684	15	5691		24	479
比如县	Biru	23043	18709		4079		255	131
聂荣县	Nyainrong	8341	2893		5428		20	
安多县	Amdo	8810			8797		13	132
申扎县	Xainza	5024			4962		62	169
索　县	Sog	12676	8375		3731		570	180
班戈县	Bangoin	10717			8392		2325	999
巴青县	Baqên	17438	12460		4827		151	196
尼玛县	Nyima	11416	56		11360			
阿里地区	**Ngari**							
普兰县	Burang	3458	811	6	2557		84	488
札达县	Zanda	2420	238	7	2115		60	498
噶尔县	Gar	4054	1023	107	2861		63	9060
日土县	Rutog	5657	419	14	5115		109	589
革吉县	Gê'gyai	8593	4		8502		87	260
改则县	Gêrzê	17307	5		17043	20	239	317
措勤县	Coqên	6604	4		6448		152	28
林芝地区	**Nyingchi**							
林芝县	Nyingchi	13671	5691	550	7091	151	188	39633
工布江达县	Gongbo' gyamda	15798	6219	561	8735		283	526
米林县	Mainling	11152	5497	203	4194		1258	1834
墨脱县	Mêdog	1989	996	315	647		31	
波密县	Bomê	17134	11019	349	5480		286	2087
察隅县	Zayü	9348	5248	300	3580		220	851
朗　县	Nang	10567	4628	200	5497		242	821

17-3 农林牧渔业产值

GROSS OUTPUT VALUE OF FARMING，FORESTRY，ANIMAL HUSBANDRY AND FISHERY

单位：万元　　(10000 yuan)

地区	Region	农林牧渔业产值 Gross Output Value		指数 Index
		2009	2010	
拉萨市	**Lhasa**			
城关区	Lhasa Chengguanqu	8004	9004	112.5
林周县	Lhünzhub	21708	24248	111.7
当雄县	Damxung	20873	23194	111.1
尼木县	Nyêmo	8153	9128	112.0
曲水县	Qüxü	13314	14760	110.9
堆龙德庆县	Doilungdêqên	15386	17272	112.3
达孜县	Dagzê	14070	15482	110.0
墨竹工卡县	Maizhokunggar	23471	26017	110.8
昌都地区	**Qamdo**			
昌都县	Qamdo	28857	31163	108.0
江达县	Jomda	26016	28531	109.7
贡觉县	Konjo	8230	11038	134.1
类乌齐县	Riwoqê	18537	19165	103.4
丁青县	Dêngqên	30215	28226	93.4
察雅县	Chagyab	16240	18081	111.3
八宿县	Baxoi	13124	13198	100.6
左贡县	Zogang	18410	18505	100.5
芒康县	Markam	25212	29200	115.8
洛隆县	Lhorong	18020	19856	110.2
边坝县	Banbar	16773	17623	105.1
山南地区	**Shannan**			
乃东县	Nêdong	13351	13794.0	103.3
扎囊县	Chanang	6404	6740.0	105.2
贡嘎县	Konggar	8253	8688.0	105.3

17-3 续表1 continued

单位：万元 (10000 yuan)

地区	Region	农林牧渔业产值 Gross Output Value 2009	2010	指数 Index
桑日县	Sangri	4444	4750	106.9
琼结县	Qonggyai	3121	3203	102.6
曲松县	Qusum	3832	4026	105.1
措美县	Comai	2850	3031	106.4
洛扎县	Lhozhag	4468	4789	107.2
隆子县	Lhünzê	6487	6826	105.2
错那县	Cona	2528	2630	104.0
浪卡子县	Nagarzê	5365	5652	105.3
加查县	Gyaca	7999	8106	101.3
日喀则地区	**Xigazê**			
日喀则市	Xigazê Shi	37033	40045	108.1
南木林县	Namling	28987	31155	107.5
定日县	Tingri	16281	17530	107.7
萨迦县	Sa'gya	15671	17016	108.6
拉孜县	Lhazê	20481	22027	107.5
谢通门县	Xaitongmoin	16061	17411	108.4
昂仁县	Ngamring	16100	17133	106.4
定结县	Dinggyê	5466	6000	109.8
仲巴县	Zhongba	12749	14010	109.9
吉隆县	Gyirong	5903	6400	108.4
聂拉木县	Nyalam	7432	8042	108.2
萨嘎县	Saga	5902	6382	108.1
江孜县	Gyangzê	27745	30118	108.6
白朗县	Bainang	18007	19576	108.7
仁布县	Rinbung	7689	8297	107.9
康马县	Kangmar	7615	8222	108.0
岗巴县	Kamba	3582	3834	107.0
亚东县	Yadong	6547	7066	107.9

17-3 续表2 continued

单位：万元 (10000 yuan)

地区	Region	农林牧渔业产值 Gross Output Value 2009	2010	指数 Index
那曲地区	**Nagqu**			
那曲县	Nagqu	20128	20954	104.1
嘉黎县	Lhari	12473	14272	114.4
比如县	Biru	22545	23044	102.2
聂荣县	Nyainrong	7540	8341	110.6
安多县	Amdo	7665	8812	115.0
申扎县	Xainza	4859	5024	103.4
索　县	Sog	11115	12667	114.0
班戈县	Bangoin	10440	10717	102.7
巴青县	Baqên	16132	18247	113.1
尼玛县	Nyima	10607	10647	100.4
阿里地区	**Ngari**			
普兰县	Burang	3234	3458	106.9
札达县	Zanda	2073	2420	116.7
噶尔县	Gar	3658	4053	110.8
日土县	Rutog	5267	5657	107.4
革吉县	Gê'gyai	7913	8593	108.6
改则县	Gêrzê	15984	17307	108.3
措勤县	Coqên	6032	6604	109.5
林芝地区	**Nyingchi**			
林芝县	Nyingchi	12228	13671	111.8
工布江达县	Gongbo' gyamda	14923	15798	105.9
米林县	Mainling	10729	11152	103.9
墨脱县	Mêdog	1769	1989	112.4
波密县	Bomê	16465	17134	104.1
察隅县	Zayü	8512	9348	109.8
朗　县	Nang	9635	10566	109.7

17-4 年末耕地面积（2010年）

AREA UNDER CULTIVATED AT THE YEAR-END (2010)

单位：公顷 (heactare)

地区	Region	年末实有耕地面积 Cultivated Areas (Year-end)	# 旱地 Dry Fields	农田有效灌溉面积 Irrigated Areas
拉萨市	**Lhasa**			
城关区	Lhasa Chengguanqu	1518	1518	956
林周县	Lhünzhub	11355	11355	10441
当雄县	Damxung			
尼木县	Nyêmo	2787	2787	2787
曲水县	Qüxü	4205	4205	4205
堆龙德庆县	Doilungdêqên	5545	5545	5545
达孜县	Dagzê	4568	4568	3844
墨竹工卡县	Maizhokunggar	5222	5222	5022
昌都地区	**Qamdo**			
昌都县	Qamdo	5442	5442	1824
江达县	Jomda	4918	4918	1005
贡觉县	Konjo	4080	4080	2000
类乌齐县	Riwoqê	2980	2980	400
丁青县	Dêngqên	8035	8035	862
察雅县	Chagyab	3077	3077	186
八宿县	Baxoi	2701	2701	2241
左贡县	Zogang	2675	2675	1769
芒康县	Markam	5328	5328	3810
洛隆县	Lhorong	5853	5853	4525
边坝县	Banbar	3533	3533	1548
山南地区	**Shannan**			
乃东县	Nêdong	3953	3953	3930
扎囊县	Chanang	4230	4230	3999
贡嘎县	Konggar	4939	4939	3526

17-4 续表1 continued

单位：公顷 (heactare)

地区	Region	年末实有耕地面积 Cultivated Areas (Year-end)	#旱地 Dry Fields	农田有效灌溉面积 Irrigated Areas
桑日县	Sangri	1531	1531	1531
琼结县	Qonggyai	1821	1821	1821
曲松县	Qusum	1663	1663	1305
措美县	Comai	987	987	987
洛扎县	Lhozhag	1953	1953	1901
加查县	Gyaca	1666	1666	1340
隆子县	Lhünzê	3233	3233	3212
错那县	Cona	1481	1481	1435
浪卡子县	Nagarzê	2578	2578	2576
日喀则地区	**Xigazê**			
日喀则市	Xigazê Shi	15713	15713	15513
南木林县	Namling	7891	7891	5279
江孜县	Gyangzê	10799	10799	1030
定日县	Tingri	7065	7065	6729
萨迦县	Sa'gya	7550	7550	6564
拉孜县	Lhazê	7890	7890	5659
昂仁县	Ngamring	4972	4972	4972
谢通门县	Xaitongmoin	4065	4065	4065
白朗县	Bainang	8257	5257	8032
仁布县	Rinbung	3420	3420	3273
康马县	Kangmar	3140	3140	3121
定结县	Dinggyê	2741	2741	2356
仲巴县	Zhongba	92	92	
亚东县	Yadong	866	866	608
吉隆县	Gyirong	1220	1220	951
聂拉木县	Nyalam	1460	1417	1419
萨嘎县	Saga	476	476	399
岗巴县	Kamba	1500	1500	1500

17-4 续表2 continued

单位：公顷 (heactare)

地区	Region	年末实有耕地面积 Cultivated Areas (Year-end)	# 旱地 Dry Fields	农田有效灌溉面积 Irrigated Areas
那曲地区	**Nagqu**			
那曲县	Nagqu			
嘉黎县	Lhari	331	221	
比如县	Biru	1720	1720	
聂荣县	Nyainrong			
安多县	Amdo			
申扎县	Xainza			
索　县	Sog	2667	2667	
班戈县	Bangoin			
巴青县	Baqên	245	245	
尼玛县	Nyima			
阿里地区	**Ngari**			
普兰县	Burang	637	637	637
札达县	Zanda	691	691	503
噶尔县	Gar	783	783	
日土县	Rutog	648	648	
革吉县	Gê'gyai			
改则县	Gêrzê			
措勤县	Coqên			
林芝地区	**Nyingchi**			
林芝县	Nyingchi	2561	2561	2561
工布江达县	Gongbo' gyamda	3020	3020	3020
米林县	Mainling	3018	3018	2964
墨脱县	Mêdog	1816	1473	1535
波密县	Bomê	4073	2454	2545
察隅县	Zayü	2590	1854	1854
朗　县	Nang	1245	1245	1245

17-5 农作物播种面积（2010年）

TOTAL SOWN AREAS OF FARM CROPS （2010）

单位：公顷 (hectare)

地区	Region	农作物播种面积 Total Sown Area	粮食作物 Grain Crops	#谷物 Cereal	#豆类 Beans	油料 Oil-bearing Crops
拉萨市	**Lhasa**					
城关区	Lhasa Chengguanqu	1888	586	586		194
林周县	Lhünzhub	11355	9434	9434		1093
当雄县	Damxung	2801				
尼木县	Nyêmo	2504	2019	1957	62	358
曲水县	Qüxü	4252	3074	3074		289
堆龙德庆县	Doilungdêqên	5543	3687	3493	194	693
达孜县	Dagzê	4584	3009	3003	6	232
墨竹工卡县	Maizhokunggar	5211	4115	3782	334	895
昌都地区	**Qamdo**					
昌都县	Qamdo	5654	4622	4617	5	287
江达县	Jomda	4821	4188	4132	56	129
贡觉县	Konjo	4280	3818	3740	78	329
类乌齐县	Riwoqê	2980	2400	2400		
丁青县	Dêngqên	7985	6899	6649	250	608
察雅县	Chagyab	3732	3192	3045	124	175
八宿县	Baxoi	3254	2722	2670	39	167
左贡县	Zogang	3717	3231	3103	24	163
芒康县	Markam	6913	5795	5621	87	427
洛隆县	Lhorong	6131	5024	4894	118	675
边坝县	Banbar	3533	3046	2763	283	273
山南地区	**Shannan**					
乃东县	Nêdong	4104	2873	2793	80	695
扎囊县	Chanang	4244	3206	3079	127	804
贡嘎县	Konggar	4939	4075	4004	71	439

17-5 续表1 continued

单位：公顷 (hectare)

地区	Region	农作物播种面积 Total Sown Area	粮食作物 Grain Crops	#谷物 Cereal	#豆类 Beans	油料 Oil-bearing Crops
桑日县	Sangri	1531	910	896	14	381
琼结县	Qonggyai	1822	1081	1027	53	412
曲松县	Qusum	1663	1127	1015	112	400
措美县	Comai	987	685	668	18	119
洛扎县	Lhozhag	1966	1570	1296	273	260
加查县	Gyaca	1936	1482	1477	5	204
隆子县	Lhünzê	3347	2223	1895	327	499
错那县	Cona	1481	1175	1085	89	134
浪卡子县	Nagarzê	2579	1838	1832	6	213
日喀则地区	**Xigazê**					
日喀则市	Xigazê Shi	12364	6234	6127	107	1527
南木林县	Namling	7891	4121	3910	211	860
江孜县	Gyangzê	10799	7994	7101	893	1233
定日县	Tingri	6803	5105	4675	430	543
萨迦县	Sa'gya	7536	4583	4295	288	1093
拉孜县	Lhazê	7874	4447	4350	97	1500
昂仁县	Ngamring	4971	3957	3822	135	343
谢通门县	Xaitongmoin	4065	2487	2358	129	441
白朗县	Bainang	8201	5755	5721	34	880
仁布县	Rinbung	3420	2033	1833	200	467
康马县	Kangmar	3140	2261	1953	308	425
定结县	Dinggyê	2657	1936	1604	332	241
仲巴县	Zhongba	92				
亚东县	Yadong	855	397	397		
吉隆县	Gyirong	1220	822	743	15	212
聂拉木县	Nyalam	1460	1082	1035	47	175
萨嘎县	Saga	476	372	300	73	31
岗巴县	Kamba	1500	905	905		213

17-5 续表2 continued

单位：公顷 (hectare)

地区	Region	农作物播种面积 Total Sown Area	粮食作物 Grain Crops	#谷物 Cereal	#豆类 Beans	油料 Oil-bearing Crops
那曲地区	**Nagqu**					
那曲县	Nagqu					
嘉黎县	Lhari	341	284	275	5	
比如县	Biru	1478	1255	1255		
聂荣县	Nyainrong					
安多县	Amdo					
申扎县	Xainza					
索　县	Sog	2472	1852	1831	21	27
班戈县	Bangoin					
巴青县	Baqên	196	128	117		
尼玛县	Nyima	159	70	64		
阿里地区	**Ngari**					
普兰县	Burang	1283	579	525	43	54
札达县	Zanda	502	396	370	25	29
噶尔县	Gar	1757	347	344	3	28
日土县	Rutog	1003	306	293	4	19
革吉县	Gê'gyai	333				
改则县	Gêrzê	733				
措勤县	Coqên	800				
林芝地区	**Nyingchi**					
林芝县	Nyingchi	3250	1909	1874	35	445
工布江达县	Gongbo' gyamda	2934	2275	2156	10	491
米林县	Mainling	3239	2622	2589	33	317
墨脱县	Mêdog	1520	1339	1298	41	22
波密县	Bomê	4193	3579	3419	139	363
察隅县	Zayü	4742	3970	3855	115	144
朗　县	Nang	1319	1045	972		174

17-6 主要农作物产量（2010年）

YIELD OF MAJOR FARM CROPS （2010）

单位：吨 (10000 tons)

地区	Region	粮食 Grain	# 谷物 Cereal	# 豆类 Beans	油菜籽 Oil-bearing Crops
拉萨市	**Lhasa**				
城关区	Lhasa Chengguanqu	5391	5391		342
林周县	Lhünzhub	59643	59643		2115
当雄县	Damxung				
尼木县	Nyêmo	11717	11492	225	1424
曲水县	Qüxü	25427	25427		2038
堆龙德庆县	Doilungdêqên	24531	23858	674	2363
达孜县	Dagzê	23179	23149	31	1335
墨竹工卡县	Maizhokunggar	21719	20748	971	2414
昌都地区	**Qamdo**				
昌都县	Qamdo	16486	16482	5	378
江达县	Jomda	11806	11617	189	280
贡觉县	Konjo	10365	10256	109	181
类乌齐县	Riwoqê	7247	7247		
丁青县	Dêngqên	24183	23445	738	847
察雅县	Chagyab	12638	12053	393	331
八宿县	Baxoi	10202	9969	158	231
左贡县	Zogang	16439	15852	166	210
芒康县	Markam	25102	24476	210	622
洛隆县	Lhorong	20796	20768	38	655
边坝县	Banbar	10163	9530	633	415
山南地区	**Shannan**				
乃东县	Nêdong	21900	21516	384	1560
扎囊县	Chanang	21100	20888	212	2479
贡嘎县	Konggar	28733	28591	142	1172

17-6 续表1 continued

单位：吨 (10000 tons)

地区	Region	粮食 Grain	# 谷物 Cereal	# 豆类 Beans	油菜籽 Oil-bearing Crops
桑日县	Sangri	7810	7748	62	1056
琼结县	Qonggyai	11045	10753	292	1245
曲松县	Qusum	7145	6557	588	950
措美县	Comai	2945	2917	28	218
洛扎县	Lhozhag	9429	7796	1632	817
加查县	Gyaca	7452	7423	29	363
隆子县	Lhünzê	16340	15091	1249	927
错那县	Cona	4028	3712	316	356
浪卡子县	Nagarzê	5375	5360	15	635
日喀则地区	**Xigazê**				
日喀则市	Xigazê Shi	63831	63064	767	2666
南木林县	Namling	20614	19949	665	2280
江孜县	Gyangzê	58818	55699	3118	5190
定日县	Tingri	25806	24272	1534	1132
萨迦县	Sa'gya	24439	22796	1642	2331
拉孜县	Lhazê	35923	35504	419	4475
昂仁县	Ngamring	17638	17239	399	916
谢通门县	Xaitongmoin	13623	13298	325	1116
白朗县	Bainang	39766	39764	1	2217
仁布县	Rinbung	8086	7603	483	714
康马县	Kangmar	10696	8684	2012	883
定结县	Dinggyê	5894	4659	1235	577
仲巴县	Zhongba				
亚东县	Yadong	1358	1358		39
吉隆县	Gyirong	4403	3964	80	716
聂拉木县	Nyalam	5993	5794	199	516
萨嘎县	Saga	1211	990	221	50
岗巴县	Kamba	3220	3220		220

17-6 续表2 continued

单位：吨 (10000 tons)

地区	Region	粮食 Grain	# 谷物 Cereal	# 豆类 Beans	油菜籽 Oil-bearing Crops
那曲地区	**Nagqu**				
那曲县	Nagqu				
嘉黎县	Lhari	809	756	13	
比如县	Biru	3112	3112		
聂荣县	Nyainrong				
安多县	Amdo				
申扎县	Xainza				
索　县	Sog	6018	5983	35	47
班戈县	Bangoin				
巴青县	Baqên	205	158		
尼玛县	Nyima	122	108	4	
阿里地区	**Ngari**				
普兰县	Burang	2886	2621	142	142
札达县	Zanda	831	804	24.00	17
噶尔县	Gar	548	546	3	25
日土县	Rutog	819	723	11	22
革吉县	Gê'gyai				
改则县	Gêrzê				
措勤县	Coqên				
林芝地区	**Nyingchi**				
林芝县	Nyingchi	11038	10957	80	976
工布江达县	Gongbo' gyamda	6557	5543	8	808
米林县	Mainling	9296	9235	61	456
墨脱县	Mêdog	4638	4595	44	1
波密县	Bomê	16569	16181	157	876
察隅县	Zayü	18403	18071	332	130
朗　县	Nang	6240	5908		287

17-7 年末牲畜存栏头数和肉类产量（2010年）

NUMBER OF ANIMALS TKG OUTPUT OF MEAT AT THE YEAR-END（2010）

地区	Region	年末牲畜存栏头数（万头只）Number of Animals (Year-end) (10000 heads)	#大牲畜 Large Animals	#羊 Sheep and Goats	肉类总产量（吨）Output of Meat (ton)	#牛肉 Beef	#羊肉 Mutton
拉萨市	**Lhasa**						
城关区	Lhasa Chengguanqu	2.41	1.70	0.42	839	637	80
林周县	Lhünzhub	26.83	13.89	12.00	4237	3511	395
当雄县	Damxung	56.77	23.64	33.13	8714	5875	2839
尼木县	Nyêmo	16.58	6.13	10.40	1996	1322	654
曲水县	Qüxü	11.43	5.25	4.72	1656	941	146
堆龙德庆县	Doilungdêqên	14.98	7.29	7.00	2654	2018	391
达孜县	Dagzê	11.55	5.36	5.46	2476	1738	375
墨竹工卡县	Maizhokunggar	24.67	14.69	9.34	6432	5897	382
昌都地区	**Qamdo**						
昌都县	Qamdo	39.16	30.62	8.54	10165	9076	1061
江达县	Jomda	53.36	32.04	21.30	13509	12220	1285
贡觉县	Konjo	28.28	14.52	13.76	3887	2788	1099
类乌齐县	Riwoqê	23.29	16.05	7.25	6426	6173	253
丁青县	Dêngqên	29.54	15.27	14.27	5650	4956	694
察雅县	Chagyab	35.99	17.48	18.51	8006	6555	1450
八宿县	Baxoi	27.90	12.21	15.35	5181	4146	853
左贡县	Zogang	34.61	14.42	17.80	6339	4290	1199
芒康县	Markam	51.96	22.05	27.87	9637	6033	1961
洛隆县	Lhorong	21.10	13.24	7.80	5271	4619	638
边坝县	Banbar	22.55	17.59	4.94	5625	5290	326
山南地区	**Shannan**						
乃东县	Nêdong	14.92	5.54	8.88	2205	1509	409
扎囊县	Chanang	16.56	4.98	11.39	2566	1756	598
贡嘎县	Konggar	22.23	4.73	16.99	2204	1136	780

17-7 续表1 continued

地区	Region	年末牲畜存栏头数(万头只) Number of Animals (Year-end) (10000 heads)	#大牲畜 Large Animals	#羊 Sheep and Goats	肉类总产量(吨) Output of Meat (ton)	#牛肉 Beef	#羊肉 Mutton
桑日县	Sangri	10.65	4.98	5.45	1856	1544	251
琼结县	Qonggyai	80.20	1.69	6.15	879	528	253
曲松县	Qusum	12.75	3.12	9.56	1730	1300	417
措美县	Comai	19.92	4.37	15.53	988	483	502
洛扎县	Lhozhag	10.87	3.19	7.29	780	480	182
加查县	Gyaca	8.39	6.68	1.37	1772	1410	71
隆子县	Lhünzê	22.54	7.50	14.79	2224	1480	567
错那县	Cona	13.24	2.87	10.35	886	545	308
浪卡子县	Nagarzê	38.68	6.21	32.47	2418	1227	1191
日喀则地区	**Xigazê**						
日喀则市	Xigazê Shi	31.96	6.33	25.19	3690	1805	1400
南木林县	Namling	40.79	13.17	27.32	2882	1835	940
江孜县	Gyangzê	36.13	8.14	27.84	2654	1188	1360
定日县	Tingri	33.40	5.95	27.45	1944	823	1121
萨迦县	Sa'gya	36.76	4.78	31.89	2440	570	1822
拉孜县	Lhazê	33.03	5.74	27.26	1694	716	977
昂仁县	Ngamring	68.33	14.07	54.26	2690	1143	1547
谢通门县	Xaitongmoin	38.12	12.42	25.65	2620	1507	1059
白朗县	Bainang	26.85	4.64	21.96	1412	513	763
仁布县	Rinbung	18.92	4.59	14.32	878	425	454
康马县	Kangmar	22.47	2.25	20.22	1140	260	880
定结县	Dinggyê	24.93	2.00	22.90	981	192	782
仲巴县	Zhongba	73.88	10.07	63.81	5510	2187	3323
亚东县	Yadong	10.31	3.17	6.93	669	501	158
吉隆县	Gyirong	15.29	3.04	12.22	1094	474	606
聂拉木县	Nyalam	17.27	2.16	15.13	1168	433	735
萨嘎县	Saga	29.23	5.10	24.12	1794	761	1034
岗巴县	Kamba	19.08	1.09	17.99	991	93	898

17-7 续表2 continued

地区	Region	年末牲畜存栏头数（万头只）Number of Animals (Year-end) (10000 heads)	#大牲畜 Large Animals	#羊 Sheep and Goats	肉类总产量（吨）Output of Meat (ton)	#牛肉 Beef	#羊肉 Mutton
那曲地区	**Nagqu**						
那曲县	Nagqu	89.64	40.16	49.48	10545	7834	2711
嘉黎县	Lhari	21.49	17.57	3.33	4756	4251	443
比如县	Biru	28.9	20.08	8.81	6909	6367	542
聂荣县	Nyainrong	39.99	20.90	1909.00	7249	5519	1730
安多县	Amdo	98.66	26.06	72.69	10272	5418	4854
申扎县	Xainza	60.76	5.64	55.12	5491	2515	2976
索　县	Sog	19.26	13.72	5.55	3498	3303	195
班戈县	Bangoin	104.50	16.59	87.91	6273	1959	4314
巴青县	Baqên	32.72	21.24	11.47	5248	4647	600
尼玛县	Nyima	115.54	10.65	104.89	8050	2110	5940
阿里地区	**Ngari**						
普兰县	Burang	13.73	2.01	11.72	561	292	269
札达县	Zanda	13.15	1.85	11.29	412	125	286
噶尔县	Gar	20.80	1.37	19.43	1071	84	987
日土县	Rutog	40.32	1.01	39.31	1867	131	1736
革吉县	Gê'gyai	63.67	3.07	60.60	3321	231	3091
改则县	Gêrzê	81.51	6.15	75.36	6038	1185	4853
措勤县	Coqên	49.51	3.86	45.65	1631	220	1411
林芝地区	**Nyingchi**						
林芝县	Nyingchi	10.82	5.57	1.09	2250	519	79
工布江达县	Gongbo' gyamda	16.95	10.73	10.20	2107	1255	27
米林县	Mainling	11.15	5.64	1.81	1423	721	64
墨脱县	Mêdog	1.08	0.65		240	57	
波密县	Bomê	10.45	6.84	0.25	1765	1173	4
察隅县	Zayü	11.60	4.92	3.04	1299	484	99
朗　县	Nang	10.34	7.59	2.18	1659	1381	91

17-8 奶类、皮、毛产量（2010年）

OUTPUT OF MILK,SHEEP AND GOAT WOOL,SHEEPSKIN AND COWSKIN PRODUCTS（2010）

地区	Region	奶类 (吨) Milk (ton)	# 牛奶 Cow Milk	羊毛 (吨) Sheep and Goat Wool (ton)	# 绵羊毛 Sheep Wool	羊皮 (张) Sheepskin (unit)	牛皮 (张) Cowskin (unit)
拉萨市	**Lhasa**						
城关区	Lhasa Chengguanqu	6693	6474	3.75	3.75	3807	5811
林周县	Lhünzhub	3407	3404	68.93	55.90	29733	27347
当雄县	Damxung	4655	2790	126.22	114.81	89920	29196
尼木县	Nyêmo	2066	1772	51.73	33.86	45868	1500
曲水县	Qüxü	4446	4446	37.91	27.18	9660	9353
堆龙德庆县	Doilungdêqên	2197	2116	19.41	11.90	12231	10820
达孜县	Dagzê	3016	2723	32.19	16.84	19463	18189
墨竹工卡县	Maizhokunggar	3180	3180	37.73	26.59	24992	33671
昌都地区	**Qamdo**						
昌都县	Qamdo	15225	13215	60.00	54.35	37021	87261
江达县	Jomda	8629	8534	84.60	43.80	76205	95836
贡觉县	Konjo	3997	2644	153.00	153.00	63204	22322
类乌齐县	Riwoqê	8107	7864	33.00	19.00	19496	49384
丁青县	Dêngqên	5462	4990	48.80	43.00	43600	43142
察雅县	Chagyab	5840	5548	113.30	67.30	59246	35758
八宿县	Baxoi	5213	3887	62.05	49.16	62455	27382
左贡县	Zogang	5103	4417	79.14	40.93	7100	30880
芒康县	Markam	8355	5711	136.50	113.00	93128	34893
洛隆县	Lhorong	6359	5679	58.05	50.23	24200	32415
边坝县	Banbar	6576	5736	14.95	10.20	18272	41893
山南地区	**Shannan**						
乃东县	Nêdong	2104	2104	127.01	42.60	31746	8760
扎囊县	Chanang	3466	2477	81.83	74.46	47.83	14632
贡嘎县	Konggar	3651	3651	224.46	209.11	20372	8420

17-8 续表1 continued

地区 Region		奶类 (吨) Milk (ton)	# 牛奶 Cow Milk	羊毛 (吨) Sheep and Goat Wool (ton)	# 绵羊毛 Sheep Wool	羊皮 (张) Sheepskin (unit)	牛皮 (张) Cowskin (unit)
桑日县	Sangri	2099	2099	42.20	17.10	11330	7678
琼结县	Qonggyai	862	862	38.90	34.90	20203	5077
曲松县	Qusum	5426	5345	135.99	116.32	33346	10398
措美县	Comai	3451	3071	154.48	144.99	44345	4698
洛扎县	Lhozhag	2810	2807	68.06	48.37	20854	6899
加查县	Gyaca	5110	5110	7.46	3.39	5634	10911
隆子县	Lhünzê	4837	4734	131.22	109.29	38745	8490
错那县	Cona	1846	1776	95.26	80.26	25895	3547
浪卡子县	Nagarzê	7677	6101	282.00	258.00	95300	9816
日喀则地区	**Xigazê**						
日喀则市	Xigazê Shi	7369	7331	69.30	57.16	41453	12170
南木林县	Namling	3709	3331	125.34	102.26	84398	21771
江孜县	Gyangzê	16961	16418	173.05	148.90	99327	11970
定日县	Tingri	3055	848	72.44	55.14	114949	13435
萨迦县	Sa'gya	2246	1687	141.99	116.40	155328	7527
拉孜县	Lhazê	1646	979	71.89	52.10	63147	6360
昂仁县	Ngamring	4438	2268	208.98	169.51	155917	18110
谢通门县	Xaitongmoin	3207	2488	92.77	84.22	85926	16305
白朗县	Bainang	3663	3358	121.02	99.03	67754	5530
仁布县	Rinbung	1761	1758	90.19	67.73	44669	5772
康马县	Kangmar	2899	2345	108.86	99.39	76461	2960
定结县	Dinggyê	1339	376	84.69	64.25	56942	2155
仲巴县	Zhongba	12700	2508	485.56	441.54	264229	34059
亚东县	Yadong	1075	862	44.09	37.87	12594	1353
吉隆县	Gyirong	2661	1439	215.62	160.19	22326	2495
聂拉木县	Nyalam	2014	1213	87.56	73.90	40880	4489
萨嘎县	Saga	2229	972	112.24	99.12	63483	4708
岗巴县	Kamba	1129	199	122.90	118.09	69453	1282

17-8 续表2 continued

地区	Region	奶类 (吨) Milk (ton)	# 牛奶 Cow Milk	羊毛 (吨) Sheep and Goat Wool (ton)	# 绵羊毛 Sheep Wool	羊皮 (张) Sheepskin (unit)	牛皮 (张) Cowskin (unit)
那曲地区	**Nagqu**						
那曲县	Nagqu	8490	7527	289.73	176.80	210576	78945
嘉黎县	Lhari	3423	3265	31.66	27.39	13127	23239
比如县	Biru	6240	4368	56.69	53.90	32414	49002
聂荣县	Nyainrong	4303	3944	160.11	157.23	47108	15345
安多县	Amdo	6220	4961	540.00	518.00	279725	50372
申扎县	Xainza	3527	1682	314.08	294.73	238321	22382
索　县	Sog	2301	2194	12.92	9.08	11810	24570
班戈县	Bangoin	5273	2178	533.80	483.27	347959	24491
巴青县	Baqên	2144	2091	55.06	50.86	27577	48481
尼玛县	Nyima	3334	801	720.65	569.24	414766	17334
阿里地区	**Ngari**						
普兰县	Burang	733	275	64.31	61.21	11755	695
札达县	Zanda	506	165	60.29	44.78	10893	1082
噶尔县	Gar	1003	168	100.49	81.53	50840	1100
日土县	Rutog	206	46	135.30	122.70	45708	724
革吉县	Gê'gyai	2203	118	278.00	228.00	109226	2884
改则县	Gêrzê	2480	275	498.00	484.00	203544	5823
措勤县	Coqên	1439	355	254.63	214.69	87920	2554
林芝地区	**Nyingchi**						
林芝县	Nyingchi	4113	4113	8.33	8.33	1111	831
工布江达县	Gongbo' gyamda	4713	4702	35.70	35.70	1467	7645
米林县	Mainling	2878	2878	14.11	11.33	2746	3062
墨脱县	Mêdog	153	115				284
波密县	Bomê	3522	3522	0.06			514
察隅县	Zayü	1191	1191	11.00	4.00	2286	1475
朗　县	Nang	4492	4457	26.85	9.60	7385	12512

第十八篇

全国各省（区、市）统计资料

Chapter 18

STATISTICAL DATA OF PROVINCE, MUNICIPALITY AND AUTONOMOUS REGION

18-1 各省（区、市）生产总值（2010年）

GROSS DOMESTIC PRODUCT BY PROVINCE, MUNICIPALITY AND AUTONOMOUS REGION（2010）

单位：亿元 (100 million yuan)

地区	Region	地区生产总值 Gross Domestic Product	第一产业 Primary Industry	第二产业 Secondary Industry	#工业 Industry	第三产业 Tertiary Industry
全　国	**National Total**	**397983.3**	**40497.0**	**186480.9**		**171005.4**
北　京	Beijing	13777.9	124.4	3323.1	2701.6	10330.5
天　津	Tianjin	9108.8	149.5	4837.6	4410.7	4121.8
河　北	Hebei	20197.1	2562.8	10705.7	9554.0	6928.6
山　西	Shanxi	9088.1	563.5	5161.2	4586.4	3363.4
内蒙古	Inner Mongolia	11655.0	1101.4	6365.8	5618.4	4187.8
辽　宁	Liaoning	18278.3	1631.1	9872.3	8684.7	6774.9
吉　林	Jilin	8577.1	1050.2	4417.4	3833.5	3109.5
黑龙江	Heilongjiang	10235.0	1302.3	5100.1	4505.0	3832.6
上　海	Shanghai	16872.4	114.2	7140.0	6456.8	9618.3
江　苏	Jiangsu	40903.3	2539.6	21753.9	19266.9	16609.8
浙　江	Zhejiang	27226.8	1360.7	14121.3	12488.6	11744.8
安　徽	Anhui	12263.4	1729.0	6391.0	5364.5	4143.3
福　建	Fujian	14357.1	1363.7	7365.5	6242.3	5628.0
江　西	Jiangxi	9435.0	1205.9	5194.7	4359.2	3034.4
山　东	Shandong	39416.2	3588.3	21398.9	19026.1	14429.0
河　南	Henan	22942.7	3263.2	13226.8	11950.8	6452.6
湖　北	Hubei	15806.1	2147.0	7764.7	6726.5	5894.4
湖　南	Hunan	15902.1	2339.4	7313.6	6275.1	6249.1
广　东	Guangdong	45472.8	2286.9	22918.1	21374.8	20267.9
广　西	Guangxi	9502.4	1670.4	4510.8	3860.5	3321.2
海　南	Hainan	2052.1	539.3	566.6	380.8	946.3
重　庆	Chongqing	7894.2	685.4	4356.4	3697.8	2852.4
四　川	Sichuan	16898.6	2483.0	8565.2	7326.4	5850.4
贵　州	Guizhou	4594.0	630.3	1800.1	1516.9	2163.6
云　南	Yunnan	7220.1	1105.8	3223.9	2606.0	2890.4
西　藏	Tibet	507.5	68.7	163.9	39.7	274.8
陕　西	Shaanxi	10021.5	988.5	5403.5	4516.4	3629.6
甘　肃	Gansu	4119.5	599.0	1985.0	1602.9	1535.5
青　海	Qinghai	1350.4	134.9	744.6	613.7	470.9
宁　夏	Ningxia	1643.4	160.3	833.2	648.5	650.0
新　疆	Xinjiang	5418.8	1078.6	2533.7	2105.0	1806.5

18-2 各省（区、市）生产总值构成（2010年）

COMPOSITION OF GROSS DOMESTIC PRODUCT BY PROVINCE, MUNICIPALITY AND AUTONOMOUS REGION（2010）

单位：% (%)

地区	Region	地区生产总值 Gross Domestic Product	第一产业 Primary Industry	第二产业 Secondary Industry	第三产业 Tertiary Industry
全 国	**National Total**	**100.0**	**10.2**	**46.9**	**42.9**
北 京	Beijing	100.0	0.9	24.1	75.0
天 津	Tianjin	100.0	1.6	53.1	45.3
河 北	Hebei	100.0	12.7	53.0	34.3
山 西	Shanxi	100.0	6.2	56.8	37.0
内蒙古	Inner Mongolia	100.0	9.4	54.6	35.9
辽 宁	Liaoning	100.0	8.9	54.0	37.1
吉 林	Jilin	100.0	12.2	51.5	36.3
黑龙江	Heilongjiang	100.0	12.7	49.8	37.4
上 海	Shanghai	100.0	0.7	42.3	57.0
江 苏	Jiangsu	100.0	6.2	53.2	40.6
浙 江	Zhejiang	100.0	5.0	51.9	43.1
安 徽	Anhui	100.0	14.1	52.1	33.8
福 建	Fujian	100.0	9.5	51.3	39.2
江 西	Jiangxi	100.0	12.8	55.1	32.2
山 东	Shandong	100.0	9.1	54.3	36.6
河 南	Henan	100.0	14.2	57.7	28.1
湖 北	Hubei	100.0	13.6	49.1	37.3
湖 南	Hunan	100.0	14.7	46.0	39.3
广 东	Guangdong	100.0	5.0	50.4	44.6
广 西	Guangxi	100.0	17.6	47.5	35.0
海 南	Hainan	100.0	26.3	27.6	46.1
重 庆	Chongqing	100.0	8.7	55.2	36.1
四 川	Sichuan	100.0	14.7	50.7	34.6
贵 州	Guizhou	100.0	13.7	39.2	47.1
云 南	Yunnan	100.0	15.3	44.7	40.0
西 藏	Tibet	100.0	13.5	32.3	54.2
陕 西	Shaanxi	100.0	9.9	53.9	36.2
甘 肃	Gansu	100.0	14.5	48.2	37.3
青 海	Qinghai	100.0	10.0	55.1	34.9
宁 夏	Ningxia	100.0	9.8	50.7	39.6
新 疆	Xinjiang	100.0	19.9	46.8	33.3

18-3 各省（区、市）总人口（2010年）
TOTAL POPULATION BY PROVINCE，MUNICIPALITY AND AUTONOMOUS REGION（2010）

单位：人　　　　　　(person)

地区	Region	年末总人口 Total Population (year-end)	比重（%） Proportion(%) 2000年 2000	2010年 2010
全　国	**National Total**	**1339724852**	**100.00**	**100.00**
北　京	Beijing	19612368	1.09	1.46
天　津	Tianjin	12938224	0.79	0.97
河　北	Hebei	71854202	5.33	5.36
山　西	Shanxi	35712111	2.60	2.67
内蒙古	Inner Mongolia	24706321	1.88	1.84
辽　宁	Liaoning	43746323	3.35	3.27
吉　林	Jilin	27462297	2.16	2.05
黑龙江	Heilongjiang	38312224	2.91	2.86
上　海	Shanghai	23019148	1.32	1.72
江　苏	Jiangsu	78659903	5.88	5.87
浙　江	Zhejiang	54426891	3.69	4.06
安　徽	Anhui	59500510	4.73	4.44
福　建	Fujian	36894216	2.74	2.75
江　西	Jiangxi	44567475	3.27	3.33
山　东	Shandong	95793065	7.17	7.15
河　南	Henan	94023567	7.31	7.02
湖　北	Hubei	57237740	4.76	4.27
湖　南	Hunan	65683722	5.09	4.90
广　东	Guangdong	104303132	6.83	7.79
广　西	Guangxi	46026629	3.55	3.44
海　南	Hainan	8671518	0.62	0.65
重　庆	Chongqing	28846170	2.44	2.15
四　川	Sichuan	80418200	6.58	6.00
贵　州	Guizhou	34746468	2.78	2.59
云　南	Yunnan	45966239	3.39	3.43
西　藏	Tibet	3002166	0.21	0.22
陕　西	Shaanxi	37327378	2.85	2.79
甘　肃	Gansu	25575254	2.02	1.91
青　海	Qinghai	5626722	0.41	0.42
宁　夏	Ningxia	6301350	0.44	0.47
新　疆	Xinjiang	21813334	1.52	1.63

18-4 各省（区、市）固定资产投资 （2010年）

TOTAL INVESTMENT IN FIXED ASSETS BY PROVINCE, MUNICIPALITY AND AUTONOMOUS REGION（2010）

地区	Region	投资总额（亿元）Total Investment (100 million yuan)	#城镇固定资产投资 Urban Investment In fixed Assets	#房地产开发投资 Real Estate Development Investment	#农村固定资产投资 Rural Investment In fixed Assets
全　国	**National Total**	**278139.8**	**241414.93**	**48267.1**	**36724.9**
北　京	Beijing	5403.0	4916.53	2901.1	486.4
天　津	Tianjin	6278.6	5896.50	866.6	382.1
河　北	Hebei	15082.5	12921.85	2264.8	2160.7
山　西	Shanxi	6063.2	5526.60	592.2	536.6
内蒙古	Inner Mongolia	8929.9	8699.16	1120.0	230.7
辽　宁	Liaoning	16043.0	15106.33	3465.8	936.7
吉　林	Jilin	7870.4	7395.23	921.0	475.2
黑龙江	Heilongjiang	6812.6	6292.68	843.1	519.9
上　海	Shanghai	5108.9	4630.47	1980.7	478.4
江　苏	Jiangsu	23186.8	17418.94	4301.9	5767.8
浙　江	Zhejiang	12488.1	8525.45	3030.0	3962.6
安　徽	Anhui	11543.4	10281.78	2251.8	1261.7
福　建	Fujian	8198.5	7385.20	1818.9	813.3
江　西	Jiangxi	8775.5	7856.69	706.8	918.8
山　东	Shandong	23282.9	18846.82	3251.8	4436.1
河　南	Henan	16585.9	13934.82	2114.1	2651.0
湖　北	Hubei	10262.7	9405.63	1618.2	857.1
湖　南	Hunan	9663.8	8618.24	1469.3	1045.6
广　东	Guangdong	15624.0	12599.67	3659.7	3024.4
广　西	Guangxi	7057.6	6383.26	1206.2	674.3
海　南	Hainan	1317.0	1257.50	467.9	59.5
重　庆	Chongqing	6692.4	6170.61	1620.3	521.8
四　川	Sichuan	13119.5	11062.19	2194.6	2057.3
贵　州	Guizhou	3104.9	2609.36	556.7	495.6
云　南	Yunnan	5528.7	5052.61	900.4	476.1
西　藏	Tibet	463.3	405.43	9.0	57.8
陕　西	Shaanxi	7964.4	7570.66	1160.2	393.8
甘　肃	Gansu	3158.3	2808.55	266.4	349.8
青　海	Qinghai	1018.7	840.01	108.2	178.7
宁　夏	Ningxia	1444.2	1292.80	254.4	151.4
新　疆	Xinjiang	3392.7	3028.94	344.9	363.8

18-5 各省（区、市）主要农产品和畜产品产量（2010年）

YIELD OF MAJOR FARM CROPS AND OUTPUT OF LIVESTOCK PRODUCTS BY PROVINCE, MUNICIPALITY AND AUTONOMOUS REGION（2010）

单位：万吨　　(10000 tons)

地区	Region	粮食产量 Yield of Grain	油料产量 Yield of Oil-bearing Crops	牛肉产量 Output of Beef	猪肉产量 Output of Pork	羊肉产量 Output of Mutton
全　国	**National Total**	**54647.7**	**3230.1**	**655.2**	**5071.2**	**398.2**
北　京	Beijing	115.7	1.6	2.0	24.1	1.4
天　津	Tianjin	159.7	0.6	3.1	28.0	1.5
河　北	Hebei	2975.9	140.3	58.1	245.2	29.3
山　西	Shanxi	1085.1	17.6	4.9	53.1	5.6
内蒙古	Inner Mongolia	2158.2	128.1	49.7	71.9	89.2
辽　宁	Liaoning	1765.4	99.6	41.6	228.4	7.9
吉　林	Jilin	2842.5	70.4	43.2	119.8	3.8
黑龙江	Heilongjiang	5012.8	27.5	39.0	114.5	12.1
上　海	Shanghai	118.4	2.3	0.01	17.9	0.5
江　苏	Jiangsu	3235.1	152.0	3.5	213.1	7.4
浙　江	Zhejiang	770.7	39.5	1.1	131.9	1.9
安　徽	Anhui	3080.5	227.6	18.3	238.8	14.2
福　建	Fujian	661.9	26.6	2.3	146.6	1.8
江　西	Jiangxi	1954.7	107.6	11.2	221.1	1.1
山　东	Shandong	4335.7	342.2	68.7	353.2	32.7
河　南	Henan	5437.1	540.7	83.0	408.3	25.2
湖　北	Hubei	2315.8	311.8	17.7	287.0	8.1
湖　南	Hunan	2847.5	195.3	16.3	412.4	10.6
广　东	Guangdong	1316.5	88.2	6.3	275.5	0.9
广　西	Guangxi	1412.3	45.8	13.7	241.5	3.3
海　南	Hainan	180.4	9.5	2.2	41.2	1.1
重　庆	Chongqing	1156.1	44.4	6.3	147.6	2.4
四　川	Sichuan	3222.9	268.5	29.4	492.2	24.8
贵　州	Guizhou	1112.3	60.3	12.0	148.1	3.4
云　南	Yunnan	1531.0	34.2	29.9	242.5	12.9
西　藏	Tibet	91.2	5.9	16.9	1.3	8.1
陕　西	Shaanxi	1164.9	56.1	7.3	79.1	7.3
甘　肃	Gansu	958.3	64.1	16.1	46.3	15.6
青　海	Qinghai	102.0	34.4	8.5	9.2	9.8
宁　夏	Ningxia	356.5	20.8	7.5	8.5	7.3
新　疆	Xinjiang	1170.7	66.6	35.5	23.0	47.0

18-6 各省（区、市）规模以上工业企业主要经济指标（2010年）

MAIN ECONOMIC INDICATORS OF ALL INDUSTRIAL ENTERPRISES ABOVE DESIGNATED SIZE，MUNICIPALITY AND AUTONOMOUS REGION（2010）

单位：亿元 (100 million yuan)

地区	Region	主营业务收入 Business Income of the Main Products	主营业务成本 Core Business cost	主营业务税金及附加 Sales Tax of The core business and Adding	营业费用 Operation Expense	税金总额 Total Tax	利润总额 Total Profits
全　国	**National Total**	**624450.5**	**529244.5**	**9365.5**	**15006.7**	**27101.0**	**38827.9**
北　京	Beijing	13064.1	11131.5	170.2	484.0	530.4	881.3
天　津	Tianjin	15452.8	13486.3	191.7	316.2	519.7	1035.0
河　北	Hebei	28090.1	24567.6	299.8	435.6	977.1	1538.8
山　西	Shanxi	11201.2	9085.1	115.0	338.3	761.3	756.0
内蒙古	Inner Mongolia	11845.3	9406.4	170.1	274.2	662.2	1074.3
辽　宁	Liaoning	32934.8	28341.3	639.7	559.1	1287.4	1271.8
吉　林	Jilin	11535.1	9586.7	268.2	314.7	570.1	743.3
黑龙江	Heilongjiang	8907.3	6800.7	436.4	193.9	905.7	983.7
上　海	Shanghai	28659.6	24053.0	535.1	946.9	1236.3	2033.8
江　苏	Jiangsu	81867.0	71606.5	594.8	1731.0	2787.1	4727.4
浙　江	Zhejiang	43952.3	37607.1	458.0	1060.4	1587.4	2596.6
安　徽	Anhui	15711.0	13597.2	232.9	431.2	645.7	693.8
福　建	Fujian	19077.9	16448.8	217.8	472.4	597.0	1054.7
江　西	Jiangxi	12519.1	10712.9	147.1	217.1	515.5	702.8
山　东	Shandong	80959.5	69146.4	943.6	1596.8	3233.1	5389.4
河　南	Henan	32239.0	27319.1	423.8	663.2	1442.8	2748.2
湖　北	Hubei	18550.3	15597.9	406.0	545.9	905.2	1077.7
湖　南	Hunan	15940.2	12607.0	461.5	387.2	972.0	761.2
广　东	Guangdong	73992.1	63512.6	649.3	2212.2	2278.3	3713.7
广　西	Guangxi	7949.8	6794.1	121.0	204.8	378.9	394.0
海　南	Hainan	1126.2	858.2	70.3	34.0	124.7	117.3
重　庆	Chongqing	7899.4	6708.0	106.4	247.3	325.4	392.4
四　川	Sichuan	20441.9	17205.2	299.3	569.0	982.7	1181.2
贵　州	Guizhou	3299.9	2564.3	139.9	112.8	308.1	229.8
云　南	Yunnan	5602.8	4189.3	486.5	153.7	787.2	378.0
西　藏	Tibet	51.5	41.1	0.7	3.1	4.8	9.4
陕　西	Shaanxi	9377.7	6891.5	315.7	242.6	824.4	1145.9
甘　肃	Gansu	4479.2	3557.3	170.9	79.3	287.0	193.4
青　海	Qinghai	1359.3	1040.7	30.2	33.7	100.0	165.7
宁　夏	Ningxia	1659.6	1365.2	32.5	41.4	90.8	102.8
新　疆	Xinjiang	4705.0	3415.6	231.1	105.0	472.7	734.7

注：本表为1—11月份数据。

Note:Data in this table are from Jan to Nov.

18-7 各省（区、市）社会消费品零售总额（2010年）

TOTAL RETAIL SALES OF CONSUMER GOODS BY PROVINCE, MUNICIPALITY AND AUTONOMOUS REGION（2010）

单位：亿元　　(100 million yuan)

地区	Region	2005	2006	2007	2008	2009	2010
全　国	**National Total**	**68352.6**	**79145.2**	**93571.6**	**114830.1**	**132678.4**	**156998.0**
北　京	Beijing	2911.7	3295.3	3835.2	4645.5	5309.9	6229.3
天　津	Tianjin	1201.6	1383.1	1650.6	2078.7	2430.8	2902.6
河　北	Hebei	2969.5	3435.7	4053.8	4991.1	5764.9	6821.8
山　西	Shanxi	1410.7	1635.4	1953.3	2421.1	2809.0	3207.9
内蒙古	Inner Mongolia	1358.1	1628.6	1964.0	2463.0	2855.3	3337.3
辽　宁	Liaoning	3014.4	3471.6	4097.8	5032.4	5812.6	6809.6
吉　林	Jilin	1470.3	1697.6	2038.3	2549.2	2957.3	3501.8
黑龙江	Heilongjiang	1773.8	2029.0	2386.2	2928.3	3401.8	4001.0
上　海	Shanghai	2979.5	3375.2	3873.3	4577.2	5173.2	6036.9
江　苏	Jiangsu	5735.5	6706.2	7985.9	9905.1	11484.1	13482.3
浙　江	Zhejiang	4645.9	5358.0	6271.3	7533.3	8622.3	10163.0
安　徽	Anhui	1776.7	2056.5	2451.9	3045.2	3527.8	4151.5
福　建	Fujian	2351.7	2717.6	3212.3	3866.7	4481.0	6310.0
江　西	Jiangxi	1244.9	1448.2	1718.9	2142.0	2484.4	2932.9
山　东	Shandong	6166.9	7217.1	8607.5	10658.8	12363.0	14211.6
河　南	Henan	3380.9	3932.6	4690.3	5815.4	6746.4	7893.5
湖　北	Hubei	2985.9	3461.1	4115.8	5109.7	5928.4	6719.4
湖　南	Hunan	2474.3	2869.4	3419.2	4222.6	4913.7	5775.3
广　东	Guangdong	7915.5	9194.3	10731.3	12986.6	14891.8	17414.7
广　西	Guangxi	1405.5	1620.3	1932.7	2395.8	2790.7	3271.8
海　南	Hainan	270.8	313.4	370.9	463.2	537.5	623.8
重　庆	Chongqing	1227.8	1431.5	1711.1	2147.1	2479.0	2878.0
四　川	Sichuan	3003.5	3472.5	4105.6	4944.8	5758.7	6634.7
贵　州	Guizhou	615.7	710.0	858.2	1075.2	1247.3	1482.7
云　南	Yunnan	1041.3	1204.8	1422.5	1764.7	2051.1	2500.3
西　藏	Tibet	73.2	90.0	112.6	130.0	156.6	185.3
陕　西	Shaanxi	1331.3	1542.4	1837.3	2317.1	2699.7	3147.7
甘　肃	Gansu	638.1	729.5	854.4	1023.6	1183.0	1369.0
青　海	Qinghai	161.6	182.6	212.6	259.7	300.5	346.0
宁　夏	Ningxia	175.8	202.5	239.5	295.4	339.3	403.6
新　疆	Xinjiang	640.2	733.2	857.5	1041.5	1177.5	1324.5

18-8 各省（区、市）人民生活（2010年）

PEOPLE'S LIFE BY PROVINCE, MUNICIPALITY AND AUTONOMOUS REGION（2010）

单位：元 (yuan)

地区	Region	城镇居民人均收入情况 Per Capital Annual Income of Urban Households		城镇居民消费支出 Total Living Expenditures of Urban Housholds		农村居民人均收支情况 Per Capital Annual Income and Expenditure of Rural Households	
		总收入 Total Income	#可支配收入 Disposable Income	总支出 Total Expenditure	# 消费性支出 Increases	纯收入 Net Income	生活消费支出 Living Expenditures
全　国	**National Total**	**21033.4**	**19109.4**	**18258.4**	**13471.5**	**5919.0**	**4381.8**
北　京	Beijing	33360.4	29072.9	26921.0	19934.5	13262.3	9254.8
天　津	Tianjin	26942.0	24292.6	24345.2	16561.8	10074.9	4936.7
河　北	Hebei	17334.4	16263.4	13332.2	10318.3	5958.0	3844.9
山　西	Shanxi	16893.0	15647.7	13417.2	9792.7	4736.3	3663.9
内蒙古	Inner Mongolia	19014.2	17698.2	18074.2	13994.6	5529.6	4460.8
辽　宁	Liaoning	20014.6	17712.6	18397.5	13280.0	6907.9	4489.5
吉　林	Jilin	16794.5	15411.5	15834.1	11679.0	6237.4	4147.4
黑龙江	Heilongjiang	15095.6	13856.5	14172.8	10683.9	6210.7	4391.2
上　海	Shanghai	35738.5	31838.1	32575.1	23200.4	13978.0	10210.5
江　苏	Jiangsu	25115.4	22944.3	20139.3	14357.5	9118.2	6542.9
浙　江	Zhejiang	30134.8	27359.0	25852.7	17858.2	11302.6	8928.9
安　徽	Anhui	17626.7	15788.2	16144.5	11512.6	5285.2	4013.3
福　建	Fujian	24149.6	21781.3	20189.5	14750.0	7426.9	5498.3
江　西	Jiangxi	16558.0	15481.1	13922.7	10618.7	5788.6	3911.6
山　东	Shandong	21736.9	19945.8	17416.0	13118.2	6990.3	4807.2
河　南	Henan	17141.8	15930.3	13802.5	10838.5	5523.7	3682.2
湖　北	Hubei	17572.8	16058.4	15612.3	11451.0	5832.3	4090.8
湖　南	Hunan	17657.1	16565.7	16179.4	11825.3	5622.0	4310.4
广　东	Guangdong	26896.9	23897.8	24531.0	18489.5	7890.3	5515.6
广　西	Guangxi	18742.2	17063.9	16155.2	11490.1	4543.4	3455.3
海　南	Hainan	16929.6	15581.1	14361.8	10926.7	5275.4	3446.2
重　庆	Chongqing	18990.5	17532.4	16964.9	13335.0	5276.7	3624.6
四　川	Sichuan	17128.9	15461.2	16181.9	12105.1	5086.9	3897.5
贵　州	Guizhou	15138.8	14142.7	13479.4	10058.3	3471.9	2852.5
云　南	Yunnan	17478.9	16064.5	14693.5	11074.1	3952.0	3398.3
西　藏	Tibet	16539.0	14980.5	12054.3	9685.5	4138.7	2666.9
陕　西	Shaanxi	17064.7	15695.2	15559.6	11821.9	4105.0	3793.8
甘　肃	Gansu	14307.3	13188.6	12552.0	9895.4	3424.7	2942.0
青　海	Qinghai	15480.8	13855.0	13604.4	9613.8	3862.7	3774.5
宁　夏	Ningxia	17536.8	15344.5	16742.5	11334.4	4674.9	4013.2
新　疆	Xinjiang	15421.6	13643.8	13980.3	10197.1	4642.7	3457.9

18-9 各省(区、市)居民消费价格分类指数 (2010年)

GENERAL PRICE INDICES BY CATEGORY AND BY PROVINCE, MUNICIPALITY AND AUTONOMOUS REGION（2010）

(上年=100) (preceding year=100)

地区 Region	居民消费价格总指数 General Consumer Price Index	食品 Food	烟酒及用品 Tobacco and Liquor and It's Articles	衣着 Clothing	家庭设备用品及服务 Household Facilities and Articles and Service	医疗保健和个人用品 Medicine and Medical and Personal Articles	交通和通信 Transportation & Communication	娱乐教育文化 Recreation, Education and Culture	居住 Housing
全　国 National Total	**103.3**	**107.2**	**101.6**	**99.0**	**100.0**	**103.2**	**99.6**	**100.6**	**104.5**
北　京 Beijing	102.4	105.5	101.1	98.4	99.4	101.5	100.8	99.4	105.0
天　津 Tianjin	103.5	108.0	104.3	102.8	99.5	103.7	98.1	98.8	102.3
河　北 Hebei	103.1	107.8	101.5	97.5	99.8	102.5	99.1	100.1	104.1
山　西 Shanxi	103.0	108.5	102.8	96.8	98.5	102.3	98.5	100.5	103.8
内蒙古 Inner Mongolia	103.2	109.5	101.9	99.4	98.8	101.8	99.7	99.6	102.2
辽　宁 Liaoning	103.0	107.9	100.7	96.2	99.8	102.4	99.9	99.9	103.4
吉　林 Jilin	103.7	109.2	100.7	100.7	99.6	101.8	99.1	100.5	102.4
黑龙江 Heilongjiang	103.9	108.1	101.2	98.0	100.0	106.5	99.8	98.8	105.6
上　海 Shanghai	103.1	107.7	101.1	98.6	101.1	103.7	97.4	100.9	103.5
江　苏 Jiangsu	103.8	107.4	102.4	100.7	100.1	102.9	99.8	101.6	105.0
浙　江 Zhejiang	103.8	107.3	100.7	99.3	100.4	105.4	100.3	101.6	106.0
安　徽 Anhui	103.1	106.6	102.0	98.1	98.9	103.3	99.6	100.5	105.5
福　建 Fujian	103.2	107.8	101.4	95.7	99.2	103.1	99.5	100.2	105.4
江　西 Jiangxi	103.0	105.6	100.3	98.8	99.3	102.7	99.0	100.4	106.9
山　东 Shandong	102.9	108.3	102.5	97.6	99.6	101.9	99.3	99.7	103.6
河　南 Henan	103.5	107.9	101.2	101.1	99.6	103.2	99.4	100.6	104.3
湖　北 Hubei	102.9	105.8	101.5	100.9	101.4	103.2	100.2	100.2	103.4
湖　南 Hunan	103.1	105.4	100.7	100.7	100.5	101.8	100.5	101.7	105.1
广　东 Guangdong	103.1	105.9	102.3	99.6	100.0	103.8	99.6	100.4	104.8
广　西 Guangxi	103.0	107.1	101.6	99.8	98.8	101.5	100.4	98.4	105.7
海　南 Hainan	104.8	107.6	100.6	101.2	104.6	102.0	100.6	99.4	109.7
重　庆 Chongqing	103.2	106.5	104.3	98.4	100.2	102.5	99.5	102.7	105.4
四　川 Sichuan	103.2	106.1	101.8	99.1	100.8	104.3	100.7	100.6	103.1
贵　州 Guizhou	102.9	107.7	102.0	97.4	99.3	101.3	100.8	100.4	102.4
云　南 Yunnan	103.7	108.4	101.0	96.8	99.6	104.0	100.0	101.0	104.6
西　藏 Tibet	102.2	104.5	101.1	102.1	100.6	101.2	99.8	99.7	102.8
陕　西 Shaanxi	104.0	108.5	101.0	99.1	100.0	105.8	99.8	101.0	104.0
甘　肃 Gansu	104.1	109.4	102.8	100.0	100.6	103.5	99.3	100.4	104.1
青　海 Qinghai	105.4	108.3	101.1	106.7	101.5	104.9	103.0	104.7	102.8
宁　夏 Ningxia	104.1	108.3	101.4	101.3	100.9	101.8	100.1	103.9	103.4
新　疆 Xinjiang	104.3	110.7	102.0	99.2	101.2	102.0	100.0	101.2	102.7

18-10 各省(区、市)客运量和货运量（2010年）

PASSENGER TRAFFIC AND FREIGHT TRAFFIC BY PROVINCE, MUNICIPALITY AND AUTONOMOUS REGION（2010）

地区 Region	客运量 (万人) Total (10000 persons)	#铁路 Railways	#公路 Highways	#水运 Waterways	货运量 (万吨) Total (10000 tons)	#铁路 Railways	#公路 Highways	#水运 Waterways
全　国 National Total	**3269508**	**167609**	**3052738**	**22392**	**27894**	**8762**	**15021**	**72**
北　京 Beijing	135045	8915	126130		391	100	291	
天　津 Tianjin	24525	2594	21883	48	269	137	132	
河　北 Hebei	90847	7558	83289		1173	731	442	
山　西 Shanxi	38423	5753	32606	64	372	156	216	
内蒙古 Inner Mongolia	24043	4213	19830		389	171	218	
辽　宁 Liaoning	101525	13336	87699	490	905	510	389	6
吉　林 Jilin	64486	5770	58577	139	477	206	270	
黑龙江 Heilongjiang	46895	10602	36001	292	503	260	243	
上　海 Shanghai	10233	6095	3634	504	180	60	115	5
江　苏 Jiangsu	226073	9711	215850	512	1550	352	1197	1
浙　江 Zhejiang	226945	8082	215708	3155	1251	363	882	6
安　徽 Anhui	159388	5552	153697	139	1478	468	1010	
福　建 Fujian	75798	3640	70714	1444	487	138	347	2
江　西 Jiangxi	76447	5588	70628	231	896	565	331	
山　东 Shandong	249358	6679	240044	2635	1658	435	1212	12
河　南 Henan	167223	8338	158630	255	1798	766	1031	1
湖　北 Hubei	103268	6013	96873	382	1065	431	631	3
湖　南 Hunan	156404	7250	148235	919	1403	717	684	2
广　东 Guangdong	456138	11673	442224	2241	2203	459	1736	8
广　西 Guangxi	75751	3148	72208	395	879	182	695	2
海　南 Hainan	44209	84	42785	1340	155	2	150	3
重　庆 Chongqing	126066	2664	122125	1277	461	100	351	10
四　川 Sichuan	241868	8148	230988	2732	1066	262	802	2
贵　州 Guizhou	70819	3437	65452	1930	475	189	281	5
云　南 Yunnan	39407	2446	36230	731	440	86	352	2
西　藏 Tibet	8308	88	8066		996	30	952	
陕　西 Shaanxi	93171	5411	87457	303	747	363	384	
甘　肃 Gansu	53771	2273	51404	94	539	319	220	
青　海 Qinghai	10951	474	10439	38	95	45	50	
宁　夏 Ningxia	13560	539	12919	102	99	33	65	
新　疆 Xinjiang	31937	1524	30413		421	150	271	

18-11 西部十二省（区、市）行政区划（2010年）

DIVISIONS OF ADMINISTRATIVE AREAS IN TWELVE PROVINCES, MUNICIPALITY AND AUTONOMOUS REGION（2010）

单位：个　(unit)

省级行政区划名称 Provinces, Municipalities and Autonomous Regions	地级区划数 Number of Prefectures	#地级市 Cities at Prefectural Level	县级区划数 Number of Counties	#县级市 Cities at Country Level	#市辖区 Districts Under the Jurisdiction of Cities	乡镇级区划数 Number of Regions at Townships Levels
全　国　National Total	**333**	**283**	**2858**	**367**	**855**	**40858**
西　藏　Tibet	7	1	73	1	1	692
重　庆　Chongqing			40		19	1009
四　川　Sichuan	21	18	181	14	43	4660
贵　州　Guizhou	9	4	88	9	10	1555
云　南　Yunnan	16	8	129	9	12	1366
内蒙古　Inner Mongolia	12	9	101	11	21	863
广　西　Guangxi	14	14	109	7	34	1232
陕　西　Shaanxi	10	10	107	3	24	1745
甘　肃　Gansu	14	12	86	4	17	1350
青　海　Qinghai	8	1	43	2	4	396
宁　夏　Ningxia	5	5	22	2	9	233
新　疆　Xinjiang	14	2	98	19	11	1005

18-12 西部十二省（区、市）农林牧渔业总产值（2010年）

GROSS OUTPUT VALUE OF FARMING，FORESTRY，ANIMALHUSBANDRY AND HUSBANDRY AND FISHERY OF TWELVE PROVINCES MUNICIPALITY AND AUTONOMOUS REGION（2010）

单位：亿元　(100 million yuan)

地区 Region	农林牧渔业总产值 Total	农业 Farming	林业 Forestry	牧业 Animal Husbandry	渔业 Fishery	农林牧渔业总产值比上年增长(%) Increase Rate in 2010 over 2009(%)
全　国　National Total	**69319.8**	**36941.1**	**2595.5**	**20825.7**	**6422.4**	**4.4**
西　藏　Tibet	100.8	46.3	2.5	48.9	0.2	3.5
重　庆　Chongqing	1021.1	623.3	30.4	326.6	27.2	5.9
四　川　Sichuan	4081.8	2069.3	112.9	1705.2	129.8	4.5
贵　州　Guizhou	997.8	587.3	41.0	304.2	13.8	5.2
云　南　Yunnan	1810.5	925.6	184.2	588.8	48.1	4.7
内蒙古　Inner Mongolia	1843.6	900.4	76.6	822.4	15.9	6.2
广　西　Guangxi	2721.0	1339.6	173.5	870.7	247.2	4.7
陕　西　Shaanxi	1666.1	1107.2	35.2	435.0	8.3	5.8
甘　肃　Gansu	1057.0	757.6	18.5	181.8	1.2	5.7
青　海　Qinghai	201.3	92.1	3.8	101.5	0.1	6.7
宁　夏　Ningxia	305.9	195.1	8.7	82.1	8.0	7.8
新　疆　Xinjiang	1846.2	1376.9	35.3	375.8	12.7	4.9

18-13 西部十二省（区、市）规模以上工业企业主要经济效益指标(2010年)

MAIN INDICATORS ON ECONOMIC BENEFIT OF INDUSTRIAL ENTERPRISES IN TWELVE PROVINCES,MUNICIPALITY AND AUTONOMOUS REGION（2010）

地区 Region	总资产贡献率 (%) Ratio of Total Assets to Industrial Output Value (%)	资本保值增值率 (%) Ratio of (%)	资产负债率 (%) Assets-Liability Ratio (%)	流动资产周转次数 (次) Number of Times of Annual of Turnover Working Capitals(times)	成本费用利润率 (%) Ration of Profits to Industrial Cost(%)	产品销售率 (%) Proportion of Products Sold (%)
全　国 National Total	**14.9**	**120.4**	**58.8**	**2.7**	**6.8**	**97.7**
西　藏 Tibet	6.1	105.0	30.4	0.8	19.1	93.3
重　庆 Chongqing	12.1	120.8	61.8	2.6	5.3	97.8
四　川 Sichuan	13.5	127.6	61.9	2.7	6.3	97.6
贵　州 Guizhou	12.8	120.1	66.0	1.8	7.8	95.2
云　南 Yunnan	15.9	114.8	59.5	1.7	8.0	94.5
内蒙古 Inner Mongolia	16.1	123.2	61.9	2.8	10.5	96.9
广　西 Guangxi	13.1	126.8	63.5	2.7	5.3	96.1
陕　西 Shaanxi	17.7	128.1	56.2	1.8	14.7	96.6
甘　肃 Gansu	10.5	115.6	62.3	2.2	5.0	95.0
青　海 Qinghai	13.2	125.5	64.1	1.9	14.1	97.7
宁　夏 Ningxia	9.0	131.5	66.0	1.7	6.7	95.6
新　疆 Xinjiang	20.2	127.2	51.8	2.3	19.5	96.7

18-14 西部十二省（区、市）国际旅游接待情况

FOREIGN EXCHANGE EARNING FROM INTERNATIONAL TOURISM OF TWELVE PROVINCES MUNICIPALITY AND AUTONOMOUS REGION

地区 Region	2009年			2010年		
	旅游人数 (万人次) Interantional tourists (10000 persons-times)	#外国人 Foreigners	旅游外汇收入 (亿美元) Foreign Exchange Earnings from Tourism (USD 100 million)	旅游人数 (万人次) Interantional tourists (10000 persons-times)	#外国人 Foreigners	旅游外汇收入 (亿美元) Foreign Exchange Earnings from Tourism (USD 100 million)
西　藏 Tibet	17.5	16.3	0.79	22.8	21.4	1.04
重　庆 Chongqing	104.8	84.8	5.37	137.0	104.0	7.03
四　川 Sichuan	85.0	61.5	2.89	104.9	75.0	3.54
贵　州 Guizhou	40.0	16.3	1.10	50.0	18.6	1.30
云　南 Yunnan	284.5	191.8	11.72	329.2	231.2	13.24
内蒙古 Inner Mongolia	129.0	126.6	5.58	142.8	140.0	6.02
广　西 Guangxi	209.9	117.4	6.43	250.2	141.4	8.06
陕　西 Shaanxi	145.1	114.4	7.71	212.2	155.2	10.16
甘　肃 Gansu	6.1	4.5	0.13	7.0	5.0	0.15
青　海 Qinghai	3.6	2.5	0.15	4.7	3.4	0.20
宁　夏 Ningxia	1.5	1.2	0.04	1.8	1.3	0.06
新　疆 Xinjiang	35.5	31.8	1.37	50.9	45.4	1.85

附　录

APPENDIX

附录 1：

主要统计指标解释

Explanatory Notes for Major Indicators

森林面积　Forest Area

指生长着乔木和竹林，郁闭度在 0.3 以上（不包括 0.3）的林地面积，即有林地面积。它是反映森林资源总面积的重要指标。森林面积包括天然林面积和人工林面积，不包括灌木林地和疏林地面积。

Refers to the area of forest land where trees and bamboo grow with canopy density above 0.3, including land of natural woods and planted woods, but excluding bush land and thin forest land. It reflects the total areas of afforestation.

森林覆盖率　Forest Coverage-rate

是反映一个国家或地区森林资源和绿化水平的重要指标。国家规定在计算森林覆盖率时，森林面积还包括灌木林面积、农田林网树占地面积以及四旁树木的覆盖面积。计算公式为：

森林覆盖率(%)=森林面积/土地总面积×100%

Refer to the ratio of area of afforested land to total land area. This indicator shows the forest resources and afforestation progress of a country or a region. According to regulations of the government, in addition to afforested land, the area of bush forest, the area of forest land inside farm land and the area of trees planted by the side of farm houses and along the roads, rivers and fields should also be include in the area of afforested land in the calculation of the forest coverage-rate. The formula for calculating forest coverage-rate is as follows:

Forestry Coverage-rate(%)=Area of Afforested Land/Area of Total Land×100%

活立木总蓄积量　Total Standing Stock Volume

指全部土地上树木蓄积的总量，包括森林蓄积、疏林蓄积、散生木蓄积和四旁树蓄积。

Refers to the stock volume of trees in land, including trees in forest ,trees in sparse forest, scattered trees and trees planted by the side of farm house and the roads, rivers and fields.

森林蓄积量　Stock Volume of Forest

指森林面积上生长着的林木树干材积总量，是反映一个国家或地区森林资源总规模和水平的重要指标。

Refers to total stock volume of wood growing in forest area, which shows the total size and level of forest resources of a country or a region.

草地面积　Grass Land

指牧区和农区用于放牧牲畜或割草，植被盖度在 5%以上的草原、草坡、草山等面积。包括天然的和人工种植或改良的草地面积。

Refers to prairies, grasslands on the slopes, and grass-mountains in pastoral and agricultural areas used for herding and grass growing with vegetation coverage above 5%, including natural, planted or improved grassland.

内陆水域总面积　Inland Water Area

指江、河、池塘、湖泊、塘堰、水库等各种流水或蓄水的水面占地面积。

Refers to water area of rivers, lakes, ponds, reservoir, etc.

矿产保有储量　Ensured Mineral Reserves

指探明的矿产储量(包括工业储量和远景储量)扣除已开采部分和地下损失量后的年末实有储量，是反映国家矿产资源现状的重要指标。

Refers to the actual mineral reserves, which equal to the proven mineral reserves (including industrial reserves and prospective reserves) minus extracted parts and underground losses. This indicator shows the current condition of the mineral resources of a country.

可比价格　Comparable Prices

指计算各种总量指标所采用的扣除了价格变动因素的价格，可进行不同时期总量指标的对比。按可比价格计算总量指标有两种方法：一种是直接用产品产量乘某一年的不变价格计算；另一种是用价格指数进行伸缩。

Refers to prices that are used to remove the factors of price change in calculating economic aggregates, so as to facilitate comparison of aggregates over time. Tow methods are used for calculating economic aggregates at comparable prices: 1.multiplying the output of products by their constant prices of certain year; 2.deflation of data at current prices by relevant price index.

不变价格　Constant Price

指以同类产品某年的平均价格作为固定价格，用于计算各年的产品价值。按不变价格计算的产品价值消除了价格变动因素，不同时期对比可以反映生产的发展速度。新中国成立后，随着工农业产品价格水平的变化，国家统计局先后五次制定了全国统一的工业产品不变价格和农业产品不变价格。从 1949 年到 1957 年使用 1952 年工（农）业产品不变价格，从 1957 年到 1971 年使用 1957 年不变价格，从 1971 年到 1981 年使用 1970 年不变价格，从 1981 年到 1990 年使用 1980 年不变价格，从 1990 年开始使用 1990 年不变价格。

Refers to the average price of a given product in certain year, which is used for comparison of output value over time. As the output value at constant prices removes the factor of price changes, it reflects the trend of production development over time. Since 1949, with the changes in general price level, the State Statistical Bureau has issued nationally unified constant prices five times: the 1952 constant prices for 1949-1957; the 1957 constant prices for 1957-1971; the 1970 constant prices for 1971-1981; the 1980 constant prices for 1981-1990; and the 1990 constant prices have been used since 1991.

平均增长速度　Average Annual Growth Rate

我国计算平均增长速度有两种方法：一种是习惯上经常使用的“水平法”，又称几何平均法，是以间隔期最后一年的水平同基期水平对比来计算平均每年增长（或下降）速度；另一种是“累计法”，又称代数平均法或方程法，是以间隔期内各年水平的总和同基期水平对比来计算平均每年增长（或下降）速度。

在一般正常情况下，两种方法计算的平均每年增长速度比较接近；但在经济发展不平衡、出现大起大落时，两种方法计算的结果差别较大。

Tow methods for calculating average annual growth rate are applied in China, one is often called “level approach" or the method of calculating geometric average, which is derived by comparing the level of the last year of the interval with that of the beginning year; the other is called "accumulative approach" or algebraic average or equation method, which is derived by the summation of the actual figure of each year in the interval divided by the figure in the base year.

Usually the results calculated by the two methods are fairly close, but they differed sharply when uneven economic development occurred with striking fluctuations in growth.

各个计划时期 Various Planning Periods

年鉴中各个"时期"代表的年份如下：恢复时期为 1950 年到 1952 年；第一个五年计划时期（简称一五时期）为 1953 年到 1957 年；第二个五年计划时期（简称二五时期）为 1958 年到 1962 年；第三个五年计划时期（简称三五时期）为 1966 年到 1970 年；第四个五年计划时期（简称四五时期）为 1971 年到 1975 年；第五个五年计划时期（简称五五时期）为 1976 年到 1980 年；第六个五年计划时期（简称六五时期）为 1981 年到 1985 年；第七个五年计划时期（简称七五时期）为 1986 年到 1990 年；第八个五年计划时期（简称八五时期）为 1991 年到 1995 年；第九个五年计划时期（简称九五时期）为 1996 年到 2000 年；第十个五年计划时期（简称十五时期）为 2001 年到 2005 年。

The conventional division of "time period" in this yearbook is as follows: Economic Rehabilitation Period, 1950-1952; The first five-year plan period, 1953-1957;The second five-year plan period, 1958-1962; The third five-year plan period, 1966-1970; The fourth five-year plan period, 1971-1975; The fifth five-year plan period,1976-1980; The six five-year plan period, 1981-1985; The seventh five-year plan period, 1986-1990; The eighth five-year plan period, 1991-1995; The ninth five-year plan period,1996-2000;And the tenth five-year plan period,2001-2005.

企业（单位）登记注册类型 Registration Status of Enterprises

是以在工商行政管理机关登记注册的各类企业为划分对象，以工商行政管理部门对企业登记注册的类型为依据，将企业登记注册类型分为内资企业、联营企业、有限责任公司、股份有限公司、私营公司和其它企业；港澳台商投资企业和外商投资企业分别包括合资经营企业、合作经营企业、独资经营企业和股份有限公司。对不在工商行政管理部门进行登记注册的行政机关、事业单位和社会团体，主要按其经费来源和管理方式进行划分。

Enterprises are classified into 3 categories, namely domestic-funded enterprises, enterprises with investment from Hong Kong, Macao and Taiwan, and enterprises with foreign investment, in the light of the registration status of an enterprise in industrial and commercial administration agencies. Domestic-funded enterprises include state-owned enterprises, collective-owned enterprises, cooperative enterprises, joint ownership enterprises, limited liability corporations, share-holding corporations Ltd., private enterprises and other enterprises. Include in the enterprises with investment from Hong Kong, Macao and Taiwan and enterprises with foreign investment are joint-venture enterprises, cooperative enterprises, sole investment enterprises and share-holding corporations Ltd. For government agencies, institutions and social organizations which are not requested to be registered in industrial and commercial administration agencies, they are classified mainly by way of management.

国有企业　State-owned Enterprises

指企业全部资产归国家所有，并按《中华人民共和国企业法人登记管理条例》规定登记注册的非公司制的经济组织。不包括有限责任公司中的国有独资公司。

Refers to non-corporation economic units where the entire assets are owned by the state and which have registered in accordance with the Regulation of the People's Republic of China on the Management of Registration of Corporate Enterprises. Excluded from this category are sole state-funded corporations in the limited liability corporations.

集体企业　Collective-owned Enterprises

指企业资产归集体企业所有，并按《中华人民共和国企业法人登记管理条例》规定登记注册的经济组织。

Refers to economic units where the assets are owned collectively and which have registered in accordance with the Regulation of the People's Republic of China on the Management of Registration of Corporate Enterprises.

股份合作企业　Cooperative Enterprises

指以合同制为基础，由企业职工共同出资入股，吸收一定比例的社会资产投资组建，实行自主经营，自负盈亏，共同劳动，民主管理，按劳分配与按股分红相结合的一种集体经济组织。

Refers to a form of collective economic units (enterprises) where capitals come mainly from employees as their shares, with certain proportion of capital from the outside, where production is organized on the basis of independent operation, independent accounting for profits and losses, joint work, democratic management, and a distribution system that integrates remuneration according to work with dividend according to capital share.

联营企业　Joint Ownership Enterprises

指两个及两个以上相同或不同所有制性质的企业法人或事业单位法人，按自愿、平等、互利的原则，共同投资组成的经济组织。联营企业包括国有联营企业、集体联营企业、国有与集体联营企业和其它联营企业。

Refer to economic units established by two or more corporate enterprises or corporate institutions of the same or different ownership, through joint investment on the basis of equality, voluntary participation and mutual benefits. they include state joint ownership enterprises, collective joint ownership enterprises, joint state-collective enterprises, other joint ownership enterprises.

有限责任公司　Limited Liability Corporations

指根据《中华人民共和国公司登记管理条例》规定登记注册，由两个以上五十个以下的股东共同出资，每个股东以其所认缴的出资额对公司承担有限责任，公司以其全部资产对其债务承担责任的经济组织。有限责任公司包括国有独资公司以及其它有限责任公司。

国有独资公司：指国家授权的投资机构或者国家授权的部门单独投资设立的有限责任公司。

其他有限责任公司：指国有独资公司以外的有限责任公司。

Refers to economic units established with investment from 2-50 investors and registered in accordance with the Regulation of the People's Republic of China on the Management of Registration of Corporations, each investor bearing limited liability to the corporation depending on its share of investment, and the corporation bearing liability to its debt to the maximum of its total assets. limited liability corporations include exclusive state-funded limited liability corporations and other limited liability corporations.

(1) Exclusive state-funded Corporations refer to limited liability corporations established with exclusive investment from investment institutions or departments authorized by the state.

(2) Other Limited Liability Corporations refer to limited liability corporations other than exclusive state-funded corporations.

股份有限公司　Share-holding Corporations Ltd.

指根据《中华人民共和国公司登记管理条例》规定登记注册，其全部资本由等额股份构成并通过发行股票筹集资本，股东以其认购的股份对公司承担有限责任，公司以其全部资产对其债务承担责任的经济组织。

Refers to economic units registered in accordance with the Regulation of the People's Republic of China on the Management of Registration of Corporations, with total registered capitals divided into equal shares and raised through issuing stocks. Each investor bears limited liability to the corporation depending on the holding of shares, and the corporation bears liability to its debt to the maximum of its total assets.

私营企业　Private Enterprises

指由自然人投资设立或由自然人控股，以雇佣劳动为基础的盈利性经济组织。包括按照《公司法》、《合伙企业法》、《私营企业暂行条例》规定登记注册的私营有限责任公司、私营股份有限公司、私营合伙企业和私营独资企业。

(1)私营独资企业：指按《私营企业暂行条例》的规定，由一名自然人投资经营，以雇佣劳动为基础，投资者对企业债务承担无限责任的企业。

(2)私营合伙企业：指按《合伙企业法》或《私营企业暂行条例》的规定，由两个以上自然人按照协议共同投资、共同经营、共负盈亏，以雇佣劳动为基础，对债务承担无限责任的企业。

(3)私营有限责任公司：指按《公司法》、《私营企业暂行条例》的规定，由两个以上自然人投资或由单个自然人控股的有限责任公司。

(4)股份有限责任公司：指按《公司法》的规定，由五个以上自然人投资，或由单个自然人控股的股份有限公司。

Refers to profit-making economic units invested and established by natural persons, or controlled by natural persons using employed labor. Included in this category are private limited liability corporations, private share-holding corporations Ltd., private partnership enterprises and private-funded enterprises registered in accordance with the Corporation Law, Partnership Enterprises law and Interim Regulations on Private Enterprises.

(1) Private-funded enterprises: refer to enterprises registered in accordance with the Interim Regulations on Private Enterprises, invested and operated by a single natural person using employed labor and bearing unlimited liability to the debt of the enterprise.

(2) Private partnership enterprises: refer to enterprises registered in accordance with the Partnership Enterprise Law or Interim Regulations on Private Enterprises, jointly invested and operated by two or more natural persons using employed labor and bearing unlimited liability to the debt of the enterprise.

(3) Private limited liability corporations: refer to limited liability corporations registered in accordance with the Corporation Law and Interim Regulations on Private Enterprises, jointly invested by two or more

natural persons or exclusively invested by a single natural person.

(4) Private share-holding corporations Ltd.: refer to share-holding corporations registered in accordance with the Corporation Law, jointly invested by five or, more natural persons or exclusively units other than those mentioned above.

其他内资企业　Other Domestic-funded Enterprises

指上述企业之外的其他内资经济组织。

Refer to domestic-funded economic units other than those mentioned above.

与港澳台商合资经营企业　Joint-venture Enterprises with Funds from Hong Kong, Macao and Taiwan

指港澳台地区投资者与内地企业依照《中华人民共和国中外合资经营企业法》及有关法律的规定，按合同规定的比例投资设立、分配利润和分担风险的企业。

Refer to enterprises jointly established by investors from Hong Kong, Macao and Taiwan with enterprises in the mainland of China in accordance with the Law of the People's Republic of China on Sino-foreign Joint Venture Enterprises and other relevant laws, where the share of investment, profits and risks is stipulated in the contract.

与港澳台商合作经营企业　Cooperative Enterprises with Funds from Hong Kong, Macao and Taiwan

指港澳台地区投资者与内地企业依照《中华人民共和国中外合作经营企业法》及有关法律的规定，依照合作合同的约定进行投资或提供条件设立、分配利润和分担风险的企业。

Refers to enterprises jointly established by in investors from Hong Kong, Macao and Taiwan with enterprises in the mainland of China in accordance with the Law of the People's Republic of China on Sino-foreign Cooperative Enterprises and other relevant laws, where the investment or provision of facilities, and the share of profits and risks is stipulated in the cooperative contract.

港澳台商独资经营企业　Enterprises with Sole (exclusive) Investment from Hong Kong, Macao and Taiwan

指依照《中华人民共和国外资企业法》及有关法律的规定，在内地由港澳台地区投资者全额投资设立的企业。

Refers to enterprises established in the mainland of China with exclusive investment from investors from Hong Kong, Macao and Taiwan in accordance with the Law of the People's Republic of China on Foreign-Funded Enterprises and other relevant laws.

港澳台商投资股份有限公司　Share-holding Corporations Ltd. with Investment from Hong Kong,Macao and Taiwan

指根据国家有关规定，经外经贸部依法批准设立，其中港、澳、台商的股本占公司注册资本的比例达 25%以上的股份有限公司。凡其中港、澳、台商的股本占公司注册资本的比例小于 25%的，属于内资企业中的股份有限公司。

Refers to share-holding corporations Ltd. established with the approval from the Ministry of Foreign Trade and Economic Relations in line with relevant state regulations, where the share of investment from Hong Kong, Macao or Taiwan businessmen exceeds 25% of the total registered capital of the corporation. In case the share of investment from Hong Kong, Macao or Taiwan is less than 25% of the total registered capital, the enterprise is to be classified as domestic-funded share-holding corporation Ltd.

中外合资经营企业　Joint-venture Enterprises with Foreign Investment

指外国企业或外国人与中国内地企业依照《中华人民共和国中外合资经营企业法》及有关法律的规定，按合同规定的比例投资设立、分享利润和分担风险的企业。

Refers to enterprises jointly established by foreign enterprises or foreign Joint Venture Enterprises and other relevant laws, where the share of investment, profits and risks is stipulated in the contact.

中外合作经营企业　Cooperation Enterprises with Foreign Investment

指外国企业或外国人与中国内地企业依照《中华人民共和国中外合作经营企业法》及有关法律的规定，依照合作合同的约定进行投资或提供条件设立、分配利润和分担风险的企业。

Refers to enterprises jointly established by foreign enterprises or foreigners with enterprises in the mainland of China in accordance with the Law of the People's Republic of China on Sino-foreign Joint Venture Enterprises and other relevant laws, where the investment or provision of facilities, and the share or profits and risks is stipulated in the cooperative contract.

外资企业　Enterprises with Sole (exclusive) Foreign Investment

指依照《中华人民共和国外资企业法》及有关法律的规定，在中国内地由外国投资者全额投资设立的企业。

Refers to enterprises established in the mainland of China with exclusive investment from foreign investors in accordance with the Law of The People's Republic of China on Foreign-Funded Enterprises and other relevant laws.

外商投资股份有限公司　Share-holding Corporations Ltd. with Foreign Investment

指根据国家有关规定，经外经贸部依法批准设立，其中外资的股本占公司注册资本的比例达25%以上的股份有限公司。凡其中外资股本占公司注册资本的比例小于25%的，属于内资企业中的股份有限公司。

Refers to share-holding corporations Ltd. established with the approval from the Ministry of Foreign Trade and Economic Relations in line with relevant state regulations, where the share of investment from foreign investor exceeds 25% of the total registered capital, the enterprise is to be classified as domestic-funded share-holding corporation Ltd.

行政机关事业单位和社会团体　Government Agencies, Institutions and Social Organizations

参照企业登记注册类型，主要按其经费来源和管理方式划分。具体规定如下：

(1) 行政机关：包括国家机关和政党机关，原则上均列为“国有”。但有特殊规定的，如供销社等，则列为“集体”。

(2) 事业单位：包括经国家机构编制部门和有关业务主管部门批准成立的各类事业单位，但不包括实行企业化管理的事业单位。事业单位的划分办法如下：

①由国家财政预算拨款或列入财政预算外资金管理以及经费主要来源于国有主管部门或国有上级单位的事业单位，列为“国有”。

②经费主要来源于集体单位的事业单位，列为“集体”。

③公民个人（或个人合伙）开办的事业单位，列为“私营”。

④上述以外的其他事业单位, 如果其经费来源不明确, 按管理方式进行划分。

(3) 社会团体：包括经民政部门批准成立以及未纳入社会团体管理条例范围的工会妇联等各类社会

团体。社会团体的划分办法如下：

①未纳入民政部社会团体管理条例范围的工会、妇联、共青团、青联、工商联、科协、侨联等社会团体，国家拨款设立的基金会或基金管理组织以及经费主要来源于国有业务主管部门或国有上级单位的社会团体，列为“国有”。

②经费主要来源于集体单位的社会团体，列为“集体”。

③公民个人（或各人合伙）开办的社会团体，列为“私营”。

④上述以外的其他社会团体，如果其经费来源不明确，按管理方式进行归类。

Are classified into following categories by source of funds and way of management taking reference of the registration status of enterprises:

Government agencies: include state and party agencies, classified in principle as “state-owned”. There are exceptions, such as supply and marketing cooperatives which are classified as “collective”.

Institutions: include institutions of various types established with the approval by organization and staffing departments of the government, but exclude institutions where enterprises management system is introduced. Institutions are further classified as follows:

Institutions whose main budget is listed in the government budget appropriations or extra-budget funds, or allocated from the budget of their competent government agencies. Such institutions are classified as “state-owned”.

Institutions whose budget mainly comes from collective units. Such institutions are classified as “collective”.

Institutions other than those mentioned above whose source of budget is not clear. Such institutions are classified by way of management.

Social organizations: include social organizations established with the approval from the Ministry of Civil Affairs, and organizations that are not covered by social organization management regulations such as trade unions, women’s federations etc. . Social organizations as further classified as follows:

Social organizations that are not covered by social organization management regulations of the Ministry of Civil Affairs such as trade unions, women’s federations, communist youth leagues, youth associations, industrial and commerce associations, scientists associations, overseas Chinese associations, etc., foundations and fund management organizations established with funds from the state, and social organizations whose funds mainly come from the budget of their competent government agencies. Such institutions are classified as “state-owned”.

Social organizations whose budget mainly comes from collective units. Such institutions are classified as “collective”.

Social organizations established by individual or a group of citizens, which are classified as “private”.

Social organizations other than those mentioned above whose source of budget is not clear. Such organizations are classified by way of management.

国内(地区)生产总值　（GDP）Gross Domestic Product

指一个国家（或地区）所有常住单位在一定时期生产活动的最终成果。国内（地区）生产总值有三种表现形态，即价值形态、收入形态和产品形态。从价值形态看，它是所有常住单位在一定时期内生产的全部货物和服务价值超过同期中间投入的全部非固定资产货物和服务价值的差额，即所有常住单位的增加值之和；从收入形态看，它是所有常住单位在一定时期内创造并分配给常住单位和非常住单位的初次收入分配之和；从产品形态看，它是所有常住单位在一定时期内最终使用的货物和服务价值与货物和服务净出口之和。在实际核算中，国内（地区）生产总值有三种计算方法，即生产法、收入法和支出法。三种方法分别从不同的方面反映国内生产总值及其构成。

Refers to the final products of all resident units in a country (or a region) during a certain period of time. Gross domestic product is expressed in three different forms, i. E. Value, income, and products respectively. The form of value refers to the total value of all products and services produced by all resident units during a certain period of time minus total value of intimidate input of materials and services of the nature of non-fixed assets or the summation of the value-added of all resident units; the form of income includes all the income created by all resident units and distributed primarily to all resident and non-resident units; the form of products refers to the value of all final goods and services for final use by all resident units plus the value of net exports of goods and services during a given period of time. In the practice of national accounting, gross domestic product is calculate with three approaches, i.e. production approach, income approach, and expenditure approach, which reflect gross domestic product and its composition from different aspects.

三次产业　Three Industries

是根据社会生产活动历史发展的顺序对产业结构的划分，产品直接取自自然界的部门称为第一产业，对初级产品进行再加工的部门称为第二产业，为生产和消费提供各种服务的部门称为第三产业。我国的三次产业划分是：

第一产业：农林牧渔业。

第二产业：工业和建筑业。

第三产业：除第一、第二产业以外的其他各业。

Industry structure has been classified according to the historical sequence of development. Primary industry refers to extraction of natural resources; secondary industry involves processing of primary products; and tertiary industry provides services of various kinds for production and consumption. Industry in China comprises:

Primary industry: farming, forestry, animal husbandry, fishery, and service for farming、forestry、 animal husbandry、fishery .

Secondary industry: industry and construction.

Tertiary industry: all other industries not included in primary or secondary industry.

支出法国内(地区)生产总值　GDP Calculated with Expenditure Approach

指一个国家（或地区）所有常住单位在一定时期内用于最终消费、资本形成总额，以及货物和服务净出口总额，它反映本期生产的国内生产总值的使用及构成。

Refers to total expenditure on final consumption, total capital formation and net export of goods and services by resident units of a country in a certain period of time. It reflects the composition of GDP by its use.

最终消费　Final Consumption

指常住单位在一定时期内对于货物和服务的全部最终消费支出，也就是常住单位为满足物质、文化和精神生活的需要，从本国经济领土或国外购买的货物和服务的支出；不包括非常住单位在本国经济领土内的消费支出。最终消费分为居民消费和政府消费。

Refers to the total expenditure of resident units on final consumption of goods and services in a certain period, namely the expenditure of the resident units for purchases of goods and services from domestic economic territory and abroad to meet the requirements of material, cultural and spiritual life. It excludes the expenditure of non-resident units on consumption in the economic territory of the country. The final consumption is classified into household consumption and government consumption.

居民消费　Households Consumption

指常住居民对于货物和服务的全部最终消费支出。居民消费按市场价格计算，即按居民支付的购买者价格计算。购买者价格是购买者取得货物所支付的价格，包括购买者支付的运输和商业费用。居民消费除了直接以货币形式购买货物和服务的消费以外，还包括以其他方式获得的货物和服务的消费支出，即所谓的虚拟消费支出。居民虚拟消费支出包括以下几种类型：单位以实物报酬及实物转移的形式提供给劳动者的货物和服务；居民生产由本居民消费了的货物和服务，其中的服务仅指居民的自有住房的服务；金融机构提供的金融媒介服务；保险公司提供的保险服务。

Refers to the total expenditure of resident households on the final consumption of goods and services. The households consumption is calculated at market prices, namely the purchaser's prices which the households pay; the purchasers' prices of goods re the prices the households pay when they obtain the goods, including the transport and commercial expenses paid by the households. In addition to the consumption of goods and services bought by the households directly with money, the expenditure on goods and services obtained by the households in other ways, i.e. the so-called imputed expenditure on consumption, is also included in the households consumption. The imputation expenditure of the households on consumption includes the following types: (a) the goods and services provided to the households by the units in the form of payment in kind and transfer in kind; (b) the goods and services produced and consumed by the households themselves, in which the services refer only to the services provided by the residential buildings owned by the households; (c) the services of financial intermediary provided by the financial institutions; (d) the insurance services provided by the insurance companies.

政府消费　Government Consumption

指政府部门为全社会提供公共服务的消费支出和免费或以较低价格向居民提供的货物和服务的净支出。前者等于政府服务的产出价值减去政府单位所获得的经营收入的价值，政府服务的产出价值等于它的经常性业务支出加上固定资产折旧；后者等于政府部门免费或以较低价格向居民提供的货物和服务的市场价值减去向居民收取的价值。

Refers to the expenditure on the consumption of the public services provided by the government to the whole society and the net expenditure on the goods and services provided by the government to the households at free charge or lower prices. The former equals to the output value of the government services minus the value of operating income obtained by the government departments. (The output value of the government services equals to its current operating expenditure plus depreciation of fixed assets). The latter equals to the market value of the goods and services provided by the government free of charge or at low prices to the households minus the value received by the government from the households.

资本形成总额　Total Capital Formation

指常住单位在一定时期内获得的减去处置的固定资产加存货的变动，包括固定资本形成总额和存货增加。

Refers to the fixed assets acquired minus those disposed and the change in inventory, including the total fixed assets formation and the increase in inventory.

固定资本形成总额　Total Fixed Capital Formation

指常住单位购置、转入和自产自用的固定资产，扣除固定资产的销售和转出后的价值，分有形固定资产形成总额和无形固定资产形成总额。有形固定资产形成总额包括一定时期内完成的建筑工程安装工程和设备工器具购置（减处置）价值，以及土地改良、新增役、种、奶、毛、娱乐用牲畜和新增经济林木价值。无形固定资产形成总额包括矿藏的勘探、计算机软件、娱乐和文学艺术品原件等获得（减处置）价值。

Refers to the value of fixed assets purchased, transferred in by the resident units and those produced and used by themselves deducting the value of fixed assets sold and transferred out. It can be classified into total tangible assets formation and total tangible assets formation and total intangible assets formation. The total tangible assets formation include the value of the construction projects, installation projects completed and the equipment, apparatus and instruments purchased as well as the value of land improved, the value of draught animals, breeding stock, milk, wool and recreational animals and the newly increased economic forest in a certain period. The total tangible assets formation includes the prospecting of minerals, the originals of recreational works and works of literature and arts minus the disposal of them.

库存增加　Increase in Inventory

指常住单位存货实物量变动的市场价值，即期初与期末差额。正值表示库存增加，负值表示库存减少。具体包括本期购买的原材料、燃料和储备物资等存货，以及生产单位本期生产的产成品、半成品和在制品等存货。

Refers to the market value of the change in inventory, i.e. the difference of value between the beginning and the end of the period. The increase in inventory can be positive or negative. A positive value indicates the increase in inventory while a negative value indicates the decrease in stock. The inventory includes the raw materials, fuels and reserve materials purchased by the production units as well as the inventory of finished products, semi-finished products, work-in-progress, etc.

货物和服务净出口　Net Export of Gods and Services

指货物和服务出口与货物和服务进口的差额。出口包括常住单位向非常住单位出售或无偿转让的各种货物和服务的总值；进口包括常住单位从非常住单位购买或无偿得到的各种货物和服务的总值。由于服务活动提供与使用同时发生，因此服务的进出口业务并不发生出入境现象，一般把常住单位从国外得到的服务作为进口，反之，非常住单位从本国得到的服务作为出口。货物的出口和进口都按离岸价格计算。

Refers to the difference of the exports of goods and services minus the imports of goods and services. The imports include the value of various goods and services sold or gratuitously transferred by the resident units to the non-resident units. The imports include the value of various goods and services purchased or gratuitously acquired by the resident units from the non-resident units. Because the provision of services and the use of them happen simultaneously, the import and export of services do not appear to have the phenomena of crossing the border of the country. The acquisition of services by the resident units from abroad is usually treated as import while the acquisition of services by non-resident units in this country is usually as export. The export and import of goods are calculated at FOB.

固定资产折旧　Depreciation of Fixed Assets

指一定时期内为弥补固定资产损耗而按照核定的折旧率提取的补偿价值，或按国民经济核算统一规定的折旧率虚拟计算的补偿价值。它反映了固定资产在本期生产中的转移价值。各类企业和企业化管理的事业单位的固定资产折旧是指从成本费用中提取的折旧费。对不计提折旧的政府机关、非企业化管理的事业单位、和居民住房的固定资产折旧则按照统一规定的折旧率和固定资产原值进行虚拟折旧。

Refers to the depreciation of fixed assets drawn in accordance with the stipulated depreciation rate for the purpose of compensating the wear loss of the fixed assets or the depreciation of fixed assets calculated in a fictitious way in accordance with the stipulated unified depreciation rate in the national economic accounting system. It reflects the value of transfer of the fixed assets in the production of the current period. The depreciation of fixed assets in various enterprises and institutions managed as enterprises refers to the depreciation expenses actually draw and calculate as part of the cost. In government agencies and institutions not managed as enterprises which do not draw the depreciation expenses, as well as for the houses of residents, the depreciation of fixed asses is the imputed depreciation, which is calculated in accordance with the stipulated unified depreciation rate. In principle, the depreciation of fixed assets should be calculated on the basis of the re-purchased value of the fixed assets. However, there is no actual condition to re-evaluate all the fixed assets in China. Therefore, the above-mentioned methods are temporarily adopted at resent.

劳动者报酬　Laborers' Remuneration

指劳动者从事生产活动而获得的各种报酬。它反映劳动者参与增加值创造而获得的原始收入。包括劳动者获得的工资、奖金和津贴，包括货币形式和实物形式的；还包括劳动者所享受的公费医疗和医药卫生费上下班交通补贴和单位支付的社会保险费等。对于个体经济来说，其所有者所获得的劳动报酬和经营利润不易区分，这两部分统一作为劳动者报酬处理。

Refers to the whole payment earned by the laborers from the productive activities they are engaged in. It includes wages, bonuses and allowances the laborers earned in monetary form and in kind. It also includes the free medical services provided to the laborers and the medicine expenses, traffic subsidies and social insurance fee paid by the laborers' working units for them. As the individual economy is concerned, since the laborers' remuneration is not easily distinguished from the operating profit, both are treated as laborers remuneration.

生产税净额　Net Taxes on Production

指生产税减补贴后的余额。生产税是指政府对生产单位生产销售和从事经营活动以及从事生产活动使用某些生产要素（如固定资产、土地、劳动力）所征收的各种税、附加费和规费。生产补贴与生产税相反，指政府对生产单位的单方面收入转移，因此视为负生产税，包括政策亏损补贴、粮食系统价格补贴、外贸企业出口退税收入等。

Refers to the residual of the taxes on production minus the subsidies on production. The taxes on production refers to the various taxes, extra charges and fees levied on the production units on their production, sale and business activities as well as n some factors of production, such as fixed assets, land and labor force, used in the production activities they are engaged in. In contrast to the taxes on production, the subsidies on production refer to the unilateral transfer of part of the government's revenue to the production units and is therefore regarded as negative taxes on production. They include subsidies on the loss due to implementation of government policies, price subsidies to the grain institutions, foreign trade corporations' receipts from drawback, etc.

营业盈余　Operating Surplus

指常住单位创造的增加值扣除固定资产折旧、劳动者报酬和生产税净额后的余额。它相当于企业的营业利润加上生产补贴，但要扣除从利润中开支的工资和福利等。

Refers to the balance of the value added created by the resident units deducting the laborers' remuneration, net taxes on production and the depreciation of fixed assets. It is equivalent to the business profit of the enterprises plus subsidies on production, but the wages and welfare expenses paid from the profits should be deducted.

总人口　Total Population

指一定时点、一定地区范围内的有生命的个人的总和。

年度统计的年末总人口是指每年１２月３１日２４时的人口数，未包括海外华侨人数。

Refers to the total number of people alive at a certain point of time within a given area.

The annual statistics on total population is taken at midnight, the 31st of December，not including Chinese compatriots overseas China.

市镇总人口和乡村总人口　Urban Population and Rural Population

一般是按常住人口划分的。

Are classified, in general, with the permanent population.

市镇总人口　Urban Population

指市镇辖区的全部人口。

Refers to the population living in areas under the jurisdiction of cities or towns.

乡村总人口　Rural Population

指县（不含镇）的全部人口。

Refers to the population of counties excluding those living in towns.

市　City

指经国家批准成立的“市”建制的城市。

Refers to cities establish with the approval of the central government.

镇　Town

指经省自治区直辖市批准的镇。1963 年以前为常住人口在 2000 人以上，非农业人口占 50%以上的。1964 年起改为常住人口在 3000 人以上，非农业人口占 70%以上；或常住人口在 2500 人以上，不满 3000 人，非农业人口占 85%以上的。1984 年后又调整为凡县级地方国家机关所在地；或总人口在 20000 人以下的乡，乡政府驻地非农业人口超过 2000 人的；或总人口在 20000 人以上的乡，乡政府驻地非农业人口占全乡人口 10%以上；或少数民族地区、人口稀少的边远地区、山区和小型工矿区、小港口、风景旅游区、边境口岸等地，非农业人口虽不足 2000 人都可以建镇。

Refers to towns established with the approval of the governments of province, autonomous region, or municipality directly under the central government. Prior to 1963, a town was defined as an area with more than 2000 permanent residents, of which 50% or more were non-agricultural population. A revision of the definition was made in 1964. By the new definition, a town was an area with more than 3000 permanent residents, of which 70% or more were non-agricultural population or an area with more than 2500, but lower than 3000 permanent residents, of which 85% or more were non-agricultural population. Further adjustment was made in 1984: a town is defined as: (1) an area being the location of county-level government agency, or (2) a township with a total population less than 20000, where the non-agricultural population of the location of a township government exceeds 2000; or (3) a township with a total population more than 20000, where the proportion of the non-agricultural population to the total population of the location of a township government is greater than 10%; or (4) a remote area, mountainous area small-sized mining area, small harbor, tourism area, or border area with non-agricultural population less than 2000.

出生率（又称粗出生率） Birth Rate or (Crude Birth Rate)

指在一定时期内（通常为一年内）平均每千人所出生的人数的比率，一般用千分率表示。计算公式为：出生率＝（年出生人数 / 年平均人数）×1000‰

式中：出生人数是指活产婴儿，即胎儿脱离母体时（不管怀孕月数），有过呼吸或其他生命现象。年平均人数是指年初、年末人口数的平均数，也可用年中人口数代替。

Refers to the ratio of the number of births to the average population during a certain period of time (usually a year), which is often expressed in ‰. The following formula is used:

Birth Rate = Number of Births / Average Number of Population ×1000‰

Number of births refers to live births, i.e. the births when babies had showed any vital phenomena regardless of the length of pregnancy.

死亡率（又称粗死亡率） Death Rate (or Crude Death Rate)

指在一定时期内（通常为一年内）一定地区的死亡人数与同期平均人数（或期中人数）之比，一般用千分率表示。计算公式为：死亡率＝（年死亡人数 / 年平均人数）×1000‰

refers to the ratio of the number of deaths to the average population (or mid-year population) during a certain period of time (usually a year), which is often expressed in ‰. The following formula is used:

Death Rate = Number of Deaths / Annual Average Number of Population × 1000‰

人口自然增长率 Natural growth Rate of Population

指在一定时期内（通常为一年内）一定地区的人口自然增加数（出生人数减死亡人数）与该时期内平均人数（或期中人数）之比，一般用千分率表示。计算公式为：

人口自然增长率＝(本年出生人口数－本年死亡人口数） / 年平均人数×１０００‰

人口自然增长率＝人口出生率－人口死亡率

refers to the ratio of natural increase in population (number of births minus number of deaths) in a certain period of time (usually a year) to the average population or mid-year population) of the same period, which is often expressed in ‰. The following formulas are applied:

Natural Growth of Population = (number of Births-Number of deaths) / Average Number of Population × 1000‰

Natural Growth Rate of Population = Birth Rate – Death Rate

从业人员　Employed Persons

指从事一定社会劳动并取得劳动报酬或经营收入的人员，包括全部职工、再就业的离退休人员、私营业主、个体户主、私营和个体从业人员、乡镇企业从业人员、农村从业人员、其他从业人员（包括民办教师、宗教职业者、现役军人等）。这　指标反映了　定时期内全部劳动力资源的实际利用情况，是研究我国基本国情国力的重要指标。

Refers to the persons who are engaged in social labor and receive remuneration payment or earn business income, including: total staff and workers, re-employed retirees, employers of private enterprises, self-employed workers, employees in private enterprises and individual economy, employees in the township enterprises, employed persons in the rural areas, other employed persons (including teachers in the schools run by the local people, people engaged in religious profession and the servicemen, etc.). This indicator reflects the actual utilization of total labor force during a certain period of time and is often used for the research on China's economic situation and national power.

单位从业人员　Persona Employed in Various Units

指在各级国家机关、政党机关、社会团体及企业、事业单位中工作，取得工资或其他形式的劳动报酬的全部人员。包括在岗职工、再就业的离退休人员、民办教师以及在各单位中工作的外方人员和港、澳、台方人员、兼职人员、借用的外单位人员和第二职业者。不包括离开本单位仍保留劳动关系的职工。各单位的从业人员反映了各单位实际参加生产或工作的全部劳动力。

Refers to all the persona working in government agencies of various levels, political and party organizations, social organizations, enterprises and institutions, and receiving wages or other forms of payment. They include fully-employed staff and workers, re-employed retirees, teachers in schools run by the local people, foreigners and Chinese compatriots from Hong Kong, Macao and Taiwan working in various units, part-time employees, employees of other units working temporarily at current posts, and employees holding the job, but exclude staff and workers who have left their working units while keeping their labor contract (employment relation) unchanged. This indicator reflects the total number of laborers actually engaged in production or other operations in various units.

城镇私营和个体从业人员　Persons Employed in Private Enterprises and Self-Employed Individuals in Urban Areas

城镇私营从业人员指在工商管理部门注册登记，其经营地址设在县城关镇（含城关镇）以上的私营企业从业人员；包括私营企业投资者和雇工。城镇个体从业人员指在工商管理部门注册登记，并持有城镇户口或在城镇长期居住，经批准从事个体工商经营的从业人员；包括个体经营者和在个体工商户劳动的家庭帮工和雇工。

Persons employed in private enterprises refer to the persons employed in the private enterprises which have been registered at the departments of industrial and commercial administration and are situated at a county town (i.e. a town where the county government is located) for business operation or at urban areas with the level higher than a county town. The self-employed individuals in urban areas refer to persons who hold the certificates of residence in urban areas or have resided in the urban areas for a long time and have been registered at the departments of industrial and approved to be engaged in individual industrial or commercial business, including self-employed persons as well as helpers and hired laborers who work in the individual households engaged in industrial or commercial business.

职工　Staff and Workers

指在国有经济、城镇集体经济、联营经济、股份制经济、外商和港、澳、台投资经济、其他经济单位及其附属机构工作，并由其支付工资的各类人员。

Refers to the persons who work in (and receive payment therefrom) enterprises and institutions of state ownership, collective ownership, joint ownership, share holding, foreign ownership, and ownership by entrepreneurs from Hong Kong, Macao and Taiwan, and other type of ownership and their affiliated units, excluding the retired persons invited to work in the units again, teachers in the schools run by the local people and foreigners and persons coming from Hong Kong, Macao and Taiwan and working in the state-owned economic units.

在岗职工　Fully Employed Staff and Workers

指在本单位工作并由单位支付工资的人员，以及有工作岗位，但由于学习、病伤、产假等原因暂未工作，仍由单位支付工资的人员。

Refers to persons who work in, and receive wages from their working units, as well as persons who have their work posts, but are temporarily absent from work for reasons of study or on sick, injury or maternal leave and still receive wages from their working units.

国有单位职工　Staff and Workers in State-owned Economic Units

指在国有经济单位及其附属机构工作，并由其支付工资的各类人员。

Refers to the persons who work in the state-owned economic units or their attached units and are listed in their payrolls.

城镇集体单位职工　Staff and Workers of Collective Owned Units in Urban Areas

指在城镇集体经济单位及其管理部门工作，并由其支付工资的各类人员。

Refers to the persons who work in collective owned units in urban areas and their administration departments and receive payment therefrom.

其他经济单位职工　Staff and Workers in Units of Other Type of Ownership

指在联营经济、股份制经济、外商投资经济、港、澳、台投资经济单位工作，并由其支付工资的各类人员。

Refers to those who work in (and receive payment there from) enterprises and institutions of joint ownership, share holding, foreign ownership, and ownership by entrepreneurs from Hong Kong, Macao and Taiwan.

职工工资总额　Total Wages of Staff and Workers

指各单位在一定时期内直接支付给本单位全部职工的劳动报酬总额。工资总额的计算原则应以直接支付给职工的全部劳动报酬为根据。各单位支付给职工的劳动报酬以及其他根据有关规定支付的工资，不论是计入成本的还是不计入成本的，不论是按国家规定列入计征奖金税项目的，还是未列入计征奖金项目的，不论是以货币形式支付的还是以实物形式支付的，均包括在工资总额内。

Refers to the total remuneration payment to staff and workers in various units during a certain period of time. The calculation of total wages is based on the total remuneration payment to the staff and workers. Therefore, all the wages and salaries and other payments to staff and workers are included in the total wages regardless of their sources, category, and forms (in kind or cash). (Total wages of staff and workers in this yearbook include only total wages of fully employed staff and workers, excluding the living allowances distributed to those who have lift their working units while keeping their labor contract/employment relation unchanged).

奖金　Bonus

指支付给职工的超额劳动报酬和增收节支的劳动报酬。

Refers to remuneration payment to workers for extra work and for increasing earnings and practicing economy.

津贴和补贴　Subsidies and Allowances

指为了补贴职工特殊或额外的劳动消耗和因其他特殊原因支付给职工的津贴，以及为保证职工工资水平不受物价影响支付给职工的物价补贴。

Refers to subsidies paid to staff and workers for compensating special or extra labor and allowances paid to staff and workers to offset the impact of inflation on real wages.

职工平均工资　Average Wage of Staff and Workers

指企业、事业、机关单位的职工在一定时期内平均每人所得的货币工资额。它表明一定时期职工工资收入的高低程度，是反映职工工资水平的主要指标。计算公式为：

职工平均工资＝报告期实际支付的全部职工工资总额／报告期全部职工平均人数

Refers to the average wage in money terms per person during a certain period of time for staff and workers in enterprises, institutions, and government agencies, which reflects the general level of wage income during a certain period of time and is calculate as follows:

Average Wage of Staff and Workers = Total Wages of Staff and Workers in Reference Period/Average Number of Staff and Workers in Reference Period

职工平均实际工资　Average Real Wage of Staff and Workers

指扣除物价变动因素后的职工平均工资。计算公式为：

职工平均实际工资＝报告期职工平均工资／报告期职工生活费价格指数

Refers to average wage of staff and workers after removing the effects of price changes, which is calculated as follows:

Average Real Wage of Staff and Workers = Average Wage of Staff and Workers in Reference Period/Consumer Price Index of Urban Residents in Reference Period

全社会固定资产投资　Total Investment in Fixed Assets in the Whole Country

是以货币形式表现的在一定时期内全社会建造和购置固定资产的工作量以及与此有关的费用的总称。该指标是反映固定资产投资规模、结构和发展速度的综合性指标，又是观察工程进度和考核投资效果的重要依据。全社会固定资产投资按登记注册类型可分为国有、集体、个体、联营、股份制、外商、港澳台商、其他等。

refers to the volume of activities in construction and purchases of fixed assets of the whole country and related fees, expressed in monetary terms during the reference period. It is a comprehensive indicator which shows the size, structure and growth of the investment in fixed assets, providing a basis for observing the progress of construction projects and evaluating results of investment. Total investment in fixed assets in the whole country includes, by type of ownership, the investment by State-owned units, collective-owned units, individuals, joint ownership units, share-holding units, as well as investments by entrepreneurs from foreign countries and from Hong Kong, Macao and Taiwan, and by other units.

城镇固定资产投资　Urban Investment in Fixed Assets

指城镇各种登记注册类型的企业、事业、行政单位及个体户进行的计划总投资（或实际需要总投资）50 万元及 50 万元以上的建设项目投资、房地产开发投资、城镇和工矿区私人建房投资。县城及以上区域内发生的投资，县及县以上各级政府及主管部门直接领导、管理的建设项目和企业事业单位的投资均为城镇固定资产投资。

refers to construction projects involving a total planned (or required) investment of 500,000 yuan and over by enterprises of various types of ownership, institutions, administrative units and individuals in urban areas, investment in real estate development, and private investment in housing construction in urban areas and industrial and mining areas. In other words, all investments that take place in county towns and urban areas, investment in construction projects under the direct leadership and management of government agencies at and above county levels and investments by enterprises and institutions at and above county levels are covered in urban investment in fixed assets.

房地产开发投资　Investment in Real Estate Development

指房地产开发公司、商品房建设公司及其他房地产开发法人单位和附属于其他法人单位实际从事房地产开发或经营的活动单位统一开发的包括统代建、拆迁还建的住宅、厂房、仓库、饭店、宾馆、度假村、写字楼、办公楼等房屋建筑物和配套的服务设施，土地开发工程（如道路、给水、排水、供电、供热、通讯、平整场地等基础设施工程）的投资。包括非房产企业实际从事房地产开发或经营活动，不包括单纯的土地交易活动。

It includes the investment by the real estate development companies, commercial buildings construction companies and other real estate development units of ownership in the construction of house buildings, such as residential buildings, factory buildings, warehouses, hotels, guesthouses, holiday villages, office buildings, and the complementary service facilities and land development projects, such as roads, water supply, water drainage, power supply, heating, telecommunications, land leveling and other projects of infrastructure. It excludes the activities in simple land transactions.

农村投资　Investment in Rural Areas

包括在农村区域范围内进行固定资产投资活动的企业、事业、行政单位及农村个人投资

refers to investment in fixed assets by enterprises, institutions, administrative units and individuals in rural areas.

固定资产投资的资金来源　Sources of Funds for Investment in Fixed Assets

根据固定资产投资的资金来源不同，分为国家预算内资金、国内贷款、利用外资、自筹资金和其他资金来源。

(1) 国家预算内资金：指中央财政和地方财政中由国家统筹安排的基本建设拨款和更新改造拨款，以及中央财政安排的专项拨款中用于基本建设的资金和基本建设拨款改贷款的资金等。

(2) 国内贷款：指报告期内企、事业单位向银行及非银行金融机构借入的用于固定资产投资的各种国内借款。包括银行利用自有资金及吸收的存款发放的贷款、上级主管部门拨入的国内贷款、国家专项

贷款（包括煤代油贷款、劳改煤矿专项贷款等） 地方财政专项资金安排的贷款、国内储备贷款、周转贷款等。

(3)利用外资：指报告期内收到的用于固定资产投资的国外资金，包括统借统还、自借自还的国外贷款，中外合资项目中的外资，以及对外发行债券和股票等。国家统借统还的外资指由我国政府出面同外国政府团体或金融组织签订贷款协议，并负责偿还本息的国外贷款。

(4)自筹资金：指建设单位报告期收到的，用于进行固定资产投资的上级主管部门、地方和企事业单位自筹资金。

(5)其他资金来源：指报告期收到的除以上各种拔款、借款、自筹资金之外，其他用于固定资产投资的资金。

State budgetary appropriation, domestic loans, foreign investment, self-raised funds, and others.

(1) State budgetary appropriation refers to appropriation in the budget of the central and local governments earmarked for capital construction and for innovation projects, and the special appropriation from the budget of the central government for capital construction and for the transfer fund to banks to be issued as loans for capital construction projects.

(2) Domestic loans refers to various funds borrowed by enterprises and institutions from banks and non-bank financial institutions during the reference period for the purpose of investment in fixed assets, including loans issued by banks from their self-owned funds and deposit, loans appropriated by higher responsible authorities, special loans by government (including loan for replacing petroleum with coal, special loan for reform-through-labor coal mines), loans arranged by local government from special funds, domestic reserve loan, and working loan, etc.

(3) Foreign Investment refers to foreign funds received during the reference period for the purpose of investment in fixed assets, including foreign fends borrowed and managed by the government, by individual units, foreign fund in joint venture program, and issue if bonds and stocks at the international financial markers. The foreign funds borrowed and managed by the government refer to foreign loans borrowed by the government from foreign government, organizations, or financial institutions under official agreement signed by both parties, under which government is responsible for the repayment of both the principal and interests of the foreign loans.

(4) Self-raised funds refer to funds received by construction enterprises from their higher responsible authorities, local governments, or raised by enterprises or institutions themselves for the purpose of investment in fixed assets during the reference period.

(5) Others refer to funds received during the reference period which are not included in the above-mentioned sources.

固定资产投资按国民经济行业分 Investment in Fixed Assets by Sector

建设项目归哪个行业，按其建成投产后的主要产品或主要用途及社会经济活动性质来确定。基本建设按建设项目划分国民经济行业，更新改造、国有单位其他固定资产投资及城镇集体投资根据整个企业、事业单位所属的行业来划分。一般情况下，一个建设项目或一个企业、事业单位只能属于一种国民经济行业。为了更准确地反映国民经济各行业之间的比例关系，联合企业（总厂）所属分厂属于不同行业的，原则上按分厂划分行业。

The classification of construction projects by sector is determined by the major products or the purpose of the projects when they are put into production or use, and by the nature of their social economic activities. The investment in capital construction is classified by construction projects, while investment in innovation, other investment by state-owned units and urban collective units are classified according to the sector which the whole enterprises or institution belongs to. In general, one project or one enterprise or institution can only belong to one sector. In order to reflect more accurately the proportions among various sectors, the branch factories of integrated complex are classified into different sectors according to their economic activities.

固定资产投资按建设性质分　Investment in Fixed Assets by Type of Construction

建设项目的性质一般分为新建、扩建、改建、迁建、恢复。基本建设按建设项目划分建设性质，更新改造、国有单位其他固定资产投资及城镇集体投资按整个企业、事业单位的建设情况确定建设性质。目前基本建设和更新改造是根据我国现行的计划管理体制区分的，所以基本建设和更新改造都可分别按新建、扩建等划分。

(1)新建：一般是指从无到有、“平地起家”新开始建设的单位。有的单位原有的基础很小，经过建设后其新增加的固定资产价值超过原有固定资产价值（原值）三倍以上的也算新建。

(2)扩建：一般是指为扩大原有产品的生产能力，在厂内或其他地点增建主要生产车间（或主要工程)、独立的生产线或总厂之下的分厂的企业；事业单位和行政单位在原单位增建业务用房（如学校增建教学用房、医院增建门诊部或病房、行政机关增建办公楼等）也作为扩建。

(3)改建：一般是指现有企业、事业单位为了技术进步，提高产品质量，增加花色品种，促进产品升级换代，降低消耗和成本，加强资源综合利用和三废治理、劳保安全等，采用新技术、新工艺、新设备、新材料等对现有设施、工艺条件进行技术改造或更新(包括相应配套的辅助性生产、生活福利设施)。有的企业为充分发挥现有生产能力，进行填平补齐而增建不增加单位主要产品生产能力的车间等，也属于改建。

The construction projects in general can be classified by the type of construction into new construction, expansion, reconstruction and moving away. In capital construction, the type of construction is determined by the condition of the project. In investment in innovation, in other investment by state-owned units and investment by collective –owned units, the type of construction is determined by the condition of the whole enterprise and restoration. The current distinction between capital construction and innovation is determined by China’s current planning and management system. Therefore the projects of capital construction and innovation can all be classified respectively into new construction, expansion, etc.

(1) New construction in general refers to newly constructed units. In the case in which the value of the original fixed assets is quite small, and the value of newly added fixed assets exceeds the original ones by three times, the expansion construction is considered as new construction.

(2) Expansion refers to construction of new major production workshop or independent production line within a factory or in other locations, or construction of a branch factory so as to increase the production capacity of the original products. Newly constructed business houses in institutions and administrative organizations (such as the newly constructed teaching buildings in schools, clinics or bed building in hospitals, and office buildings in administrative agencies, etc.) are also classified as expansion.

(3) Reconstruction refers to technical innovation and transformation of the existing equipment and

technical conditions undertaken by enterprises and institutions for the purposes of technological advancement, improvement in product quality, enlarging variety of products, promoting new generation of products, reducing production consumption and cost promoting comprehensive utilization of resources, strengthening treatment of waste gas, waste water and solid wastes, and safety in production, etc. Through application of new technologies and techniques, use of new equipment and new materials (including accessory facilities for production or for living and welfare purposes). Construction of new workshops for improving existing production capacity rather than increasing production capacity is also considered as reconstruction.

固定资产投资按构成分　Investment in Fixed Assets by Structure

固定资产投资活动按其工作内容和实现方式分为建筑安装工程，设备、工具、器具购置，其他费用三个部分。

(1)建筑安装工程（建筑安装工作量）：指各种房屋、建筑物的建造工程和各种设备、装置的安装工程。包括各种房屋建造工程，各种用途设备基础和各种工业窑炉的砌筑工程；为施工而进行的各种准备工作和临时工程以及完工后的清理工作等；铁路、道路的铺设，矿井的开凿及石油管道的架设等；水利工程；防空地下建筑等特殊工程；以及各种机械设备的安装工程；为测定安装工程质量，对设备进行的试行工作。在安装工程中，不包括被安装设备本身的价值。

(2)设备、工具、器具购置：指购置或自制达到固定资产标准的设备、工具、器具的价值。固定资产的标准按财务部门规定。新建单位、扩建单位的新建车间按照设计和计划要求购置或自制的全部设备、工具、器具，不论是否达到固定资产标准均计入“设备、工具、器具购置”中。

(3)其他费用：指在固定资产建造和购置过程中发生的，除建筑安装工程和设备、工具、器具购置以外的各种应摊入固定资产的费用。

Refers to the three major parts of investment activities, i.e. construction and installation, purchase of equipment and instrument, and other expenses.

(1) Construction and installation (work volume of construction and installation) refers to the construction of various houses and buildings and installation of various kinds of equipment and instruments, including construction of various houses, equipment foundations and industrial kilns and stoves, preparation works for project construction, and clearing up works post project construction, pavement of railways and roads, drilling of mines and putting up of oil pipes, construction of projects water conservancy, construction of underground air-raid shelters and construction of other special projects, installation of various machinery equipment, testing operation for pre-testing the quality of installation projects. The value of equipment installed is not included in the value of installation projects.

(2) Purchase of equipment and instruments refers to the total value of equipment, tools, and vessels purchased or self-produced which come up to standards for fixed assets. Equipment, tools and vessels purchased or self-produced for new workshops by newly established or expanded units are categorized as "purchase of equipment and instruments" no matter whether they come up to the standards for fixe assets or not.

(3) Other expenses refers to expenses occurring during the construction or purchase of fixed assets other than construction, installation or purchase of equipment and instruments.

施工项目　Projects under Construction

指报告期内曾进行建筑或安装工程施工活动的建设项目，包括报告期内新开工项目、报告期以前开工跨入报告期继续施工的项目以及报告期施过工并在报告期内全部建成投产或停缓建的项目。

Refers to projects having construction and installation activities undertaken in the reference period, including projects started in the reference period, or continued from the previous period, or completed and put into production or suspended in the reference period.

全部建成投产项目　Projects completed and Put into Use

工业项目是指设计文件规定形成生产能力的主体工程及其相应配套的辅助设施全部建成，经负荷试运转，证明具备生产设计规定合格产品的条件，并经过验收鉴定合格或达到竣工验收标准，与生产性工程配套的生活福利设施可以满足近期正常生产的需要，正式移交生产的建设项目。非工业项目是指设计文件规定的主体工程和相应的配套工程全部建成，能够发挥设计规定的全部效益，经验收鉴定合格或达到竣工验收标准，正式移交使用的建设项目。

Industrial projects refers to the major projects and accessory facilities completed which result in forming production capacity and have been checked and accepted while the living and welfare facilities have been completed and can ensure normal production and formally put into production. Non-industrial projects refer to the major projects and accessory facilities completed which possess the designed capacity and have been checked, accepted and formally put into production.

新增生产能力　Newly increased Production Capacity

指通过固定资产投资活动而增加的设计能力或工程效益，它是用实物形态表示的固定资产投资的成果。新增生产能力的计算，是以能独立发挥生产能力或效益的单项工程（或项目）为对象。当单项工程（或项目）建成，经有关部门鉴定合格，正式移交投入生产，即可计算新增生产能力。

新增生产能力或工程效益有以下几种表现形式：

(1) 以建设项目或单位工程建成后的年生产能力表示，如煤炭开采、石油开采等。

(2) 以建设项目或单项工程建成后处理原料的能力表示。如选矿工程的年处理矿石能力，洗煤厂年洗原煤能力等。

(3) 以新增的主要设备数量或容量表示。如棉纺锭枚数，发电机组容量等。

(4) 以建筑物容积、容量、面积或长度表示。如水库容量，铁路公路里程等。

新增生产能力的数量一般按设计能力计算。设计能力是指设计文件中规定的在正常情况下能达到的生产能力，而不论投产后的实际产量如何。以设备数量、建筑物容积、面积、长度等表示的新增生产能力（或工程效益），则按建成的实际数量计算。

Refers to the increase of designed capacity and project efficiency through investment in fixed assets, which reflects the accomplishment of investment in fixed assets in kind. The calculation of newly increased production capacity is based on individual project which operates independently and efficiently. When an individual project is completed and checked and accepted and put into production, it is counted as newly increased production capacity.

The newly increased production capacity and project efficiency are usually expressed in one of the following forms:

(1)Annual production capacity, such as extraction of coal and petroleum;

(2)Raw material processing capacity, such as ore dressing capacity of ore dressing projects, the dressing capacity of a coal washery;

(3)Number or capacity of major equipment increased, such as the number of cotton spindles increased and the capacity of generating sets increased;

(4)Physical measures of construction, such as volume, capacity, area, and length, for instance, the capacity of reservoirs, the length of railways or highways.

Newly increased production capacity in terms of quantity is calculated in designed capacity in general, which refers to the production capacity of a project under conditions designed in construction documents regardless of the actual output.

房屋建筑面积　Floor Space of buildings under Construction and Completed

指从房屋外墙线算起的各层平面面积的总和，包括可供使用的有效面积和房屋结构（如柱墙）占用的面积。多层建筑按各层（包括地下室）面积总和计算

Refers to total floor space in each story of buildings calculated from the outside line of building walls, including both usable space and the space occupied by constructions like pillars or walls. The floor space of multi-story buildings includes the total floor space of each story (including basement).

住宅建筑面积　Floor Space of Residential Buildings

指施工和竣工房屋建筑面积中供居住用的施工和竣工房屋建筑面积。

Refers to the floor space of the residential buildings under construction and completed among the total space of buildings under construction and completed.

施工面积　Floor Space under Construction

指报告期内施工的全部房屋建筑面积。包括本期新开工的面积 上期跨入本期继续施工的房屋面积 上期停缓建在本期恢复施工的房屋面积 本期竣工的房屋面积及本期施工后又停缓建的房屋面积。

Refers to total floor space of all buildings under construction during the reference period, including floor space of newly started building the reference period, floor space of construction extended from the previous period to the current period, floor space of construction suspended during the previous period and resumed in the current period, floor space of construction completed in the current period, and floor space of construction started and then suspended in the current period.

竣工面积　Floor Space of Buildings Competed

指在报告期内房屋建筑按照设计要求已全部完工，达到住人和使用条件，经验收鉴定合格，正式移交使用单位的建筑面积。

Refers to the floor space of buildings completed in the reference period, which have come up to the designed standards and have been put into use.

房屋建筑面积竣工率　Completed Rate of Floor Space of Buildings

指一定时期内房屋竣工面积占同期房屋施工面积的比率。它是从房屋建筑施工速度的角度反映投资效果和建筑业经济效益的指标。

Refers to the ratio of the floor space of buildings completed in certain period of time to the floor space of buildings under construction in the same period, which reflects the investment result and economic efficiency of the construction industry from the angle of the speed of project construction.

新增固定资产　Newly Increased Fixed Assets

指通过投资活动所形成的新的固定资产价值。包括已经建成投入生产或交付使用的工程价值和达到固定资产标准的设备、工具、器具的价值及有关应摊入的费用。它是以价值形式表示的固定资产投资成果的综合性指标，可以综合反映不同时期、不同部门、不同地区的固定资产投资成果。

Refers to the newly increased value of fixed assets through investment, including the value of projects completed and put into production, the value of equipment, tools, and vessels considered as fixed assets, as well as the relevant expenses as investment in fixed assets. This is a comprehensive indicator of investment in fixed assets, reflecting the achievements of investment in fixed assets in different periods, different sectors, and different regions.

建设项目投产率　Rate of Construction Projects Completed and Put into Use

指一定时期内全部建成投入生产项目个数与同期正式施工项目个数的比率。它是从项目建设速度的角度反映投资效果的指标。

Refers to the ratio of the number of construction projects completed and put into use in certain period of time to the number of projects under construction in the same period. This reflects the investment efficiency from the angle of the speed of projects construction.

固定资产交付使用率　Rate of :Projects of Fixed Assets and Put into Operation

指一定时期新增固定资产与同期完成投资额的比率。它是反映各个时期固定资产动用速度，衡量建设过程中投资效果的一个综合性指标。

Refers to the ratio of the newly increased fixed assets to the total investment made in the same period. This is a comprehensive indicator, reflecting the speed of the employment of fixed assets and the investment efficiency.

财政收入　Government Revenue

指国家财政参与社会产品分配所取得的收入，是实现国家职能的财力保证。财政收入所包括的内容主要有：

(1)各项税收：包括增值税、营业税、消费税、土地增值税、城市维护建设税、资源税、城市土地使用税、印花税、固定资产投资方向调节税、个人所得税、企业所得税、关税、农牧业税、和耕地占用税等。

(2)专项收入：包括征收排污费收入、征收城市水资源费收入、教育费附加收入等。

(3)其他收入：包括基本建设贷款归还收入、基本建设收入、捐赠收入等。

(4)国有企业计划亏损补贴：此项为负收入，冲减财政收入。

Refers to the revenue of the government finance by means of participating in the distribution of the social products, which is the financial resources for ensuring the government to function. The contents of government revenue have been changed several times. Now it includes the following main items:

(1) Various tax revenues, including value added tax, business tax, consumption tax, land value added tax, tax on city maintenance and construction, resources tax, tax on use of urban land, stamp tax, tax on adjustment of the orientation of investment in fixed assets, personal income tax, enterprise income tax, tariff, tax on agriculture and animal husbandry and tax on occupancy of cultivated land, etc.

(2) Special revenues, including revenue collected from imposing fee on sewage treatment, revenue

collected from imposing fee on urban water resources, and extra-charges for education, etc.

(3) Other revenues, including revenue from the repayment of capital construction loan, revenue from capital construction projects, and donations and grants.

(4) Planned subsidies for the losses of the state-owned enterprises. This is an item of negative revenue, used to eat up part of the government revenue.

财政支出 Government Expenditure

国家财政将筹集起来的资金进行分配使用，以满足经济建设和各项事业的需要，主要包括：

(1)基本建设支出：指按国家有关规定，属于基本建设范围内的基本建设有偿使用、拨款、资本金支出以及经国家批准对专项和政策性基建投资贷款，在部门的基建投资额中统筹支付的贴息支出。

(2)企业挖潜改造资金：指国家预算内拨给的用于企业挖潜革新和改造方面的资金。包括各部门企业挖潜改造资金和企业挖潜改造贷款资金，为农业服务的县办“五小”企业技术改造补助，挖潜改造贷款利息支出。

(3)地质勘探费用：指国家预算用于地质勘探单位的勘探工作费用，包括地质勘探管理机构及其事业单位经费、地质勘探经费。

(4)科技三项费用：指国家预算用于科技支出的费用，包括新产品试制费、中间试验费、重要科学研究补助费。

(5)支援农村生产支出：指国家财政支援农村集体（户）各项生产的支出。包括对农村举办的小型农田水利和打井喷灌的补助费，对农村水土保持措施的补助费，对农村举办的小水电站的补助费，特大抗旱的补助费，农村开荒补助费，扶持乡镇企业资金，农村农技推广和植保补助费，农村草场和畜禽保护补助费，农村造林和林木保护补助费，农村水产补助费，发展粮食生产专项资金。

(6)农林水利气象等部门的事业费：指国家财政用于农垦、农场、农业、畜牧、农机、林业、森工、水利、水产、气象、乡镇企业的技术推广、良种推广（示范）、动植物（畜禽森林）保护、水质监测、勘探设计、资源调查、干部训练等项费用，园艺特产场补助费，中等专业学校经费，飞播牧草试验补助费，营林机构、气象机构经费，渔政费以及农业管理事业费等。

(7)工业交通商业等部门的事业费：指国家预算支付给工交商各部门用于事业发展的经费，包括勘探设计费、中等专业学校经费、技术学校经费、干部训练费。

(8)文教科学卫生事业费：指国家预算用于文化、出版、文物、教育、卫生、中医、公费医疗、体育、档案、地震、海洋、通讯、电影电视、计划生育、党政群干部训练、自然科学、社会科学、科协等项事业的经费支出和高技术研究专项经费。主要包括工资、补助工资、福利费、离退休费、助学金、公务费、设备购置费、修缮费、业务费、差额补助费。

(9)抚恤和社会福利救济费：指国家预算用于抚恤和社会福利救济事业的经费。包括由民政部门开支的烈士家属和牺牲病残人员家属的一次性、定期抚恤金，革命伤残人员的抚恤金，各种伤残补助费，烈军属、复员退伍军人生活补助费，退伍军人安置费，优抚事业单位经费，烈士纪念建筑物管理、维修费，自然灾害救济事业费和特大自然灾害灾后重建补助费等。

(10)国防支出：指国家用于国防建设和保卫国家安全的支出，包括国防费、国防科研事业费、民兵建设以及专项工程支出等。

(11)行政管理费：包括行政管理支出，党派团体补助支出，外交支出，公安安全支出，司法支出，法院支出，检察院支出以及公检法办案费用补助。

(12) 价格补贴支出：指经国家批准，由国家财政拨给的政策性补贴支出。主要包括粮食加价款，粮、棉、油差价补贴，棉花收购价外奖励款，副食品风险基金，市镇居民的肉食价格补贴，平抑市价肉食、蔬菜价差补贴等以及经国家批准的教材课本、报刊新闻纸等价格补贴。

Refers to the distribution and use of the funds the government finance has raised, so as to meet the needs of economic construction and various causes. It includes the following main items:

(1) Expenditure for capital construction: it refers to the non-gratuitous use and appropriation of funds for capital construction in the range of capital construction, outlay of capital as well as the loans on capital construction approved by the government for special purpose or policy purpose and the expenditure with discount paid in an overall way within the amount of the funds appropriated to the departments for capital construction.

(2) Innovation funds of the enterprises: they refer to the funds appropriated from the government budget for the enterprises to tap the latent power, upgrade the technology and carry out innovation, including the innovation fund of the departments, loan of the enterprises for innovation, subsidies on the innovation of the small fertilizer plant, small cement plant, small coal mines, small machinery plant and small steel plant, the expenditure of interest for the loan for innovation.

(3) Geological prospecting expenses: they refer to the expenses appropriated from the government budget to the geological prospecting units for the expenditure of the prospecting work, including the expenditures of the administrative agencies for geological prospecting and their institutional units as well as the geological prospecting expenditure.

(4) Expenditures for science and technology promotion: they refer to the expenses appropriated from the government budget for the scientific and technological expenditure, including new products development expenditure, expenditure for intermediate trial and subsidies on important scientific researches.

(5) Expenditure for supporting rural production: it refers to the expenditures appropriated from the government budget for supporting the various expenditures of the rural collective units or households for production, including the subsidies to the small water conservancy projects and well drilling, sprinkling irrigation projects run by the villages; subsidies on the rural water and soil conserving measures; subsidies to the small power stations run by the villages; subsidies to the expenditure for fighting against particularly severe draughts; subsidies on the rural waste land exclamation; fund for supporting the township enterprises; subsidies to the expenditure for popularization of the agricultural technologies and plant protection in the rural areas; subsidies to the expenditure for the protection of grasslands and cattle and fowls; subsidies on afforestation and forest protection in rural areas; subsidies on the rural aquatic products industry; special fund for developing grain production.

(6) Operating expenses of the departments of farming, forestry, water conservancy and meteorology etc.: they refer to the expenses appropriated from the government budget for the expenditures of agricultural exclamation, farms, agriculture, animal husbandry, agricultural machinery, forestry, timber industry, water conservancy, aquatic products industry, meteorology, technology popularization in township enterprises, popularization (demonstration) of improved varieties, plant (cattle and fowls, forest) protection, water quality monitoring, prospecting and designing, resources investigation, cadres training, subsidies to horticulture

gardens, expenditure of specialized secondary schools, subsidies on the experiments of sowing herbage seeds by flights, expenditures of afforestation agencies and meteorology agencies, expenses for fishery administration and operating expenses for agricultural administration, etc.

(7) Operating expenses of the department of industry, transport and commerce: they refer to the expenses appropriated from the government budget to the departments of industry, transport and commerce for the expenditure of business development, including expenses for prospecting and designing, expenditures of specialized secondary schools, expenditures of the technical training schools and expenditures for cadres training, etc.

(8) Operating expenses of the departments of culture, education, science and public health: they refer to the expenses appropriated from the government budget for the expenditures of the causes of culture, publication, cultural relics, education, public health, traditional Chinese medical science, free medical services, sports, archives, earthquake, ocean, communications, broadcasting, film and television, family planning; expenditure for training of cadres of government, party and mass organization; expenditures for natural sciences, social sciences, associations for science and technology and the special expenditure for the high-tech researches. They include mainly wages, extra wages, welfare funds, pension for the retirees, stipend, expenses for official business, expenses for equipment purchases, expenses for repairs, business expenses and subsidies to the units which are unable to support their expenditures by their own earnings.

(9) Pension for the disabled or for the families of the bereaved and relief funds for social welfare: they refer to the funds appropriated from the government budget for the expenditures of pension for the disabled or for the families of the bereaved and relief funds for social welfare, including the lump-sum or regular pension paid by the departments of civil affairs to the members of martyrs families and families of those who died for the public interest, pension to the revolutionary disabled, subsidies for permanent disability of various kinds, subsidies to the military martyrs dependents and the demobilized servicemen, expenditure for settling down the demobilized servicemen, operating expenses of the consoling institutions, expenses for management and repair of the commemorative buildings for the martyrs, the expenses managed by the departments of civil affairs for the retirees and those who have quitted their work, expenses for social relief in rural and urban areas, operating expenses for providing relief to the areas of natural calamity and subsidies on the reconstruction after the particularly severe natural calamities, etc.

(10) Expenditures for national defence: they refer to the funds appropriated from the government budget for the expenditures for building up national security, including expenses of national defence, expenses of scientific researches on national defence, expenses for building up people's militia and expenditure for special projects, etc.

(11) Administrative expenses: they include expenditure for administration, subsidies to the parties and mass organizations, diplomatic expenditure, expenditure for public security, judicial expenditure, law court expenditure, procuratorial expenditure and subsidies to the expenses for treating the cases by he public security departments, procuratorial organs and law courts.

(12) Expenditure for price subsidies: it refers to the expenditure appropriated, with the approval of the government, from the government budget for the policy subsidies to price adjustment, including the funds for

the increase of grain prices, the subsidies to the difference between the selling prices and purchasing prices of grains, cotton and edible oil, awards in addition to the purchasing prices of cotton, risk fund for non-staple food, subsidies on the prices of meat and meat products, subsidies on the price difference for curbing the high market prices of meat, meat products and vegetables and the subsidies approved by the government on the prices of textbooks and newsprint of newspapers and periodicals.

中央财政收入和地方财政收入　Revenue of the central government and revenue of the local governments

指按财政体制划分的中央本级收入和地方本级收入。1994 年分税制财政体制以后，属于中央财政的收入包括关税、海关代征消费税和增值税，消费税，中央企业所得税，地方银行和外资银行及非银行金融企业所得税，铁道、银行总行、保险公司等集中缴纳的营业税、所得税、利润和城市维护建设税，增值税的 75%部分，海洋石油资源税的和证券（印花）税的 50%部分。属于地方财政的收入包括营业税，地方企业所得税，个人所得税，城镇土地使用税，固定资产投资方向调节税，城镇维护建设税，房产税，车船使用税，印花税，屠宰税，农牧业税，农业特产税，耕地占用税，契税，增值税 25%部分，证券交易税（印花税）50%部分和除海洋石油资源以外的其他资源税.

In accordance with the classification of the structure of the government finance in 1994 in the bases of the classification of channels for collection of tax revenues, the revenue of the central government and the revenue of the local governments have different coverage. The revenue of the central government includes tariff, consumption tax and value added tax levied by the customs, consumption tax, income tax of the enterprises subordinate to the central government, income taxes of the local banks, foreign-funded banks and non-bank financial institutions, business tax, income tax and profits of railways, head offices of banks, head office f insurance company, which are handed over to the government in a centralized way, tax on city maintenance and construction, 75% of the value added tax, tax on ocean petroleum resources, 50% of the tax on stock dealing (stamp tax). The revenue of the local governments includes business tax, income tax of the enterprises subordinate to the local government, personal income tax, tax on the use of urban land, tax on the adjustment of the investment in fixed assets, tax on town maintenance and construction, tax on real estates, tax on the use of vehicles and ships, stamp tax, slaughter tax, tax on agriculture and animal husbandry, tax on special agricultural products, tax on the occupancy of cultivated land, contract tax, 25% of the value added tax, 50% of the tax on stock dealing (stamp tax0 and tax on resources other than the ocean petroleum resources.

中央财政支出和地方财政支出　Expenditure of the central government and expenditure of the local governments

指根据政府在经济和社会活动中的不同职责，划分中央和地方政府的责权，按照政府的责权划确定的支出。中央财政支出包括国防支出，武装警察部队支出，中央级行政管理费和各项事业费，重点建设支出以及中央政府调整国民经济结构、协调地区发展、实施宏观控制的支出。地方财政支出主要包括地方行政管理和各项事业费，地方统筹的基本建设、技术改造支出，支援农村生产支出，城市维护和建设经费，价格补贴支出等。

According to the different functions of the central government and local governments in the economic and social activities, the rights of affaire administration are classified between the central government and local governments; and the classification of the expenditure between the central government and local governments are made on the basis of the classification of the rights of affairs administration between them. The expenditure of the central government includes the expenditure for national defence, expenditure for armed police forces, the administrative expenses and various operating expenses at the level of central government, expenditure for key projects and the expenditure of the central government for adjusting the national economic structure, coordinating the development among different regions and exercising the macro-economic regulation and control. The expenditure of the local governments includes mainly the administrative expenses and various operating expenses at the level of local governments, expenditure for supporting rural production, expenditure for city maintenance and construction and expenditure for price subsidies, etc.

预算外资金收支　Extra-budgetary revenue and expenditure

预算外资金指国家机关、事业单位和社会团体为履行或代行政府职能，依据国家法律、法规和具有法律效力的规章而收取、提取和安排使用的未纳入国家预算管理的各种财政性资金。其范围主要包括：法律、法规规定的行政事业性收费、基金和附加收入等；国务院或省级人民政府及其财政、计划（物价）部门审批的行政事业性收费；国务院及财政部审批建立的基金、附加收入等；主管部门所属单位集中上缴资金；用于乡镇政府开支的乡自筹及乡统筹资金；其他未纳入预算管理的财政性资金。社会保障基金在国家财政尚未建立社会保障预算制度以前，先按预算外资金管理制度进行管理。部门和单位的预算外收入必须上缴同级财政专户，支出由同级财政按预算外资金收支计划和单位财务收支计划统筹安排，从财政专户中拨付，实行收支两条线管理。

Extra-budgetary fund refers to financial fund of various types not covered by the regular government budgetary management, which is collected, allocated or arranged by government agencies, institutions and social organizations while performing duties delegated to them or on behalf of the government in accordance with laws, rules and regulations. It mainly covers following items: administrative and institutional fees, funds and extra charges that are stipulated by laws and regulations; administrative and institutional fees approved by the State Council and provincial government and their financial and planning (price management) departments; funds and extra charges established by the State Council and the Ministry of Finance; funds turned over to competent departments by their subordinate institutions; self-raised and collected funds by township governments for their own expenditure; and other financial funds that are not covered in budgetary management. Social security funds are treated as extra-budget fund and managed for its exclusive use , given the circumstance that separate government budgetary system for social security is yet to be designed. Special accounts are opened by the financial departments in banks for the management of revenue and expenditure of extra-budgetary fund. Extra-budgetary revenue and expenditure is managed separately, namely, revenue of institutions and departments must enter into the special accounts of the financial departments at the same administrative level, and their extra-budgetary expenditure is arranged in line with the extra-budget plans and appropriated from these accounts.

商品零售价格指数　Retail Price Index

是反映城乡商品零售价格变动趋势的一种经济指数。零售物价的调整变动直接影响到城乡居民的生活支出和国家的财政收入，影响居民购买力和市场供需平衡，影响消费与积累的比例。因此，计算零售价格指数，可以从一个侧面对上述经济活动进行观察和分析。

Reflects the general change in retail prices of commodities. The change and adjustment in retail prices directly affect the living expenditure of urban and rural residents, government revenue , purchasing power of residents and the equilibrium of market supply and demand, and the ratio of consumption to accumulation. Therefore, the calculation of retail price index is useful to analyze the changes of the above economic activities.

居民消费价格指数　Consumer Price Index

是反映一定时期内城乡居民所购买的生活消费品价格和服务项目价格变动趋势和程度的相对数，是对城市居民消费价格指数和农村居民消费价格指数进行综合汇总计算的结果。利用居民消费价格指数，可以观察和分析消费品的零售价格和服务价格变动对城乡居民实际生活费支出的影响程度。

Reflects the trend and degree of changes in prices of consumer goods and services purchased by urban and rural residents, and is a composite index derived from the urban consumer price index and the rural consumer price index. Consumer price index can be used to analyze the impact of consumer price change on actual expenditure for living cost of urban and rural residents.

城市居民消费价格指数　Urban Consumer Price Index

是反映城市居民家庭所购买的生活消费品和服务项目价格变动趋势和程度的相对数。城市居民消费价格指数可以观察和分析消费品的零售价格和服务项目价格变动对职工货币工资的影响，作为研究职工生活和确定工资政策的依据.

Reflects the trend and degree of changes in prices of consumer goods and services purchased by urban households. It can be used to observe and analyze the impact of price changes in consumer goods and services→ on money wages of staff and workers, and provide basis for policy making concerning the living cost and wages of staff and workers.

农村居民消费价格指数　Rural Consumer Price Index

是反映农村居民家庭所购买的生活消费品价格和服务项目价格变动趋势和程度的相对数。农村居民消费价格指数可以观察农村消费品的零售价格和服务项目价格变动对农村居民生活消费支出的影响，直接反映农民生活水平的实际变化情况，为分析和研究农村居民生活问题提供依据。

Reflects the trend and degree of changes in prices of consumer goods and services purchased by rural households. It can be used to observe the impact of change in retail prices of consumer goods and service prices in rural areas on living expenditure of rural households, and to show the changes in the living standard of peasants. It provides basis for analysis and research on condition of life in rural areas.

城镇居民家庭全部收入　Total Income of Urban Households

指被调查城镇居民家庭全部的实际收入，包括经常或固定得到的收入和一次性收入。不包括周转性收入，如银行存款、向亲友借款、收回借出款以及其他各种暂收款。

Refers to the total actual income of the sample households, including regular or fixed income and occasional income. The income of a circulating nature such as withdrawal from bank deposits, loans borrowed from relatives or friends, repayment of loans received and various temporary collection of money is excluded.

城镇居民家庭可支配收入　Disposable Income of Urban Households

指被调查的城镇居民家庭在支付个人所得税、财产税及其他经常性转移支出后所剩下的实际收入。

Refers to the income of the sample households which can be used for daily expenses, i.e.. Total income minus income tax, property tax and other current transfers.

城镇居民家庭消费性支出　Expenditure for Consumption of Urban Households

指被调查的城镇居民家庭用于日常生活的全部支出，包括购买商品支出和文化生活、服务等非商品性支出。不包括罚没、丢失款和缴纳的各种税款（如个人所得税、牌照税、房产税等），也不包括个体劳动者生产经营过程中发生的各项费用。

Refers to total expenditure of the sample households for consumption in daily life, including expenditure for various commodities and expenses for non-commodity items such as culture and service, etc., but excluding fines and confiscation, loss, tax payments (such as income tax, license tax, real estates tax, etc.) and various expenses by individual laborers for business purposes.

农村居民家庭纯收入　Net Income of Rural households

指农村常住居民家庭总收入中，扣除从事生产和非生产经营费用支出、缴纳税款和上交承包集体任务金额以后剩余的，可直接用于进行生产性、非生产性建设投资、生活消费和积蓄的那一部分收入。它是反映农民家庭实际收入水平的综合性的主要指标。农村居民家庭纯收入包括从事生产性和非生产性的经营收入，取自在外人口寄回带回和国家救济、各种补贴等非经营性收入；既包括货币收入，又包括自产自用的实物收入。但不包括向银行信用社和向亲友借款等属于借贷性的收入。

Refers to the total income of the permanent residents of the rural households during a year after the deduction of the expenses for productive and non-productive business operation, the payment for taxes and the payment for collective units for their contracted tasks, which can then be spent for investments in productive and non-productive construction for consumption in daily life and for savings deposit. It is a comprehensive indicator to show the actual level of the income of the peasants' household. The net income of the rural households includes not only the income from the productive and non-productive business operation, but also the income from the non-business operation, such as the money remitted or brought back by the members of the household who are in other places, the government relief payment and various subsidies. It includes not only the money income, but also the income in kind. But the income from borrowing from banks, friends and relatives is excluded.

农林牧渔业总产值　Gross Output Value of Farming, Forestry, Animal Husbandry and Fishery

是以货币表现的农、林、牧、渔业全部产品的总量，它反映一定时期内农业生产的总规模和总成果。

农业总产值的计算方法通常是按农林牧渔业产品及其副产品的产量分别乘以各自单位产品价格求得，少数生产周期较长，当年没有产品或产品产量不易统计的，则采用间接方法匡算其产值，然后将四业产品产值相加即为农业总产值。

1957 年以前的农业总产值中包括了厩肥和农民自给性手工业（如农民自制衣服、鞋、袜，自己从事粮食初步加工等）。1958 年及以后的农业总产值，林业中增加了村及村以下竹木采伐产值；牧业中取消了厩肥产值；副业中取消了农民自给性手工业产值，增加了村及村以下办的工业产值；渔业中增加了海洋捕捞水产品产值。1980 年及以后的农业总产值，在副业中增加了农民家庭兼营工业商品部分的产值。从 1984 年起村及村以下办工业产值划归工业。从 1993 年起，取消副业，将野生动物的捕猎划入牧业，野生植物采集和农民家庭兼营商品性工业划归农业。

Refers to the total volume of products of farming, forestry, animal husbandry and fishery in value terms, which reflects the total scale and total result of agricultural production during a given period of time. Gross output value of agricultural is obtained by first multiplying the output of each product or by-its price, resulting in the output value of each single item. For a small number of products, annual output of which is not available or difficult to get due to the long production/growing process involved, the output value is estimated through an indirect approach. The sum of out put value of all products of farming, forestry, animal husbandry, and fishery is then equal to the gross out put value of agriculture. Prior to 1957, China's gross agricultural output value included barnyard manure and handicraft products for self-consumption (clothes, shoes, stockings, and initial grain processing undertaken by peasants). Since 1958, cutting and felling of bamboo and trees by villages and other cooperative organizations under villages have been included in forestry; value of barnyard manure has been excluded from animal husbandry; self-consumed handicrafts has been excluded from sideline occupations, while the output value of industries run by villages and cooperative organizations under village had been included in sideline occupations and the output value of fish catches by motor fishing boats has been added to fishery. Since 1980, the value of handicraft products made for sale by individuals in households had been added to sideline occupations. Since 1993, the subdivision of sideline occupations has been canceled, and the hunting of wild animals has been classified into animal husbandry, and the gathering of wild plants and commodity industry run by rural household have been include in farming.

粮食产量　Grain Yield

指全社会的产量。包括国有经济经营的、集体统一经营的和农民家庭经营和其它生产单位的粮食产量。粮食除包括稻谷、小麦、玉米、高粱、谷子及其他杂粮外，还包括薯类和豆类。其产量计算方法，豆类按去豆荚后的干豆计算；薯类（包括甘薯和马铃薯，不包括芋头和木薯）1963 年以前按每 4 公斤鲜薯折 1 公斤粮食计算，从 1964 年开始及以后改为 5 公斤鲜薯折 1 公斤粮食计算。城市郊区作为蔬菜的薯类（如：马铃薯等）按鲜品计算，并且不做为粮食统计。其他粮食一律按脱粒后的原粮计算。

Refers to the yield in the whole country including grains produced by state farms, collective units, industrial enterprises and mines. Grain includes rice, wheat, corn, sorghum, millet and other miscellaneous grains as well as tubers and beans. Output of beans refers to dry beans without pods. The output of tubers (sweet potatoes and potatoes, not including taros and cassava) was converted into that of grain at the ratio 4:1, i.e. four kilograms of fresh tubers was equivalent to one kilogram of grain up to 1963. Since 1964 the ratio for conversion has been 5:1. Tubers supplied as vegetables (such as potatoes) in cities and suburbs are calculated as fresh vegetables and their output is not included in the output of grain. Output of all other grains refers to husked grain.

油料产量　Yield of Oil-bearing Crops

指全部油料作物的生产量。包括花生、油菜籽。不包括大豆，也不包括木本油料和野生油料。花生以带壳干花生计算。

Refers to catches of both artificially cultured and naturally grown aquatic products, including fish, shrimps, crabs and shellfish in sea and inland water as well as seaweed. Freshwater plants are not included.

期初（末）畜禽存栏头（只）数　Number of Livestock of Poultry in Stock at Beginning (or End) of Reference Period

指本期期初（末）农村各种合作经济组织和国营农场、农民个人、机关、团体、学校、工矿企业、部队等单位以及城镇居民饲养的大牲畜、猪、羊、家禽等畜禽的存栏头（只）数。

Refers to the total number of large animals, pigs, sheep, fowls, etc. Raised by rural cooperative organizations, state farm, rural individuals, government agencies, schools, industrial and mining enterprises, army, and urban residents at the beginning (or end) of the reference period.

猪、牛、羊肉产量　Output of pork, Beef and mutton

指当年出栏并已屠宰除去头蹄下水后带骨肉（即胴体重）的重量。

Refers to the meat of slaughtered hogs, cattle, sheep and goats with head, feet, and offal taken away.

耕地面积　Cultivated Area (Area under cultivation)

指年初可以用来种植农作物、经常进行耕锄的田地，除包括熟地、当年新开荒地、连续撂荒未满三年的耕地和当年的休闲地（轮歇地），还包括以种植农作物为主并附带种植桑树、茶树、果树和其他林木的土地，以及沿海、沿湖地区已围垦利用的“海涂”、“湖田”等面积。但不包括属于专业性的桑园、茶园、果园、果木苗圃、林地、芦苇地、天然或人工草地面积。

Refers to farmland which is plowed constantly for growing crops, including cultivated land, newly cultivated land in the current year, farmland left without cultivation for less than three years and fallow land in the current year, rotation land, rotation land of grass and crops, farmland with some fruit trees, mulberry trees and other trees and cultivated seashore land, lake land, and etc. The land of mulberry fields, tea plantations, orchards, nurseries of young plants, forest land, reed land, natural and man-made grassland and other land are not included in cultivated land.

农作物播种面积　Sown Area Corps

指实际播种或移植有农作物的面积。凡是实际种植有农作物的面积，不论种植在耕地上还是种植在非耕地上，均包括在农作物播种面积中。在播种季节基本结束后，因遭灾而重新改种和补种的农作物面积，也包括在内。

Refers to area of land sown or transplanted with crops regardless of being in cultivated area or non-cultivated area. Area of land re-sown to natural disaster is also included.

有效灌溉面积　Irrigated Area

指具有一定的水源，地块比较平整，灌溉工程或设备已经配套，在一般年景下当年能够进行正常灌溉的耕地面积。

Refers to areas that are effectively irrigated, i.e. level land which has water source and complete sets of irrigation facilities to lift and move adequate water for irrigation purpose under normal conditions.

农用化肥施用量　Consumption of Chemical Fertilizers in agriculture

指本年内实际用于农业生产的化肥数量。包括氮肥、磷肥、钾肥和复合肥。化肥施用量要求按折纯量计算数量。折纯法化肥施用量是把氮肥、磷肥和钾肥分别按含氮、含五氧化三磷、含氧化钾的百分之一百成份折算后的数量。复合肥按其所含主要成分折算。

Refers to the quantity of chemical fertilizers applied in agriculture in the year, including nitrogenous fertilizer, phosphate fertilizer, potash fertilizer, and compound fertilizer. The consumption of chemical fertilizers is required in calculation to convert the gross weight into weight containing 100% effective component (e.g. 100% nitrogen content in nitrogenous fertilizer, 100% phosphorous pentoxide contents in phosphate fertilizer, 100% potassium oxide contents in potash fertilizer). Compound fertilizer is converted with its major component.

农业机械总动力　Total Power of Farm Machinery

指主要用于农、林、牧、渔业的各种动力机械的动力总和。包括耕作机械、排灌机械、收获机械、农产品加工机械、运输机械、植物保护机械、牧业机械、林业机械、渔业机械和其他农业机械[内燃机按引擎马力折成瓦（特）计算，电动机按功率折成瓦（特）计算]。不包括专门用于乡、镇、村、组办工业、基本建设、非农业运输、科学试验和教学等非农业生产方面用的动力机械与作业机械。

Refers to total mechanical power of machinery used in farming, forestry, animal husbandry, and fishery, including ploughing, irrigation and drainage, harvesting, transport, plant protection, stock breeding, forestry and fishery. The power of internal combustion engines is required to convert horsepower into watts and the power of electric motors is required to be converted into watts. Machinery employed for non-agricultural purposes, such as the machines used in township-run and village-run industry, construction, non-agricultural transport, scientific experiments and teaching, is excluded.

农林牧渔业劳动力　Labor Force Engaged in Farming, Forestry, Animal husbandry and Fishery

指直接参加农林牧渔业生产劳动的劳动力。

Refers to the total laborers who are directly engaged in production of farming forestry, animal husbandry and fishery.

工业　Industry

指从事自然资源的开采，对采掘品和农产品进行加工和再加工的物质生产部门。

具体包括：（1）对自然资源的开采，如采矿晒盐森林采伐（但不包括禽兽捕猎和水产捕捞）；（2）对农副产品的加工再加工，如粮油加工食品加工轧花缫丝纺织制革等；（3）对采掘品的加工再加工，如炼铁炼钢化工生产机器制造木材加工等，以及电力自来水煤气的生产和供应等；（4）对工业品的修理翻新，如机器设备的修理交通运输工具（包括小卧车）的修理等。

1984 年以前农村的村及村以下办工业归属农业，1984 年以后划归工业。

Refers to the material production sector which is engaged in extraction of natural resources and processing and reprocessing of minerals and agricultural products, including (1) extraction of natural resources, such as mining, salt production, logging (but not including hunting and fishing); (2) processing and reprocessing of farm and sideline produces, such as rice husking, flour milling, wine making, oil pressing, cotton ginning, silk reeling, spinning and weaving, and leather making; (3) manufacture of industrial products, such as steel making, iron smelting, chemicals manufacturing, petroleum processing, machine building, timber processing; water and gas production and electricity generation and supply; (4) repairing of industrial products such as the repairing of machinery and means of transport (including cars).

工业统计调查单位　Units of Industry Statistics and Inquiry

工业统计调查单位分为两类：独立核算法人企业和工业活动单位。

（1）独立核算法人工业企业：指从事工业生产经营活动的单位。独立核算法人工业企业应同时具备以下条件：①依法成立，有自己的名称组织机构和场所，能够承担民事责任；②独立拥有和使用资产，承担负债，有权与其他单位签订合同；③独立核算盈亏，并能够编制资产负债表。

（2）工业活动单位：指在一个场所从事一种或主要从事一种工业生产活动的经济单位。它包括独立核算工业企业按主营业务活动（即工业生产活动）划分的主营业务活动单位和非工业企业所属的工业生产活动单位（即原非独立核算工业生产单位）。工业活动单位，一般应同时具备以下三个条件：①具有一个场所，从事一种或主要从事一种工业活动；②单独组织工业生产经营或业务活动；③单独核算收入和支出。

They are classified into two categories : corporate industrial enterprises with independent accounting system and industrial establishments.

(1) Corporate industrial enterprises with independent accounting system refer to enterprises engaging in industrial production activities, which meet the following requirements: ①They are established legally, having their own names, organizations, location, able to take civil liability;②they possess and use their assets independently, assume liabilities, and are entitled to sign contracts with other units;③they are financially independent and compile their own balance sheets.

(2) Industrial establishments refer to economic units which located in one single place and engaged entirely or primarily in one kind of industrial activity, including financially independent industrial enterprises and units engaged in industrial activities under the non-industrial enterprises (or financially dependent). Industrial establishments generally meet the following requirements: ①they have each one location and are engaged in one kind of industrial activity each; ②they operate and manage their industrial production activities separately; ③they have accounts of income and expenditures separately.

国有经济工业（即过去的全民所有制工业或国营工业） State-owned Industry

指生产资料归国家所有的一种经济类型。包括中央和地方各级国家机关、部队、科研机构、学校、人民团体和国有经济企事业单位等举办的国有经济工业。1957 年以前的公私合营和私营工业，后均改造为国营工业，1992 年改为国有工业，这部分工业的资料不单独分列时，均包括在国有工业内。

Refers to industrial enterprises where the means of production or income are owned by the state. Joint state-private industries and private industries, which existed before 1957, have been transformed into state industries. Statistics on these enterprises has been included in the state-owned industries since 1957 when separation of data was no longer necessary.

集体经济工业 Collective-owned Industry

指生产资料归公民集体所有的一种经济类型，是社会主义公有制经济的组成部分。包括城乡所有使用集体投资举办的企业，以及部分个人通过集资自愿放弃所有权并依法经工商行政管理机关认定为集体所有制的企业。

Refers to industrial enterprises where the means of production are owned collectively, including urban and rural enterprises invested by collectives and some enterprises which were formerly owned privately but have been registered in industrial and commercial administration agency as collective units through raising fund from the public.

其他经济类型工业 Industry of Other Types of Ownership

指除国有经济、集体经济、城乡个体经济以外的其他经济类型工业企业（单位）。包括私营经济、联营经济、股份制经济（股份有限公司，有限责任公司）；外商投资经济（中外合资经营、中外合作经营、外资企业）；港、澳、台投资经济（与大陆合资经营、与大陆合作经营、港、澳、台独资企业）及其他经济类型的工业。

Refers to industrial enterprises (units) of the ownership other than the state-owned economy, collective economy, individual economy. They include the enterprises of private economy, joint-owned economy, share-holding economy (companies limited by shares and companies limited with liabilities.), foreign -funded economy (Sino-foreign joint ventures , Sino-foreign cooperative enterprises and foreign ventures exclusively with their own investment),economy funded by the entrepreneurs from Hong Kong ,Macao and Taiwan(joint ventures and cooperative enterprises with the mainland as well as ventures exclusively with their own investment)and other types of ownership.

轻工业　Light Industry

指主要提供生活消费品和制作手工工具的工业。按其所使用的原料不同，可分为两大类：（１）以农产品为原料的轻工业，是指直接或间接以农产品为基本原料的轻工业。主要包括食品制造、饮料制造、烟草加工、纺织、缝纫、皮革和毛皮制作、造纸以及印刷等工业；（２）以非农产品为原料的轻工业，是指以工业品为原料的轻工业。主要包括文教体育用品、化学药品制造、合成纤维制造、日用化学制品、日用玻璃制品、日用金属制品、手工工具制造、医疗器械制造、文化和办公用机械制造等工业。

Refers to the industry that produces consumer goods and hand tools. It consists of two categories, depending on the materials used:

(1) Industries using farm products as raw materials. These are branches of light industry which directly or indirectly use farm products as basic raw materials, including the manufacture of food and beverages, tobacco processing, textile, clothing, fur and leather manufacturing, paper making, printing, etc.

(2) Industries using non-farm products as raw materials. These are branches of light industry which use manufactured goods as raw materials, including the manufacture of cultural, educational articles and sports goods, chemicals, synthetic fiber, chemical products for daily use, glass products for daily use, metal products for daily use, hand tools, medical apparatus and instruments, and the manufacture of cultural and clerical machinery.

重工业　Heavy Industry

指为国民经济各部门提供物质技术基础的主要生产资料的工业。按其生产性质和产品用途，可以分为下列三类：（１）采掘（伐）工业，是指对自然资源的开采，包括石油开采、煤炭开采、金属矿开采、非金属矿开采和木材采伐等工业；（２）原材料工业，指向国民经济各部门提供基本材料、动力和燃料的工业。包括金属冶炼及加工、炼焦及焦炭化学、化工原料、水泥、人造板以及电力、石油和煤炭加工等工业；（３）加工工业，是指对工业原材料进行再加工制造的工业。包括装备国民经济各部门的机械设备制造工业、金属结构、水泥制品等工业，以及为农业提供的生产资料如化肥、农药等工业。
根据上述划分原则，修理中以重工业产品为修理作业对象的划为重工业，反之划为轻工业。

Refers to the industry which produces capital goods, and provides various sectors of the national economy with necessary material and technical basis. It consists of the following three branches according to the purpose of production or the use of products:

(1) Mining, quarrying and logging industry refers to the industry that extracts natural resources, including extraction of petroleum, coal, metal and non-metal ores and logging.

(2) Raw materials industry refers to the industry that provides various sectors of the national economy with raw materials, fuels and power. It includes smelting and processing of metals, coking and coke chemistry, chemical materials and building materials such as cement, plywood, and power, petroleum refining and coal dressing.

(3) Manufacturing industry refers to the industry that processes raw materials. It includes

machine-building industry which equips sectors of the national economy, industries of metal structure and cement products, industries producing means of agricultural production, such as chemical fertilizers and pesticides. According to the above principle of classification, the repairing trades which are engaged primarily in repairing products of heavy industry are classified into heavy industry while these engaged in repairing products of light industry are classified into light industry.

工业总产值　Gross Industrial Output Value

是以货币表现的工业企业在一定时期内生产的已出售或可供出售工业产品总量，它反映一定时期内工业生产的总规模和总水平。包括在本企业内不再进行加工，经检验、包装入库（规定不需包装的产品除外）的成品价值，对外加工费收入，自制半成品、在产品期末期初差额价值。工业总产值采用“工厂法”计算，即以工业企业作为一个整体，按企业工业生产活动的最终成果来计算，企业内部不允许重复计算，不能把企业内部各个车间（分厂）生产的成果相加。但在企业之间、行业之间、地区之间存在着重复计算。

轻重工业总产值的划分也是按“工厂法”计算的，即一个工业企业在正常情况下生产的主要产品的性质属于轻工业，则该企业的全部总产值作为轻工业总产值；一个工业企业生产的主要产品的性质属于重工业，则该企业的全部总产值作为重工业总产值。

Is the total volume of industrial products sold or available for sale in value terms which reflects the total achievements and overall scale of industrial production during a given period. It includes the value of the finished products, which are not to be further processed in the enterprises and have been inspected, packed and put in storage, the value of industrial services rendered to other units, and the changes in the value of the semi-finished products and products in process between the beginning and closing of the period. The gross industrial output value is calculated with “factory method”. No double calculations are to be made within the same enterprise. However, double counting does occur among different enterprises.

Output value of light and heavy industries is also classified with the “factory” method. Under normal conditions, if the major products of an industrial enterprise belong to light industry products, the gross output value of that enterprise is classified wholly into light industry; the same principle applies to heavy industry.

工业增加值　Value-added of Industry

指工业行业在报告期内以货币表现的工业生产活动的最终成果。

Refers to the final results of industrial production of the industrial trade in money terms during the reference period.

固定资产原价　Original Value of Fixed Assets

指企业在建造、购置、安装、改建、扩建、技术改造某项固定资产时所支出的全部货币总额。它一般包括买价、包装费、运杂费和安装费等。

Refers to the original value of all fixed assets owned by industrial enterprises, calculated at the cost paid at the time of purchase, installation, reconstruction, expansion, and technical innovation and transformation of the said assets, which includes expenses on purchase, package, transportation, and installation, etc.

固定资产净值　Net Value of Fixed Assets

指固定资产原价减去历年已提折旧额后的净额。

Is obtained by deducting depreciation over years from the original value of fixed assets.

流动资产　Working Capital (Circulating Assets)

指可以在一年或者超过一年的一个营业周期内变现或者耗用的资产，包括现金及各种存款、短期投资、应收及预付货款、存货等。

Refers to assets which can be cashed in or spent or consumed in an operating cycle of one year or over one year, which includes cash, various deposits, short term investment, and receivable payments, and advance payments, stock, etc.

总资产贡献率　Ratio of Profits, Taxes and Interests to Average Assets

反映企业全部资产的获利能力，是企业经营业绩和管理水平的集中体现，是评价和考核企业盈利能力的核心指标。计算公式为：

Refers the profit-making capability of all assets of the enterprise and is a key indicator manifesting the performance and management and evaluating the profit-making potential of the enterprise. It is calculated as follows:

总资产贡献率（%）=（利润总额+税金总额+利息支出）/ 平均资产总额×100%

Ratio of profits, taxes and interests to average assets (%)=(Total profits + total Taxes+ interest payment) /average assets ×100%

利润总额　Total profits

指企业实现的利润。

Refer to the profits gained by the enterprises.

工业成本费用利润率　Ratio of profits to Total Industrial Costs

指在一定时期内实现的利润与成本费用之比，是反映工业生产成本及费用投入的经济效益指标，同时也是反映降低成本的经济效益的指标。计算公式：

Refers to the ratio of profits realized in a given period to the total costs in the same period, which reflects the economic efficiency of input cost and is calculated as follows:

工业成本费用利润率（%）＝利润总额 / 成本费用总额×100%

Ratio of profits to Total Industrial Cost (%)=Total Profits/Total Costs×100%

工业增加值率　Value-added Rate of Industry

指一定时期内工业增加值占同期工业总产值的比重，反映降低中间消耗的经济效益。计算公式：

Refers to the ratio of value added of industry in a given period to the gross output value in the same period, which reflects the economic efficiency of cutting down the intermediate input and is calculated as follows:

工业增加值率（%）＝工业增加值（现价）/ 工业总产值（现价）×100%

Value-added Rate of Industry (%)=Value-added of Industry(at current prices)/Gross Output Value (at Current Prices) ×100%

流动资产周转次数 Turnover of Working Capital

指在一定时期内流动资产完成的周转次数，反映流动资产的周转速度。计算公式：

Refers to the number of times of turnover of working capital in a given period of time, which reflects the speed of the turnover of working capital and is calculated as follows:

流动资金周转次数＝产品销售收入 / 全部流动资产平均余额

Turnover of Working Capital(%)=Sales Revenue of Products/Average Balance of Total Working Capital×100%

产品销售率　Ratio of Sales to Gross Output Value

指报告期内工业销售产值与同期全部工业总产值之比，是反映工业产品已实现销售的程度，分析工业产销衔接情况研究工业产品满足社会需求程度的指标。计算公式为：

Refers to the sales of industrial products to the gross industrial output value during the reference period, and is important in reflecting the linkage between production and sales and the extent of the needs of the society that has been met by the supply of industrial products. It is calculated as follows:

产品销售率（%）＝工业销售产值 / 工业总产值（现价）×100%

Ratio of Sales to Gross Output Value=Industrial sales/Gross industrial output value(at current prices) ×100%

产品销售收入　Sales Revenue of Industrial Products

指企业销售产品和提供劳务等主要经营业务的实际成本。

Refers to the revenue from the sales of products by industrial enterprises and the revenue from services provided and etc.

产品销售成本　Sales Cost of Industrial Products

指企业销售产品的销售收入和提供劳务等主要经营业务取得的收入总额。

Refers to the actual cost of products of industrial enterprises and industrial services provided, etc.

全员劳动生产率　Overall Labour Productivity of Industrial Enterprises

指根据产品的价值量指标计算的平均每一个从业人员在单位时间内的产品生产量。是考核企业经济活动的重要指标，是企业生产技术水平、经营管理水平、职工技术熟练程度和劳动积极性的综合表现。目前我国的全员劳动生产率是将工业企业的工业增加值除以同一时期全部职工的平均人数来计算的。计算公式：

Refers to the average output per employed per employed person in industrial enterprises in value terms. At present, the value added and the average number of staff and workers of an industrial enterprises in a given period are used to calculate the overall labour productivity. The formula used is:

全员劳动生产率＝工业增加值 / 全部职工平均人数

Overall Labour Productivity=Value Added of Industry/Average Number of Staff and Workers.

为了使各年度的全员劳动生产率数字可以比较，1990 年以前各年的全员劳动生产率均按指数换算成 1990 年不变价格。

For the purpose of comparison of the overall labour productivity among different years, the data on the overall labour productivity of the years prior to 1990 have been adjusted on the basis of 1990 constant prices.

总资产　Total Assets

指企业拥有或控制的全部资产。包括流动资产、长期资产、固定资产、无形及递延资产、其他长期资产递延税项等，即为企业资产负债表的资产总计项。

Refer to all assets which are owned or controlled by enterprises, including circulating assets, long term investment, fixed assets, intangible assets, and deferred assets other long term assets, and deferred taxes, etc. The summation of above items is equal to total assets shown in the balance sheets of the enterprises.

（1）流动资产　指企业可以在一年内或者超过一年的一个生产周期内变现或耗用的资产合计。包括现金及各种存款、短期投资、应收及预付款项、存款等。

Circulating assets (working capital) refer to assets which can be cashed in or spent or consumed in an operating cycle of one year or over one year, including cash, all kinds of deposits, short term investment, receivables, advance payment, stock, etc.

（2）固定资产　指企业固定资产净值、固定资产清理、在建工程、待处理固定资产损失所占用的资金合计。

Fixed assets refer to the net value of fixed assets, clearance of fixed assets, project under construction, fixed assets losses in suspense. These are corporations' fund holdings.

（3）无形资产　指企业长期使用而没有实物形态的资产。包括专利权、非专利技术、商标权、著作权、土地使用权、商誉等。

Intangible assets refer to the assets without material form used by enterprises over a long time, such as patents, non-patent technologies, trade marks, copyright, land use right, business reputation, etc.

总负债　Total Liabilities refer

指企业承担并需要偿还的全部债务。包括流动负债和长期负债、递延税项等，即为企业资产负债表的负债合计项。

To the debts that enterprises are responsible for repayment, including liquid liabilities, long-term liabilities and deferred taxes, etc. Total liabilities correspond to the summation item of liabilities shown in the balance sheets of the enterprises.

（1）流动负债　指企业在一年内或者超过一年的一个营业周期内需要偿还的债务合计，其中包括短期借款、应付及预收款项、应付工资、应交税金和应交利润等。

Liquid liabilities (also called quick liabilities or immediate liabilities) refer to enterprises' total debt payable within an operating cycle of one year or over one year, including short term loans, payables and advance payments, wages payable, taxes payable and profit payable, etc.

（2）长期负债　指企业在一年以上或者超过一年的一个生产周期以上需要偿还的债务合计，其中包括长期借款、应付债务、长期应付款项等。

Long term liabilities refers to total debt payable within an operating cycle of one year or over one year, including long-term loans, payable liabilities, long-term payables, etc.

所有者权益　Creditors' Equity

指企业投资人对企业净资产的所有权。企业净资产等于企业全部资产减去全部负债后的余额，其中包括投资者对企业的最初投入，以及资本公积金、盈余公积金和未分配利润，对股份制企业即为股东权益。

Refers to investors' ownership of net assets of the enterprise. It is equal to the total assets of the enterprise minus its total liabilities, including the primary input from investors, capital accumulation fund, surplus accumulation fund and undistributed profit. It is the shareholder's equity in share-holding companies.

资产负债率　Ratio of Debts to Assets

该指标既反映企业经营风险的大小，也反映企业利用债权人提供的资金从事经营活动的能力。计算公式为：

Reflect both the operation risk and the capability of the enterprise in making use of the capital from the creditors. It is calculated as follows:

资产负债率（%）=负债总额/资产总额×100%

Ratio of debts to assets (%)=Total debts/Total assets×100%

产品销售税金及附加　Tax and Extra Charges on Sales of Products

指企业销售产品和提供工业性劳务等主要经营业务应负担的城市维护建设税、消费税、资源税和教育费附加。

Refer to the tax on city maintenance and construction, consumption tax, resources tax and extra charges for education, which should be borne by the enterprises in selling products and providing industrial services.

产品销售利润　Sales Profit of Products

指企业销售产品和提供工业性劳务等主要经营业务收入扣除其成本、费用、税金后的利润。

Refers to the profit gained by the enterprises by deducting cost, charges and taxes from the business income of the enterprises obtained in selling products and providing industrial services.

应交增值税　Value-added Tax Payable

指企业在报告期内应交纳的增值税额。

Refers to amount of the value added tax which should be paid by the enterprises in the reporting period.

实收资本　Capital Obtained

指企业实际收到的投资人投入的资本。 按投资主体可分为国家资本、集体资本、法人资本、个人资本、港澳台资本和外商资本。

Refers to capital actually received by the enterprise from investors. It can be further classified by investors as state capital, collective capital, individual capital, capital from Hong Kong, Macau and Taiwan foreign capital.

建筑业总产值(自行完成施工产值)　Gross Output Value of Construction (Output Value of Projects Under Construction)

是以货币表现的建筑安装企业在一定时期内生产的建筑业产品的总和。建筑业总产值包括：

Refers to total of construction products, expressed in money terms, completed by construction and installation enterprises during a given period of time. It includes:

(1) 建筑工程产值　指列入建筑工程预算内的各种工程价值。

Output value of construction projects, that is the value of projects covered by the project budgets.

(2) 设备安装工程产值　指设备安装工程价值，不包括被安装设备本身价值。

Output value of installation projects, that is the value of the installation equipment, (excluding the value of the equipment to be installed).

(3) 房屋、构筑物修理产值　指房屋、构筑物修理所完成的价值， 但不包括被修理房屋、构筑物本身的价值和生产设备的修理价值。

Output value of repair of buildings and structures, that is the value created through the repairs of buildings or structures but does not include the value of buildings or structures being repaired and the value of the repair of production equipment.

(4) 非标准设备制造产值　指加工制造没有定型的、非标准的生产设备的加工费和原材料价值， 以及附属加工厂为本企业承建工程制作的非标准设备的价值。

Output value of manufactured non-standard equipment,that is the value of non-standard production equipment (including raw materials and manufacturing cost) made for the construction project, and the equipment manufactured by subsidiary workshops.

建筑业统计单位　Statistical Unit in Construction

指从事房屋、构筑物建造和设备安装活动的法人企业。建筑业法人企业应同时具备的条件是：（1）依法成立，有自己的名称、组织机构和场所，能承担民事责任；（2）独立拥有和使用资产，承担负债，有权与其他单位签订合同；（3）独立核算盈亏，能够编制资产负债表。

Refers to corporate enterprise engaged in the construction of buildings and structures and in the installation of equipment. A corporate construction enterprise should meet the following 3 requirements: (1) being set up in line with relevant legal basis, having its full name, organization and location, and capable of taking civil liabilities; (2) independently possessing and using its assets and assuming its liabilities, and entitled to sign contracts with other institutions; and (3) making independent accounts of its profits and losses, and capable of compiling its own balance sheet.

建筑业增加值　Value-added of Construction

指建筑业企业在报告期内以货币表现的建筑业生产经营活动的最终成果。目前建筑业增加值采用分配法（收入法）计算，即从收入的角度出发，根据生产要素在生产过程中应得到的收入份额计算。具体计算公式为：

Refers to the final result of the activities of production and management of construction in monetary terms in the reference period. At present, the value-added of construction is calculated with the income approach. In other words, it is the sum of income of various production factors in the production process. The formula is as follows:

建筑业增加值=本年提取的固定资产折旧+应付工资+应付福利费+管理费用中的劳动待业保险金、税金+工程结算税金及附加+工程结算利润

Value-added of construction=depreciation of fixed assets in the year + wages payable + welfare expenses payable + insurance premium and tax for waiting for employment in the administrative expenses + taxes and surcharges on project settlement + profit gained from project settlement.

房屋建筑施工面积　Floor Space of Buildings Under Construction

指在报告期内施工的全部房屋建筑面积，包括本期新开工的房屋面积、上期施工跨入本期继续施工的房屋面积、上期停缓建在本期恢复施工的房屋面积、本期竣工的房屋面积及本期施工后又停缓建的房屋面积。

Refers to floor space of buildings under construction during the reference period, including newly started buildings, buildings started earlier and continued during the reference period, and buildings suspended earlier but restarted during the reference period, buildings completed during the reference period, and buildings under construction and then suspended during the reference period.

房屋建筑竣工面积　Floor Space of Buildings Completed

指在报告期内房屋建筑按照设计要求全部完工，达到了住人和使用条件，经验收鉴定合格，正式移交使用单位的房屋建筑面积。

Refers to the floor space of buildings that are completed in the reference period in accordance with the requirements of the design, up to the standard for putting them into use, and have been checked and accepted by concerned departments as qualified ones.

自有机械设备年末总台数　Total Number of Machinery and Equipment Owned by the End of Year

指归本企业所有，属于本企业固定资产的生产性机械设备年末总台数。包括施工机械、生产设备、运输设备及其他设备。

Refers to the number of machines and equipment owned by the enterprises, and listed as the fixed assets of the enterprises by the end of the year, including machinery and equipment for construction, production and transportation.

自有机械设备年末总功率　Total Power of Machinery and Equipment Owned by the End of Year

指本企业自有施工机械、生产设备、运输设备以及其他设备等列为在册固定资产的生产性机械设备年末总功率，按设定能力或查定能力计算。包括机械本身的动力和为该机械服务的单独动力设备，如电动机等。计算单位用千瓦，动力换算可按 1 马力=0. 735 千瓦折合成千瓦数。电焊机、变压器、锅炉不计算动力。

Refers to the total power of machinery and equipment owned by the enterprises, and listed as the fixed assets of the enterprises by the end of the year, including machinery and equipment for construction, production and transportation. The power of the machinery is calculated on basis of the designed or verified capacity, covering the power of the machinery/equipment and the separate power equipment serving the machinery/equipment (such as electric motors), but excluding welders, transformers and boilers. The unit used for the calculation of power is kilowatt, with horsepower converted to kilowatt by 1 horsepower=0.735 kilowatt.

工程结算收入　Income from Settlement of Projects

指企业承包工程实现的工程价款结算收入，以及向发包单位收取的除工程价款以外的按规定列作营业收入和各种款项，如临时设施费、劳动保险费、施工机械调迁费等以及向发包单位收取的各种索赔款。

Refers to the income received by the construction enterprise from the contracted project through settlement procedures, and other charges to the contractores as operational costs in addition to the value of the project, such temporary facility fee, labour insurance premium, moving cost of construction equipment, as well as various types of claims to the contracte.

工程结算利润　Profit from Settlement of Projects

指已结算工程实现的利润，如亏损以“-”号表示。计算公式为：

Refers to profit realized through settled projects. It is calculated with the following formula:

工程结算利润=工程结算收入-工程结算成本-工程结算税金及附加

Profit from Settlement of Projects=Income from Settlement of Projects - Settled Cost – Settled Taxes and Other Cost.

企业总收入　Total Revenue of Enterprises

指与企业生产经营直接有关的各项收入，包括工程结算收入和其他业务收入。计算公式为：

Refers to the sum of income from production and operation of enterprises, including income from settlement of projects and other operational income, namely:

企业总收入=工程结算收入+其他业务收入

Total Revenue of Enterprises=Income from Settlement of Projects + Other Operational Income.

公路里程　Length of Highways

指在一定时期内实际达到《公路工程(WTBZ)技术标准 JT101-88》规定的等级公路，并经公路主管部门正式验收交付使用的公路里程数。包括大中城市的郊区公路以及通过小城镇街道部分的公路里程和桥梁、渡口的长度，不包括大中城市的街道、厂矿、林区生产用道和农业生产用道的里程。两条或多条公路共同经由同一路段，只计算一次，不得重复计算里程长度。它是反映公路建设发展规模的重要指标，也是计算运输网密度等指标的基础资料。

Refers to the length of highways which are built in conformity with the grades specified by the highway engineering standard formulated by the Ministry of Communications, and have been formally checked and accepted by the departments of highways and put into use. The length of highways includes that of the suburb highways at large and medium-sized cities, highways passing through streets at small cities and towns, and also the length of bridges and ferries. It does not include the length of streets in big and medium-sized cities and highways built for the production purpose at factories, mines, forest areas and agricultural areas. If two or more highways go the same section of the way, the length of the section is only calculated for once and no duplication is allowed. The length of highways is an important indicator to show the development of the highway construction and to provide essential information to calculate the transport network density.

民用航空线里程　Length of Civil Aviation Routes

指民航运输定期班机飞行的航线长度的总和。航线长度按机场之间的距离计算，通常有两种计算方法：一是将每条航线长度相加称为重复计算航线里程；二是将两线或两条以上航线经过同一区段里程，只计算一次航线长度称为不重复计算航线里程。一般常用的是后者，它能确切反映民航运输网的规模，表明民航事业为国民经济服务和方便人民生活程度的主要指标。

Refers to the length of all routes for regular civil aviation flights. There are usually two ways to calculate the distance between airports connected by the route length: One is to put the length of all air routes together, called duplicated calculation of the length of the routes; the other is not to allow the duplication in calculation when two or more routes passing the same section of aviation routes. The latter is usually used, as it can precisely show the size of the civil aviation network and indicate the extent of civil aviation serving the national economy and the people.

货（客）运量　Freight (Passenger) Traffic

指在一定时期内，各运输部门实际运送的货物（旅客 ）数量。是反映运输业为国民经济和人民生活服务的数量指标，也是制定和检查运输生产计划，研究运输发展规模和速度的重要指标。货运按吨计算，客运按人计算。货物不论运输距离长短，货物类别，均按实际重量统计；旅客不论行程远近或票价多少，均按一人一次作为客运量统计。半价票、小孩也按一人统计。

Refers to the volume of freight (passenger) transported with various means. Freight transport is calculated in tons and passenger traffic is calculated in the number of persons. Despite the type of freight and traveling distance, the freight transport is calculated in the actual weight of the goods: and despite the traveling distance and ticket price, the passenger traffic is calculated by the principle that one person can be counted only once in one travel. The passenger who travel with a half-price ticket or a child ticket is also calculated as one person. The freight (passenger) traffic provides a quantitative measure to show how the transport industry serves the national economy and people, and is also an important indicator for planning the transport industry and for studying the development scale and speed of the transport industry.

货（客）运密度　Freight (Passenger) Traffic Density

指在一定时期内某种运输方式在营运线路的某一区段平均每公里线路通过的货物（旅客）运输周转量。计算单位是吨（人）公里 / 公里。计算公式为：

Refers to the freight (passenger) traffic volume carried by a particular means of transportation during a given period through one kilometer of a specific section of transportation route. The formula is as follows:

货（客）运密度＝货物（旅客）周转量 / 营业线路长度

Freight (Passenger) Traffic Density=Freight Ton-kilometers (Passenger-kilometers) / Length of Route in Operation

货（客）运密度是反映交通运输线路上货物（旅客）运输量运输繁忙程度的主要指标。是平衡运输线路运输能力和通过能力，规划线路建设及改造、配备技术设备，研究运输网布局的重要依据。

Freight (passenger) traffic density reflects the degree of business of freight (passenger) traffic on transportation routes, and therefore provides important information for balancing transport capability, planning construction and upgrading of transport routes and studying the distribution of transport network.

货物（旅客）周转量　Freight Ton-kilometers (Passenger-kilometers)

指在一定时期内，由各种运输工具运送的货物（旅客）数量与其相应运输距离的乘积之总和，是反映运输生产总成果的重要指标，也是编制和检查运输生产计划，计算运输效率、劳动生产率以及核算运输单位成本的主要基础资料。计算货物周转量通常按发出站与到达站之间的最短距离，也就是计费距离计算。

Refer to the sum of the products of the volume of transported cargo (passengers) multiplying by the transport distance, usually using ton-kilometer and passenger-kilometer as units for measurement. Normally, the shortest distance between the departure station and the destination station (i. e., the payable distance) is the basis to calculate the freight ton-kilometers. This is an important indicator to show the total results of the transport industry, to prepare and examine the transport plan and to measure the efficiency, the labour productivity and the unit cost of transport.

邮电业务总量　Business Volume of Post and Telecommunications

指以货币表现的邮电部门用于传递信息和提供其他邮电服务的总数量。它综合反映了一定时期邮电工作的总成果，是研究邮电业务量构成和发展趋势的重要指标。根据邮电管理体制不同，分为中央国营业务总量和地方国营业务总量。它用各种邮电分类业务量，如函件件数、电报份数、长话张数、市内电话和农村电话的年均户数、订销报刊累计份数等，分别乘以相应的平均单价（不变价），加总后再加上出租电路和设备的收入、代用户维护电话交换机和线路等设备的收入、其他业务收入求得。

Refers to the total amount of post and telecommunications services, expressed in value terms, provided by the post and telecommunications departments for the customers. Post and telecommunications services can be classified as letters, parcels, remittance, issue of newspapers and magazines, fast mail service, express mail service, savings deposits, stamps for collection, public and individual telegraph service, facsimiles, long-distance telephone service, leasing of telephone lines, urban paging service, mobile telephone service, data transfer and transmission, etc. The accounting approach is to multiply the service products of all types with their average unit price (constant price) to get sum of business value, plus income from other services such as leasing of telephone lines and equipment, maintenance of telephone switchboards and lines on behalf of customers. This indicator reflects the overall results of post and telecommunications service during a given period, and is important to study the composition of business service and the development of post and telecommunications service.

无线寻呼电话用户　Subscribers of Paging Services

指携带小型寻呼机，接收市话用户通过无线寻呼中心，在规定范围内向其发出声音、数字或文字显示的信息的用户。目前在邮电部门办理登记手续的无线寻呼电话用户，每一部寻呼机按一户计算。

Refer to subscribers who carry small-size pagers and receive audio signals, digital signals or character signals sent out by city telephone through wireless paging center within assigned area. Each pager is counted as a subscriber.

移动电话用户　Mobile Telephone Subscribers

指在邮电部门登记，通过移动电话交换机进入移动电话网、占有移动电话号码的电话用户。用户数量以实际办理登记手续进入邮电部门移动电话网的户数进行计算，一部或一台移动电话统计为一户。

Refer to the persons who own mobile telephone number connected with the mobile telephone communication network and registered by post and telecommunications organization. The number of subscribers is calculated only when the subscribers who have gone through all the register formalities and entered into the mobile telephone network. One mobile telephone is treated as a subscriber.

社会消费品零售额　Total Retail Sales of Consumer Goods

指各种经济类型的批发零售贸易业、餐饮业、制造业和其他行业对城乡居民和社会集团的消费品零售额。这个指标反映通过各种商品流通渠道向居民和社会集团供应的生活消费品来满足他们生活需要，是研究人民生活，社会消费品购买力、货币流通等问题的重要指标。社会消费品零售额包括：（1）售给城乡居民作为生活用的商品和住房及修建房屋用的建筑材料；（2）售给社会集团的各种办公用品和公用消费品；（3）售给机关、团体、学校、部队、企业、事业单位的职工食堂和旅店（招待所）附设专门供本店旅客食用，不对外营业的食堂的各种食品、燃料；企业、单位和国营农场直接售给本单位职工和职工食堂的自己生产的产品；（4）售给部队干部、战士生活用的粮食、副食品、衣着品、日用品、燃料；（5）售给来华的外国人、华侨、港澳台同胞的消费品；（6）居民自费购买的中、西药品、中药材及医疗用品；（7）报社、出版社直接售给居民和社会集团的报纸、图书、杂志、集邮公司出售的新、旧纪念邮票、特种邮票、首日封、集邮册、集邮工具等；（8）旧货寄售商店自购、自销部分的商品零售额；（9）煤气公司、液化石油气站售给居民和社会集团的液化灶具和灌装液化石油气；（10）城市建设，房产管理等部门、企业、事业单位售给居民的商品房；（11）农民售给非农业居民和社会集团的商品。不包括售给国民经济各部门企业、事业单位（包括国有经济的农场）生产经营用的各种原材料、燃料、设备、工具等和售给批发零售贸易业、餐饮业作为转卖用的商品、旧货寄售商店受托寄售卖出的商品、服务业的营业收入、邮局出售邮票的收入、自来水、电力、煤气生产（供应）单位的产品供应收入，也不包括农民之间的商品销售。

Refer to the sum of retail sales of consumer goods sold by all sectors of the national economy to urban and rural residents and social groups. This indicator is used to show the supply of consumers goods through various channels to households and institutions, and is very important for the study on people's livelihood, on the purchasing power of consumer goods and on money. The retail sales of consumer goods include:

(1)commodities sold to urban and rural residents for their daily use and building materials sold to them for the construction or repair of houses; (2) office appliances and supplies sold to institutions; (3)food and fuels sold to canteens of institutions, enterprises, schools, military units and to canteens of hotels that only serve their guests, and commodities produced by enterprises, institutions or state farms and sold directly to their employees or their canteens; (4) grain and non-staple food, clothing, daily articles and fuels sold to military personnel; (5)consumer goods sold to foreigners, overseas Chinese, and Chinese compatriots from Taiwan, Hong Kong and Macao during their stay in the mainland of China; (6)Chinese and western medicines, herbs and medical facilities purchased by residents; (7)newspapers, books and magazines directly sold to residents and social groups by publishers, new and old commemorative stamps, special stamps, first-day covers, stamp albums and other stamp-collection articles sold by stamp companies; (8) consumer goods purchased and then sold by second-hand shops; (9) stoves and other heating facilities and liquefied gas sold by gas companies to households and institutions; and (10) commodities sold by farmers to non-agricultural residents and social groups. Excluded under this heading are: raw materials, fuels, equipment, tools sold to enterprises, institutions and state farms for production purpose; commodities sold to trade establishments for re-selling; commissioned sales at second-hand shops; operational income of urban public utilities; stamps sold at post offices; income of water, power, gas production and supply establishments from the supply of their products; and sales of commodities among farmers.

批发零售贸易业商品购、销、存、总额　Purchase, Sales and Stock of Commodities by Wholesale and Retail Trade

指以各种经济类型的批发、零售贸易业（不包括个体）为总体的商品购、销、存。

Refer to the purchase, sales and stock of commodities by wholesale and retail establishments of different status of registration (excluding individual sellers).

商品购进总额　Total Purchases of Commodities

指从本企业（单位）以外的单位和个人购进（包括从国外直接进口）作为转卖或加工后转卖的商品。这个指标反映批发零售贸易业从国内、国外市场上购进商品的总量。商品购进总额包括：（1）从工农业生产者购进的商品；（2）从出版社、报社的出版发行部门购进的图书、杂志和报纸；（3）从各种经济类型的批发零售贸易企业（单位）购进的商品；（4）从其他单位购进的商品，如从机关、团体、企业、单位购进的剩余物资，从餐饮业、服务业购进的商品，从海关、市场管理部门购进的缉私和没收的商品，从居民收购的废旧商品等；（5）从国（境）外直接进口的商品。不包括企业（单位）为自身经营用，和未通过买卖行为而收入的商品以及销售退回、商品升溢等。

Refer to the total of value of purchases of commodities by the establishments from other establishments or individuals (including direct import from abroad) for the purpose of re-selling, either with or without further processing of the commodities purchased. This indicator is used to show the total value of purchases of commodities by wholesale and retail establishments from domestic and overseas markets. The total purchases include: (1) agricultural and industrial products purchased from producers; (2) books, magazines and newspapers purchased from distribution departments of the publishers; (3)commodities purchased from wholesale and retail establishments of different status of registration;(4) commodities purchased from other units, such as surplus materials purchased from government agencies, enterprises or institutions, commodities purchased from catering and service establishments, confiscated goods purchased from customs authorities or market management agencies, second-hand goods and wastes purchased from residents; and (5) commodities directly imported from abroad. Excluded are commodities purchased by establishments (units) for use in their own business operation, commodities obtained without buying or selling procedures, rejected commodities, etc.

商品销售总额　Total Sales of Commodities

指对本企业（单位）以外的单位和个人出售（包括对境外直接出口）的商品。它反映批发零售贸易业在国内市场上销售商品以及出口商品的总量。商品销售总额包括：（1）售给城乡居民和社会集团消费用的商品；（2）售给工业、农业、建筑业、运输邮电业、批发零售贸易业、餐饮业、服务业等作为生产、经营使用的商品；（3）售给批发零售贸易业作为转卖和加工后转卖的商品；（4）对国（境）外直接出口的商品。不包括：出售本企业（单位）自用的废旧包装用品，未通过买卖行为付出的商品，经本单位介绍，由买卖双方直接结算，本单位只收手续费的业务，购货退出的商品以及商品损耗和损失等。

Refer to selling of commodities by the establishments to other establishments and individuals (including direct export). This indicator is used to show the total value of sales of commodities at domestic markets and export. The total sales include: (1) commodities sold to urban and rural residents and social groups for their consumption; (2) commodities sold to establishments in industry, agriculture, construction, transportation, post and telecommunications, wholesale and retail trades, catering trade and public utility for their production and operation; (3) commodities sold to wholesale and retail establishments for re-selling, with or without further processing; and (4) commodities for export to other countries. Excluded are selling of waste packaging materials used by the establishments (units) themselves, commodities transferred without buying or selling procedures, commission income from brokerage in transactions whose settlement is directly handled and sellers, rejected commodities in the purchase, loss in commodities, etc.

批发零售贸易业库存　Commodity Stock of Wholesale and Retail Enterprises

指报告期末各种登记注册类型的批发零售贸易企业（单位）已取得所有权的商品。它反映批发零售贸易企业（单位）的商品库存情况和对市场商品供应的保证程度。期末库存包括：（1）存放在批发零售贸易业经营单位（如门市部、批发站、经营处）仓库、货场、货柜和货架中的商品；（2）挑选、整理、包装中的商品；（3）已记入购进而尚未运到本单位的商品，即发货单或银行承兑凭证已到而货未到部分；（4）寄放他处的商品，如因购货方拒绝承付而暂时存放在购货方的商品和已办完加工成品收回手续而未提回的商品；（5）委托其他单位代销（未作销售或调出）尚未售出的商品；（6）代其他单位购进尚未交付的商品。 不包括所有不属于本单位的商品、拨付除批发零售贸易业以外的其他行业所属独立核算加工厂等加工生产尚未收回成品的商品、代国家物资储备部门保管的商品等。库存总额采用的计算价格是：农副产品采购单位按购进价计算，批发单位按进货价计算，零售单位按核算价格计算，即按什么价格核算就按什么价格计算。

Refers to total commodities possessed by wholesale and retail enterprises (units) of various types of registration status at the end of the reference period, which reflects the commodity stock level of various wholesale and retail enterprises and the potential for market supply. It includes: (1)commodities located in storage, garages, counters, and shelves of operating units (such as sale stores, wholesale centers, and operating offices) of wholesale and retail enterprises; (2)commodities in the process of selecting, sorting, and packing; (3)commodities not arrived but recorded as purchase in the account, i. e.. commodities not arrived but payment receipts for the commodities from the sellers or the banks arrived; (4) commodities deposited in other places rather than places mentioned above, for instance: commodities in the hold of purchasers temporarily due to the refusal of payment and commodities not taken back after going through the formalities; (5) commodities entrusted to other units to sell but not sold yet; (6) commodities purchased for other units but not delivered yet. Commodities not included as stock are those not owned by the enterprises (units), those allocated to financially independent factories rather than wholesale and retail enterprises for processing but not taken back yet, and finally those put in stock by wholesale and retail enterprises on behalf of the state material reserves units. For the calculation of the value of commodities stock, the value is calculated at purchasing prices in agricultural goods purchasing units and wholesale units, and at the accounting prices in retail units.

城乡集市贸易成交额　Volume of Business (Transaction Value) at Urban and Rural Free Market

指在农村集市和城市集市上买卖双方（包括农民、非农业居民、机关、团体、工商企业、个体商贩）成交的全部商品金额，是反映集市贸易规模的综合性指标。

Refers to the value of all goods changed hands between sellers and buyers, including farmers, no-agricultural residents, institutions, organizations, enterprises and private peddlers, at urban and rural free markets. It is a comprehensive indicator used to show the size of the transaction at the free trade markets.

进出口总额　Total Imports and Exports at Customs

海关进出口总额是指从实际进出我国国境的货物总金额，包括对外贸易实际进出口货物来料加工装配进出口货物，国家间、联合国及国际组织无偿援助物资和赠送品，华侨、港澳台同胞和外籍华人捐赠品，赁期满归承租人所有的租赁货物，边境地方贸易及边境地区小额贸易进出口货物（边民互市贸易除外），中外合资经营企业、中外合作经营企业、外商独资经营企业进出口货物和公用物品，到、离岸价格在规定限额以上的进出口货样和广告品（无商业价值、无使用价值和免费提供出口的除外），从保税仓库提取在中国境内销售的进口货物，以及其他进出口货物。进出口总额用以观察一个国家在对外贸易方面的总规模。我国规定出口货物按离岸价格统计，进口货物按到岸价格统计。

Refer to the value of commodities imported into and exported from the boundary of China. They include the actual imports and exports through foreign trade, imported and exported goods under the processing and assembling trades and materials, supplies and gifts as aid given gratis between governments and by the United Nations and other international organizations, and contributions, donated by overseas Chinese, compatriots in Hong Kong and Macao and Chinese with foreign citizenship, leasing commodities owned by tenant at the expiration of leasing period, the imported and exported commodities processes with imported materials, commodities trading in border areas (excluding mutual exchange goods), the imported and exported commodities and articles for public use of the Sino-foreign joint ventures, cooperative enterprises and ventures exclusively with foreign own investment. Also included are import or export of samples and advertising goods for whose CIF or FOB value are beyond the permitted ceiling (excluding goods of no trading or use value and free commodities for export), imported goods sold in China from bonded warehouses and other imported or exported goods. The indicator of the total imports and exports at customs can be used to observe the total size of external trade in a county. It accordance with the stipulation of the Chinese government, imports are calculated at CIF, while exports are calculated at FOB.

旅游人数　Number of Tourists

人数、出包括入境国际旅游者境居民人数和国内旅游者人数。

Include international tourists entering into China, Chinese residents going abroad and domestic tourists.

（1）入境国际旅游者人数：指来我国参观、访问、旅行、探亲、访友、休养、考察、参加会议和从事经济、科技、文化、教育、体育、宗教等活动的外国人、华侨、港澳台湾同胞的人数。不包括外国在我国的常驻机构，如领使馆、通讯社、企业办事处的工作人员；来我国常住的外国专家、留学生以及在岸逗留不过夜人员。

International tourists refer to foreigners, overseas Chinese, Chinese compatriots from Hong Kong, Macao and Taiwan coming to China for sightseeing visits, tours, family reunions, vacations, study tours, conferences and other activities of a business, scientific and technological, cultural, educational and religious nature. It does not include representatives and employees of resident institutions of foreign countries in China such as embassies, consulates, news agencies and offices of foreign companies and organizations, no does it include long-term foreign experts or students residing in China, or persons in transition without spending a night in China.

（2）出境居民人数：指大陆居民因公务活动或私人事务短期出境人数。公务活动出境居民人数包括在国际交通工具上的中国服务员工，因私出境居民人数不包括在国际交通工具上的中国服务员工。

Chinese residents going abroad refer to Chinese residents going abroad refer to Chinese residents going abroad for short terms for short terms for either public business or private purposes. Chinese employees working on international transport carriers are included in those going abroad for public business purpose, not in those for private purpose.

（3）国内旅游者人数：指我国大陆居民和在我国常住 1 年以上的外国人、华侨、港澳台湾同胞离开常住地在境内其他地方的旅游设施内至少停留一夜，最长不超过 6 个月的人数。

Domestic tourists refer to residents of the mainland of China who stay for one night at least but no more than 6 months at tourist facilities in other places than their permanent residence within the territory of the mainland China, including foreigners, overseas Chinese and Chinese compatriots from Hong Kong, Macao and Taiwan who have resided in China for over one year.

国际旅游（外汇）收入　Foreign Exchange Earnings from International Tourism

指入境旅游的外国人、华侨、港澳和台湾同胞在中国大陆旅游过程中发生的一切旅游支出，对于国家来说就是国际旅游（外汇）收入。

Refer to the total expenditures of foreigners, overseas Chinese, Chinese compatriots from Hong Kong, Macao and Taiwan during their stay in the mainland of China, which are earnings of foreign exchange from international tourism from the point of view from China.

企业存款　Deposit

指企业、机关、团体或居民根据可以收回的原则，把货币资金存入银行或其他信用机构保管并取得一定利息的一种信用活动形式。根据存款对象的不同划分为企业存款、财政存款、机关团体存款、对外贸易存款、城乡居民储蓄存款、农村存款等科目。它是银行信贷资金的主要来源。

Is a form of credit by which enterprises, institutions, organizations or households can put money into banks and other credit institutions for safekeeping and interest earning under the principle of free withdrawal.

According to different depositors, deposits are divided into enterprise deposits, treasury deposits, deposits of government agencies and organizations, capital construction deposits, urban savings deposits, rural deposits and other deposits. Deposits are major sources of the credit funds of banks.

贷款　Loan

银行或其他信用机构根据必须归还的原则，按一定利率，为企业、个人等提供资金的一种信用活动形式。我国银行贷款，分流动资金贷款，中短期设备贷款以及农户贷款等科目。

Is a form of credit by which banks and other credit institutions provide funds at certain interest rate to enterprises and individuals in the light of the principle of unconditional repayment. Loans from Chinese banks include circulating capital loans, fixed assets loans, loans to urban and rural individuals engaged in industrial and commercial business and agricultural loans.

赔款　Settled Claim

指保险人根据保险合同的规定，向被保险人支付的赔偿保险责任损失的金额。

Is the compensation paid by the insurer to the insurant in accordance with the insurance contract.

普通高等学校　Regular Institutions of Higher Learning

按国家规定的设置标准和审批程序批准举办，通过国家统一招生考试，招收高中毕业生为主要培养对象，实施高等教育的全日制大学、独立设置的学院和高等专科学校、短期职业大学。

Refer to educational establishments set up according to the government evaluation and approval procedures, enrolling graduates from senior secondary schools and providing high professional schools and courses and training for senior professionals. They include full-time universities, colleges, high professional schools and short-term professional universities.

成人高等学校　Institutions of Higher learning for Adults

指按照国家有关规定审批，招收通过全国成人高教统一招生考试的具有高中毕业或同等学历的在职从业人员利用脱产、半脱产、业余或函授等多种形式对其实施高等学历教育，培养高等教育专科或本科毕业水平的专门人才，修业年限、课程设置和总学时数均按高等学历教育要求付诸实施的学校。包括广播电视大学、职工高等学校、农民高等学校、管理干部学院、教育学院、独立设置的函授学院等。

Refer to educational establishments, set up in line with relevant rules approved by the government, enrolling staff and workers with senior secondary school or equivalent education, and providing higher education courses in many forms of full-time, part-time, spare-time, or correspondence for adults. Professionals thus trained receive a qualification equivalent to graduates studying regular courses at regular universities, colleges and professional colleges. Institutions of higher learning for adults include Radio and TV universities, schools of high education for staff and workers and peasants, colleges for management cadres, pedagogical colleges, independent correspondence colleges.

小学学龄儿童入学率　Enrollment Rate of Primary School-age Children

指调查范围内已入小学学习的学龄儿童占校内外学龄儿童总额（包括弱智儿童在内，但不包括盲聋哑儿童）的比重。计算公式：

小学学龄儿童入学率＝已入学的小学学龄儿童数／校内外小学学龄儿童总数×100％

Refers to the proportion of school-age children enrolled at schools to the total number of school-age children both in and outside schools (including retarded children, but excluding blind, deaf and mute children). The formula is :

Enrollment Rate of Primary School-age Children = Total Primary School-age Children at Schools / Total Primary School age Children Both at and Outside Schools ×100％

独立研究与开发机构　Independent Research and Development Institutions

指有明确任务和研究方向，有一定学术水平的业务骨干和一定数量的研究人员，具有研究、开发、开展学术工作的基本条件，主要进行科学研究与技术开发活动，并且在行政上有独立的组织形式，财务上独立核算盈亏，有权与其他单位签订合同，在银行有单独户头的单位。包括国务院各部门、中国科学院、中国社会科学院和各省、自治区、直辖市以及地（市）以上［含地（市）］各部门所属的国有独立的科学研究与技术开发机构。

Refer to the state owned institutions which have direct mission and research purpose, a certain number of core member with higher research level and a certain number of research personnel, necessary conditions for R&D activities and engaging in scientific research and technological development. The institutions also have their own independent organization and finance, authority to sign contracts with other units, with their own accounts in banks. Independent research and development institutions include the institutions attached to central government agencies, Chinese Academy of Sciences. Chinese Academy of Social Sciences and the institutions attached to local governments.

独立研究与开发机构职工　Personnel of Independent Research and Development Institutions

指在科学研究与技术开发机构工作，并由其支付工资的各种人员。包括长期职工和临时职工，不包括编制以外的离休、退休人员和停薪留职人员，但包括招聘人员。

Refers to the persons working in and receiving payment from research and development institutions. It includes regular full-time and temporary staff and workers and employees working on contracts, but excludes retirees and persons leaving their work without payment but still retaining their posts, who are not on the employee list.

研究与发展经费支出　Total Expenditure on Research and Development

指报告期内用于研究与试验发展课题活动（基础研究、应用研究、试验发展）的全部实际支出。包括用于研究与发展课题活动的直接支出，还包括间接用于研究与发展活动的一切支出（院、所管理费、维持院、所正常运转的必需费用和与研究发展有关的基本建设支出）。

Refers to all actual expenditure made for R&D (basic research, applied research and experimental development) in reference period. It includes direct expenditure on R&D and indirect expenditure on R&D (including management and necessary administrative expenses of research institutes, investment in capital construction relating to R&D) .

科学家和工程师　Scientists and Engineers

指具有大学本科及以上学历和不具备上述学历但有高、中级职称的人员。

Refer to persons who have completed university or higher education or obtained titles of senior and middle-level professional positions.

其他科技人员　Other Scientific and Technical Personnel

指大专、中专毕业和具有中级职称的从事科技活动的人员。

Refer to persons who engage in scientific activities that have completed college or technical secondary school or obtained titles of middle-level professional positions.

自然科学技术人员　Scientific Technical Personnel

指已取得科学技术职称，或大学、中专的理、工、农、医科系毕业，以及国民经济各部门从工作实践中提拔，从事理、工、农、医等自然科学技术的研究、教学、生产的专业人员和在机关、企业、事业中从事科学技术业务管理工作的专业人员。

Refer to persons who obtained titles of scientific and technical positions, or graduated from department of science, technical, agriculture or medicine in college or technical secondary school, and promoted from practice in department of national economy, or research, teach, produce in technology of science of science, technical, agriculture or medicine, or engage in scientific management in government, enterprises and institutions.

工程技术人员　Engineering Professionals

指在国民经济各行业从事工程技术工作的自然科学技术专业人员，包括：高级工程师、工程师、助理工程师、技术员和未评定职称的技术人员。

Refer to the persons who are engaged in engineering science and technology in different sectors of the national economy, including senior engineers, engineers, assistant engineers, technicians and technical personnel without professional titles.

农业技术人员　Agricultural Professionals

指在国民经济各行业从事农业技术工作的自然科学技术专业人员，包括：高级农艺师、农艺师、助理农艺师、技术员和未评定职称的技术人员。

Refer to the persons who are working on the science of agriculture in different sectors of the national economy, including senior agronomists, agronomists, assistant agronomists, technicians and technical personnel without professional titles.

卫生技术人员　Public Health Professionals

指在国民经济各行业从事卫生医务工作的自然科学技术专业人员，包括：正副主任医师、主治医师、医师、医（护）士和未评定职称的技术人员。

Refer to the persons who are engaged in medical and health work in different sectors of the national economy, including director doctors and their deputies, doctors in charge, paramedics, nurses and technical personnel without professional titles.

科学研究人员　Scientific Research Personnel

指在国民经济各行业从事科学技术活动的自然科学技术专业人员，包括：正副研究员、助理研究员、研究实习员、技术员和未评定职称的技术人员。

Refers to those personnel engaged in scientific and technical activities in different sectors of the national economy, including research fellows and their deputies, assistant research fellows, research trainees, technicians and technical personnel without professional titles.

教学人员　Teaching Personnel

指在国民经济各行业从事自然科学技术方面教学活动的专业人员，包括：正副教授、讲师、助教、教师和在中学从事自然科学技术方面教学活动的人员。

Refers to those professionals engaged in the teaching in different sectors of the national economy, including professors, associate professors, lecturers, teaching assistants, teachers and teaching personnel in science and technology in middle schools.

文化事业机构　Cultural Institutions

指从事专业文化工作和为专业文化工作服务的独立建制的单独核算的单位。不包括这些单位另外举办独立核算的其他机构和各部门的业余文化组织。

Refer to units which have their own organizational system and independent accounting system and specialize in or serve cultural development. They exclude other establishments run by these cultural institutions and amateur cultural groups established by various departments. Art Troupe refers to the troupe which is engaged in drama, opera, music, dance, acrobatics or other art performance, opens independent accounts with banks and has self-supporting accounting system; excluding the troupes which are engaged partly in industrial or agricultural activities, partly in art performance and the professional troupes organized by the people.

艺术表演团　Number of Spectators at Art Performance

指从事戏曲、音乐、舞蹈、杂技等专业艺术表演，有独立帐户，实行单独核算的团体。不包括半工半艺、半农半艺的业余剧团。

Refers to the number of attendants at commercial shows, completely booked shows or free shows given in minority national areas, and does not include the number of spectators at rehearsals for examination and internal shows for study.

电影放映单位　Film Projection Units

指具有放映机器设备、固定或不固定的放映场所与专职或兼职的放映技术人员，经有关部门登记批准，经常为一定的观众对象放映电影的机构。包括批准对外开放进行营业，并与电影发行放映管理机构分帐的专用放映单位和军委系统片单位。

Refer to units with film projection equipment, full or part-time projectionists, permanent or non-permanent places, approved by related administrative departments to show films regularly regularly for certain groups of audience, including those film projection units which have been approved to give commercial shows and run business with independent accounting system as well as those film-renting units of the military system.

体育场　Stadiums

指有 400 米跑道(中心含足球场)，有固定道牙、跑道 6 条以上，并有固定看台的田径场。以看台容纳观众人数分：甲级 25000 人以上，乙级 15000—25000 人，丙级 5000—15000 人，丁级 5000 人以下。

Refer to stadiums for track and field events with six lane 400-meter tracks around soccer fields, permanent track marks and permanent bleachers. Stadiums are classified according to seating capacity. They include: Class A stadiums seating 25000 people each. Class B stadiums seating 15000 to 25000 people each. Class C stadiums seating 5000 to 15000 people each. And Class D stadiums seating fewer than 5000 people.

体育馆　Gymnasiums

指有固定看台可供篮球、排球、羽毛球、乒乓球、体操等项目训练比赛活动用的室内场地，以看台容纳观众人数分：甲级 6000 人以上，乙级 4000—6000 人，丙级 2000—4000 人，丁级 2000 人以下。

Refer to indoor sports grounds with permanent seats in which basketball, volleyball. badminton, table tennis and gymnastics competitions can be held. Gymnasiums are classified according to seating capacity. They include Class A gymnasiums seating over 6000 people. Class B gymnasiums seating 4000 to 6000 people. Class C gymnasiums seating 2000 to 4000 people, and Class D gymnasiums seating fewer than 2000 people.

等级裁判员人数　Number of Referees in Grades

指经考试正式批准授予等级裁判员称号的人数。裁判员等级分为国际级裁判，国家级裁判、一级、二级、三级裁判。

Refers to the number of referees who have been given titles after examination. They are classified as international referees, national referees and referees of the first, second and third grades.

等级运动员人数　Number of Athletes in Grades

指经考核正式批准授予等级运动员称号的人数。运动员等级分为国际运动健将、运动健将、一级、二级、三级运动员、少年运动员。

Refers to the number of athletes who have been given titles through examination. The titles of athletes include international masters of sports, masters of sports, first-grade and third-grade sportsmen and young athletes.

医院　Hospitals

指名称为医院，设有固定床位能收容病人住院并能为病人提供医疗、护理服务的医疗机构。包括县及县以上医院、农村乡卫生院、其他医院三部分。按所属性质分为卫生部门、工业及其他部门、集体所有制三类。其中县及县以上医院按业务性质分为综合医院和专科医院。

Refer to medical institutions with permanent hospital beds, which are able to take in patients and provide them with medical and nursing services. Hospitals are classified into three categories: hospitals at or above the county level, hospitals of rural townships, and other hospitals. According to their ownership, hospitals can be classified into three categories: hospitals under the public health departments, hospitals under industrial and other departments and collective-owned hospitals. Hospitals at or above county level are divided into comprehensive and specialized hospitals.

卫生技术人员　Medical Technical Personnel

指卫生事业机构支付工资的全部固定职工和合同制职工中现任职务为卫生技术工作的人员。包括中医师、西医师、中西医结合高级医师、护师、中药师、西药师、检验师、其他技师、中医士、西医士、护士、助产士、中药剂士、西药剂士、检验士、其他技士、其他中医、护理员、中药剂员、西药剂员、检验员、其他初级卫生技术人员。

Refers to all medical staff and workers employed by medical institutions, including doctors of Chinese and Western medicine, senior doctors who integrate traditional Chinese therapeutics with Western therapeutics in practice, senior nurses, pharmacists of Chinese and Western medicine, laboratory specialists, other specialists, paramedics of Chinese and Western medicine, nurses, midwives, druggists in Chinese and Western medicine, laboratory technicians, other technicians, other practitioners of Chinese medicine, nursing attendants, pharmacological workers of Chinese and Western medicine, laboratory workers, and other primary medical personnel.

医生　Doctors

指经卫生部门审查合格，从事医疗工作的专业人员。分为中医医生和西医医生。包括卫生技术人员的中医师、西医师、中西结合高级医师、中医士、西医士和其他中医。

Refer to qualified professional medical workers approved to practice by public health departments. They are classified into doctors of Chinese medicine, doctors of Western medicine, senior doctors who integrate traditional Chinese therapeutics with Western therapeutics in practice, paramedics of Chinese medicine and Western medicine, and other specialists of Chinese medicine.

附录 2：

政府工作报告

——2011 年 1 月 10 日在自治区第九届人民代表大会第四次会议上

自治区主席 白玛赤林

各位代表：

中共西藏自治区七届七次全委会审议通过的《关于制定“十二五”时期国民经济和社会发展规划的建议》，提出了未来五年国民经济和社会发展的指导思想、奋斗目标和主要任务。据此，自治区人民政府编制了《西藏自治区“十二五”时期国民经济和社会发展规划纲要（草案）》。现在，我代表自治区人民政府向大会作报告，请各位代表连同《规划纲要（草案）》一并审议，并请各位政协委员提出意见。

“十一五”时期国民经济和社会发展回顾

过去的五年，是西藏经济社会发展史上极不寻常、极不平凡的五年。在中央的亲切关怀和全国人民的大力支持下，在自治区党委的正确领导下，我们高举中国特色社会主义伟大旗帜，以邓小平理论和“三个代表”重要思想为指导，深入贯彻落实科学发展观，认真贯彻党的十七大、十七届三中、四中、五中全会，西部大开发工作会议和中央第四次、第五次西藏工作座谈会精神，按照自治区第七次党代会、七届三次、四次、五次、六次、七次全委会和区党委工作会议的部署，始终坚持中央关于西藏工作的指导思想和方针政策，坚持走有中国特色、西藏特点的发展路子，大力实施“一产上水平、二产抓重点、三产大发展”的经济发展战略，坚定不移抓发展，千方百计惠民生，统筹建设护生态，旗帜鲜明反分裂，紧紧依靠全区各族人民，团结拼搏，艰苦奋斗，圆满完成了“十一五”规划纲要提出的各项目标任务，为全面建设小康社会奠定了坚实基础。

一、抓关键打基础，自我发展能力持续提升

五年来，我们始终坚持以发展为第一要务，排除各种干扰，着力改善基础设施条件，突出特色产业建设，努力扩大城乡消费，自我发展能力进一步增强，实现更好更快更大发展的物质基础更加坚实。

经济总量再上新台阶。坚决贯彻中央决策部署，适时适度进行政府调控，出台了“扩内需、保增长”一系列政策措施，连续五年实现了两位数的经济增长速度，保持了跨越式发展的良好势头。全区生产总值先后突破 300 亿元、400 亿元、500 亿元，预计 2010 年达到 507.5 亿元，年均增长 12.4%。全社会固定资产投资累计达到 1656 亿元，是“十五”时期的 2.4 倍；社会消费品零售总额累计实现 670 亿元，比“十五”时期增长 1.3 倍；地方财政一般预算收入累计达到 126.3 亿元，是“十五”时期的近 3 倍。截止 2010 年末，预计金融机构各类存贷款余额达 1230 亿元、290 亿元，比“十五”末增长 1.7 倍和 62%。

基础设施建设成就卓著。积极争取国家投资，扩大社会投资，落实援藏资金，投资规模不断扩大。“188 项目”全部开工，已完工 109 个。扎实做好项目前期工作，加强项目建设和管理，基础设施条件明显改善。综合交通运输网初步形成，墨脱公路和拉萨至贡嘎机场专用公路开工建设，80%以上国道完成了路面黑色化整治改建，54个县通油路、6个县油路在建，公路通车总里程5.8万公里，比“十五”末增长33%；青藏铁路建成通车，结束了西藏不通铁路的历史；那曲物流中心建成运营，拉日铁路开工建设；林芝、阿里、日喀则机场建成通航。以水电为主的综合能源体系加快建立，狮泉河、直孔、巴河雪卡等电站竣工投产，藏木、果多等电站建设顺利；青藏直流联网工程开工建设，无电地区电力建设扎实推进，全区电力装机总容量达到97.4万千瓦，比“十五”末增加47.4万千瓦，在建规模95.6万千瓦。水利基础设施得到改善，“三大灌区”建设进入收尾阶段，江北灌区加快建设，旁多水利枢纽工程加快推进，新增和改善灌溉面积111万亩。城镇服务功能进一步提升。信息化水平大幅提高，3G网络实现县县覆盖，互联网用户超过115万户，基本实现了乡乡通光缆、通传真。

城乡消费齐头并进。不断完善市场体系，加大市场监管，刺激消费需求，城乡消费保持了同步增长的良好态势。加强农牧区市场建设，共建成12个大型农产品批发市场、45个县级农贸市场和1859个农家店。结合西藏实际，认真落实家电、农机、汽车、摩托车下乡政策，扩大了补贴范围，提高了补贴标准。住房、汽车消费势头强劲，旅游、通信、餐饮、休闲等消费热点进一步巩固。针对2008年消费市场大幅下滑的情况，采取减免税费、特殊补助等一系列措施，提振了市场信心，居民消费迅速恢复。

产业建设迈出新步伐。坚持特色与规模并重，加大专项扶持，特色优势产业快速发展，工业经济发展势头强劲。积极调整农牧业结构，粮食生产保持稳定，农牧业综合生产能力进一步提高；整合资金18亿元，扶持特色农牧业发展。坚持做大做强，建工、建材、矿业、旅游、藏药集团成功组建。坚持统一规划、突出特色、集中建设，园区经济发展加快。全面加强地质勘查工作，矿产勘查工作取得重大进展。按照抓大限小、整合做强的原则，进一步规范矿产开发秩序，甲玛铜矿等重点矿业开发项目加快建设。狠抓宣传促销和优化服务，突出冬季旅游和农村旅游，实现了旅游业的快速发展，2010年全区接待游客685.1万人次，旅游总收入达71.4亿元，分别较2005年增长2.8倍和2.7倍。金融服务经济的重要作用得到有效发挥。商贸流通、交通运输、邮政通信等服务业取得长足发展。

二、抓重点保民生，各族群众得到更多实惠

五年来，我们始终坚持以保障和改善民生为出发点和落脚点，狠抓“首要任务”，千方百计扩大就业，加快发展社会事业，建立健全社会保障体系，各族群众共享发展成果，实现更好更快更大发展的群众基础更加牢固。

以安居乐业为突破口的社会主义新农村建设取得重大进展。累计投入资金170亿元，全面实施农牧民安居工程，全区住房条件比较差的27.5万户、143万农牧民住上了安全适用的房屋。实施了农房抗震加固工程、农村危房改造试点、农村人居环境建设和环境整治工程。大力推进“八个基本解决”，农牧区基础设施显著改善，累计解决了153万人的安全饮水问题，159个乡镇和1659个行政村通了公路，超额完成“十一五”规划任务；全区新增74万农牧民用上了电，基本实现村村通电话，广播电视人口综合覆盖率分别达到90.3%、91.4%，乡镇通邮率达到85.7%，农牧区碘盐覆盖率达到91.2%；做到了白内障成熟一例、治愈一例。农村薪柴替代工程加快推进。金融服务“三农”力度不断加大，涉农信贷累计投放预计达到165亿元；涉农保险覆盖69个县。

各项社会事业全面进步。在全国率先实现了城乡免费义务教育；先后四次提高“三包”经费标准，平均达到1800元；“两基”攻坚全面完成，内地办学规模不断扩大，开设了内地西藏中职班，各级各类学校全面发展。农牧民医疗制度全面建立；建成了72个县卫生服务中心和682个乡镇卫生院，覆盖城乡的医疗卫生服务体系逐步完善；所有县、乡、村医疗机构配备了基本医疗设备；妇幼保健、优生优育工作进一步加强，孕产妇和婴儿死亡率进一步下降；传染病、地方病监测防治工作不断加强，突发公共卫生事件应急处置能力逐步增强，全区实现了基本消除碘缺乏病目标。重点科技工程项目成效明显，科技富民强县计划、科普惠农兴村计划和科技特派员制度深入实施。建成149个乡镇文化活动站、2000个行政村农家书屋，县县有综合文化活动中心，文化信息资源共享工程服务网络实现县级覆盖，文化遗产保护工作进一步加强，优秀传统文化得到继承和弘扬，对外文化交流迈出新步伐。竞技体育取得较好成绩，全民健身活动广泛开展，登山运动实现历史性突破，圆满完成了北京奥运会珠峰火炬传递任务。

统计工作进一步加强，服务决策和经济社会发展的水平显著提高。哲学社会科学、新闻出版、文学艺术等事业全面发展，气象、地震、人防、测绘等工作取得新成绩，妇女儿童、老龄、残障等工作成效突出。大力支持国防、军队建设，双拥工作进一步加强。

就业和社会保障水平显著提升。实施积极就业政策，强化就业服务，千方百计扩大就业，高校毕业生就业率保持在80%以上，复退军人得到妥善安置，动态消除了“零就业家庭”，城镇登记失业率控制在4%以内。在中央的大力支持下，城乡社会保障体系逐步完善，在全国率先实现了基本医疗保险、新型农村社会养老保险和城乡最低生活保障等制度的全覆盖。养老、医疗、失业等社会保险统筹层次进一步提高，基金调剂能力显著增强。保障范围逐步扩大，标准不断提高，城乡居民最低生活保障标准分别提高到月人均330元和年人均1300元。着力保障困难群众和优抚群体的生活，社会福利、慈善公益事业不断发展，救济救助力度不断加大，建立和落实农牧区“三老”人员生活补助制度，城乡特困群众生活、医疗救助制度逐步完善。整乡推进扶贫工作深入开展，贫困人口大幅下降。安排40多亿元，建设了10800套城镇廉租房和26582套周转房，全区城镇困难家庭和干部职工居住条件得到明显改善。

城乡居民收入大幅提高。采取农牧业增产增效，特色产业开发、劳动力转移，科技推广和扶持发展专业合作经济组织等多项措施，促进了农牧民收入的快速增长。认真实施强农惠农政策，2010年农牧民人均补助超过1800元。城镇居民收入稳定增长，企业职工工资正常增长机制初步形成，最低工资标准平均达到900元。农牧民人均纯收入连续8年保持两位数增长，2010年突破4000元，达到4138.7元，比2005年增长99.2%；城镇居民人均可支配收入达到14980元，比2005年增长78.1%。

三、抓保护重建设，生态环境保持良好

五年来，我们始终坚持经济建设与生态环境相协调，高度重视生态环境保护，更加注重生态文明建设，积极构建国家生态安全屏障，实现更好更快更大发展的生态环境支撑更加稳固。

生态安全屏障规划制定实施。科学制定《西藏生态安全屏障保护与建设规划》，并获国务院批准。截至目前共到位国家投资25亿元；规划确定的重点保护工程、重点建设工程、支撑保障项目共3大类10项工程开始实施。以实施西藏生态安全屏障保护与建设规划为标志，我区的生态环境保护进入了科学规划、整体推进、保护与建设并重的新阶段。

生态保护与建设长效机制初步形成。开展了生态补偿研究，生态效益补偿机制逐步建立，在全国率先启动了西藏草原生态保护奖励机制试点；建立了森林生态效益补偿制度，全区65个县1.5亿多亩公益林全部纳入补偿范围；开展了国家重点生态功能区转移支付工作。已建立各级各类自然保护区47个、生态功能保护区21个，植树造林172.1万亩，防沙治沙64万亩，退耕还林58.5万亩，退牧还草5911万亩，有效保护了我区重要的生态区域。

生态环境监管和节能减排工作得到加强。环境影响评价工作逐步规范，规划环评工作大力推进。工程建设环境监理机制逐步建立。污染防治和辐射环境管理工作扎实推进。饮用水水源地环境保护、环境综合整治、矿山地质环境治理与保护不断加强。环境监测、监察能力逐步提高，环保专项行动深入开展。全面禁采了砂金矿、砂铁矿，全面禁止生产、销售、使用一次性塑料购物袋。认真落实节能减排任务，万元地区生产总值能耗控制在1.28吨标煤以内，主要污染物排放总量得到有效控制，环境质量保持在良好状态。

四、抓创新增活力，改革开放不断深化

五年来，我们始终坚持把改革开放作为推动科学发展、跨越式发展和长治久安的根本动力，破解发展难题，增强发展活力，社会生产力进一步解放和提高，实现更好更快更大发展的体制机制保障更加有力。

各项改革稳步推进。坚持农牧区"三个长期不变"基本政策，草场承包经营责任制有效实施，集体林权制度改革进展顺利，农牧区综合改革步伐加快，农村公共服务体系进一步完善。粮食流通体制改革取得实质性进展。企业改革取得重大突破。投资、财税、价格改革不断深入。资本市场实现新发展，地方性法人银行筹建积极推进。西藏航空公司组建成立。盐业体制改革取得重大进展，农村水电体制改革顺利实施。医药卫生体制改革全面推进。新一轮政府机构改革基本完成，事业单位改革稳步实施，行政管理体制改革继续深化，政府管理服务能力进一步提升。

非公有制经济蓬勃发展。认真完善落实优惠政策，不断优化政府服务，促进了非公有制经济快速发展，从业人员35万人，五年累计上缴税收106.6亿元，占全区税收总额的72.1%。非公有制经济为解决就业、促进发展做出了突出贡献，已成为我区经济发展的生力军。

对外开放步伐加快。以向祖国内地开放为重点，宽领域、多层次的开放格局逐步形成。不断加强区域合作，积极融入成渝经济圈，推动了川滇藏生态旅游区建设，与周边省份和一批国有大型企业签订了战略合作协议。精心组织，积极参加上海世博会，充分展示了西藏发展繁荣的新风貌，西藏馆成为最受欢迎的展馆之一。对外贸易不断扩大，口岸建设和管理水平不断提高，进出口总额累计达到27.3亿美元，自产产品出口达到2亿美元。

全国对口援藏力度进一步加大。全国首次经济援藏工作会议成功召开，国家许多部委专门召开了系统援藏工作会议；援藏工作机制不断健全，五年共有援藏干部2661名进藏工作；积极引导援藏项目和资金向"三农"和民生领域倾斜，援藏资金累计达75.7亿元。

五、抓稳定强管理，社会更加安定和谐

五年来，我们始终坚持谋长久之策、行固本之举，凝聚民心、汇聚力量，坚决维护社会稳定，坚决维护社会主义法制，坚决维护人民群众根本利益，坚决维护祖国统一，坚决维护民族团结，社会局势持续稳定，实现更好更快更大发展的思想和社会基础更加牢固。

反分裂斗争取得重大胜利。全面贯彻中央对达赖集团斗争的方针，旗帜鲜明地揭批达赖，反分裂斗争深入开展。紧紧依靠全区各族人民，依法果断处置了拉萨"3·14"打砸抢烧严重暴力犯罪事件，较短时间内恢复了正常社会秩序，有力打击了达赖集团和境内外敌对势力的分裂破坏活动。“反对分裂、维护稳定、促进发展”主题教育活动深入开展，“团结稳定是福，分裂动乱是祸”成为广泛共识，进一步增强了同达赖集团斗争的坚定性、自觉性和主动性。维稳工作机制不断完善，维稳能力建设不断加强。强化军警民联防联控，边境管控不断加强。服务国家总体外交大局，积极开展涉藏外事外宣工作，强化涉外管理，加强舆论引导，有效挤压了达赖集团的国际活动空间。

社会管理进一步加强。加大社会治安综合治理力度，严密防范和依法打击了各类违法犯罪活动。坚持管理与服务并重，流动人口管理得到加强，社区管理与服务水平不断提高。坚决维护人民群众根本利益，及时化解、妥善处理资源开发、虫草采集交易、拖欠工资等矛盾纠纷，有效预防和妥善处置了群体性事件。应急管理体系不断完善，及时应对处置了各类突发事件。基层政权建设力度加大，政法基层基础建设全面加强，基层基础不断巩固。强化道路交通、食品、药品、矿山、旅游等重点领域的安全生产管理工作，有力保障了人民群众的生命财产安全。

民族宗教工作不断深化。广泛开展民族团结教育和民族团结进步创建活动，“三个离不开”思想深入人心；“兴边富民”行动扎实推进，人口较少民族地区和边境地区加快发展；少数民族和妇女干部培养使用得到重视，藏语言文字工作得到加强，各民族大团结得到巩固和发展。全面贯彻落实党的宗教工作基本方针，建立健全寺庙管理长效机制，依法管理宗教事务，积极引导宗教与社会主义社会相适应，有效维护了正常宗教秩序；寺庙法制宣传教育深入开展，广大僧尼的中华民族意识、国家意识、法制意识、公民意识得到增强。

社会主义精神文明建设扎实推进。围绕构建社会主义核心价值体系，弘扬社会主义先进文化，设立并庆祝西藏百万农奴解放纪念日，结合新中国成立 60 周年、北京奥运会、西藏民主改革 50 周年、昌都解放 60 周年等重大活动，组织开展系列重大宣传活动，在全社会进一步唱响了“六个好”主旋律。广泛开展党的富民惠民政策宣传教育和群众性精神文明创建活动，加强爱国主义教育，大力宣传新西藏、新发展、新变化、新生活，中华民族的凝聚力和伟大祖国的向心力进一步增强。

五年来，我们始终坚持为民、务实、清廉，政府管理与服务水平不断提高。按照自治区党委的统一部署，积极开展深入学习实践科学发展观、创先争优和万名干部下基层、千名干部进百村两帮助、作风建设年、效能建设年等活动，进一步密切了党群干群关系，进一步夯实了基层基础，进一步提高了行政效能。民主法制建设积极推进，主动接受人大及其常委会的监督，自觉接受政协的监督，累计办理人大代表议案、建议和政协委员提案 2863 件，办复率 100%；《行政许可法》和依法行政实施纲要全面实施，加强普法工作，公民法制观念明显增强。加快转变政府职能，严格依法行政，推进政务公开，政府管理和服务水平进一步提高。切实加强执法监察、效能监察、廉政监察，注重从源头上加强预防和治理腐败，政府廉政建设和纠正行业不正之风取得明显成效。公众参与、专家咨询和政府决策相结合的决策机制不断完善，科学民主决策成为政府工作规范。

各位代表，刚刚过去的 2010 年，是“十一五”发展的收官之年。一年来，我们深入学习贯彻中央第五次西藏工作座谈会精神，紧紧围绕推动科学发展、保障和改善民生、促进社会和谐稳定，社会主义新农村建设取得标志性成就，农牧民生产生活条件进一步改善，农牧民收入持续快速增长；中央投资实现重大突破，项目建设取得重大进展；城乡消费继续保持齐头并进的增长态势；特色产业发展势头强劲；

教育、卫生、文化、科技等社会事业全面发展，就业和社会保障工作得到加强；生态文明建设扎实推进；改革开放不断深化，全面完成了年度目标任务，为“十一五”划上了一个圆满的句号。2010 年全区生产总值比上年增长 12.3%，地方财政一般预算收入增长 21.8%，全社会固定资产投资增长 22.1%，社会消费品零售总额增长 18.7%，居民消费价格指数涨幅控制在 2.2%，城镇新增就业 2.1 万人。

各位代表，五年的艰苦努力，硕果累累。这五年，国家在政策、资金、项目上的支持进一步加大，对口支援领域不断向纵深拓展，是中央举全国之力支援西藏力度最大的五年；各种所有制经济竞相发展，与祖国内地的交流合作日益紧密，是改革开放成效最突出的五年；投资消费并驾齐驱拉动增长的格局初步形成，经济总量连上三个大台阶，是经济发展更好更快更大的五年；安居工程规划任务全面完成，基础设施条件显著改善，是城乡面貌变化最明显的五年；“首要任务”扎实推进，社会保障体系不断完善，是各族群众得到实惠最多的五年；科学理财，综合统筹，集中财力办大事，是财政保障最好的五年；生态安全屏障建设迈出关键步伐，生态环境保护长效机制加快建立，是生态环境保护与建设成效最显著的五年。这五年，我们扎实推进和谐西藏建设，保持了社会持续稳定，为跨越式发展提供了良好的社会环境。现在的西藏，正在从加快发展走向跨越式发展、从相对封闭走向全面开放、从单一农牧业走向多元经济共同发展、从自然保护为主走向全面加强生态环境建设、从解决温饱走向全面建设小康社会、从基本稳定走向长治久安，处于历史上最好时期，站在了新的历史起点上。

五年来，我们在艰难曲折中砥砺奋进。面对达赖集团干扰破坏不断、各种自然灾害频发、宏观经济环境趋紧等各种挑战，在党中央、国务院和区党委的领导下，全区各族人民众志成城，共克时艰，积累了扩需求、促增长、惠民生、保稳定的宝贵经验。重重困难磨练了我们的意志，锻炼和提高了我们推动科学发展、驾驭复杂局面的能力。

五年来，我们在重大机遇中乘势而上。面对中央第五次西藏工作座谈会胜利召开，国家支持力度进一步加大，青藏铁路通车运营等重大机遇，在党中央、国务院和全国人民的关怀支持下，全区各族人民抢抓机遇、只争朝夕，有力地推动了科学发展、跨越式发展和长治久安。中央关心、全国支援鼓舞了我们的斗志，更加坚定了我们在党的领导下走社会主义道路的信心和决心。

五年团结奋斗，全区各族人民创造了无愧于这个伟大时代的光辉业绩，成就来之不易。这是以胡锦涛同志为总书记的党中央正确领导、全国人民无私支援的结果，是自治区党委坚强领导、科学应对的结果，是全区各族人民团结拼搏、共同努力的结果。在此，我代表自治区人民政府，向付出辛勤劳动的全区各族人民，向全国人民特别是承担对口支援的省市、中央国家机关和重要骨干企业，表示崇高的敬意！向给予政府工作大力支持的人大代表和政协委员，向驻藏人民解放军、武警官兵、政法干警，表示诚挚的谢意！向关心、支持我区改革开放和现代化建设的海内外各界人士，表示衷心的感谢！

五年的光辉实践，积累了弥足珍贵的经验，我们深深体会到：

必须始终坚持党的领导，这是我们一切事业沿着正确方向前进的根本保证。中国共产党是我们各项事业的领导核心。只有全面深入贯彻党的路线方针政策，始终与以胡锦涛同志为总书记的党中央保持高度一致，不折不扣地贯彻落实自治区党委的决策部署，才能统一思想，真正走出一条有中国特色、西藏特点的发展路子。

必须始终坚持深入贯彻落实科学发展观，这是我们建设社会主义新西藏的强大思想武器。科学发展观是马克思主义关于发展的世界观和方法论的集中体现。只有把科学发展观贯彻落实到经济社会发展的各个方面、各个环节，才能实现经济发展、生活宽裕、生态良好、社会和谐、文明进步的有机统一。

必须始终坚持中央关于西藏工作的指导思想，这是我们建设社会主义新西藏的行动指南。西藏工作指导思想是中央治藏方略的总结与发展，凝聚着历代中央领导集体的智慧和心血，充分反映了西藏各族人民的意愿和期盼。只有始终坚持“一个中心、两件大事、四个确保”，才能加快推进小康西藏、平安西藏、和谐西藏、生态西藏建设的伟大事业。

必须始终坚持共同团结奋斗、共同繁荣发展，这是我们建设社会主义新西藏的重要保障。民族团结是全区各族人民的生命线。只有高举民族团结的旗帜，牢固树立“三个离不开”的思想，促进各民族之间交往交流交融，才能让西藏各族人民紧紧团结在党的旗帜下、祖国的怀抱里，和睦相处、和衷共济、和谐发展。

必须始终坚持发展这个第一要务，这是我们解决西藏所有问题的基础和关键。缩小差距、改变面貌要靠发展，为民谋利、改善生活要靠发展，巩固安定团结和谐的局面更要靠发展。只有大力实施“一产上水平、二产抓重点、三产大发展”的经济发展战略，进一步更新发展观念，转变发展方式，提高发展质量，才能推动西藏在科学发展的轨道上实现跨越式发展。

必须始终坚持把保障和改善民生作为一切工作的出发点和落脚点，这是我们推进西藏跨越式发展和长治久安的最终目的。民生凝聚民心，民心关乎和谐。只有突出改善农牧民生产生活条件，增加农牧民收入，切实解决人民群众最关心、最直接、最现实的利益问题，实现好、维护好、发展好最广大人民的根本利益，才能让各族人民共享发展成果，共同致力于社会主义新西藏的繁荣进步。

必须始终坚持稳定压倒一切的思想，这是我们建设和谐西藏的首要政治任务。社会和谐稳定，是实现经济社会跨越式发展的前提。只有紧紧抓住西藏的特殊矛盾，把反对分裂、维护稳定、维护国家安全作为硬任务、第一责任，谋长久之策，行固本之举，才能推动西藏在社会和谐的进程中实现长治久安，才能真正把西藏构筑为稳固的国家安全屏障。

在总结成绩的同时，我们也清醒地看到，我区推进跨越式发展和长治久安还面临着一些困难和问题。由于特殊的自然、历史和社会因素，我区总体上仍属于欠发达地区，人民日益增长的物质文化需要同落后的社会生产之间的矛盾是我区社会的主要矛盾，推动跨越式发展的任务十分繁重。基础设施建设还不能完全满足跨越式发展的需要，自我发展能力严重不足；农牧民持续稳定增收的渠道还不宽，增收长效机制有待进一步建立完善；社会事业发展相对滞后，基本公共服务均等化水平不高；城乡发展不平衡、区域发展不协调的状况依然存在；生态和发展的矛盾日益显现；就业观念还需进一步转变，就业形势较为严峻；公务员队伍建设有待进一步加强，极少数干部作风较差、办事效率低下，与科学发展、跨越式发展和长治久安的要求还不相适应。同时，由于达赖集团在国际敌对势力支持下一直没有停止渗透破坏活动，我区还存在着各族人民同以达赖集团为代表的分裂势力之间的特殊矛盾，我们同达赖集团的斗争是长期的、尖锐的、复杂的，有时甚至是激烈的，反对分裂、维护社会稳定的任务艰巨。

发展中的困难和问题要用发展的办法加以解决。我们要更加珍惜大好形势，更加珍惜历史经验，更加珍惜宝贵机遇，坚定信心，乘势而上，继续保持好跨越式发展的良好势头，切实维护好安定和谐的政治局面，向着全面建设小康社会的新征程奋勇迈进。

“十二五”时期的指导思想、基本要求和奋斗目标

“十二五”时期是推进西藏跨越式发展和长治久安、全面建设小康社会的攻坚时期。明确今后五年的指导思想、基本要求和奋斗目标，对全局工作具有至关重要的作用。

《纲要》提出“十二五”时期的指导思想是：**高举中国特色社会主义伟大旗帜，以邓小平理论和“三个代表”重要思想为指导，深入贯彻落实科学发展观，全面贯彻落实党的十七届五中全会、西部大开发工作会议、中央第五次西藏工作座谈会、区党委七届七次全委会和区党委工作会议精神，坚持党的领导，坚持社会主义制度，坚持民族区域自治制度，坚持走有中国特色、西藏特点发展路子，以科学发展、跨越式发展和长治久安为主题，以实施“一产上水平、二产抓重点、三产大发展”的经济发展战略、加快转变经济发展方式为主线，以改革开放为动力，以民族团结为保障，以保障和改善民生为出发点和落脚点，以生态环境保护与建设为重要内容，巩固和扩大“十一五”发展成果，促进经济更好更快更大发展和社会和谐稳定，为到2020年同全国一道实现全面建设小康社会的宏伟目标打下坚实的基础。**

实现“十二五”更好更快更大发展，必须始终突出科学发展、跨越式发展和长治久安这个主题。这是由我区社会的主要矛盾和特殊矛盾所决定的。西藏是欠发达地区，只有始终坚持科学发展，更加注重以人为本，更加注重全面协调可持续发展，更加注重统筹兼顾，更加注重保障和改善民生，促进社会公平正义，才能充分发挥后发优势，实现更好更快更大发展。西藏是边境地区，处于反分裂斗争前沿，只有切实维护社会稳定，促进长治久安，构筑牢固的国家安全屏障，才能确保更好更快更大发展。“十二五”时期，我们必须坚决按照中央决策和区党委部署，更加积极、更加主动、更加自觉地把这个主题作为一种政治责任和历史使命，凝聚各方力量，在科学发展的轨道上推动跨越式发展，在社会和谐的进程中促进长治久安。

必须始终贯穿大力实施“一产上水平、二产抓重点、三产大发展”的经济发展战略、加快转变经济发展方式这条主线。党的十七届五中全会强调，推动科学发展，必须把经济结构战略性调整作为主攻方向，把科技进步和创新作为重要支撑，把保障和改善民生作为根本出发点和落脚点，把建设资源节约型、环境友好型社会作为重要着力点，把改革开放作为强大动力，加快转变经济发展方式，提高发展的全面性、协调性、可持续性。这对我区工作具有深远的指导意义。实施“一产上水平、二产抓重点、三产大发展”的经济发展战略，是立足实际，坚持科学发展，加快转变发展方式，提高发展质量的行动指南。一产上水平，就是要着力改变落后的生产经营方式，加快建立新型农牧业社会化服务体系，大力发展特色农牧业及加工业，努力提高农牧业发展的科技含量，积极推动农牧业产业化经营，促进传统农牧业向现代农牧业转变；二产抓重点，就是要以清洁能源产业、特色农畜产品加工业、优势矿产业、建筑建材业、藏药业、民族手工业等为重点，整合资源，高起点、大规模推进，走出一条有中国特色、西藏特点的新型工业化路子；三产大发展，就是要充分发挥精品旅游业和特色文化产业的带动作用，大力发展现代服务业，加快发展与工农业生产密切相关的服务业，提升传统服务业，真正形成具有地方特色和比较优势的战略支撑产业。

“十二五”时期经济社会发展的基本要求是：**坚持加快发展，着力在增强自我发展能力上取得突破；**

坚持共享发展，着力在保障和改善民生上取得突破；坚持可持续发展，着力在生态环境保护与建设上取得突破；坚持和谐发展，着力在长治久安能力建设上取得突破；坚持统筹发展，着力在优化空间发展布局上取得突破；坚持创新发展，着力在体制机制完善上取得突破。这六个方面，既是我区深入贯彻落实科学发展观，着力转变经济发展方式、提高发展质量必须坚持的基本原则，也是我区“十二五”期间在科学发展轨道上推动跨越式发展的目标要求。

根据“十二五”期间面临的形势和任务，《纲要》提出了经济发展、人民生活、公共服务、基础设施、生态环境、改革开放和社会稳定等七个方面的目标，主要包括：**继续保持跨越式发展势头，地区生产总值年均增长12%以上，地方财政一般预算收入年均增长15%以上。人民生活水平显著提高，农牧民人均纯收入年均增长13%以上，城镇居民人均可支配收入持续增加；五年城镇新增就业人数超过10万人，城镇登记失业率控制在4%以内。基本公共服务能力显著提高。基础设施建设取得重大进展。生态环境进一步改善，到2015年单位地区生产总值能耗降低15%，主要污染物排放总量控制在国家核定范围内。改革开放不断深化。社会保持持续稳定。**

这七个方面的目标，其中城镇新增就业人口、单位地区生产总值能耗等6项，是约束性指标，是必须确保完成的；其他指标是预期性指标，是导向性的，是要努力达到的。

“十二五”规划纲要突出了战略性、纲领性、综合性，增强了指标的约束性；围绕要解决的主要问题和重点发展领域，提出了努力方向和相应的政策措施。规划纲要的制定，充分发扬民主，广泛听取意见和建议，使规划纲要既集中体现党委、政府的决策意图和施政方针，又凝聚各方共识和群众智慧，是全区各族人民建设团结、民主、富裕、文明、和谐的社会主义新西藏的行动纲领。

“十二五”时期主要任务

《规划纲要》提出“十二五”时期的任务，涉及到方方面面。这里，我着重报告六个方面：

一、着力保障和改善民生

扎实推进以安居乐业为突破口的社会主义新农村建设。解决民生的重点领域在农牧区，重点对象是农牧民，重点工作是抓好“首要任务”。全面落实强农惠农政策，突出加快农牧区基础设施建设和发展特色农牧业两个重点，建立农牧业增产增效和农牧民增收的长效机制。加快实施水、电、路、讯、气、广播影视、邮政和优美环境“八到农家”工程，切实改善农牧区面貌。继续实施农牧民安居工程和防震加固工程，到2013年实现所有农牧民住进安全适用房屋的目标。全面推进农村人居环境建设与环境整治工程。继续实施最严格的耕地保护制度，调整农牧业结构，保障青稞为主的粮食安全，大力发展畜牧业，提高综合生产能力。加大农牧业科技创新和转化力度，建立新型农牧业社会化服务体系，不断提高农牧业现代化水平。加强农业政策性金融服务，增加金融机构营业网点，稳步推进农牧区保险，扩大范围、增加险种。专项扶持，大力发展由基层组织控股、能人经营、群众入股的股份合作制式的乡村集体经济，切实增强基层政权组织的凝聚力和影响力。加强组织和培训，大力培养新型农牧民，倡导健康文明生活方式，促进富余劳动力转移和就业。加大扶贫开发力度。

努力提高城乡居民收入水平。不断拓宽农牧民增收渠道，进一步提高经营性、工资性、财产性、转移性收入，显著缩小与全国平均水平的差距。调整优化收入分配格局，提高劳动报酬占初次分配的比重，提高居民收入占国民收入的比重。健全工资指导线、劳动力市场工资指导价和行业人工成本信息发布制度。积极探索建立以工资集体协商为形式的企业工资决定机制，引导企业职工工资水平随着经济效益的增长逐步提高。提高低收入群体收入，完善最低工资制度，适时调整最低工资标准。

千方百计扩大就业。坚持用发展的方法解决就业问题，不断增强各类产业吸纳就业的能力。完善鼓励创业的政策体系，优化创业环境，促进以创业带动就业。引导大学生转变就业观念，鼓励自主创业和自谋职业，鼓励到企业、基层和艰苦地区施展才华。积极开发公益性岗位，重点解决城镇"零就业"家庭和困难群体就业问题。做好复退军人教育培训和安置就业工作。加快建立培训、就业、维权三位一体的工作机制，大力组织劳务输出，积极引导转移就业，加强就业和再就业服务。加快人力资源市场和信息网络建设。全面推行劳动合同制度，完善劳动人事争议调解仲裁制度，建立和谐劳动关系。

健全社会保障体系。完善覆盖城乡的养老、医疗、失业、工伤和生育等社会保险制度，扩大覆盖范围，提高保障水平。提升社会保险统筹层次，逐步实现自治区级统筹，完善养老、医疗保险关系的跨省转移接续。建立健全城镇居民基本养老保险，稳步提高企业离退休人员养老金水平，完善新型农村社会养老保险制度。解决好被征地农牧民和退牧牧民的社会保障问题。完善城乡居民最低生活保障制度和特困群众生活、医疗救助制度。加大对受灾群众的救助力度。推行农村五保户集中供养。发展以扶老、助残、救孤、济困、赈灾为重点的社会福利、慈善事业。加大保障性住房建设力度，完善城镇住房保障体系。

加快医疗卫生事业发展。完善城乡医疗卫生机构设施和功能，实现每个县有标准化医院、每个中心乡镇有标准化卫生院、每个行政村有卫生室、每个街道办事处有社区卫生服务中心。加强区、地、县三级疾病预防控制体系建设，抓好传染病、地方病、高原病的防治工作。大力扶持藏医药发展。不断完善村级卫生服务网络，加大基层卫生人员培训力度，推进以全科医生为重点的基层医疗卫生队伍建设。建立健全乡村医疗卫生机构和医务人员补助政策。提升医疗卫生服务、突发公共卫生事件应急处置、远程医疗能力和水平。完善药品检验、监测、监管基础设施和供应保障体系，健全区、地、县三级食品药品和卫生监管体系。继续实施"农牧民健康促进行动"。加强人口和妇幼保健工作，倡导优生优育，明显降低孕产妇和婴儿死亡率。

大力推进文化事业发展。继续实施文化信息资源共享、送戏下乡、送书下乡等文化惠民工程。推进地市图书馆和博物馆建设，积极发挥县综合文化中心功能，继续建设乡镇综合文化站、行政村文化活动室和农家书屋。加大"西新工程"、广播电视村村通工程、农村电影放映工程实施力度，加强各级新华书店建设。加强文化遗产和古籍的普查、保护及传承，继续实施重点文物保护维修工程，加快构建重要的中华民族特色文化保护地。加快发展特色文化产业，促进文化资源优势向文化产业优势转变。贯彻实施全民健身条例，发展高原特色体育事业。

二、科学推进跨越式发展

大规模建设基础设施。加快完善综合交通运输体系，加快干线公路整治改建，开工建设滇藏公路新通道，加强农村公路和国边防公路建设，实现国道和主要经济干线黑色化，县县通油路，60%乡镇通沥青或水泥路，具备条件的行政村、农林场和所有边防站点通公路；开工建设拉萨至林芝铁路，建成拉日铁路，开展川藏、滇藏铁路西藏段规划研究论证前期工作；加强航空建设，大力发展区内支线航空。以水电为主，油气和新能源互补，建设综合能源体系，到2015年电力人口覆盖率达到95%。建成藏木、老虎嘴、果多、多布等水电站，开展加查、街需等骨干电源点前期工作并适时开工建设，建设大型并网光伏电站；加快电网建设改造，建成青藏直流联网工程，完善电网骨干网架和城市配电网，实施无电地区通电工程。加快建设水利骨干工程，建成旁多水利枢纽工程，开工建设彭波灌区工程，推进拉洛水利枢纽工程和配套灌区前期工作并适时开工建设。加强小流域综合治理。继续实施城镇防洪、重点河段治理工程和病险水库除险加固、山洪灾害防治工程，大幅增加水库供水能力和灌溉面积，城市防洪达到设计防御标准。加强进出藏干线光缆、农村通信、应急通信、党政专用通信、宽带通信等建设，实施电子政务、“三网”融合、突发公共事件预警信息发布系统等工程，着力提高信息化水平。加强邮政建设，行政村通邮率达到90%。加强基础设施建设质量管理和建成后的运行管理，确保项目建设达到预期效益。

做大做强特色优势产业。科学规划、整合资源，集中扶持，依托特色产业园区，实行大集团引领、大项目支撑，加快培育旅游业、能源产业、特色农畜产品加工业、优势矿产业、藏医药业、民族手工业等战略支撑产业。加快实施旅游发展规划，加强旅游景区基础设施、服务设施和应急救援能力建设，大力发展农村旅游，努力提升旅游综合服务质量和水平，把西藏建成重要的世界旅游目的地。坚持走有中国特色、西藏特点的新型工业化道路，着力提升工业在国民经济中的比重。加强地质勘查工作，科学有序开发优势矿产资源，建设藏中藏东地区有色金属及铬铁矿产业基地和藏西盐湖资源开发基地。大力发展特色农牧业，抓好优势项目培育，建设青稞、牦牛、绒山羊等特色农畜产品及加工基地。挖掘传统优势、引进先进技术和工艺，完善藏药标准体系和检验监测体系，加快藏药产业化进程，推动藏药集约化、规模化、现代化发展。大力发展金融业，积极支持战略性投资参与特色优势资源开发。

增强投资消费协同拉动合力。加强汇报衔接，积极争取中央投资；认真完善招商引资政策，优化发展环境，引导和鼓励社会投资；做好受援工作，用好援藏项目资金，努力扩大各类投资规模。扩大农村消费，继续执行家电、家具、摩托车等下乡政策，加快农家店建设，支持大型连锁企业将营业网点延伸到农村；建立健全商业网点体系，加快发展商贸物流业；着力发展餐饮娱乐、文化健身、家政等服务性消费，巩固和提升旅游、住房、汽车等消费热点，提升城市消费水平；加强市场监管，合理引导消费行为，倡导文明、节约、绿色、低碳消费模式。

着力促进区域协调发展。合理确定、分类管理重点开发、限制开发和禁止开发三类主体功能区，科学利用国土空间，实现人口与经济的可持续发展。积极发挥资源和人口聚集优势，全面改善投资环境，把中部经济区打造成为全区特色优势产业发展的战略高地、在国家西部地区有重要影响的经济中心，有国际影响力的旅游目的地、中转地和促进国家区域协调发展的重要支撑点，全区最大的综合交通枢纽、商贸物流中心和金融中心，现代工业发展基地和文化产业培育基地。以开发水能、矿产资源为主导，发挥毗邻川滇两省的区位优势，把东部经济区建成连接藏川滇青的交通枢纽、商贸中心、有色金属生产基地、“西电东送”接续能源基地和“三江”流域精品旅游区，积极融入成渝经济圈。发挥沿边区位优势，完善交通基础设施，在西部经济区打造神山圣湖—古格遗址精品旅游路线，适度发展矿产业，积极发展特色畜牧业和边境贸易。科学规划，合理布局，完善城镇基础设施，大力发展县域经济，促进人口适度集中，提高城镇的聚集效应和辐射能力，建立有西藏特色的城镇体系。科学制定边境地区发展规划，把边境地区作为重点区域，重点倾斜、重点投入、重点发展，使边境地区群众生产生活条件得到显著改善。继续实施“兴边富民”行动，大力扶持门巴、珞巴等人口较少民族地区发展。

三、深入实施科教兴藏战略和人才强区战略

优先发展教育事业。推进城镇学前三年、农牧区学前两年“双语”教育，学前教育毛入园率达到60%。巩固提高义务教育，确保不再出现新的文盲。加快发展普通高中教育，适度扩大内地高中办学规模。大力发展中等职业教育，继续在内地举办西藏中职班。优化提升高等教育，扩大招生规模。高度重视特殊教育。深化教育体制改革，建立现代学校管理制度，创新培养模式、教育管理和办学体制；大力实施素质教育，坚持育人为本、德育为先，促进学生德智体美全面发展。继续改善各类学校办学条件，加强寄宿制学校建设；农牧区学前“双语”教育实行免费政策，继续实施农牧民子女义务教育“三包”政策、实现全覆盖并提高补助标准，将高中阶段农牧民子女全部纳入“三包”政策范围，实行中等职业教育免费政策，让所有孩子能够上学、上得起学、上得好学。

大力推进科技进步。完善科技创新体制机制，围绕特色农牧业、生物产业、藏医药业、新能源、新材料、高原生态与环境、矿产资源开发等重点领域，积极引进和研发新技术、新工艺、新设备，加快科技成果转化，提高科技创新能力。引导和支持创新要素向企业集聚。积极推广农牧业先进适用技术。大力实施《全民科学素质行动计划纲要》，提高全民科学素质。加大知识产权保护力度。

加强人才队伍建设。依托区内外教育资源和对口援藏的有利条件，大力培养急需紧缺人才。围绕特色优势产业、新兴产业、民生改善和重大项目建设需要，加大急需紧缺人才引进力度。优化人才结构和布局，统筹推进各级各类人才队伍建设，构建与我区跨越式发展和长治久安相适应的人才队伍。破除人才流动的体制性障碍，优化人才流动配置机制，营造优秀人才脱颖而出的制度环境和社会环境。

四、构建国家生态安全屏障

加快实施西藏生态安全屏障保护与建设规划。把生态环境保护与建设放在突出位置，合理开发和高效利用资源，大力推进资源节约型、环境友好型社会建设，构建更加稳固的生态安全屏障。整体推进天然林保护、天然草地保护、防沙治沙和水土保持等重点工程，加强自然生态系统保护和退化生态系统修复与重建。加强大江大河源头区、湿地及生物多样性保护。规范化建设自然保护区。加强草原生态建设，积极稳妥进行生态搬迁。到2015年，重点区域可治理沙化土地治理面积达到30%，森林覆盖率达到12%以上，“一江两河”重点地区土地沙化状况得到明显改善。

建立健全生态补偿机制。衔接落实中央财政森林生态效益补偿基金政策，逐步提高国有公益林森林生态效益补偿标准。全面建立和完善草原生态保护奖励机制。推进湿地、水土保持、水资源保护等生态效益补偿和资源开发生态补偿试点。加大对自然保护区、重要生态功能区、重要战略储备矿产资源所在地财政扶持力度。建立矿山环境治理和生态恢复责任机制。加强地质灾害防治工作。

加强节能减排和环境执法监管。鼓励推广应用节能环保的新工艺、新技术、新设备、新材料，大力推广使用清洁能源，扎实推进节能、节水、节地、节材工作。加强城镇污水、垃圾处理等环境基础设施建设，开展重点区域环境综合整治，加强企业污染治理，妥善处置医疗废物和危险废物，减少污染物排放。加强饮用水水源地保护。加大重金属和土壤污染防治力度。加强辐射环境管理。加大对资源开发和基础设施建设的环境执法监管力度，严格开发建设规划和建设项目环境影响评价，严把生态环境关、产业政策关、资源消耗关。建立健全重大环境事件和污染事故责任追究制度。

强化生态环境监测。建设标准化的环境监测网络，加强对主要江河、重点区域水质、空气质量监测，完善环境应急系统，提高环境应急响应能力。建立生物多样性监测、评价和预警制度。建设功能齐全、布局合理的水文、水资源监测体系。优化气象观测站网布局，改善气象观测设施，加强对极端天气和气候事件的监测、预警，提高气候变化监测和服务能力。

五、深化改革扩大开放

加快改革攻坚步伐。完善草场承包经营制度，稳步推进集体林权制度改革，加快农牧区水利水电管理体制改革，深化农牧区综合改革；允许农牧民以多种形式流转土地承包经营权。继续推进粮食流通体制改革。深化就业、社会保障体制和收入分配制度改革。全面落实医药卫生体制改革方案。深化国有企业改革。加快现代市场体系建设，完善商品市场，建立健全要素市场。积极推进行政管理体制改革，稳步推进事业单位改革和文化体制改革。

深化财税金融改革。建立公共预算体系、基本公共服务均等化标准化体系和公共支出绩效评价体系，完善预算编制和执行管理制度，继续深化和完善国库集中收付制度改革。改革和完善税收制度，健全地方税体系。强化税收征管，确保应收尽收；全面加强非税收入管理。认真落实中央赋予西藏的特殊优惠金融政策，争取各国有商业银行总行对在藏分支机构实行差异化信贷管理办法和单独考核机制，扩大有效信贷投入，确保所吸收的存款主要用于服务西藏经济社会发展。支持国家政策性银行在藏设立分支机构，完成地方性法人银行组建。加快推进村镇银行、小额贷款公司、农村资金互助社等新型农村金融机构建设。健全信用担保体系，建立和完善信贷、担保风险补偿机制。创新金融产品，为中小企业和城乡居民提供优质、高效、便捷金融服务。积极推进资本市场建设，支持企业股份制改组和上市。

放手发展非公有制经济。完善落实优惠政策，营造良好环境，大力培育各类市场主体，引导民营资本参与国有企业改组改造，积极发展混合所有制经济。鼓励非公有制经济做大做强，支持非公有制企业实施品牌战略，争创名牌产品。加强对非公有制企业的服务与监管，积极引导非公有制企业在推动发展、促进民生方面发挥更大作用。

进一步提高开放水平。牢固树立开放意识，立足区情和资源优势，加大“请进来”、“走出去”工作力度，积极主动融入全国经济发展大循环。优化发展环境，充分利用区内外两个市场、两种资源，加强与对口援藏省市和中央重要骨干企业的交流合作，积极引进国内外知名企业，加强合作，实现互利共赢。明确定位、功能互补，突出特色、合理布局，加快发展和提升园区经济。大力发展边境贸易，加强口岸基础设施建设，重点建设吉隆口岸，稳步提升樟木口岸，积极恢复亚东口岸，加快发展普兰和日屋口岸。抓紧规划，加大投入，推动吉隆跨境经济合作区建设迈出实质性步伐，加快建设南亚贸易陆路大通道。

六、深入推进和谐社会建设，确保长治久安

深入开展反分裂斗争。高举维护社会稳定、维护社会主义法制、维护人民群众根本利益、维护祖国统一、维护民族团结的旗帜，始终坚持中央对达赖集团斗争的方针，紧紧依靠各族人民，谋长久之策，行固本之举，牢牢掌握反分裂斗争的主动权。持续深入开展揭批达赖集团活动，让各族干部群众认清达赖集团政治上的反动性、宗教上的虚伪性、手法上的欺骗性，进一步增强与达赖集团进行斗争的坚定性、自觉性和主动性。着力构建反渗透、反颠覆、反分裂防控体系，坚决抵制国际敌对势力和达赖集团的思

想文化渗透，坚决杜绝有害言论的传播；严密掌握分裂分子和敌对势力的动向，严厉打击各种分裂破坏活动。加强边境管控，强化军警民联防联控。配合国家总体外交，增强涉藏外事外宣工作的针对性和有效性，进一步挤压达赖集团的国际活动空间。

扎实做好民族工作。毫不动摇地坚持党的民族政策，牢牢把握各民族共同团结奋斗、共同繁荣发展的主题，把有利于民族平等团结进步、有利于各民族共同繁荣发展、有利于民族交往交流交融、有利于国家统一和社会稳定作为衡量民族工作成效的重要标准，不断巩固和发展平等团结互助和谐的社会主义民族关系。广泛开展民族团结进步宣传教育和民族团结进步创建活动，不断加强"三个离不开"教育，引导各族干部群众正确认识中华民族多元一体的格局，自觉抵制各种狭隘民族意识，坚决反对民族分裂意识，增强中华民族凝聚力。重视培养少数民族干部和妇女干部。进一步加强藏语言文字工作。

积极引导宗教与社会主义社会相适应。全面落实党的宗教工作基本方针，认真贯彻实施《宗教事务条例》和自治区实施办法，加快建立寺庙管理长效机制，维护正常宗教秩序。继续坚持"划清两个界限、尽到一个责任"政策原则和工作要求，深入开展寺庙法制宣传教育，扎实开展平安和谐寺庙建设活动，加强对广大信教群众教育引导。强化依法管理，保护正常宗教活动，严厉打击利用宗教从事分裂破坏活动，实现寺庙管理规范化、法制化。坚持分级负责、属地管理，建立健全地（市）、县、乡三级宗教事务管理网络和责任制。完善藏传佛教学经体系和佛学学位制度。实施藏传佛教界代表人士教育培养工程，努力造就政治上靠得住、宗教上有造诣、品德上能服众的宗教界代表人士队伍。

建设社会主义核心价值体系。坚持用中国特色社会主义理论体系武装教育干部群众，用中国特色社会主义共同理想凝聚力量，用以爱国主义为核心的中华民族精神、以改革创新为核心的时代精神和以艰苦奋斗为核心的"老西藏"精神鼓舞斗志，把以热爱祖国为荣、以危害祖国为耻放在首位，用社会主义荣辱观引领风尚，打牢全区各族人民共同团结奋斗、共同繁荣发展的思想基础。广泛深入宣传党的惠民富民政策，让各族群众真正明白惠从何来、惠在何处。大力加强思想政治教育，引导青少年学生牢固树立中华民族意识、国家意识和科学世界观，引导寺庙僧尼和信教群众不断增强中华民族意识、国家意识、法制意识、公民意识。不断拓展群众性精神文明创建活动，深入推进社会公德、职业道德、家庭美德和个人品德建设，倡导健康文明的生活方式。综合运用法律、教育、行政、舆论手段，引导人们知荣辱、讲正气、尽义务，形成文明进步、昂扬向上的社会风气。

加强和创新社会服务与管理。坚持打防结合、预防为主、专群结合、依靠群众的方针，构建完善高效的社会治安防控体系。深入开展社会治安突出问题和重点地区集中整治，严厉打击各种犯罪活动，坚决铲除黑恶势力，遏制宗族势力和复旧势力。进一步加大信访工作力度，更加注重从源头上、基础上做好矛盾纠纷排查化解工作，及时掌握社情民意，及时引导社会舆情，及时化解苗头隐患，严防达赖集团和其他敌对势力插手利用。健全和创新社会管理体制，加强流动人口服务和管理，建设管理有序、服务完善、文明祥和的新型城乡社区。加强应急体系建设，完善应急预案，健全突发事件的预警和应急机制。进一步加强安全生产，确保人民群众生命财产安全。

夯实基层基础。以农牧区为重点，把基层政权组织建成推动发展、促进和谐、反对分裂、维护稳定、服务群众、凝聚人心的坚强战斗堡垒。加强农牧区村级组织活动场所建设、社区综合服务设施建设和乡镇派出所、司法所建设。加大对基层公务员培训和管理力度，提升基层干部素质和能力。加强民族宗教部门力量建设。不断改善乡村干部工作条件和生活待遇。改善和提高基层政法单位基础设施条件和装备水平，充实乡镇基层政法力量，不断提高战斗力。

支持国防建设。积极为国防和军队建设创造条件，推进军民融合式发展。深入开展双拥共建活动，巩固和发展新时期军政军民团结。加强国防教育，强化国防观念，增强国防动员能力，提高全民国防素质，推进经济动员、装备动员、人民武装、人民防空规范化建设。

各位代表，今年是中国共产党成立90周年和西藏和平解放60周年，是实施“十二五”规划的开局之年，扎实做好各项工作，具有十分重要的意义。

2011年经济社会发展的主要目标是：**全区生产总值增长12%以上，单位地区生产总值能耗控制在国家规定范围内；农牧民人均纯收入增长13%以上；地方财政一般预算收入增长15%以上；全社会固定资产投资增长18%以上；社会消费品零售总额增长18%以上；居民消费价格总水平涨幅控制在3.5%以内；城镇登记失业率控制在4.0%左右。**

今年，政府将突出做好以下八个方面的重点工作：**一是**继续大力实施以安居乐业为突破口的社会主义新农村建设，大力抓好“八到农家”配套建设，开展1000个行政村的人居环境建设和环境综合整治工作，千方百计增加农牧民收入。**二是**毫不放松地抓好重点项目建设，开工一批急需项目，加快在建项目进度，强化重点项目储备，争取国家尽快审批“十二五”项目方案，力争全年落实国家投资260亿元，抓紧出台和落实促进民间投资的实施意见。**三是**充分挖掘消费潜力，加强市场建设和管理，继续做好家电、家具、摩托车等下乡工作，全面加强价格调控监管，稳定市场物价，努力扩大城乡消费。**四是**大力实施“一产上水平、二产抓重点、三产大发展”经济发展战略，完善企业集团运行机制，加快特色优势产业规模化步伐，抓好产业园区的建设和发展，走品牌化的发展道路。**五是**加快发展以保障和改善民生为重点的社会事业，深入推进教育发展，做好学前“双语”教育工作，提高“三包”标准；继续深化医疗卫生体制改革，加快医疗卫生事业发展；积极做好就业工作，研究制定鼓励我区高校毕业生到内地就业的政策，做好残疾人就业工作；加快完善社会保障体系，着力扩大覆盖范围，提高统筹层次，启动实施城镇居民养老保险制度；深化文化体制改革，促进文化大繁荣；关心和解决低收入群体的生活困难，进一步提高农牧民最低生活保障标准，加快保障性住房建设，促进发展成果人民共享。**六是**加快实施西藏生态安全屏障保护与建设规划，落实好森林生态效益补偿基金，全面建立草原生态补助奖励机制，开展生态效益补偿和资源开发补偿试点，大力开展植树造林，加强环境综合整治，严格环境执法监管。**七是**加快边境地区发展，研究制定优惠政策，加大扶持力度，着力改善边境地区群众生产生活条件，千方百计增加边民收入，推进国家安全屏障建设。**八是**坚定不移地抓好各项维稳工作，推动平安西藏、和谐西藏建设。

与时俱进建设人民满意的政府

为实现“十二五”规划目标任务，各级政府必须正确看待经济社会环境的新变化，准确把握改革发展稳定的新形势，及时回应人民群众的新期待，切实增强责任感和使命感，进一步加强政府建设，不断提高推进科学发展、跨越式发展和长治久安的能力和水平，切实做到为民、务实、清廉。

执政为民，全心全意为人民服务。始终坚持党的群众路线和根本宗旨，始终保持人民政府为人民的本质要求，始终保持同人民群众的血肉联系，深入了解民情、充分反映民意、广泛集中民智、切实珍惜民力，努力做出经得起实践、人民、历史检验的实绩。要满怀对人民群众的深厚感情，深入基层，调查研究，倾听群众呼声，关心群众疾苦，从解决人民群众最关心、最直接、最现实的问题入手，以为群众解难事、办实事、做好事的实际行动和效果，取信于民，让各族群众共享改革发展成果，真正做到权为民所用、情为民所系、利为民所谋，增强党和政府的凝聚力和号召力。

转变职能，不断优化发展环境。把市场主体满意、人民群众满意作为服务的最高标准，把服务市场主体、服务人民群众作为履职的根本责任，把引商、安商、稳商、富商和便民、利民、惠民作为工作的第一要求，积极创造好的环境，努力维护好的环境。创新行政管理模式，在加强和改善经济调节、市场监管的同时，更加注重社会管理和公共服务。理顺部门职能分工，优化工作流程，改进服务方式，提高服务质量，使机关运转更为规范协调、工作更加便民高效，更好地为基层、企业和公众服务。

依法行政，推进法治政府建设。自觉接受人大及其常委会的监督和政协的民主监督，依法保障群众监督政府的权力，支持新闻媒体对政府的舆论监督。全面推进政府信息公开、办事公开，健全新闻发布会制度，提高工作透明度。坚持依法科学民主决策，规范行政决策程序，完善行政决策风险评估机制，加大重大决策的跟踪反馈和责任追究力度。严格公正文明执法，依照法定权限和程序行使权力、履行职责。积极推进“六五”普法工作，加强法律知识学习，提高运用法治思维和法律手段解决经济社会发展中突出矛盾和问题的能力。

恪尽职守，提高政府行政效能。各级政府和工作人员必须增强责任意识，切实履行职责，不断加强行政效能建设。自治区的工作部署和重大事项一经法定原则和程序作出决策，必须雷厉风行，坚决贯彻，坚决落实。各级政府必须明确职责，健全职能，防止权责脱节，减少职能交叉。进一步完善行政首长负责制、绩效考核制和监督约束机制，实行无为问责制和责任追究制，坚决纠正行政不作为和行政乱作为。加强督查督办，确保工作部署事事有着落、件件有成效。加强政务服务中心建设，优化办事程序，提高工作效率。

清正廉洁，提升政府公务员素质。加强廉政建设和反腐败斗争，注重治本，建立健全教育、制度、监督并重的惩治和预防腐败体系。认真落实党风廉政建设责任制，严格要求、严格教育、严格管理、严格监督政府机关工作人员。坚决抵制和反对一切消极腐败现象，加大在土地批租、工程招投标、产权交易、政府采购、矿产资源开发等领域的反腐倡廉力度。重点加强对领导干部、人财物管理使用、关键岗位的监督，健全质询、问责、经济责任审计、引咎辞职、罢免等制度。坚决纠正损害群众切身利益的不正之风，大力查处各种违法违纪案件，对任何腐败分子，依法严惩，决不姑息。严禁赌博和借婚丧嫁娶大操大办敛财敛物。加强公务员队伍建设，不断提高履职能力。

各位代表！中央第五次西藏工作座谈会，吹响了西藏全面建设小康社会的新号角。我们的事业神圣而崇高，前景光明而美好，责任重大而光荣。让我们在自治区党委的坚强领导下，紧密团结在以胡锦涛同志为总书记的党中央周围，高举中国特色社会主义伟大旗帜，以邓小平理论和“三个代表”重要思想为指导，深入贯彻落实科学发展观，全面贯彻中央第五次西藏工作座谈会精神，全力落实区党委七届七次全委会的决策部署，紧紧依靠全区各族人民，抓住机遇、乘势而上，艰苦奋斗、开拓进取，为圆满完成“十二五”时期的目标任务，为建设团结、民主、富裕、文明、和谐的社会主义新西藏而努力奋斗！

附录 3：

关于西藏自治区 2010 年国民经济和社会发展计划执行情况与 2011 年国民经济和社会发展计划草案的报告

——2011 年 1 月 10 日在自治区第九届人民代表大会第四次会议上

西藏自治区发展和改革委员会

各位代表：

受自治区人民政府委托，现将 2010 年国民经济和社会发展计划执行情况与 2011 年国民经济和社会发展计划草案提请自治区第九届人民代表大会第四次会议审议，并请自治区政协各位委员和各位列席代表提出意见。

一、2010 年国民经济和社会发展计划执行情况

2010 年是贯彻落实中央第五次西藏工作座谈会精神的第一年，也是西藏发展历史进程中的一个重要历史节点，前承“十一五”，后启“十二五”。一年来，自治区党委、政府带领全区各族人民，坚持以科学发展观为统领，认真贯彻落实党的十七届五中全会和中央第五次西藏工作座谈会及西部大开发工作会议精神，按照区党委七届七次全委会和区党委工作会议、全区经济工作会议、自治区九届人大三次会议的部署，坚持走有中国特色、西藏特点的发展路子，大力实施“一产上水平、二产抓重点、三产大发展”的经济发展战略，突出重点，统筹兼顾，狠抓首要任务，着力改善民生，努力扩大投资消费，推动特色产业发展，深化改革开放，全区经济社会保持了跨越式发展势头，“十一五”规划目标完成情况良好，为顺利启动“十二五”规划奠定了坚实的基础。中央召开第五次西藏工作座谈会，为我区经济社会发展注入了强大活力，有力地推动了全区跨越式发展步伐不断加快。一年来，贯彻落实中央第五次西藏工作座谈会的效益初步显现，“十一五”时期经济社会发展目标全面实现，年度目标任务圆满完成，全区经济总体上朝着预期方向健康发展，呈现出“一稳、三快、两强劲”的运行特征。“一稳”，全区经济保持平稳较快发展。2010 年，全区生产总值达 507.46 亿元，维持了三季度以来 12%以上的稳定增长，增速达到 12.3%，比上半年 11.2%加快 1.1 个百分点。其中，第一产业 68.13 亿元，同比增长 3.1%；第二产业 163.92 亿元，同比增长 14.1%；第三产业 275.41 亿元，同比增长 13.7%。“三快”，对外贸易、旅游业、财政收入保持快速增长。一是外贸快速增长，全年进出口总额达到 8.36 亿美元，同比增长 110%；二是旅游总人数快速增长，全年达到 685.14 万人次，同比增长 22.1%，远超年度计划 582 万人次的预期目标；三是财政收入快速增长，全年实现财政收入 36.65 亿元，同比增长 21.8%。全区各项税收收入预计达到 48.5 亿元，同比增长 39.9%。财政支出结构进一步优化，有效保障了重点领域发展。“两强劲”，投资和消费拉动经济增长势头强劲。2010 年落实国家投资 253 亿元，超过年度目标 33 亿元，再创历史

新高；全年完成全社会固定资产投资 463.26 亿元，同比增长 22.1%；社会消费品零售总额达到 180.84 亿元，同比增长 18.7%。农村城市消费呈现齐头并进的增长态势，农村消费增幅连续三年超过城镇消费。

（一）狠抓首要任务，社会主义新农村建设取得新进展

自始至终，我们围绕农牧民增收、改善农牧民生产生活条件这一首要任务，狠抓综合措施落实，扎实推进传统农牧业向现代农牧业转变，全区农牧业经济保持了稳定发展的势头。（1）农牧业生产持续平稳。加大政策落实和科技推广力度，狠抓农牧业生产管理，积极应对先旱后涝等自然灾害，农牧业实现稳产。预计，全年全区农林牧渔业可完成总产值 100 亿元，同比增长 4%；农作物总播种面积 367 万亩，粮经饲比例为 65∶20∶15；全区粮食总产量 92 万吨左右，比 2009 年增加 1 万吨；全区各类牲畜年末存栏 2254 万头（只、匹），牲畜出栏力度进一步加大，草畜矛盾得到进一步缓解。（2）农牧民生产生活条件明显改善。到 2010 年底，农牧民安居工程覆盖全区 27.48 万户、140 万农牧民，水、电、路、讯、气、广播电视、邮政等农村综合配套设施建设扎实推进；基本实现乡乡通光缆（宽带）、村村通电话，乡镇通邮率、乡镇通公路率和行政村通公路率分别达到 85.7%、99.7%、81.2%。预计年末，累计解决 153.24 万农牧民安全饮水问题，15 万户农牧民用上清洁的沼气能源。全区碘盐配送网络建成，农牧区碘盐覆盖率达 91.2%，基本实现消除碘缺乏病目标。（3）农牧民人均纯收入持续快速增长。坚持多措并举，充分发挥支农惠农政策促进增收的作用，努力挖掘农牧业特色产业内部增收潜力，进一步强化农牧民培训，扶持专业合作经济组织发展，开辟多元化的转移就业渠道，努力拓展农牧民增收空间。2010 年，全区农牧区富余劳动力转移就业达到 81 万人次，农牧民人均纯收入达到 4138.7 元，同比增长 17.2%，高出增长 13%的预期目标 4.2 个百分点。

（二）大力改善基础设施条件，发展后劲不断增强

自始至终，我们坚持“双联动”机制，在自治区主要领导的亲自带队下，多次赴京衔接汇报，积极协调解决项目实施过程中遇到的困难和问题，一大批重大项目陆续开工建设，建成项目逐步发挥效益，全区基础设施和基础产业的支撑作用明显增强。（1）交通基础设施加快完善。五条国道基本实现黑色化，拉萨至贡嘎机场公路进展顺利，墨脱公路嘎隆拉隧道胜利贯通。预计年底，全区次高级以上路面里程将接近 8200 公里，公路通车里程达到 5.8 万公里。航线网络不断完善，初步形成了以拉萨贡嘎机场为干线，以昌都邦达、林芝米林、阿里昆莎、日喀则机场为支线的机场布局。拉日铁路开工建设，青藏铁路安全运营，拉林铁路前期工作加快推进，我区铁路网络建设迈出新步伐。（2）能源建设取得新突破。全区装机容量最大的水电项目藏木水电站和世界上海拔最高、线路最长、施工难度最大的输变电工程青藏直流联网工程开工建设，无电地区电力建设加快推进，主电网建设和“户户通电”工程进展顺利。2010 年西藏电力装机总容量达到 97 万千瓦，用电人口近 238 万人，占总人口的 82%，无电人口减少到 52 万人。（3）水利基础建设全面实施。满拉、墨达、雅砻三大灌区顺利收尾，旁多水利枢纽工程进展顺利，江北灌区进入加速实施阶段，城镇防洪、农田水利、农村饮水安全工程加快建设，新增和改善灌溉面积 43.55 万亩，抵御自然灾害能力明显提高。水利基础设施对经济社会发展的保障能力进一步加强。

（三）努力保障和改善民生，人民生活水平不断提高

自始至终，我们把保障和改善民生作为各项工作的出发点和落脚点，大力实施社会主义新农村建设，加快推进社会事业发展。（1）城乡居民收入稳定增长。城镇居民人均可支配收入在 2007 年突破 1 万元大关后，2008、2009 年分别突破 12000 元、13000 元，2010 年达到 14980 元，比上年增长 10.6%。农牧民稳定增收， 2010 年全区农牧民人均纯收入突破 4000 元，连续 8 年保持两位数以上的增长。（2）社会事业全面发展。科教文卫设施建设重点推进。“两基”攻坚规划确定的各项任务全面完成，义务教育覆盖全区城乡，小学适龄儿童入学率达到 99.2%，8 所新建高中主体工程全部完成。基层医疗卫生服务体系进一步完善，完成了 95 个中心乡镇卫生院标准化建设，“一村一卫生室”在安居工程村级组织综合活动场所中全部配套建设。公共文化服务体系不断完善，实现县县有综合文化活动中心和信息共享中心的目标，“西新工程”、村村通工程等项目加快推进，广播电视人口综合覆盖率预计分别达到 90.3%、91.4%。扎什伦布寺等 22 处重点文物维修工程进展顺利，历史文化遗产得到有效保护。高校毕业生、退伍安置军人、农民工等重点人群就业形势基本保持稳定，高校毕业生就业率达到 80%以上，城镇新增就业 2.1 万人，城镇登记失业率控制在 4.0%以内。社会保障事业全面发展，各项社会保险制度进一步完善，覆盖面进一步扩大，保障水平不断提高。新农保试点覆盖全区所有乡镇，在全国率先实现新型农村养老保险制度全覆盖。

（四）着力增强自我发展能力，发展的质量和效益同步提升

自始至终，我们坚持全国支援和自力更生相结合，全方位、多领域、大范围加大投入力度，着力加强自我发展能力建设，推进经济社会全面协调可持续发展。（1）加快推进产业升级。结合培育特色优势战略支撑产业，扶持产业升级改造，加大了对藏医药业、矿产开发企业、民族手工业、绿色食饮品和新能源等特色优势产业的支持力度，鼓励企业建立研发机构共用（享）平台和推进传统产业升级改造。2010 年，实现工业增加值 39.73 亿元，其中规模以上工业增加值 29.25 亿元，同比增长 14%，占工业增加值的 73.6%。主要工业产品中发电量、啤酒、瓶（罐）装饮用水增速分别达到 13.5%、11.2%和 40.2%。全区 298 户国有企业主营业务收入 74.8 亿元，同比增长 15.5%；实现利润总额 13 亿元，同比增长 36.3%；上缴税金 10.5 亿元，同比增长 49.2%。（2）支持重点产业振兴和建设改造。国家批准的我区 37 个重点产业振兴和建设改造项目以及 5 个电子信息产业和 2 个服务业发展项目，已全部开工建设。项目完成后，将逐步提升企业市场竞争力和产业优势，扩大产业规模。（3）积极发展产业园区。经济技术开发区、工业园区、农业园区等在发展特色优势产业方面提供了重要的发展平台。截至年底，那曲物流中心招商引资工作顺利推进，已与相关企业签订 24 个协议项目，投资总额超过 12 亿元，其中 12 家企业已完成工商注册，注册资金超过 1 亿元；拉萨国家级经济技术开发区注册企业达到 235 家，入驻企业 49 家。

（五）着力推进发展方式转变，发展的协调性不断增强

自始至终，我们坚持以发展特色优势产业作为转变发展方式的重要抓手，大力推进农牧业产业化经营，加快资源优势向产业优势转变步伐，全面发展服务业，协调发展区域经济，经济发展的协调性不断增强。（1）三次产业结构进一步优化。农业基本稳定，工业、服务业快速增长。三次产业结构更趋优化，第二产业产值达到 163.92 亿元，工业化水平不断提升，造血功能不断增强；以旅游业为主导的服务业不断巩固。三次产业结构由 2005 年的 19.3∶25.5∶55.2，调整为 2010 年的 13.4∶32.3∶54.3。（2）内需结构不断优化。投资结构不断改善，基础设施、工业、民生工程投资持续增长，民间投资占全社会固定资产投资比重达到 27.9%，比 2005 年提高 11.2 个百分点，瑞吉酒店投产运营，香格里拉大酒店等外资项目开工建设。社会消费快速增长，传统服务业快速发展，城乡居民消费条件进一步改善，家电、家具、农机具等热点消费深入农牧区，超市、农贸市场等新兴流通业态带动农牧区消费大幅回升。投资和消费在拉动经济增长中齐头并进。（3）区域发展结构更趋优化。三大区域竞相发展，藏中地区核心增长区的辐射带动作用不断增强，藏东、藏西地区优势资源转化水平有了明显提升，三大区域内生发展能力不断提高。城镇化步伐加快，小城镇道路、供排水管网、垃圾收集站等基础设施建设得到加强，经济综合开发示范工程继续推进，小城镇的集聚效应不断增强。大力支持昌都解放 60 周年大庆项目建设，成功举办大庆庆典活动，有力地推动了藏东地区发展。

（六）积极构建两型社会，生态建设和环境保护成效明显

自始至终，我们把环境保护和生态建设作为生态文明建设的基础，把建设资源节约型、环境友好型社会放在我区发展的突出位置，促进生态保护和经济建设协调发展。（1）积极推进生态环境保护与建设。《西藏生态安全屏障保护与建设规划（2008-2030 年）》十大工程项目累计到位国家投资 25 亿元，退耕还林、天然草原退牧还草、小水电代燃料、水土流失治理、防沙治沙等工程进展顺利，全年完成人工造林 94 万亩，“十一五”累计达到 172 万亩。同时，在全国率先启动了西藏自治区草原生态保护奖励机制试点工作，促进了牧区经济社会和生态环境协调发展。（2）积极落实节能减排目标。加强环境监测、统计和考核，全区单位生产总值能耗持续降低，预计 2010 年实现单位生产总值能源消耗控制在 1.25 吨标煤/万元目标以内。主要污染物化学需氧量和二氧化硫排放实现年度减排计划。（3）加大环境影响评价力度。严格按照《国家产业指导目录》、《西藏自治区企业投资项目核准暂行办法》和自治区产业发展政策，限制高能耗、高污染项目审批，推进科学合理开发利用各种资源，环境影响评价工作逐步规范。

（七）切实加强经济调节，经济持续平稳较快增长

自始至终，我们认真贯彻落实中央精神和自治区决策部署，同时进一步加强和改善经济运行调控。（1）加强经济运行监测分析。始终把国民经济综合平衡作为落实好经济社会协调发展的重要手段，加大了经济运行监测预测和调节力度。全年全区地区生产总值突破 500 亿元，增速从一季度的 8.9%，二季度的 11.2%，到三季度的 12.2%，全年保持 12.3 的增长速度。（2）加强价格监督管理。及时出台了一系列平抑物价的政策措施，加强市场价格调控、监督和规范，开展了重大节庆日市场物价、政府“惠民购物卡”政策落实情况等检查，提出了全区粮油市场供应和价格稳定工作方案，建立了批零价格报告制度及价格应急监测信息网络平台，圆满完成了 2009 年度全区农畜产品成本调查数据基础资料统计汇总上报工作。2010 年居民消费价格指数 102.2，低于全国平均水平。（3）加强物资储备供应。加大了全区重要商品、大宗农产品和居民生活必需品的宏观调控力度，及时提出建立政府对大宗农产品市场的宏观调控体系和机制意见，确定了全区大宗农产品经营备选重点骨干企业名单，提高了青稞最低收购价格，充实了居民生活必需品储备数量，有效防止了市场供应脱销断档、物价过快上涨。

（八）深化改革扩大开放，发展的活力动力进一步增强

自始至终，我们不断加大改革开放力度，着力破解经济社会发展进程中的突出矛盾和问题，为推进科学发展注入新的生机与活力。（1）加快民生领域改革。全区医药卫生体制改革加快推进，进一步扩大基本医疗保险覆盖面，基本实现关闭破产国有企业退休职工全部参保，“降低孕产妇死亡率，消除新生儿破伤风”项目覆盖全区所有县。实施了基本药物制度，制定了财政补贴办法，已在 63%的基层医疗机构实行了国家基本药物制度。文化和教育体制改革顺利推进。（2）加快农牧区综合体制改革。加快推进草原生态保护、集体林权制度改革，乡镇机构、农村义务教育体制、县乡财政体制和健全农村公共服务体系等各项改革稳步推进。（3）加快社会主义市场体制改革。国有企业改革稳步推进，盐业总公司组建工作顺利完成，西藏旅游集团、西藏宇妥藏药产业集团组建完成，发展的环境日益优化，规模效益逐步显现。推进资源性产品价格改革，部分地市开展了城市水价改革。加快发展非公有制经济，全区市场主体发展迅速，全区各类市场主体首次突破 10 万户，达到 10.78 万户，注册资本突破 500 亿元，同比分别增长 9.3%和 15.7%。（4）加快投资体制改革。完善政府投资管理制度，研究起草了《关于进一步改善发展软环境的意见》和《西藏自治区关于加快推进承接产业转移工作的意见》。进一步加大招商引资力度，华泰龙甲玛多金属铜矿、娃哈哈绿色食饮品公司等落户西藏，为做大做强特色优势产业注入了新的活力。（5）提高面向内地的开放水平。突出对口援藏平台，加强与内地经济技术交流合作，探索建立经济援藏协调机制，协助国家发展改革委召开了全国经济对口支援西藏工作座谈会，进一步为我区发展注入了活力、增加了动力。预计 2010 年落实对口援藏资金 20.1 亿元，新一轮经济援藏工作全面启动。积极参与了上海世界博览会筹备、建馆和运行等工作，西藏馆成为世界博览会最热门的展馆之一，得到了中央、自治区领导的一致好评及国内外参观者认可，进一步扩大了西藏的影响。

“十二五”规划编制是 2010 年一项非常重要的工作。自治区党委七届七次全委会审议通过的《关于制定“十二五”时期国民经济社会发展规划的建议》，突出了“科学发展、跨越式发展和长治久安”这个主题，贯穿了“实施‘一产上水平、二产抓重点、三产大发展’的经济发展战略，加快转变经济发展方式”这条主线，是指导我区未来五年推进跨越式发展和长治久安的纲领性文件。根据区党委《建议》精神，编制完成了《西藏自治区“十二五”时期国民经济和社会发展规划纲要（草案）》，提交自治区第九届人民代表大会第四次会议审议。

二、2011 年经济发展环境的总体判断及发展的初步思路

（一）经济发展环境的总体判断

2011 年，我区经济社会发展面临的总体环境向好，中央进一步加大对西藏的支持力度，“十一五”目标任务全面实现，当前形势喜人，机遇前所未有。

一是推进发展的方向更加明确。中央第五次西藏工作座谈会在更大范围、更宽领域加大对西藏的支持力度，从物力、财力、人才、智力等各个方面给予西藏更多、更特殊、更优惠的政策，为我们推进跨越式发展和长治久安指明了方向、带来了新的宝贵机遇、提供了强大动力。一年来，全区深入贯彻落实中央第五次西藏工作座谈会精神，中央支持西藏的各项政策落实到位，发展的政策环境更加有利。区党委七届七次全委会确定了“十二五”时期我区经济社会发展的指导思想、总体思路、目标任务、重大举措，吹响了全面建设小康社会的新号角，描绘了我区未来五年发展的宏伟蓝图。下个五年发展方向更加明确，思路更加清晰，措施更加具体，为我们谋划推动科学发展明确了努力方向、提供了行动指南。

二是内外部环境更加有利。2010 年以来，党中央、国务院坚持实施应对国际金融危机的一揽子计划，加快推进经济发展方式转变，加强和改善宏观调控，全国经济继续朝着宏观调控的预期方向发展，经济

平稳较快发展的势头进一步巩固。中央第五次西藏工作座谈会、西部大开发工作会议的召开，对我区的支持力度进一步加大，政策措施更加明朗，为西藏跨越式发展提供了千载难逢的历史机遇，持续加快发展的利好因素不断增多。全国经济对口援藏工作会议，进一步明确了经济援藏工作的指导意见、经济援藏专项规划编制和援藏资金管理办法等，经济援藏工作机制化、规范化进程加快。

三是“十一五”圆满收官为“十二五”跨越式发展奠定了坚实的基础。“十一五”时期是我区争取国家投入最多、经济发展最快、城乡面貌变化最大、人民生活水平改善最明显的五年。“十一五”期间累计落实国家投资 873 亿元，超额完成“十一五”落实国家投资 821 亿元的目标任务，比“十五”期间增加 460 亿元，在“十五”的基础上实现翻番。拉日铁路、青藏直流联网工程、藏木水电站、林芝机场、旁多水利枢纽工程、墨脱公路等一大批铁路、机场、公路、能源、水利、通信等项目的开工建设和投入使用，显著改善了农牧民生产生活条件，有效缓解了我区经济社会发展的瓶颈制约，有力地推动了经济社会的跨越式发展。全区生产总值继 2007、2009 年分别突破 300 亿元、400 亿元之后，2010 年突破 500 亿元大关，在“十五”的基础上实现翻番。财政收入从 2006 年的 17.27 亿元到 2009 年突破 30 亿元，2010 年达到 36.65 亿元，实现了五年翻番。“十一五”规划经济社会发展目标全面完成，为推进“十二五”时期跨越式发展和长治久安奠定了坚实基础，西藏的发展已经站在了新的历史起点上。

机遇与挑战并存。在看到有利形势的同时，我们也必须清醒地认识到当前我区经济社会发展中面临的一些突出矛盾和困难，主要表现在：我区与全国处于不同的起点，面临解决贫困人口温饱和全面建设小康社会的双重任务，既存在整体发展水平不高，又存在发展不平衡问题，城乡差距和地区差距大，实现同全国其他地区协调发展特别是缩小同发达地区发展差距的任务繁重艰巨。生产力水平低和市场发育迟缓，产业结构仍然以传统产业为主，一产生产方式粗放、科技含量不高，二产规模小、档次低，三产整体发展滞后、关联程度低，人们的市场经济意识、商品意识还很薄弱，对外开放的水平和层次比较低，大规模开展经济建设的制约突出。社会事业总体水平相对滞后，困难群众多、群众困难多，经济与社会发展不协调，特别是农牧区医疗、教育、文化等基础设施仍然薄弱，社会保障体系覆盖范围比较窄、保障水平比较低，受区外物价上涨的影响，2011 年我区相对较高的物价水平可能持续一段时间，确保各族人民物质文化生活水平不断提高的任务还十分艰巨。

（二）总体要求和发展目标

初步考虑，2011 年经济社会发展的总体要求是：高举中国特色社会主义伟大旗帜，以邓小平理论和“三个代表”重要思想为指导，深入贯彻落实科学发展观，全面贯彻落实党的十七届五中全会和中央第五次西藏工作座谈会、西部大开发工作会议精神，坚持走有中国特色、西藏特点的发展路子，以科学发展、跨越式发展和长治久安为主题，以实施“一产上水平、二产抓重点、三产大发展”的经济发展战略、加快转变经济发展方式为主线，以改革开放为动力，以民族团结为保障，以保障和改善民生为出发点和落脚点，以生态环境保护与建设为重要内容，巩固和扩大“十一五”发展成果，促进经济更好更快更大发展和社会和谐稳定，为推进“十二五”期间经济社会在科学发展的轨道上实现跨越式发展开好局、起好步、奠定坚实基础。

2011 年，是实施“十二五”规划的开局之年。做好全年经济工作，为“十二五”起好步、打好基础，推动经济社会在科学发展的轨道上实现跨越式发展势头，具有十分重大的意义。按照中央第五次西藏工作座谈会精神及区党委七届七次全委会精神要求，本着既积极向上，又切实可行的原则，根据 2010 年来我区经济社会发展情况和相关性测算，确定 2011 年经济社会发展主要指标为：地区生产总值增长 12%以上；农牧民人均纯收入增长 13%以上；地方财政一般预算收入增长 15%以上；全社会固定资产投资增长 18%以上；社会消费品零售总额增长 18%以上；城镇登记失业率控制在 4.0%左右；居民消费价格指数涨幅控制在 3.5%以内。

三、2011 年经济社会发展的主要任务

2011 年，是推进“十二五”时期经济社会在科学发展的轨道上实现跨越式发展的开局之年，也是全面贯彻落实中央第五次西藏工作座谈会精神的关键之年。为确保“十二五”发展起步良好，我们将按照区党委七届七次全委会提出的要求，突出重点、统筹兼顾，强化措施、抓好落实，努力推动经济社会更好更快更大发展，以优异的成绩为中国共产党成立 90 周年、西藏和平解放 60 周年献礼。

（一）巩固和发展跨越式发展的良好势头，促进协调发展

1、保持经济发展良好态势。坚持把进一步巩固和发展跨越式发展的良好势头作为抓好经济工作的重中之重，把促进长治久安摆在更加突出的位置，通过加快发展来稳定预期、增强信心，巩固发展成果，通过加快发展来调整结构、夯实基础、化解各种深层次矛盾。

2、增强经济调节的有效性。着力增强工作的预见性、战略性，密切跟踪国际国内形势，特别是国家宏观调控政策的调整，准确研判经济发展的形势和走向，超前研究应对举措，牢牢把握主动权，增强经济运行调节的有效性。

3、提升经济运行调控水平。强化工作针对性、时效性，紧紧围绕经济运行中的重点领域、薄弱环节以及突出困难和问题，按照区别对待、有保有压的原则，及时采取有力措施，准确把握政策实施的时机、力度和重点。切实提高政策的执行力，坚决贯彻执行中央和自治区各项政策措施，逐项盘点，抓紧落实，确保各项工作落到实处。

（二）毫不放松抓好重点项目建设，促进投资再上新台阶

4、积极争取国家投资。继续加大与国家部委的汇报衔接力度，争取国家尽快审批“十二五”项目方案，落实好年度投资计划，力争全年落实国家投资 260 亿元，全社会固定资产增长 18%以上。

5、加强重点项目建设。继续抓好拉日铁路、藏木水电站、青藏直流联网工程、旁多水利枢纽工程、拉萨贡嘎机场改扩建、拉萨至贡嘎机场公路等重大在建项目。抓好一批新开工项目，做好西藏和平解放 60 周年大庆项目的前期准备工作，积极做好投资已落实未开工项目施工准备，确保尽早开工建设。

6、强化项目前期工作。在做深做细项目前期工作上下功夫，积极完备审批前置条件，落实前期工作节能评审。尽快完成项目前期工作，上报国家审批一批重点项目，完备相关手续，做好项目储备，争取“十二五”项目规划一经国家审批后立即能够安排一批项目投资。

7、加大竣工项目验收。根据国家有关规定，依据项目管理权限，及时组织“188 项目”竣工验收，对项目建设进行全面总结，确保建成项目及时投入使用、发挥效益、使广大群众早受益，为“十二五”提供有益借鉴。

8、**加强项目稽察整改。**全面加大项目稽察工作力度，对中央投资建设的重大项目进行经常性稽察，对全区政府投资项目进行抽查性稽察，有计划地对项目的决策审批、招标投标、资金使用、质量控制和建设进度等关键环节进行专项稽察，切实做好发现问题的整改工作。进一步推进项目后评价试点工作，加强对中央投资招投标代理机构的监督管理，全力做好扩大内需促进经济增长政策落实和工程建设领域突出问题专项治理收尾工作。

9、**优化投资结构。**建立多元化的投资渠道，抓紧上报和落实促进民间投资发展的实施意见，鼓励各类投资者放心参与我区经济建设。加强银企合作，切实提升辖区银行为本区域经济发展的贡献作用。

（三）大力改善农牧民生产生活条件，继续推进新农村建设

10、**继续做好农牧民增收工作。**在充分挖掘农牧业增收潜力的同时，切实发挥“政策增收”效应，及时足额落实各项补贴资金，加快发展劳务经济，加大劳动技能培训扶持力度，大力扶持专业合作经济组织、大力培植涉农企业，开辟多元化的转移就业渠道，不断拓展增收空间，切实增加农牧民现金收入，确保农牧民人均纯收入增长13%以上。

11、**进一步改善农牧民生产生活条件。**整合财政、援藏、社会、民间投资，实施以农房改造、游牧民定居和扶贫搬迁为重点的农牧民安居工程，力争再用3年时间，使全区18.55万户农牧民住上安全适用的住房。加快“八到农家”工程进度，开展1000个行政村的农村人居环境建设和环境综合整治工作，让农牧民切实享受到发展改革的成果。加大对农牧区的有效信贷投入，推动社会主义新农村建设。

12、**加大扶贫开发力度。**加大国家投资、援藏投资向地方病区、人口较少民族聚居区和自然条件恶劣地区的倾斜力度，统筹以工代赈和信贷扶贫等专项行动，优先解决道路、供电、供水、教育、医疗、通讯等基础设施，建立健全避灾和抑制返贫长效机制，加快缩小与全区基本公共服务平均水平的差距。

13、**加快边境地区发展。**以增加边境地区群众收入为首要任务，以增强边境地区自我发展能力为关键，以加强边境地区党的建设为保障，扎实推进“兴边富民行动”，加大投入，推进公共财政向边境地区倾斜，大力改善基础设施，确保边境稳定、繁荣、发展。

（四）进一步搞活流通，努力扩大消费需求

14、**提高居民消费能力。**逐步提高城乡居民收入，落实好社会保障、救助等提高低收入群体生产和消费水平的相关政策、资金，加大对低消费群体的补贴，提高居民消费预期。

15、**合理开发梯度消费。**认真落实各项补贴政策，积极开展家电家具、汽车摩托车下乡和汽车以旧换新活动，刺激农牧民群众消费。培育发展旅游、住房、汽车和商贸餐饮、社区商业、物业、家政等消费热点，扩大居民消费。

16、**加快流通体系建设。**加大对我区经贸流通领域的投入，加快项目实施进度，不断完善流通基础设施。大力开展地、县物资交流活动，加快农畜产品流通步伐。

17、**优化消费环境。**积极推行市场诚信体系建设，严厉打击制假售假、商业欺诈等违法违规行为，促进消费环境更加优化。做好重大节庆消费市场商品供应、物价监管等工作，推动城乡消费不断扩大，确保社会消费品零售总额增长18%以上。

（五）加快转变发展方式，提高自我发展水平

18、**发展壮大特色优势产业。**支持和促进技术改造和科技创新，通过扶持大企业、建设大园区、培育大集群、构建大基地，积极发展特色产业。着力推动特色农牧业、藏医药业、民族手工业、绿色食饮品业等特色产业发展壮大，逐步扩大区内外市场占有率。优化信贷结构，重点支持特色优势产业发展。结合市场需求和自身产能，创新企业营销策略，促进企业健康发展。

19、**积极培育战略支柱产业。**围绕市场条件和资源禀赋，积极推进国家"西电东送"接续能源基地建设，加快雅鲁藏布江和藏东南"三江流域"水电资源梯级开发规划和项目前期工作。按照高起点、高标准、高技术的要求，有序推进油气资源、优势矿产资源勘查与评价，坚持开发与保护并重，严格环评准入制。认真落实国家水泥工业产业政策，支持企业技术改造，加快淘汰落后产能。加快发展藏医药业，提高成果转化能力和生产能力。做强做精旅游业，着力打造世界旅游目的地品质，提升旅游带动当地经济社会发展的能力。实施好重大科技专项，着力增强创新创造能力。

20、**优化和巩固产业发展布局。**立足资源优势和生产要素能力，因地制宜，科学培育七地市重点产业，优化藏中、藏东、藏西产业空间布局，着力形成相对集中的产业发展格局。充分发挥青藏铁路的强大辐射带动作用，加快拉萨国家级经济技术开发区、那曲物流中心、格尔木藏青工业园区等产业发展平台建设取得实质性进展，促进特色优势产业集聚发展。

（六）优先发展民生事业，提高公共服务均等化水平

21、**加强公共服务设施和体系建设。**引导更多公共资源投向民生领域建设，大力推进教育科技、文化、卫生等领域基础设施建设，加快完善社会公共服务基本服务体系。进一步扩大社会保障覆盖范围，继续推广新型农村养老保险制度，建立城镇居民养老保险制度。

22、**继续抓好就业再就业工作。**加强政策引导和协调服务工作，大力促进创业带动就业，切实解决好高校毕业生、退伍军人、农村剩余劳动力就业问题。大力开展职业技能培训，加强就业供需对接工作，继续搞好公益性岗位的开发、管理和跟踪服务，解决好零就业家庭等就业困难家庭的就业援助工作。

23、**加快保障性住房建设。**重点抓好城镇廉租房、公共租赁房、职工周转房等项目建设，从资金、土地、财税、金融等方面加大对保障性住房的支持力度，尽快增加有效供给。

24、**加强市场价格调控工作。**把稳定物价工作放在更加突出的位置，落实国务院关于稳定价格总水平保障群众基本生活的各项政策措施，多措并举，保障农副产品供应，做好重要物资储备和电油运协调工作，完善市场价格调控机制，建立价格调节基金，配合落实价格补贴政策，强化价格监管，全力保持消费价格总水平基本稳定。加大困难群体扶助力度，安定人心，促进社会和谐稳定。

（七）狠抓生态建设和环境保护，促进人与自然和谐发展

25、**加强生态建设和环境保护。**加快实施《西藏生态安全屏障保护与建设规划》，狠抓重点区域生态建设，优化全区生态格局，切实建设生态西藏。结合社会主义新农村建设、重点项目建设、产业发展、脱贫致富等项目的实施，科学制定生态移民规划，对生态环境脆弱和生产生活条件差的地区，实施生态移民工程。落实好森林生态效益补偿基金，全面建立草原生态保护奖励机制，探索生态效益补偿和资源开发生态补偿试点，建立矿山环境治理和生态恢复责任机制。加强生态环境监测能力建设，提升人工影响天气和应对气候变化能力。

26、严格控制行业准入。按照国家《产业结构调整指导目录》和自治区相关产业政策的要求，严格控制新建高耗能、高污染项目准入，强化节能减排任务，鼓励和支持环保产业和低能耗产业发展，加快淘汰落后产能。

27、加大节能减排工作力度。积极推进能源结构调整，加快太阳能、地热能、沼气、生物质能等可再生能源的开发利用。继续推广高效节能产品，在工程建设中广泛推广使用节能技术和材料，及时落实垃圾填埋场、污水处理厂等节能减排项目工程，确保实现节能减排各项目标。

（八）继续深化改革，进一步增强发展活力和动力

28、推进农牧区经济体制改革。积极稳妥推进集体林权制度改革，进一步建立健全农业支持和保护体系，完善农牧区市场流通体系，建立失地农民共享征地增值收益的机制，促进农牧区经济活力。

29、加快社会事业重点领域体制改革。继续深化医药卫生体制改革，进一步完善以免费医疗为基础的农牧区医疗制度，大力实施农牧民健康促进行动，基层医疗机构全部实行基本药物制度，落实公共卫生服务项目，加强公立医院内部管理，切实解决农牧民看病难问题。大力实施“一村一大学生”行动。加强社保工作，力争非公经济组织从业人员和灵活就业人员全部纳入城镇基本养老和基本医疗保险覆盖范围。

30、加强市场主体建设。继续深入推进国有企业改革，加快发展中小企业，进一步壮大社会主义市场经济主体。加快优化投资结构，充分发挥市场配置资源的基础性作用，强化市场管理，积极鼓励、引导和壮大非公有制经济。充分发挥金融对地方经济社会发展的支撑作用，组建地方性法人银行。

（九）营造良好发展环境，不断扩大开放水平

31、发展对外贸易。加强区内口岸硬件设施建设，加快推进吉隆口岸跨境经济合作区前期工作，完善出口扶持政策，加大对自产产品出口的奖励力度，保持进出口持续稳定增长。

32、加强经济合作。进一步落实与兄弟省（区、市）的有关合作协议,扎实有效推进深入实施西部大开发战略各项工作，提出加快推进承接产业转移工作的意见，加强“一站式”窗口服务功能，推进区域经济合作取得新进展。

33、积极做好援藏工作。落实好全国经济对口支援西藏工作座谈会精神，协助国家发展改革委尽快出台《关于进一步加强和完善经济对口支援西藏工作指导意见》和《经济对口支援西藏专项规划编制工作大纲》，建立健全援藏资金和项目管理办法，会同对口支援西藏的省（市）、中央企业编制好援藏专项规划和援藏计划。

34、优化发展环境。在加快发展硬件设施建设的同时，抓住工程项目建设这一突出领域，大力改善发展软环境，不断完善招商引资政策，吸引更多资本流入西藏。高度重视安全生产、信访等工作，妥善处理好工程项目建设过程中涉及群众利益的问题，切实保障好民生、保护好民利，营造和谐的发展环境。

（十）编制好“十二五”规划《纲要》

35、加强规划衔接。自治区“十二五”规划纲要编制工作已基本完成，要进一步加强规划纲要与各地区规划、专项规划的衔接，督促加快编制进度，按照区党委七届七次全委会和会议通过的《关于制定“十二五”时期国民经济和社会发展规划的建议》精神，各地市、行业对自治区规划纲要确定的主要目标和任务进行分解，增强规划的操作性和可行性，使自治区层面的规划目标形成一个由主要指标和分解指标衔接组成的完整指标体系，确保地区规划和专项规划在指标体系上总体与自治区规划纲要保持一致，充分体现区党委、政府的战略意图。

各位代表，2011 年是实施“十二五”规划的第一年，开好局、起好步，对引导好整个“十二五”时期的发展至关重要。我们将继续深入贯彻落实好中央第五次西藏工作座谈会精神，按照区党委七届七次全委会、全区经济工作会议和自治区九届人大四次会议的部署，抢抓机遇、乘势而上，锐意进取、抓好落实，确保圆满实现年度各项目标，为推动全区经济在科学发展的轨道上实现跨越式发展奠定坚实的基础。

附录 4：

关于西藏自治区 2010 年财政预算执行情况和 2011 年财政预算草案的报告

——2011 年 1 月 10 日在自治区第九届人民代表大会第四次会议上

自治区财政厅

各位代表：

受自治区人民政府委托，现将西藏自治区 2010 年财政预算执行情况和 2011 年财政预算草案的报告提请自治区九届人大四次会议审议，并请自治区政协各位委员提出意见。

一、2010 年财政预算执行情况

2010 年是“十一五”规划的收官之年。一年来，在自治区党委的坚强领导和各级人大的监督指导下，全区财政工作以邓小平理论和“三个代表”重要思想为指导，全面贯彻落实科学发展观，深入学习贯彻中央第五次西藏工作座谈会精神，突出积极财政政策的实施重点，优化收支结构，强化预算管理，深化财税改革，加强宏观调控，为推动改革、促进发展、改善民生、维护稳定提供了可靠的财力保障，全区财政预算执行情况良好。

自治区九届人大三次会议审议通过的西藏自治区 2010 年财政预算为：全区财政一般预算总财力 4054556 万元，按可比口径计算，比 2009 年年初预算增加 368416 万元，增长 14%。其中：全区地方财政一般预算收入 203000 万元，比 2009 年年初预算增加 33800 万元，增长 20%；中央各项补助共计 2802760 万元，比 2009 年年初预算增加 334616 万元，增长 13.6%；上年结转收入 1048796 万元。

预算执行结果，自治区财政总财力达到 6874785 万元，比年初预算财力 4054556 万元增加 2820229 万元，增长 69.59%，比经自治区人大常务委员会第十八次会议批准的变更财力 5533809 万元增加 1340976 万元，增长 24.23%。其中：地方财政一般预算收入完成 366473 万元，比上年实际收入增长 21.8%。财政一般预算支出完成 5509484 万元，比上年决算支出 4701322 万元增加 808162 万元，增长 17.19%。上解支出 2367 万元。收支相抵并扣除结转下年支出 1349947 万元后滚存净结余 40674 万元，当年净结余 12987 万元，其中自治区本级当年净结余 11512 万元，地县当年净结余 1475 万元。实现了收支平衡，略有结余。

全区总财力中，地方财政一般预算收入完成 366473 万元，比上年实际收入增长 21.8%；中央补助收入为 5279658 万元，比上年增长 12.4%。一般预算支出完成 5509484 万元，比上年实际支出增长 17.2%，其中：自治区本级支出 3444024 万元，较上年增长 15.88%，占总支出的 62.51%；地县级支出 2065460 万元，较上年增长 19.45%，占总支出的 37.49%。

政府性基金总收入 141359 万元，其中地方政府性基金预算收入完成 54583 万元。基金预算支出完成 105561 万元。

以上预算执行结果截止日期是 2010 年 12 月 31 日。地方财政决算汇总后，会略有变化。

2010年西藏自治区财政预算执行和财政工作的主要情况：

（一）促进经济跨越式发展

一是加大基础设施投入力度。落实财政基本建设资金1468734万元，比上年增加166838万元，增长12.8%。其中：安排重点项目前期经费55540万元，落实地方预算内基建投资159682万元和中央预算内基建资金1253512万元。加快推进交通、能源、通讯等自治区重点项目建设，全力实施以周转房、廉租房为重点的保障性住房建设，有效缓解了基础设施瓶颈制约。二是全力刺激消费。落实资金5346万元，实施了家电、家具、汽车、摩托车下乡政策和汽车、家电以旧换新政策，大力挖掘潜在消费，促进城乡居民消费结构升级。落实资金3934万元，推动“万村千乡市场”和“双百”市场工程的实施，农村消费市场得以拓宽。支持实施了标准化菜市场示范工程和“新网工程”项目，城市物流体系得到进一步完善。提高城乡居民最低生活保障标准、最低工资标准和离退休人员生活费，向困难群体发放了临时物价补贴，向国有企业离退休人员、低保对象发放惠民购物卡（券），增强了低收入者即期消费能力；着力加大了就业、医疗、养老、教育等民生领域投入，稳定城乡居民消费预期。三是促进外贸发展。落实资金7128万元，实施了吉隆口岸跨境经济合作区建设和日喀则、阿里地区边贸市场建设等重点项目，改善边贸环境，促进外贸发展。四是大力扶持战略支撑产业。安排产业发展资金50000万元、中小企业发展扶持资金20000万元、经济运行调度资金50000万元、旅游发展和宣传促销资金7000万元，大力支持特色优势产业发展，积极支持西藏旅游集团、西藏宇拓藏药产业发展集团和西藏商贸集团的成立。落实应用技术与研发资金11000万元，支持实施了金太阳、金牦牛、藏药产业科技创新联盟、西藏高原绿色食（饮）品产业技术创新联盟工程等135个重点科技项目，促进企业技术创新与产品研发，提升了企业核心竞争力。五是大力支持国土资源管理工作。落实资金5900万元，开展了优势重点矿产资源及成矿带矿产资源勘查和地质灾害防治。落实资金4000万元，确保了全区第二次全国土地调查工作圆满完成，开展了农村宅基地确权登记前期工作。

（二）扎实推进社会主义新农村建设

全区财政支农支出达到880974万元，剔除不可比因素，同口径比上年增加153874万元，增长21.16%。一是大力实施农牧民安居工程建设。整合资金77207万元，确保了新增的20%、4.3万户建设任务全面完成，同步实施了新建安居房抗震加固工程和已建安居房抗震加固。至此，全区所有住房条件较差的27.48万户、140万农牧民住上了安全适用的房屋。二是加快推进“八到农家”工程。安排资金181800万元，加快推进了农村水、电、路、讯、气、广播电视、邮政和优美环境建设，解决了31万人的安全饮水和23.3万农牧民的用电问题，约有15万户75万农牧民用上了清洁能源；安排资金19480万元，扎实推进以沼气为重点的农村薪柴能源替代工程；安排资金34649万元，在500个行政村开展了农村人居环境建设和环境综合整治试点。2010年，新增155个乡镇1608个村通公路，实现了行政村村村通电话、通广播电视，乡乡通光缆（宽带）的目标，乡镇通邮率达到85%。三是继续加大村级组织活动场所建设。完成投资9200万元，建设了607个村级组织综合活动场所，每个行政村都有村级组织活动场所的目标全面实现。四是大力推动农牧民收入持续稳定增加。落实资金61415万元，深入推进了整乡扶贫和集中连片开发，加快促进减贫脱困步伐。落实资金27038万元，实施了22个农业综合开发项目，提升农牧业综合生产能力。落实资金15000万元，促进农产品开发转化，加快现代农业发展，全力推动“一产上水平”。落实防汛抗旱资金 3212 万元、小型农田水利建设资金 20772 万元，修复建设农田水利基础设施，努力夯实农牧业稳产增收的基础。落实资金 12134 万元，对 15 万人次的农牧民开展了实用技能培训，扶持发展了 235 个农牧民专业合作经济组织，农牧民增收致富能力进一步增强。落实粮食直补、农机购置补贴、良种补贴、牲畜出栏补贴等各项直接补贴 224000 万元，再加上各种间接补贴，对农牧民群众年人均补贴超过 1800 元。五是着力提高防灾抗灾能力。落实各项救灾资金 14386 万元，帮助受灾农牧民灾后重建，保障受灾群众基本生产生活。涉农商业保险扩大到全区所有县，易灾县、乡救灾物资储备体系建设力度不断加大，农牧民抗御自然灾害的能力明显增强。

（三）全面保障和改善民生

落实资金 311915 万元，比上年增加 64737 万元，增长 26.19%，切实保障和改善民生。一是认真落实积极就业政策。自治区财政落实资金 27335 万元，通过政府购买公益性岗位等措施，以促进高校毕业生、就业困难群体和复退军人就业为重点，认真落实积极就业政策，通过一系列就业奖励政策的实施，高校毕业生就业率达到 83%以上，城镇登记失业率控制在 4.0%以内。二是进一步加大城乡社会救助力度。落实资金 25921 万元，将城乡居民最低生活保障标准分别提高到 330 元/人月和 1300 元/人年；落实资金 14483 万元，大幅度提高城乡医疗救助标准，并将因病生活不能自理的分散供养五保户护理补贴纳入了医疗救助政策范围；落实资金 6655 万元，对我区国有企业离退休人员、城乡低保对象、农牧区五保供养对象等发放了一次性生活补助。三是进一步提高各项社会保险的保障水平。下达资金 1881 万元，再次上调企业养老金待遇标准，目前月人均水平已达到 2165 元，比全国平均水平高出 800 元左右。落实资金 7374 万元，全力推进了全区新型农村社会养老保险试点，提前两年在全国率先实现了全覆盖。城镇职工基本医疗保险、失业保险实现了自治区级统筹。落实全区各项社会保险待遇经费 146029 万元，确保了各项社会保险基金“收支平衡、略有节余”。四是再次提高农牧区相关人员补助标准。将五保户供养标准由年人均 1800 元提高到 2000 元；将“三老”人员生活补助月人均标准分别提高到 400 元、250 元、200 元。五是落实资金 94775 万元，提高干部职工福利待遇。全区干部职工特殊津贴月人均增加 400 元，全区干部职工体检年人均标准由 700 元提高到 800 元，取暖费取暖期内月补助标准由 142 元提高到 160 元。

（四）全力促进社会事业发展

落实资金 1068210 万元，剔除不可比因素，同口径（下同）比上年增加 181590 万元，增长 20.48%，确保社会事业发展的资金需求。一是坚持教育优先发展。教育投入达到 594412 万元，比上年增长 12.69%。落实专项资金 42536 万元，大力推进了农村寄宿制学校、城镇义务教育薄弱学校建设和中小学校舍安全工程建设，更新了教学仪器设备。落实资金 3901 万元，加大了教师培训力度。落实资金 5524 万元，支持职业教育实训基地建设。落实资金 7717 万元，支持了高等教育发展。落实资金 8394 万元，为高校师范及农、牧、林、水、地矿等相关专业学生提供了免费教育，免除了中等职业学校农牧民子女、城镇困难家庭子女学费、住宿费。落实资金 70700 万元，使以“三包”为基础的各类助学金、奖学金、困难学生生活补助及学费代偿等教育资助政策全面落实。二是大力推进医药卫生体制改革。积极启动基本药物“零差率”销售试点工作，稳步实施基本药物制度；将城镇居民医保补助标准提高到了每人每年 220 元，人均公共卫生服务经费标准提高到了人均 27 元；落实资金 5266 万元，为 602 个乡镇卫生院配备了流动医疗车和 28 个边境（远）县医院配备了院前急救车；落实资金 43044 万元，农牧区医疗制度财政补贴标准由 140 元提高到了 180 元，保证了农牧区医疗制度的平稳运行。落实资金 2948 万元，加强了食品药品监管能力建设。开展了碘缺乏病、大骨节病、高氟水致病、白内障等地方病的防治工作，农牧区碘盐推广人口覆盖率达到 91.2%。三是大力支持科技事业发展。落实资金 1113 万元，大力支持科技成果转化与推广、科技富民强县工程、科普惠农兴村计划和科普专项活动。四是全面推进文体事业发展。落实资金 6984 万元，为县级文化活动中心、乡镇综合文化室、民间艺术团购置了设备，实施了文化信息资源共享工程建设、非物质文化保护和各类演出补助等；落实资金 7927 万元，支持全区有线电视数字化前端平台建设工程，对少数民族语言电影电视译制、农村公益电影放映及各类专题表演、节目制作等实行了补助；落实资金 9345 万元，对哲蚌寺、色拉寺、桑耶寺等重点文物保护单位进行了维修；落实资金 1642 万元，支持举办第十届全区体育运动会、第五届国际半程马拉松比赛等重大赛事活动；落实资金 1169 万元，支持了人口和计划生育管理与服务，促进优生优育。

（五）大力支持生态文明建设

一是大力推进生态建设。落实资金 30572 万元，继续实施健全草原生态保护奖励机制工作；落实资金 92464 万元，实施森林生态效益补偿、重点区域生态公益林建设、天然林保护及退耕还林还草等。二是大力支持清洁能源建设。落实专项资金 5950 万元，开展了山南地区村村通电工程示范项目，完成了 100 万只高效照明产品财政补贴推广工作。三是全面促进环境保护。落实资金 3135 万元，重点支持主要污染物减排及国控重点污染源监督性监测，加强全区选矿和重点矿山开采企业环保执法经费保障，进一步完善和提升了全区环境综合监测手段和专业技术能力。

（六）全力保障社会局势稳定

落实资金 411297 万元，比上年增加 43462 万元，增长 11.82%，加大政法投入，确保社会持续稳定。一是支持解决社会热点、难点问题。加大了处置特殊事件的资金投入力度，有效维护社会正常秩序和社会稳定局势。二是提高政法部门经费保障标准。落实资金 16098 万元，将县级公检法司年人均公用、业务经费保障标准分别提高到 3.7 万元、2.6 万元、2.6 万元和 2.2 万元。制定政法部门装备配备标准。

落实资金 40676 万元，实施了 2010 年县级政法机关装备配备计划。三是大力推动群防群治工作。强化了边境治安联防队员、治安辅警员等辅助警力性质的群防群治力量，群防群治经费保障机制已初步建立。四是加强政法应急保障能力建设。投入资金 55178 万元，推动了政法系统综合应急指挥平台建设，加快了“金盾工程”、“天基工程”建设。五是保障青藏铁路护路需求。落实资金 3277 万元，保障青藏铁路专业护路工作正常运转。

（七）着力加大基层基础工作投入

落实资金 493990 万元，比上年增加 74577 万元，增长 17.8%，缓解基层财政困难，提高基层公共服务能力保障水平，夯实基层基础。一是建立县级基本财力保障机制。明确了县级基本财力保障的范围和标准，保障县乡政府实施公共管理、提供基本公共服务以及落实各项民生政策的基本财力需要。二是财力进一步向基层和边境倾斜。下达均衡性转移支付 432326 万元、基层政权建设转移支付 20840 万元，基层财政保障能力得以持续改善。按照每年 20 万元的标准下达专项资金，解决乡镇机关“吃饭难、吃菜难、洗澡难”问题。落实边境地区转移支付资金 23000 万元，有效促进了边境（远）地区经济社会事业发展和农牧民增收。三是全力推进县级后勤服务改革。兑现以奖代补资金 3025 万元，确保了改革目标的实现。四是进一步完善农村综合改革政策。下达农村综合改革转移支付资金 21999 万元，根据农牧民人均纯收入增长情况对村干部业绩考核奖励实行动态调整。五是落实资金 4099 万元，建立了乡村人医、兽医基本报酬和奖励机制。

各位代表，2010 年全区财政工作在各级党委的正确领导和各级人大的监督指导下，围绕“十一五”规划确定的各项目标任务，努力提高财政实力，加强宏观调控，优化收支结构，强化统筹能力，讲政治，讲大局，集中力量办大事、办实事，保民生，保稳定，促发展，各项工作都取得了长足的发展和进步，圆满地完成了“十一五”确定的各项目标任务。但是，我们也清醒地认识到，中央第五次西藏工作座谈会对我区经济社会发展提出了更新、更高的要求，财政保障能力与经济社会快速发展的财力需求之间的矛盾将会长期存在。同时，个别地区和部门财政资金使用效益不高，违反财经纪律、铺张浪费等问题依然存在，各级、各部门当家理财的意识有待于进一步加强。这些问题，都会对新时期财政工作提出严峻的考验，我们必须通过进一步解放思想、更新观念，深化改革，加强管理，确保财政工作不断迈上新台阶。

二、2011 年财政预算草案

2011 年是全面实施“十二五”规划的开局之年。根据国务院、财政部关于编制 2011 年地方预算的通知精神，结合我区实际，编制完成了 2011 年西藏自治区财政预算草案。

（一）预算编制的指导思想

根据自治区的总体部署，结合财政工作面临的新形势和新任务，2011 年财政预算编制的指导思想是：高举中国特色社会主义伟大旗帜，以邓小平理论和“三个代表”重要思想为指导，深入贯彻落实科学发展观，认真贯彻十七届五中全会、中央第五次西藏工作座谈会、区党委七届七次全委会和全区经济工作会议精神，坚持走有中国特色、西藏特点的发展路子，紧紧围绕全区经济发展战略，继续实施积极的财政政策，加快促进经济发展方式转变，不断提高经济增长的质量和效益；不断优化财政支出结构，着力加大对“三农”、教育、科技、文化、卫生、社会保障、就业、节能环保、特色优势产业等重点领域投入，加快推进基本公共服务体系建设，进一步增强基本公共服务能力。深化财税制度改革，加强财政科学化精细化管理，提高财政管理效能。继续严格控制一般性支出，狠抓增收节支，统筹兼顾、有保有压，进一步提高财政资金使用效益。

（二）2011 年财政预算安排

2011 年西藏自治区一般预算安排的总财力为 5319760 万元，按可比口径计算，比上年年初预算（下同）增加 964053 万元，增长 32.1%。其中：地方财政收入 421444 万元，中央补助收入 3548369 万元（税收返还 94795 万元，体制补助 558023 万元，均衡性转移支付 1183300 万元，民族地区转移支付 148634 万元，调整工资转移支付 188307 万元，农村税费改革转移支付 15528 万元，县级基本财力保障机制奖补资金 36491 万元，其他一般性转移支付 809540 万元，专项转移支付 513751 万元），上年结转财力 1349947 万元。2011 年地方财政一般预算收入安排 421444 万元（不含增值税、企业所得税和个人所得税中央部分），比2010年实际收入增长15%。一般预算收入考虑了上年地方财政收入实际完成情况，收入安排更加积极。财政一般预算支出安排5319760万元。一般预算支出安排统筹兼顾，重点突出。

2011年一般预算财政支出中，剔除上年结转财力，自治区级支出安排1920604万元，占当年财力的48.4%，比上年增加344676万元，增长21.9%，支出比重比上年下降14.6个百分点。地（市）级支出安排2049209万元，占当年财力的51.6%，比上年增加619377万元，增长43.3%，支出比重比上年上升14.6个百分点。

2011年自治区基金预算财力为119443万元，比上年增加25200万元，增长177.7%，主要是拉萨市国有土地出让金收入比上年增加16000万元，并将地方电力建设基金2000万元纳入基金预算管理。相应的自治区基金预算支出安排119443万元。

（三）2011年财政预算保障重点

1、大幅度增加“三农”投入，扎实推进社会主义新农村建设。安排支农投入469049万元，比上年（年初预算安排，下同）增加122725万元，增长35%。一是继续实施农牧民安居工程建设。整合资金101385万元，完成63928户安居工程建设任务，同步实施新建安居房抗震加固，稳步推进已建安居房抗震加固工作，进一步扩大安居成果。二是加快推进“八到农家”工程。在继续加大农村水、电、迅、路、气、广播电视、邮政和优美环境建设投入的同时，整合资金69576万元，实施1000个行政村农村人居环境建设和环境综合整治工作，安排农村户用沼气配套资金3000万元，将农村户用沼气建设标准由3800元/户提高至4200元/户。三是着力加大强农惠农补贴力度。安排资金37939万元，全面落实化肥差价补贴、良种补贴、农机具购置补贴、农资综合补贴等各类财政补贴，提高农牧民种粮养畜的积极性。四是深入推进扶贫开发和农业综合开发。安排财政扶贫和兴边富民资金43238万元，农业综合开发资金23128万元，深入推进整乡扶贫和集中连片开发，加快促进农牧民脱贫致富，农牧业稳产增收；大力实施农田水利等基础设施建设，不断扩大高效农田规模，提升农业生产能力。五是全力促进农牧业特色产业发展。安排现代农业生产发展资金13000万元，加快传统农业升级改造步伐；安排农牧业特色产业发展资金10000万元，使全区农牧业特色产业发展资金总规模达到70000万元，努力做大做强农牧业特色产业。六是加大农牧业综合服务保障投入。安排资金17864万元，实施农牧民技能培训，支持农牧民合作经济组织建设和农牧业技术推广，扶持乡镇企业及龙头企业，对农村综合服务站点、村级动物防疫工作进行补助；安排资金6651万元，用于村级公益事业“一事一议”奖补、农村客运线路补贴、特色种质资源保护与基因技术研究、村公用经费和村级运转经费调标。七是加大农牧业防抗灾投入。安排涉农商业保险保费补贴24285万元，农业病虫害防治经费6500万元，农业生产救灾资金1500万元，气象服务经费3376万元，进一步增强农牧业抗御自然风险能力。八是加大林业投入。安排资金102914万元，实施森林生态效益补偿、退耕还林补助、森林防火、防沙治沙、林业有害生物防治、林业普查及规划，对野生动物造成人身伤害财产损失进行补偿。九是实施家电家具下乡。安排资金2659万元，完善家电下乡政策，扩大家电家具下乡补贴范围，刺激农村消费。

2、大幅度增加社会保障投入，切实保障和改善民生。安排民生投入351456万元，比上年增加74290万元，增长27%。一是完善社会保险制度。安排企业退休职工基本养老保险基金补贴41000万元、新型农村养老保险基金补贴23900万元，进一步提高企业退休职工养老金待遇水平，确保企业退休人员养老金及时足额发放，逐步完善新型农村养老保险政策；安排城镇职工基本医疗保险 39000 万元，城镇居民基本医疗保险 7680 万元；新增安排资金 14320 万元，在我区实行城镇居民养老保险试点，推行城乡居民大额医疗商业保险、孕产妇和新生儿商业保险，逐步建立覆盖城乡有机衔接的社会保险体系。二是加大城乡低收入群体的救助投入。安排低保资金 28810 万元，将城镇低保标准从 330 元/月提高至 360 元/月，农村低保标准从 1300 元/年提高至 1450 元/年；安排城乡医疗救助资金 10000 万元，确保城乡符合条件的居民得到及时救助；安排救灾经费 2000 万元，新增本级临时救助资金 1000 万元，对突发自然灾害地区群众生活进行补助，提高临时救助能力；安排资金 13272 万元，用于西藏和平解放 60 周年期间慰问“59.3.28”以前参加工作的干部职工和“三老”人员，三大节日期间慰问特困群众，并对流浪乞讨人员及五保户等进行救助；新增安排孤残儿童保障经费 2400 万元，保障社会散居孤儿基本生活和成长发育需要。三是支持建立公共就业服务体系。安排就业补助资金 25940 万元，落实好 15700 个政府购买公益性岗位补贴政策。四是进一步完善收入分配制度。安排廉租住房租赁补贴 10000 万元，用于城镇低收入住房困难家庭房租补贴；安排住房公积金配套资金 38359 万元，将机关事业单位干部职工住房公积金财配缴存比例提高两个百分点；安排“三老”人员生活补助 4553 万元，逐步提高“三老”人员生活待遇；安排乡聘干部调标资金 1000 万元，落实好乡聘干部待遇的各项政策。五是加大保障食品药品安全和稳定物价的投入。安排资金 11701 万元，对粮食、副食品、粮油及液化气等生活必需物资储备，化解市场物资供应及物价急剧变动风险，支持食品药品及农产品质量安全专项检查。六是建立社区建设经费保障机制。安排社区建设补助资金 10000 万元，加大社区基础设施建设投入，完善社区服务功能。七是提高公共交通运输能力。安排资金 3343 万元，对城市公交、农村道路客运、出租车等行业进行补贴，降低燃油价格上涨对公共交通运力的影响。

3、大幅度增加社会事业投入，促进基本公共服务均等化。安排教科文卫等社会事业发展资金 676147 万元，比上年增加 149887 万元，增长 28%。一是优先支持教育事业发展。安排教育事业发展资金 490360 万元，比上年增加 106708 万元，增长 28%。实行农牧民子女学前教育补助政策，将教育“三包”范围扩大至义务教育和高中教育阶段所有农牧民子女，“三包”标准提高至 2000 元。加大支持农牧区寄宿制学校和城镇义务教育阶段薄弱学校建设，大力实施中小学校舍安全工程。继续实施中等职业教育免学费、住宿费政策，积极支持发展内地西藏中职班。继续实行师范及农牧林水地矿等专业学生免费教育政策，加大支持高校重点学科、重点实验室建设，促进特色学科和优势专业发展，提高高等教育办学质量。新增安排“两基”迎国检专项资金 6000 万元，确保我区教育“两基”顺利通过国家验收。二是增加科技投入。安排科技发展资金 16300 万元，比上年增加 4000 万元，增长 33%。支持科技基础平台和科普基地建设，加快培育和发展农牧业科技创新及推广项目。三是增加宣传文化投入。安排宣传经费 3300 万元，比上年增加 500 万元，增长 18%，加强法制宣传、爱国教育、民族团结教育及外事外宣工作。安排文化事业发展资金 18834 万元，比上年增加 8524 万元，增长 83%，加大支持乡镇、社区和村级文化活动室建设和文化信息资源共享工程，加快推进农家、社区、寺庙书屋工程，大力促进文化产业发展。安排资金 6000 万元，比上年增加 1000 万元，增长 20%，支持革命历史遗存和重点文物维修保护。切实保障西藏和平解放 60 周年大庆文艺宣传活动经费。安排广播电影电视发展资金 26597 万元，比上年增加 9437 万元，增长 55%，大力推进广播电视数字化建设，支持实施农村数字电影放映工程和“西新工程”、广播电视“户户通”工程，稳步推进广播电视进寺庙工程。积极支持广播影视节目、图书报刊的生产、译制、发行能力建设。四是增加医疗卫生投入。安排医疗卫生事业发展资金95756万元，比上年增加15168万元，增长19%。安排农牧民免费医疗经费43561万元，进一步提高财政补助水平，不断完善以免费医疗为基础的农牧区医疗制度。深化医药卫生体制改革，逐步推进基本公共卫生服务均等化，将基本公共卫生服务经费年人均标准由27元提高至30元。不断完善基本药物财政补贴办法，扩大基本药物制度试点范围，努力使基本药物“零差率”销售覆盖全区所有基层医疗卫生机构。继续实施并不断完善村医补贴制度，积极推进以全科医生为重点的基层医疗卫生队伍建设。将机关事业单位职工体检经费补助年人均标准上调100元。积极支持妇幼保健和计划生育工作。加大地方病、传染病防治经费保障力度。支持食品药品监管体系建设，保障饮食用药安全。

4、大幅度增加公共安全投入，努力实现长治久安。安排公共安全投入89780万元，比上年增加19110万元，增长27%。一是继续推进政法经费保障体制改革。安排专项经费48330万元，加强政法经费保障工作，及时足额落实政法部门公用经费和办案业务经费。二是推进平安西藏建设。安排资金20486万元，保障维护稳定、行政执法、民族宗教统战事务、青藏铁路护路联防、边境治安联防、人民防空、民兵训练补助等方面的经费需求。三是支持基层政权建设。安排资金20964万元，逐步改善乡镇机关办公条件和干部职工生活条件，提高基层组织的战斗力和凝聚力。

5、大幅度增加产业发展投入，做大做强特色优势产业。安排产业发展投入60142万元，比上年增加33392万元，增长125%。一是大力培育战略支撑产业。安排中小企业发展资金10000万元，旅游发展专项资金7224万元，矿业发展资金2600万元，扶持企业发展激励资金2000万元，财源建设贴息资金、金融引导和激励资金、中小企业贷款风险补偿资金各1000万元，大力培育发展战略支撑产业，加快经济发展方式转变，提高自我发展能力。二是支持企业发展。新增安排产业与企业改革发展资金15018万元，信息化建设资金5000万元，外经贸区域协调发展促进资金4210万元，中小企业国际市场开拓资金2050万元，外贸服务公共平台建设资金2040万元，国有资产收入上缴返还2000万元，商贸流通发展资金1000万元，企业经营管理人才培训经费1000万元，加快国企改革进程和人才培养，支持内外贸易发展和城乡市场体系建设，促进信息产业发展和信息安全。

6、大幅度增加基建投入，改善基础设施条件。安排基础设施建设投入234966万元，比上年增加76916万元，增长49%。一是加大基建投资。安排自治区预算内基建资金70000万元，大力支持自治区确定的重点项目建设。二是推进保障性住房建设。安排资金60000万元，加快全区廉租住房和周转房建设进度。三是加快电力建设。新增安排资金10000万元，支持无电地区的电力建设，改善无电地区居民用电条件；安排资金3000万元，对燃油发电进行补贴，解决电力缺口问题。四是支持农村交通条件改善。安排专项资金31091万元，安排农村公路建设资金50000万元，保障县乡公路及村道养护投入，支持公路客货运站（场）建设，改善农村交通条件。五是促进边贸发展。安排资金4875万元，加快边境口岸各项配套设施建设。六是支持地质灾害防治。安排资金4000万元，支持防治体系规划、预警预报及治理工作。

7、大幅度增加环保投入，构建高原生态安全屏障。安排环保投入54000万元，比上年增加12000万元，增长29%。一是推动生态建设。安排资金43000万元，深入实施草原生态保护奖励机制和生态公益林补偿机制，推进重点区域植树造林。二是安排资金9000万元，进行集中饮用水水源地和湿地保护。

三是促进节能减排。新增安排专项资金 2000 万元，发展循环低碳经济，支持重点企业技术改造，提高能源资源利用效率。四是继续加强环境监测能力建设。

8、大幅度增加基层财力。安排基层财力补助 626199 万元，比上年增加 158851 万元，增长 34%。一是加大均衡性转移支付力度。安排对下均衡性转移支付资金 512708 万元，比上年增加 98360 万元，增长 24%，推进我区基本公共服务均等化，增强基层政府财政调控能力。二是支持边境地区经济社会发展。安排边境地区专项转移支付 52300 万元，比上年增加 29300 万元，增长 127.4%，建立边民补助机制，维护边境地区稳定。三是完善县级基本财力保障机制。新增安排专项经费 20000 万元，提高基层政府基本公共服务保障能力和水平。四是加强人才培养。安排资金 12000 万元，落实自治区中长期人才发展规划纲要，支持人力资源建设和党员干部队伍及人才队伍建设，充实基层工作力量。五是对地（市）、县专项激励。安排资金 15000 万元，鼓励基层政府积极调整经济结构，提高经济增长质量，增强财政创收能力。六是加快城镇功能建设。新增安排完善城镇功能转移支付资金 30,000 万元，重点支持地（市）所在地、重点县城的美化、绿化、亮化，提高城市发展经济、吸纳就业的能力。七是对村委会、居委会兴办经济实体进行补助。安排资金 2,000 万元，扶持村集体经济，增强村级组织带领农牧民增收致富的作用。

三、依法理财，科学管理，确保 2011 年财政预算任务圆满完成

2011 年，我们要坚持以科学发展观为指导，深入贯彻党的十七届五中全会和区党委七届七次全委会精神，按照中央第五次西藏工作座谈会和中央及全区经济工作会议的要求，继续实施积极的财政政策，进一步优化财政支出结构，推进财政科学化精细化管理，巩固宏观调控成果，保持经济平稳较快发展，满怀信心，奋发进取，圆满完成 2011 年的财政预算收支任务，为“十二五”规划开好头、起好步。

（一）继续加强和改善财政宏观调控。紧紧围绕促进科学发展和社会和谐，不断健全财政宏观调控机制。按照中央第五次西藏工作座谈会的决策部署，继续实施积极的财政政策，注重推进经济发展方式转变和结构调整，注重保障和改善民生，注重统筹区域协调和城乡统筹发展，增强财政宏观调控政策的延续性和稳定性。

（二）着力调整和优化财政支出结构。坚持统筹兼顾、突出重点、有保有压的原则，财政预算支出要向“三农”、保障和改善民生、社会事业发展、节能环保、边境和特困地区倾斜。同时，要坚决压缩一般性支出，从严从紧安排会议、接待、公务用车购置、出国等费用，扎实推进节约型政府建设。

（三）强化财政预算执行工作。依法加强税收管理，强化政府非税收入管理，严格按照财政部规定，将按预算外资金管理的收入全部纳入预算管理，确保依法征收，应收尽收。加强对经济运行情况和财政预算执行情况的监测分析，及时审批和下达预算，狠抓项目前期准备、用款计划编制、支付申请和资金拨付等基础性工作，切实加快预算支出进度，提高预算执行的均衡性和有效性。

（四）积极推进财政体制改革。围绕基本公共服务均等化和主体功能区建设，继续优化转移支付结构，增加均衡性转移支付规模和比例。进一步完善自治区对下财政管理体制，进一步完善县级基本财力保障机制，进一步提高基层政府提供基本公共服务能力。

（五）扎实推进财政科学化精细化管理。加强财政各项基础性工作，强化乡镇财政财务管理，确保各项惠民政策落到实处。加快实施财政应用支撑平台系统建设，提高财政管理信息化、数字化水平。不断完善部门预算、国库集中收付、预算支出绩效评价等财政制度，建立健全预算编制、预算执行与预算监督有机结合的财政预算管理体系。

各位代表，完成 2011 年财政收支预算和各项财政工作，任务艰巨，使命光荣。我们一定要在自治区党委的正确领导下，在各级人大的监督指导下，求真务实，团结拼搏，开拓创新，扎实工作，为全面建设小康西藏、平安西藏、和谐西藏、生态西藏做出新的更大贡献！

附录 5：

2010 年西藏自治区国民经济和社会发展统计公报

西藏自治区统计局

国家统计局西藏调查总队

2011 年 3 月 12 日

2010 年，全区各级、各部门在自治区党委、政府的坚强领导下，坚持以邓小平理论、“三个代表”重要思想和中央第五次西藏工作座谈会精神为指导，深入贯彻落实科学发展观，紧紧围绕新时期西藏工作的指导思想，认真落实中央和区经济工作会议精神，坚持走有中国特色、西藏特点的发展路子，大力实施“一产上水平、二产抓重点、三产大发展”的经济发展战略，国民经济保持了平稳较快发展，民生状况不断改善，各项社会事业全面进步。

一、综合

初步核算，2010 年，实现全区生产总值（GDP）507.46 亿元，按可比价格计算，比上年增长 12.3%。其中：第一产业增加值 68.13 亿元，增长 3.1%；第二产业增加值 163.92 亿元，增长 14.1%；第三产业增加值 275.41 亿元，增长 13.7%。人均地区生产总值 17319 元，增长 11.2%。

图1 全区生产总值及增长速度

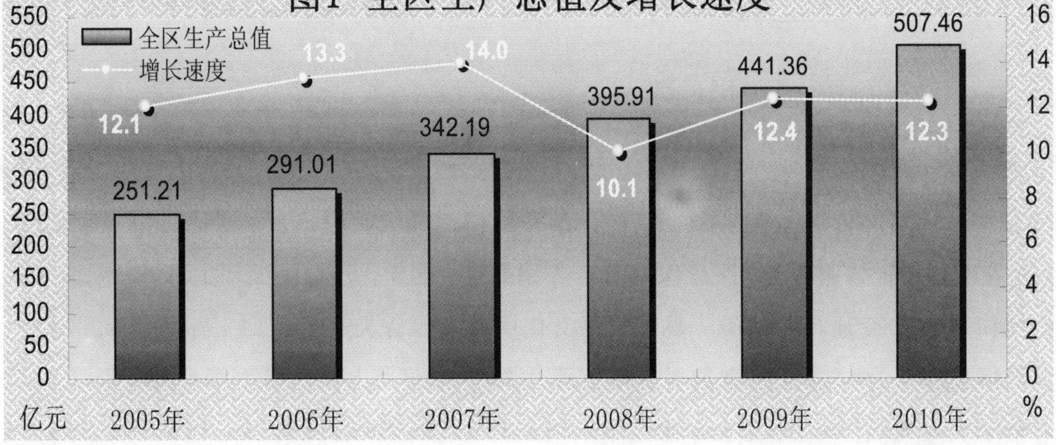

在全区生产总值中，第一、二、三产业增加值所占比重分别为 13.4%、32.3%、54.3%，与上年相比，第一产业比重下降 1.1 个百分点，第二产业提高 1.4 个百分点，第三产业下降 0.3 个百分点。

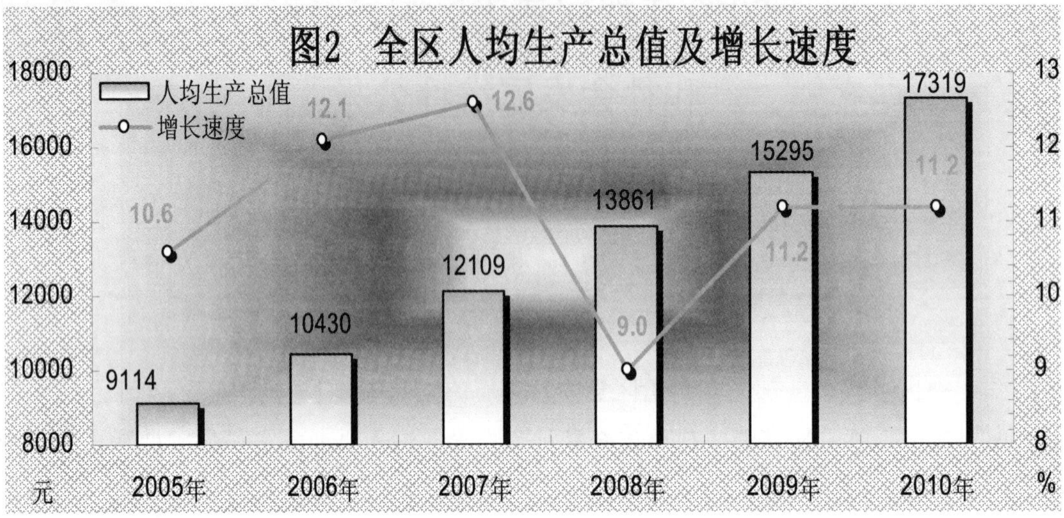

图 3 三次产业构成情况

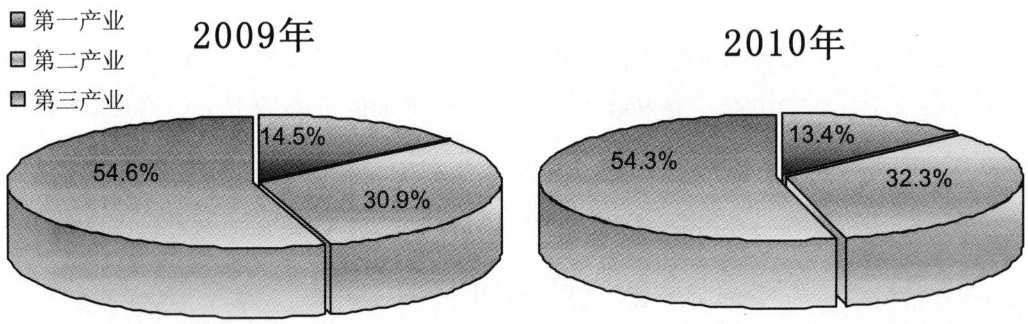

全区居民消费价格总水平比上年上涨 2.2%。其中：城市上涨 2.2%，农村上涨 2.2%。服务项目价格上涨 1.5%，消费品价格上涨 2.3%。从居民消费价格构成大类看，食品类、烟酒及用品类、衣着类、家庭设备用品及维修服务类、医疗保健及个人用品类、居住，分别比上年上涨 4.5%、1.1%、2.1%、0.6%、1.2%和 2.8%；交通和通信类、娱乐教育文化用品及服务类，分别比上年下降 0.2%和 0.3% 。商品零售价格上涨 1.0%。农业生产资料价格上涨 0.6%。工业品出厂价格上涨 5.8%。

年末全区从业人员 178.55 万人，比上年末增加 6.41 万人，增长 3.7%。城镇登记失业率控制在 4.0%以内。

表 1　“十一五”以来我区居民消费价格变化情况

上年=100

年份	2005	2006	2007	2008	2009	2010
居民消费价格指数	101.5	102.0	103.4	105.7	101.4	102.2
城市	101.5	101.9	102.9	105.7	101.5	102.2
农村	100.9	102.4	104.2	105.7	101.3	102.2
服务项目价格指数	102.0	105.0	103.7	102.6	101.0	101.5
消费品价格指数	101.4	101.5	103.3	106.4	101.5	102.3
食品	101.3	102.9	106.6	112.1	103.9	104.5
烟酒及用品	102.2	100.3	102.5	102.3	101.9	101.1
衣着	100.7	99.7	102.0	103.1	101.6	102.1
家庭设备用品及维修服务	99.6	98.6	100.0	102.3	99.3	100.6
医疗保健及个人用品	100.4	100.8	100.1	102.7	101.4	101.2
交通和通信	100.2	104.0	100.6	101.3	97.0	99.8
娱乐教育文化用品及服务	99.6	104.8	100.2	99.0	99.1	99.7
居住	106.7	103.6	107.1	106.6	100.0	102.8
商品零售价格指数	100.8	100.2	101.7	103.9	99.5	101.0
城市	100.8	99.9	101.3	104.1	99.5	101.0
农村	100.4	100.8	102.5	103.5	99.6	101.0
农业生产资料价格指数	100.6	100.4	101.1	103.2	99.1	100.6

二、农牧业

全年农作物种植面积 240.02 千公顷，比上年增加 4.95 千公顷。其中：青稞面积 117.95 千公顷，

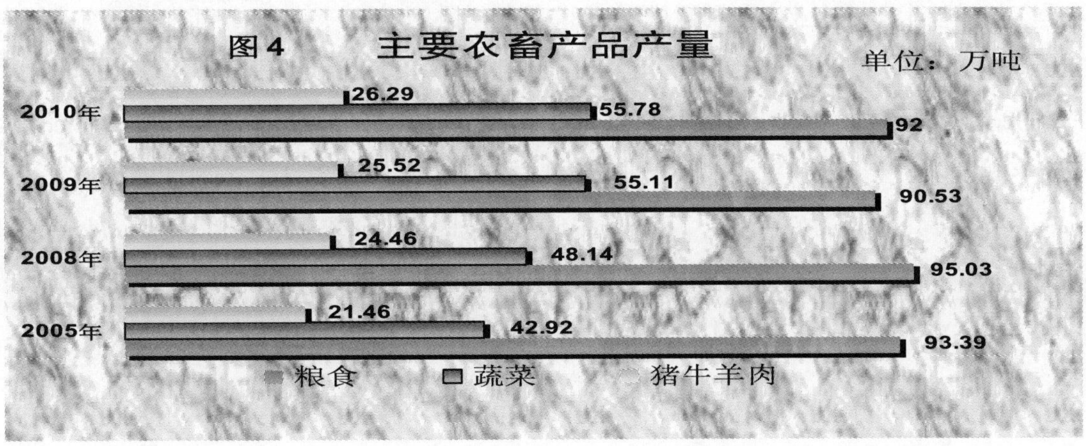

比上年增长 0.1%；小麦面积 37.06 千公顷，增加 0.29 千公顷;油菜籽面积 23.92 千公顷，减少 0.50 千公顷;蔬菜面积 21.33 千公顷，增加 0.89 千公顷。全年实现粮食总产量 92 万吨，比上年增长 1.6%；油菜籽 5.80 万吨，增长 0.5%；蔬菜 55.78 万吨，增长 1.2%。年末牲畜存栏总数 2321 万头只匹，比上年末减少 3 万头只匹。其中：牛 654 万头，增加 1 万头；羊 1579 万只，减少 5 万只。全年猪牛羊肉产量达 26.29 万吨，比上年增长 3.0%；奶类产量 30.28 万吨，增长 2.9%。

三、工业和建筑业

全年全部工业实现增加值 39.73 亿元，比上年 14.0%。规模以上工业企业实现增加值 29.25 亿元，比上年 14.0%。其中：轻工业实现增加值 9.69 亿元，增长 8.2%；重工业实现增加值 19.57 亿元，增长 17.2%。国有及国有控股企业全年实现增加值 15.90 亿元，比上年增长 13.6%。按登记注册类型分，国有企业实现增加值 9.45 亿元，增长 19.1%；集体企业实现增加值 0.65 亿元，下降 3.3%；股份制企业实现增加值 14.51 亿元，增长 19.5%；股份合作企业实现增加值 0.03 亿元，下降 32.6%；外商及港澳台企业实现增加值 2.02 亿元，下降 2.1%；其他经济类型企业实现增加值 2.60 亿元，下降 7.7%。

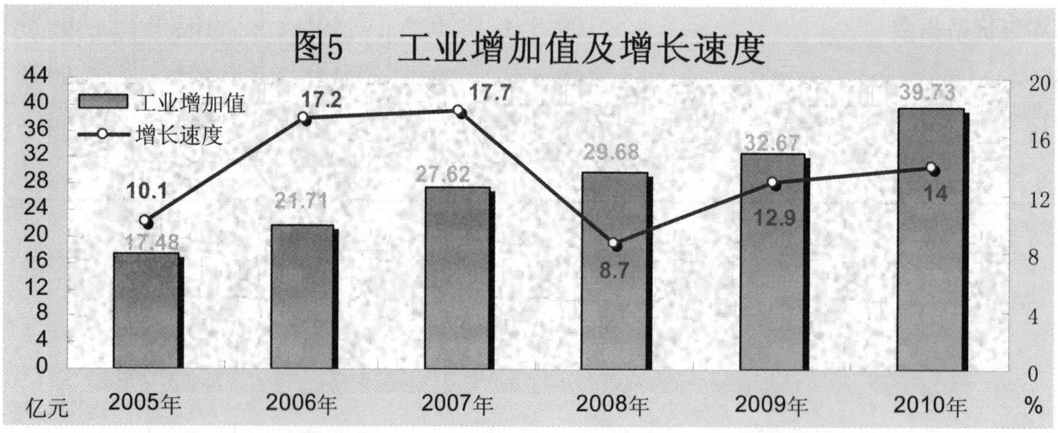

全年规模以上工业企业实现利润总额 9.36 亿元，比上年增长 70.1%。其中：国有及国有控股企业实现利润 2.82 亿元，增长 3.0 倍；集体企业实现利润 0.18 亿元，下降 18.6%；股份制企业实现利润 5.88 亿元，增长 1.0 倍。规模以上工业企业产品销售率 96.5%。

全年规模以上工业企业完成水泥产量 219.12 万吨，比上年增长 15.4%；发电量 24.16 亿千瓦时，增长 9.7%；啤酒 13.33 万吨，增长 17.9%；中成药（藏医药）1249 吨，下降 8.5%；自来水 11778 万吨，增长 8.3%；瓶（罐）装饮用水 8.41 万吨，增长 27.7%；铬矿石 14.01 万吨，增长 12.5%。

全年建筑业实现增加值 124.19 亿元，比上年增长 14.4%。

四、固定资产投资

全年全社会完成固定资产投资总额 463.26 亿元，比上年增长 22.1%。其中：民间投资 118.02 亿元，增长 10.8%。

按产业分：第一产业 23.74 亿元，比上年增长 0.6%；第二产业 134.21 亿元，增长 45.9 %；第三产业 305.31 亿元，增长 15.7%。按经济类型分：国有经济完成投资 344.41 亿元，比上年增长 25.9%；集体经济完成投资 3.03 亿元，下降 31.8%；其他各种经济类型完成投资 94.88 亿元，增长 32.9%；个体经济完成投资 20.94 亿元，下降 44.9%。按城乡分：城镇完成投资 405.43 亿元，比上年增长 23.4%；农村完成投资 57.83 亿元，增长 13.9%。在农村投资中：农户投资 19.90 亿元，下降 20.7%；农村集体投资 0.71 亿元，增长 64.4%。

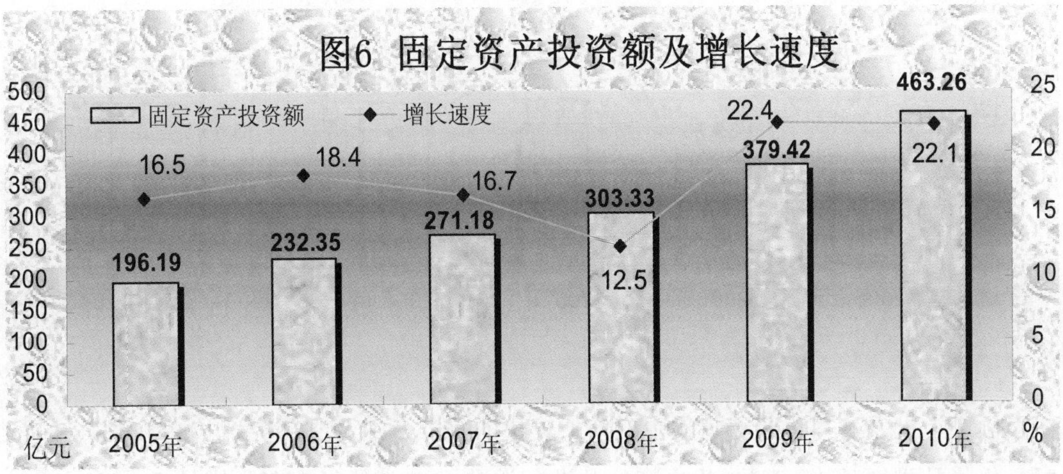

在城镇固定资产投资中，农、林、牧、渔业投资完成 23.74 亿元，增长 1.0%；采矿业投资完成 20.27 亿元，增长 1.1 倍；制造业投资完成 35.51 亿元，增长 94.7%；电力、燃气及水的生产和供应业投资完成 56.00 亿元，增长 30.7%；建筑业投资完成 22.43 亿元，增长 6.4%；交通运输、仓储和邮政业投资完成 115.54 亿元，增长 40.1%；信息传输、计算机服务和软件业投资完成 11.14 亿元，增长 15.8%；批发和零售业投资完成 6.50 亿元，增长 9.1%；住宿和餐饮业投资完成 14.67 亿元，增长 64.5%；金融业投资完成 0.78 亿元，增长 1.1 倍；房地产业投资完成 36.85 亿元，下降 16.9%；租赁和商务服务业投资完成 1.81 亿元，增长 2.4 倍；科学研究、技术服务和地质勘查业投资完成 1.82 亿元，增长 1.8 倍；水利、环境和公共设施管理业投资完成 25.37 亿元，增长 27.7%；居民服务和其他服务业投资完成 1.35 亿元，增长 1.1 倍；教育投资完成 11.75 亿元，增长 16.3%；卫生、社会保障和社会福利业投资完成 3.73 亿元，与上年持平；文化、体育和娱乐业投资完成 6.89 亿元，增长 39.2%；公共管理和社会组织投资完成 58.16 亿元，增长 3.7%。

全年房地产开发投资 8.96 亿元，比上年下降 43.1%。房地产开发施工房屋面积 75.26 万平方米，比上年下降 46.5%；竣工房屋面积 12.18 万平方米，下降 73.5%；商品房销售面积 19.37 万平方米，下降 69.4%。

五、国内贸易

全年社会消费品零售总额 180.84 亿元，比上年增长 18.7%。分地域看，城镇消费品零售额 133.25 亿元，增长 17.3%；乡村消费品零售额 47.59 亿元，增长 22.6%。分行业看，批发和零售业零售额 153.06 亿元，增长 19.5%；住宿和餐饮业零售额 27.78 亿元，增长 18.7%。

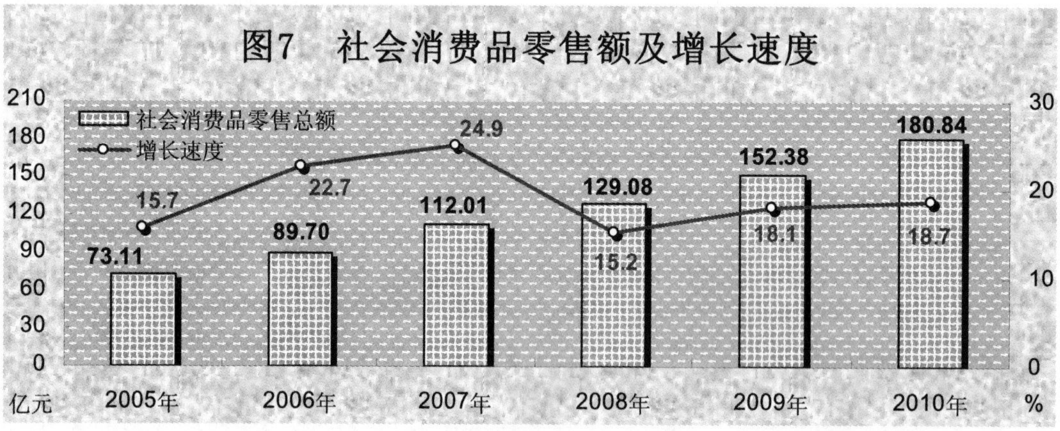

在限额以上批发和零售业零售额中，增长较快的有：石油及制品类增长 28.3%，中西药类增长 68.2%，化妆品类增长 15.9%，机电产品及设备类增长 61.8%，汽车类增长 26.6%。

六、对外贸易

全年进出口总额 83594 万美元，比上年增长 1.1 倍。其中：出口总额 77102 万美元，增长 1.1 倍；进口总额 6492 万美元，增长 1.4 倍。

在进出口贸易中，边境小额贸易实现进出口总额 50055 万美元，比上年增长 1.0 倍，占进出口贸易总额的 59.9%。其中：出口 49765 万美元，增长 1.0 倍；进口 290 万美元，下降 17.5%。

全年对亚洲进出口 61759 万美元，比上年增长 80.5%；对欧洲进出口 11222 万美元，增长 2.4 倍；对北美洲进出口 5451 万美元，增长 3.7 倍；对大洋洲进出口 290 万美元，增长 25.8%。

全年合同利用外商直接投资 2101.49 万美元，实际利用外商直接投资 2434.48 万美元，全年审批利用外商直接投资项目 2 家。

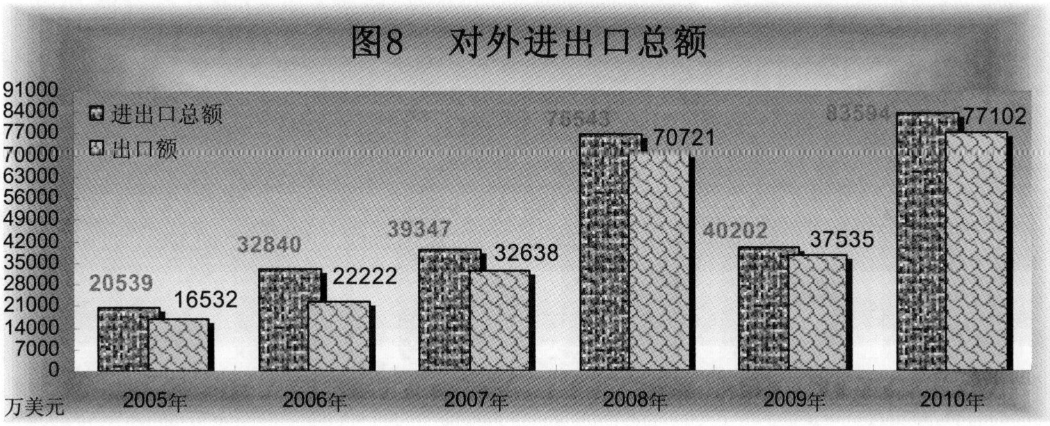

七、交通、邮电和旅游

全年完成货运量 983.37 万吨，比上年增长 3.9%。其中：公路运输完成 952 万吨，增长 3.5%；铁路运输完成 29.9 万吨，增长 31.1%；航空运输完成 1.47 万吨，增长 8.1%；管道运输完成 13 万吨，下降 13.9%。全年客运总量 8304.24 万人次，增长 4.3%，其中：公路运输完成 8066 万人次，增长 4.0%；铁路运输完成 88.20 万人次，增长 19.2%；航空运输完成 154.04 万人次，增长 16.9%。

年末公路总通车里程 58249 公里，比上年增加 4404 公里，其中：有铺装路面总里程 8195 公里，增加 4916 公里。

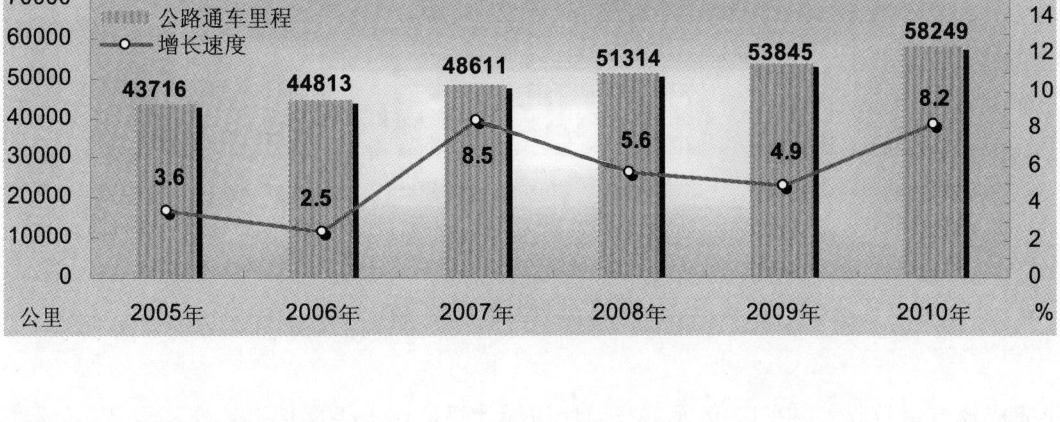

年末全区民用汽车拥有量达到 22.31 万辆，比上年末增长 14.4%。

全年完成邮电业务总量 63.84 亿元，比上年增长 22.5%。其中：邮政业务总量 1.84 亿元，增长 8.6%；电信业务总量 62 亿元，增长 22.9%。年末局用交换机总容量 42.30 万门。年末固定电话用户 43.90 万户，其中：城市电话用户 41.90 万户，乡村电话用户 2 万户。新增移动电话交换机 10 万门，

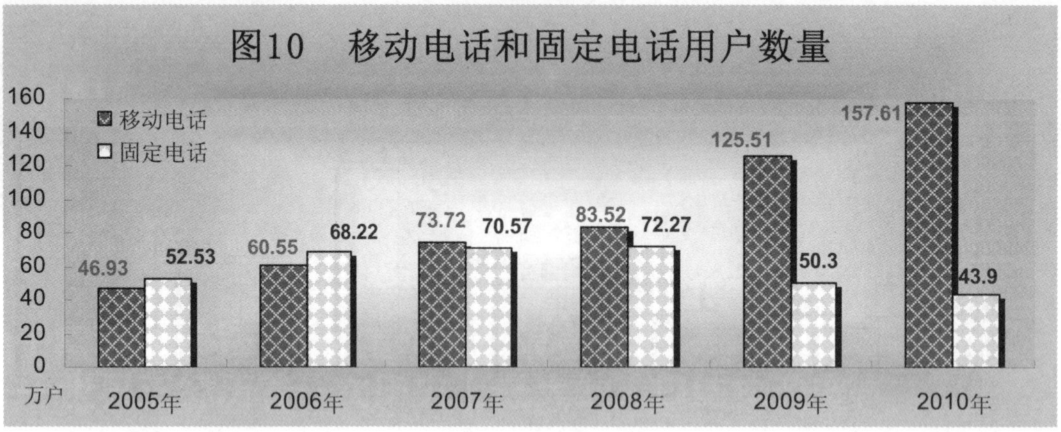

总容量达 199 万门。新增移动电话用户 32.10 万户，年末达到 157.61 万户。年末全区固定及移动电话用户总数达到 201.50 万户，比上年末增加 22.06 万户。电话普及率达到 69 部/百人。

全年接待国内外旅游者 685.14 万人次，比上年增长 22.1%。其中：接待国内旅游者 662.31 万人次,增长 21.8%；接待入境旅游者 22.83 万人次，增长 30.5%。旅游总收入 71.44 亿元，增长 27.6%；旅游外汇收入 10359 万美元，增长 31.6%。

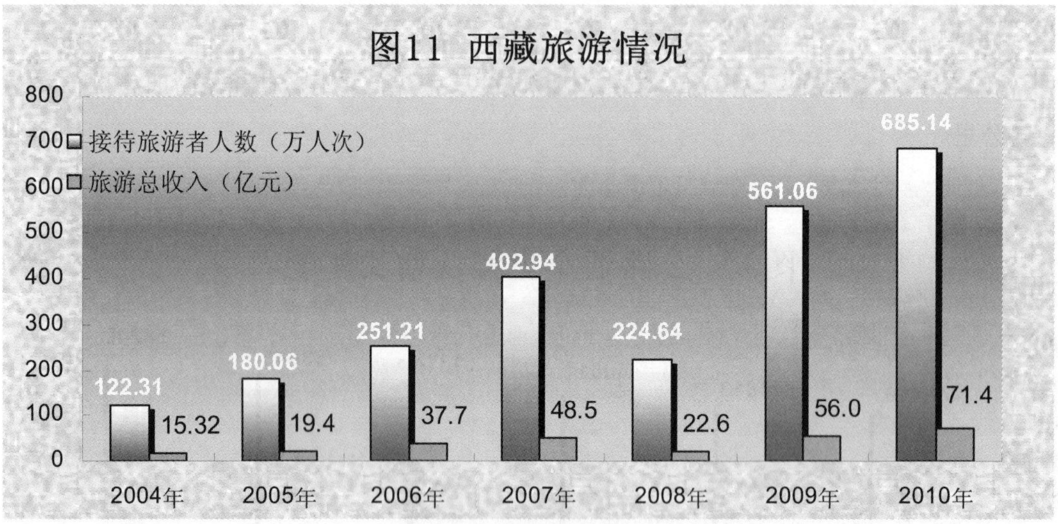

八、财政、金融和保险

全年完成地方财政收入 42.11 亿元，按同比口径计算，比上年增长 36.2%。其中：一般预算收入 36.65 亿元，增长 21.8%。

全年财政总支出 561.50 亿元，按同比口径计算，比上年增长 19.2%。其中：一般预算支出 550.95 亿元，增长 17.2%。在一般预算支出中，社会保障和就业支出 31.19 亿元，增长 26.2%；教育支出 59.44 亿元，下降 2.6%；医疗卫生支出 32.32 亿元，增长 46.4%；环保支出 11.78 亿元，增长 20.8%。

表 2　地方财政收入和支出快速增加

单位：亿元

	地方财政收入	#各项税收	地方财政支出
2005 年	14.33	8.15	189.16
2006 年	17.27	8.84	202.29
2007 年	23.14	11.67	279.36
2008 年	28.58	15.19	384.02
2009 年	30.91	18.51	471.13
2010 年	42.11	25.25	561.50

年末全部金融机构本外币各项存款余额 1296.73 亿元，比上年末增长 26.1%。其中：城乡居民储蓄存款 267.60 亿元，增长 18.0%。全部金融机构本外币各项贷款余额 301.82 亿元，增长 21.5%。金融机构累计现金收入 1025.52 亿元，增长 12.5%；累计现金支出 1071.75 亿元，增长 11.8%。现金净投放 46.23 亿元，比上年少投放 0.46 亿元。

全年保险公司保费收入 5.06 亿元，比上年增长 26.0%。其中：财产险保费收入 4.54 亿元，比上年增长 20.4%；人寿险保费收入 0.52 亿元，增长 1.1 倍；意外险保费收入 0.31 亿元，增长 42.1%；机动车辆险保费收入 3.14 亿元，增长 22.2%；健康险保费收入 0.21 亿元，增长 18.0%。全年共支付各类赔款 2.22 亿元，比上年增长 2.5%。

九、教育、科学技术

全区普通高等教育院校 6 所，年内招生 9512 人，其中：研究生 299 人，普通本专科 9213 人；在校生 31827 人，其中：研究生 718 人，普通本专科 31109 人；毕业生 8428 人，其中：研究生 162 人，普通本专科 8266 人。中等职业学校 6 所，招生 7319 人，在校生 22613 人，毕业生 7312 人；中学 122 所，其中：高级中学 20 所，完全中学 9 所，初级中学 93 所。高中招生 15057 人，在校生 40728 人，毕业生 12177 人；初中招生 47361 人，在校生 138992 人，毕业生 46093 人；小学 872 所，招生 50747 人，在校生 299408 人，毕业生 50642 人；特殊学校招生 42 人，在校生 257 人。年末幼儿园在园幼儿 23414 人，比上年增加 7346 人。全区小学学龄儿童入学率达 99.2%，比上年提高 0.4 个百分点。

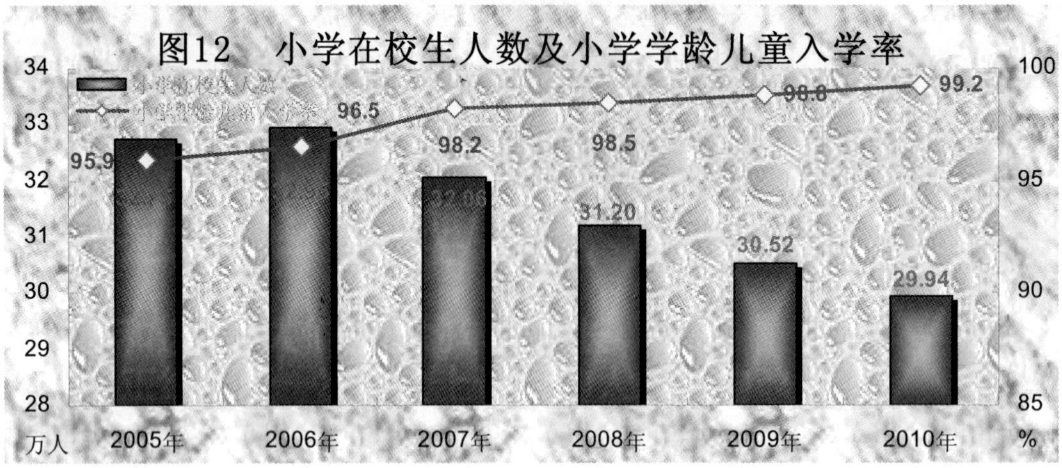

图12 小学在校生人数及小学学龄儿童入学率

2010 年西藏气象系统共有 127 个自动气象站，其中：有人值守气象台站 39 个，无人值守气象站 88 个。天气雷达站 7 个，其中：多普勒雷达站 5 个，数字化雷达站 2 个。地震监测台站（点）16 个。水文监测站 34 个，水位监测站 5 个。

十、文化、卫生和体育

年末全区共有各类文化机构 378 个，其中，艺术事业 51 个，群众文化事业 323 个。公共图书馆 4 个，群众艺术馆 8 个，其他文化事业 2 个。年末全区共有电视台 5 座，广播电视台 3 座。广播、电视人口综合覆盖率分别达 90.3%和 91.4%。出版报纸 140237 千印张，各类杂志 160.51 万册，图书 1446 万册。

年末全区共有卫生机构 1352 个，其中：医院、卫生院 773 个，疾病预防控制中心（卫生防治机构）81 个，妇幼保健院、所、站 55 个。实有病床床位 8838 张，其中：医院 5444 张。卫生技术人员 10082 人，其中：执业医师 4469 人。每千人病床数和卫生技术人员数分别达到了 3.02 张和 3.44 人。

表 3　卫生机构床位数和技术人员数

单位：张、人

	床位数	技术人员数	每千人拥有床位数	每千人技术人员数
2005 年	6767	8914	2.44	3.22
2006 年	7496	8895	2.70	3.00
2007 年	7469	9095	2.64	3.20
2008 年	7127	9098	2.50	3.05
2009 年	8553	10047	2.95	3.46
2010 年	8838	10082	3.02	3.44

年末全区共有健身路径器材 145 套、农民体育健身工程 500 个（每个工程包括：1 个篮球场和 2 个乒乓球台）。我区运动员在国际国内各种体育竞技比赛中共取得金牌 1 枚、铜牌 5 枚，在登山及攀岩比赛中获得 2 个第二名、5 个第三名；组织群众体育活动 308 次，参加活动总人数达 125 万人次。本年度认证社会体育指导员 96 人，其中：一级体育指导员 40 人；二级体育指导员 25 人；三级体育指导员 26 人。全年销售体育彩票 1.3 亿元，筹集体育彩票公益金 2000 多万元。

十一、人民生活和社会保障

全区城镇居民人均可支配收入达 14980 元，比上年增长 10.6%；农牧民人均纯收入 4138.71 元，增长 17.2%。通过推进新农村建设、实施安居工程，年末已有 27.5 万户、140.21 万农牧民住上了宽敞明亮的新房。2010 年年末城镇居民人均居住面积 34.72 平方米，农牧民人均居住面积达到 24.0 平方米。

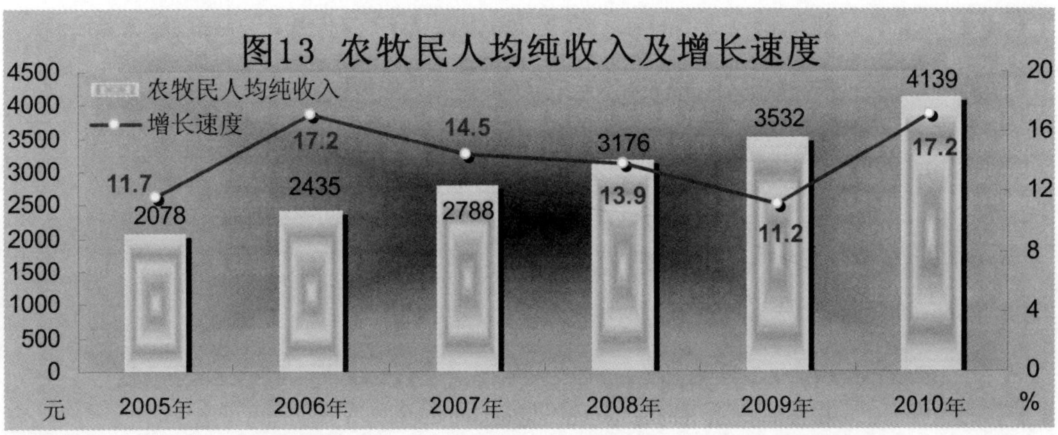

基本养老金按时足额支付率和社会化发放率均达到 100%。年末全区参加基本养老保险的职工 9.62 万人，参加失业保险 10.31 万人，参加工伤保险 8.46 万人，参加生育保险 14.71 万人。城镇职工参加基本医疗保险 23.52 万人，城镇居民参加基本医疗保险 15.12 万人。

全年农牧民每人医疗筹资 180 元。全区城镇居民共有 42040 人享受政府最低生活保障，发放低保救助金 11242 万元。农村居民有 23 万人享受政府最低生活保障，发放低保救助金 14678 万元。年末全区各类社会福利机构共有 236 个，公办儿童福利院 9 所，民办儿童福利院 4 所，集中收养 1042 人；供养五保户 15428 人，其中孤残儿童 713 人。全年销售社会福利彩票 2.51 亿元，筹集社会福利公益金 8168.99 万元。

十二、矿产资源、安全生产

2010年度全年新发现矿产10处，重点评价5处具有开发价值的矿床。有5种矿新增储量，实施地质勘探项目65项，完成了钻探实物工作量22403米。

全年共发生各类安全事故1047起，比上年上升14.8%；死亡434人，上升6.1%；直接财产损失948.26万元。亿元GDP生产安全事故死亡人数0.89人，下降5.3%；工矿商贸十万从业人员生产安全事故死亡人数3.5人，下降20.5%。道路交通万车死亡人数18.04人，上升8.9%。

注：

1、本公报数据均为初步统计数，正式数据以《西藏统计年鉴—2011》为准。

2、对外贸易、交通、邮电、旅游、财政、金融、保险、教育、科技、气象、环保、文化、卫生、体育、社会福利和保障、资源、安全生产方面的数据均由自治区有关部门提供。

3、GDP、各产业增加值绝对数按现价计算，增长速度按可比价计算。

4、有关人口数据，由于正在进行第六次全国人口普查，本公报暂不发布。依照总人口计算的相关人均指标，按照推算人口数测算，待第六次人口普查数据公布后予以调整。

中国统计出版社最新图书简目

(仅供参考,以最后出书为准)

统计资料

中国统计年鉴-2011　中国统计摘要-2011　国际统计年鉴-2011
2011中国发展报告　中国第三产业统计年鉴-2011　中国区域经济统计年鉴-2011
中国劳动统计年鉴-2011　中国社会统计年鉴-2011　中国城市统计年鉴-2009
中国建筑业统计年鉴-2011　中国人口和就业统计年鉴-2011　中国工业经济统计年鉴-2011
中国商品交易市场统计年鉴-2011　中国房地产统计年鉴-2011　中国能源统计年鉴-2011
中国民政统计年鉴-2011　中国贸易外经统计年鉴-2011　2011中国地区经济监测报告
中国科技统计年鉴-2011　中国农村统计年鉴-2011　中国农产品价格调查年鉴-2011
中国高技术产业统计年鉴-2011　中国教育经费统计年鉴-2010　中国农村贫困监测报告-2011
全国农产品成本收益资料汇编-2011　中国科学技术协会统计年鉴-2011　工业企业科技活动资料-2011
大中型批发零售和住宿餐饮企业统计年鉴-2011　中国城市(镇)生活与价格年鉴-2011
中国县（市）社会经济统计年鉴-2011　中国农村住户调查年鉴-2011（中、英文）　中国农村全面建设小康监测报告-2011
第二次全国R&D资源清查资料汇编－综合卷　第二次全国R&D资源清查资料汇编－工业企业卷　中国零售和餐饮连锁企业统计年鉴-2011
2010年中国第六次人口普查公报

2011年省级综合统计年鉴系列

北京 天津 河北 山西 内蒙古　辽宁 吉林 黑龙江 上海 江苏　浙江 安徽 福建 江西 山东
河南 湖北 湖南 广东 广西　海南 重庆 四川 贵州 云南　西藏 陕西 甘肃 青海 宁夏
新疆 新疆生产建设兵团

2011年市(县)级综合统计年鉴系列

天津滨海新区　石家庄 唐山 邯郸 太原 大同　长治 阳泉 晋城 朔州 晋中
运城 忻州 临汾 呼和浩特　包头 沈阳 大连 长春 吉林市　四平 哈尔滨 黑龙江垦区
上海浦东新区　苏州 无锡 常州 徐州 南通　盐城 镇江 江阴 丹阳
杭州 宁波 绍兴 台州 温州　金华 嘉兴 衢州　福州 福州经济技术开发区
厦门经济特区 南昌 上饶　济南 青岛 潍坊 郑州　洛阳 三门峡 南阳 武汉 宜昌
十堰 荆州 咸宁 长沙 广州　东莞 惠州 深圳 桂林 南宁　柳州 来宾 河池 海口 成都 绵阳
贵阳 昆明 庆阳 西安　兰州 银川 乌鲁木齐

“十一五”规划教材

非参数统计　医学统计学　概率论与数理统计　统计学　现代金融投资统计分析
多元统计分析　经济计量学教程　应用时间序列分析　统计指数理论及应用
统计数据处理概论　质量管理统计方法　社会统计学　多元统计分析实验
企业经营管理统计　市场调查与预测　统计学原理（非统计专业使用）
统计学:从数据到结论　国民经济核算教程(国民经济统计学)　概率论与数理统计(经济、管理类专业使用)

重点图书

挑大学选专业2011—高考志愿填报指南　挑大学选专业2011—考研择校指南